"十四五"时期国家重点出版物出版专项规划项目

中华法律文化在东亚之影响

何勤华　魏　敏
孙晓鸣　廖晓颖　著

The Influence of Chinese Legal Culture on East Asia

上海人民出版社

分工说明

大约一年前，我们四位作者接受了上海人民出版社的约稿，希望能在《中华法系之精神》的基础上，创作一部姐妹篇——《中华法律文化在东亚之影响》。本书不仅是对《中华法系之精神》的延续，同时也是对杨鸿烈先生 80 多年前所著《中国法律在东亚诸国之影响》(1937 年出版)的学术传承与发展。自杨鸿烈先生的著作问世以来，学术界在这一领域的研究取得了长足进展。无论是文献资料的丰富程度，还是学术观点的深度与广度，都已远远超越了当时的水平。我们在先贤成果的基础上，创作了本书。

本书作者及分工如下：

何勤华，华东政法大学法律学院教授，法律文明史研究院院长，全国外国法制史研究会会长，上海文史研究馆馆员，撰写导论。

魏敏，华东政法大学涉外法治研究院副研究员，东亚法史研究所所长，撰写第一章。

孙晓鸣，华东政法大学涉外法治研究院助理研究员，全国外国法制史研究会理事，撰写第二章。

廖晓颖，华东政法大学 2022 级博士研究生，河内国家大学所属法律大学访问学者，巴黎第二大学比较法研究所访问学者，撰写第三章。

在撰稿过程中，我们虽然广泛研读了每个部分所涉国家的原始文献与研究成果，但鉴于学力尚浅、知识功力仍在提升，书中仍然可能存在疏漏与不足。恳请学界同仁与广大读者批评指正，我们当在再版时悉心修订，力求精进。

何勤华
于华东政法大学
法律文明史研究院
2024 年 8 月 25 日

目 录

导　论

一、本书之基础性范畴

本书重点讲述中华法律文化在古代东亚的传播与影响。在叙述这一宏大主题之前，我们需要先厘清一些基础性的范畴。中华法律文化是中国传统文化的重要组成部分，也是古代东亚中华法系生成的土壤和形成之基础。虽然学术界对中华法律文化有各种解释，但大家对有些基本元素的认识是一样的。

（一）中华

"中华"一词，按照学术界的考证，是"中国"与"华夏"之合称，原来指的是中原地区。创造中国历史上第一个统一王朝的先民，称自己为"夏"。由于他们居住在洛邑地区，并认为这里是整个天下之中心，故认为自己的国家是"中国"。① 这一研究成果已经得到了中国考古出土之文物的印证。② 商取代夏以后，对夏的称呼没有改变。周则自称是夏的后代，沿用了夏的称号。至周建国，"夏"字从原本专指夏朝的名词，发展为指保持夏文化的地方。

---

① 王树民：《中华名号溯源》，《中国历史地理论丛》1985 年第 2 期。

② 考古学界 1963 年在陕西省宝鸡市出土的一件西周时代青铜器"何尊"铭文中，发现有如下记载："唯武王既克大邑商，则廷告于天，曰：'余其宅兹中国，自兹乂民……'"学术界认为，这里的"宅兹中国"，是中国考古出土文献中所发现的最早记载"中国"的说法。见中国社会科学院考古研究所编：《殷周金文集成》（第 5 册），中华书局 2007 年版，第 3702 页。关于"何尊"铭文的相关详细解读，可以参见朱凤瀚：《〈召诰〉〈洛诰〉、何尊与成周》，《历史研究》2006 年第 1 期。

至春秋时期，列国有时也自称为"中国"，意指"诸夏"国家。之后，因"诸夏"一词的频繁使用，又衍义出了"华"字，并与"夏"字合用或混用。在列国相争的时候，定于一尊的思想已经产生，① 需要有一个统一的名称，"华"和"夏"等字已不适用，而"中国"一词便广泛地使用起来了。历史学界最新的研究成果表明，"中华"一词始见于记载两晋南北朝史实的史籍中，主要内涵是指原晋朝统治下的中原地域、原晋朝的朝臣和中原士人以及南迁或未南迁的原晋室的朝臣和中原士人。②

（二）文化

学术界对于什么是文化，有着诸多定义和解释。从《辞海》来看，它对文化下了一个比较综合的定义："文化，广义指人类社会的生存方式以及建立在此基础上的价值体系，是人类在社会历史发展过程中所创造的物质财富和精神财富的总和。"③ 从此定义出发，《辞海》将文化分为三个层面：物质文化、制度文化和精神文化。而"制度文化，指人类在交往过程中形成的价值观念、伦理道德、风俗习惯、法律法规等各种规范"。④

《辞海》将法律视为制度文化的一个组成部分。但对法律文化的具体内涵，则没有再作进一步的解释。⑤

（三）法律文化

《辞海》等出版的辞书，虽然没有对法律文化作出定义，但在学者的论著中，对法律文化则有许多论述，只是理解不一。笔者综合孙国华、武树臣、朱景文、张文显、公丕祥、梁治平、刘作翔、张中秋，以及游绍尹、俞荣根、钱大群、曾宪义、汪汉卿、段秋关、何勤华、马小红、夏锦文、范忠信、蒋传光、马作武、徐忠明、张仁善、赵晓耕、何柏生、孙光妍、郭建、李玉生、龙大轩、程宗璋、钱鸿猷、张文波、张时贵、柳正权、顾俊杰、肖守库、夏利民、柴荣、

---

① 参见《孟子·梁惠王上》。

② 石硕：《胡人中华："中华"一词的产生及开放性特点——东晋南北朝至隋唐胡汉融合与"中华"词义嬗变》，《清华大学学报（哲学社会科学版）》2022年第4期。

③ 辞海编辑委员会：《辞海》（第6卷），上海辞书出版社2020年版，第4577页。

④ 辞海编辑委员会：《辞海》（第6卷），上海辞书出版社2020年版，第4577页。

⑤ 对于文化的详细论述，参见何勤华：《"文明"考》，《政法论坛》2019年第1期。

耿志强、李欣、夏扬、林蔚文、何瑛、张瑞、梁利、任其昆、于语和、付子堂、罗洪洋、栗克元、张艳玲、朱敏、姚艳、睦鸿明等学者对法律文化的论述，对法律文化作出如下定义：法律文化是文化的重要组成部分，是人类在长期的生产和生活活动中所创造的与法律的产生、运作、传授相关的思想、理念、制度、设施和艺术的总和。

（四）中华法律文化

中华法律文化，是在中国这块土地上形成的法律文化。其内涵也因观察、论述角度的不同，可以分为三个层次：一是指自古至今整个中华民族（包括已经融入之少数民族）的法律文化，不仅包括古代的，也包括当下的，囊括了5000年中华民族发展进程中的所有与法律思想、法律制度、法律设施和法律艺术相关的内容和要素。二是将中华法律文化等同于中华（中国）传统（古代）法律文化，不包括近代以后，尤其是不包括新中国的法律文化。三是将中华法律文化仅局限于中国古代法律文化中精华的部分，如民惟邦本、尊老爱幼、缘法而治、德主刑辅、宽严相济、刑无等级、法应时而变、法必须布之以众、累犯加重、自首减免等。我们平时所说的"弘扬中华法律文化"，就是这种已经去除了封建专制糟粕意义上的中华法律文化。

（五）东亚

东亚，无论是古代还是现代，都是一个地理的概念。但在对东亚国家的认定上，尤其是对越南的认定上，古代与现代的认识略有差异。如我们现在都认可日本和朝鲜、韩国为东亚国家，虽然有时也称这三个国家为东北亚国家，但一般意义上称其为东亚国家是没有问题的。但对越南，现在一般都认为它是东南亚国家。我们之前撰写出版的《东南亚七国法律发达史》（何勤华、李秀清主编，法律出版社2003年版）一书中，也将越南列入东南亚国家之列。

但是在古代，中国、朝鲜、日本和越南都被认为是东亚国家，这四个国家所在的地区，称东亚地区。中国现代著名法律史学家杨鸿烈的代表作《中国法律在东亚诸国之影响》中描述的国家与地区，就是中国、朝鲜、日本、越南和琉球（当时是中国的藩属国，后为日本所吞并，改为冲绳县）。因此，考虑到学术界的传统认识和习惯，本书也将越南列入东亚国家之范畴，以方便叙述。

二、关于中华法律文化研究的学术史

自从 20 世纪 80 年代中国兴起法律文化研究以来，在中华法律文化研究领域也涌现出了一批很努力、很认真的学者。其中，武树臣是中国最早开始研究中华法律文化的学者。

从 20 世纪 90 年代起，武树臣开始陆续推出自己的研究成果。发表和出版了专题论文和著作，其《中国传统法律文化》（北京大学出版社 1994 年版）和《中国传统法律文化辞典》（北京大学出版社 1999 年版）两书最为著名。前者对法律文化的基本理论，"神本位·任意法"时代的法律文化，"家本位·判例法"时代的法律文化，"国本位·成文法"时代的法律文化，"国、家本位·混合法"时代的法律文化，"中西交错"时代的法律文化，"国、社本位·混合法"时代的法律文化，中国传统法律文化的文化构成、哲学基础、社会成因、历史遗产等，都作出了详细的论述。《中国传统法律文化辞典》则是近代以来中国第一部以法律文化为专题的辞典，分中国传统法律文化总论、法律思想、法律规范、法律制度、法律设施、法律人物、法律事件、司法判例、法律文体、官箴判牍、礼俗禁忌、法律文献（含文字、考古、原著、专著四种）十二类，解释专有名词二千余条，以及附录：中国传统法律文化文献目录、中国传统法律文化研究成果目录和中国传统法律文化图表等，具有重要的学术价值和工具使用价值。

与武树臣同时，梁治平在《"法"辨》（载《中国社会科学》1986 年第 4 期）一文、《寻求自然秩序中的和谐——中国传统法律文化研究》（上海人民出版社 1991 年版）一书中，在近代以来中国人对于中国传统文化的批判思想和情感的基础上，进一步采取一种西方的视角，对中国传统法律文化进行了比较深刻、系统的检讨。他关于礼法文化的学术观点和学术思想尤其值得重视。如同徐忠明所概括指出的那样，《寻求自然秩序中的和谐——中国传统法律文化研究》一书旨在揭示中国传统法律文化的最高境界是寻求"和谐"秩序，手段是教化、息讼与刑罚；基本价值趋向是"礼义"道德，核心是"忠孝"两字；主要表现形式是刑法与官法的"公法"体系，特征是缺乏严格意义的"私法"制度，缺陷是个人"权利"没有保障。"梁治平的中国传统法律文化研究的基本意图大致有二：一是旨在揭示中国传统法律文化的独特性格和精神趋向；二是意在驳斥对于中西法律文化的简单类比，以及由此获得的某些似是而非的结论。"① 徐忠明认为，作者的目的在基本达到的同时，书中也还存在一些有待进一步提升和完善的方面。这样的梳理和解读虽属徐忠明一家之言，但笔者以为还是比较中肯和恰当的。

在 20 世纪 90 年代研究中国传统法律文化的学者中，还必须提及的是张中秋。他于 1991 年在南京大学出版社出版的代表作《中西法律文化比较研究》，是我国法学界第一部最为系统地开展中西方法律文化比较研究的力作。它"不仅是大陆学界这一方面研究的首部专著，而且也是迄今为止同类研究当中非常出色的学术专著"。② 该书虽涉及中国和西方两个方面，但由于作者是中国法制史专业出身，因此，其论述更加侧重于中国故事，从中西方法律文化比较的角度，分八个方面对中国传统法律文化进行了较为全面细致的梳理和分析，其内容具体包括，法的形成：部族征战与氏族斗争；法的本位：集团本位与个人本位；法的文化属性：公法文化与私法文化；法与宗教伦理：伦理化与宗教性；法的体系：封闭性与开放性；法的学术：律学与法学；法的精神：人治与法治；法律文化的价值取向：无讼与正义。在这八个关系中，前面（如部族征战、集团本位、公法等）表达的是中国的情况，后面（如氏族斗争、个人本位、私法等）讲述的是西方的故事。③ 我们认为，这八个方面的中西方法律文化的差异，

---

① 徐忠明：《辨异与解释：中国传统法律文化的类型研究及其局限——〈寻求自然秩序中的和谐〉读后》，《南京大学法律评论》1998 年秋季号。本文是对梁治平这一著作比较全面的评论，在评论的后面，徐忠明就梁治平此书中的一些缺失作出了点评，如分析方法中类型研究的局限性、法律文化的动态变化与法律研究的静态方法的悖论、法律观念解释与法律功能研究的悖论、中国传统法律文化没有"权利"观念的商榷（中国古代的类似"权利"的"分"的观念）、"法"字的中西方之含义的如何理解，以及"自然法"和"法自然"的如何解释，等等。

② 徐忠明：《比较视野中的中国传统法律文化之特点——张中秋〈中西法律文化比较研究〉读后》，《比较法研究》2000 年第 2 期。

③ 张中秋：《中西法律文化比较研究》，南京大学出版社 1999 年版，"书前书后"（第二版序）。

基本上反映了中西方法律文化不一样的大概图景，且作者的梳理和分析非常细致，因此该书是一本认识中国法律文化特征与内涵的重要作品。①

曾宪义、俞荣根、霍存福、马小红、蒋传光等学者则从中国古代法律文化、法律传统和法律精神之最为核心的"礼"和"法"之关系楔入，以礼法文化为内核，深入梳理和研究了中国传统法律文化的内涵与特征。

在中华法律文化研究领域，除了上述老一辈的学者及其成果外，法学界的一批新秀也发表了不少研究或者翻译的力作。这方面，需要关注的学者有北京大学法学院的李启成、复旦大学法学院的王志强和赖俊楠、清华大学法学院的陈新宇、中国人民大学法学院的尤陈俊和朱腾、中国社会科学院法学所的王帅一、华东政法大学的王沛和王捷、吉林大学法学院的刘晓林、西北政法大学的闫晓君和陈玺、上海师范大学文法学院的陈灵海、同济大学法学院的陈颐、中国政法大学的赵晶、中山大学法学院的杜金，等等。他们在其作品中，从各个角度对中华法律文化进行了比较系统的研究，有力地提升了该领域的整体研究水平。

三、中华法律文化对东亚之影响的形成、发展及特点

中国传统法律文化历史悠久，内容厚重，无论其思想、理念，还是制度和体系，都与夏商周春秋战国以及秦汉以来的中国文化发展密切相关。而中华法律文化对东亚各国之影响，则是在中华法律文化发展至隋唐时达到鼎盛，中国古代法律为周边其他国家所继受，成为他们国家法律的主要内容和形式，出现了以中国法律为核心，若干个国家接受中国法律从而使其成为中华法系成员国之法律格局的过程。

（一）中华法律文化对东亚各国之影响以及中华法系的形成

中华法律文化对东亚各国之影响与中华法系的形成是紧密相联的过程，如果把法系理解成为由若干个国家的大体相同的法律所组成的一个国际性或区

---

① 详细参见张中秋：《中西法律文化比较研究》，南京大学出版社1991年版。

域性体系，中华法系是由中国及其周边国家的法律所组成的一个法系，那么从现有的资料来看，中华法系形成的时间就是公元6世纪末7世纪初。此时隋唐法律文化成熟并向朝鲜、日本和越南等周边国家输出，并得到认可、仿制。

公元589年，杨坚（541—604年）灭掉了南朝陈，又一次统一了中国。隋王朝的法制建设在杨坚的主持下成果丰硕，从而为中华法系的形成奠定了基础。唐王朝崛起后，在继承隋《开皇律》的基础上，先后完成了《武德律》《贞观律》和《永徽律》，以及对《永徽律》详尽注释的、现存我国古代最早、最完整的封建法典《唐律疏议》[永徽四年（653年）。共12篇，30卷，500条]。除律之外，隋唐时期还颁布了众多的令。从《唐六典》卷第六"尚书刑部"记载可知，当时令有27种，分为30卷。①

除了律、令以外，在唐代，格和式也是重要的法律渊源。大体来说，唐格是皇帝诏令的删辑，而式是国家各级行政组织活动的规则以及上下级之间公文程式的法律规定。关于唐式的性质学界众说纷纭，传统观点是，式是国家机关的办事细则及公文程式。但有学者认为唐式是律、令、格的实施细则；② 也有学者认为唐式不是公文程式，令、式都是行政法性质的规范，两者间在总体上不存在纲领与细则的区别。本书持唐式是令的细则性规定的观点。其内容是国家机关进行行政管理和司法活动的办事细则，不包括公文程式。在唐代，除了律、令、格、式之外，还于开元十年（722年）至开元二十六年（738年）编纂完成了《唐六典》。关于《唐六典》是否为行政法典，近代以来一直分歧很大，至今

---

① （唐）李林甫等撰：《唐六典》，卷第六，"尚书刑部"，陈仲夫点校，中华书局2014年版，第183页。唐代的令，在中国本土虽然基本上已经佚失，但所幸的是，通过公元8世纪日本学者编纂的《令义解》和《令集解》两部作品，唐令在日本得到了比较好的保存。日本东京大学教授仁井田陞（1904—1966年）对其进行了爬梳整理，复原了715条唐令，这大体相当于唐令总数的一半（据《旧唐书》卷五十"刑法志"，以及《唐六典》卷第六"尚书刑部"等文献记载，唐贞观令有1590条，开元令有1546条），出版了《唐令拾遗》（1933年）一书，从而使我们可以大体得知唐令的基本面貌。《唐令拾遗》已经翻译成中文。参见［日］仁井田陞：《唐令拾遗》，栗劲、霍存福、王占通、郭延德编译，长春出版社1989年版。

② 冯卓慧：《从几件敦煌吐鲁番文书看唐代法律形式——式》，《法学研究》1992年第3期。

还有争议。①

隋唐时期确立了以律、令、格、式为法律渊源的法律体系，以及以律学教育、研究为主的法律教育和法律学术之后，其影响迅速向朝鲜、日本和越南等周边国家扩散，从而形成了一个以中国法为核心，朝鲜、日本和越南等周边国家继受中国法律，将其作为本国法律基础的法律体系——中华法系。在中华法系中，除了中国的基本大法以及律学经典《唐律疏议》之外，日本制定了《大宝律令》（701年）和《养老律令》（718年），创办了以明法科的律学教育为中心的法律教育体系。在朝鲜，除了制定《经国大典》等一批法律外，也设置了律令博士，发展起了中国模式的律学教育。越南的情况也大体相同。②

（二）中华法律文化对东亚国家影响的加大和中华法系的发展

进入两宋，中华法系继续获得发展。就法律观念而言，隋唐时期形成的以民为本、教化为先、德主刑辅、宽猛相济、约法省禁、慎刑轻罚、刑赏公平、依法治吏，以及法因时而变等基本思想，到宋代以后，继续得以发展。就法律的形式而言，至宋代，在继承了唐朝的律、令、格、式，唐末及五代的刑律统类（刑统）、编敕、制、敕、宣等的基础上，还发展出了御笔、断例、申明、条例、条法事类等法律形式。③至元代，统治者在立法中奉行了"古今异宜，不必相沿。但取宜于今者"④的指导思想。在这一思想下，元代没有出现系统的大

---

① 对于《唐六典》性质问题的不同观点的简要概括，可参见徐忠明：《关于唐代法律体系研究的述评及其他》，《法制与社会发展》1998年第5期；钱大群、李玉生：《〈唐六典〉性质论》，《中国社会科学》1989年第6期。进一步的申论见钱大群：《〈唐六典〉不是行政法典——答宁志新先生》，《中国社会科学》1996年第6期；钱大群：《再论唐代法律体系与〈唐六典〉的性质》，载钱大群：《唐律与唐代法律体系研究》，南京大学出版社1996年版，第157页以下；李玉生：《唐代法律体系研究》，《法学家》2004年第5期；李玉生：《唐代法律形式综论》，载杨一凡主编：《中国古代法律体系研究》，社会科学文献出版社2011年版，第177—178页。

② 参见何勤华主编：《法律文明史》（第7卷），商务印书馆2019年版，第20页。

③ 元丰二年（1079年）六月二十四日，神宗皇帝对（编）敕、令、格、式作了新的界定，即"设于此以逆彼之至曰格，设于此而使彼效之曰式，禁其未然之谓令，治其已然之谓敕。修书者要当知此，有典有则，贻厥子孙"。参见《宋会要辑稿》，第14册，"刑法一"，刘琳等点校，上海古籍出版社2014年版，第8223页。详细评论参见戴建国：《宋代编敕初考》，载杨一凡总主编、尤韶华主编：《中国法制史考证·甲编第五卷·历代法制考·宋辽金元法制考》，中国社会科学出版社2003年版，第83—87页。

④ （明）宋濂等撰：《元史》，卷二十，"成宗三"，中华书局1976年版，第430页。

的法典的制定活动，而是继承了唐宋的律、令、格、断例等法律形式，先后推出了《至元新格》①《风宪宏纲》②《大元圣政国朝典章》（简称《元典章》，1320—1323 年）和《大元通制》（1323 年）等法律汇编。至明清，法律形式又有新的变化，除了有律、令、典等之外，还出现了诰，以及例的地位进一步上升。

与此同时，在中华法系的成员国朝鲜、越南和日本，法律也在继续发展变化。比如，在朝鲜，王建（877—943 年）创建的高丽王朝（918 年以后）无论法律制度还是律学研究，大体都模仿了唐王朝，且《唐律疏议》也同时在高丽王朝得以适用。③ 之后，在李成桂（1335—1408 年）建立朝鲜（1392 年）时，《大明律》对朝鲜的立法、执法和法律教育都产生了重要影响。在越南，1428 年由黎利（1385—1433 年）建立了黎王朝，仍然受到《唐律疏议》的重大影响。④ 之后，越南《国朝刑律》的修订和《皇越律例》的编纂制定，也受到了《大明律》《大清律例》以及明清律学著作的重要影响。而在日本，虽然 1192 年镰仓幕府建立后制定了《御成败式目》（1232 年）等幕府法，但由《大宝律令》《养老律令》确立的律令体系未被废除。至江户时代（1603—1867 年），日本又在继受中国《大明律》《大清律例》的基础上，发展起了自己的幕藩法体系，出台了《公

---

① 元世祖至元二十八年（1291 年）颁行的《至元新格》，是元朝统一以后颁布的第一部法典，也是诸法合体的元朝基本法。"大致取一时所行事例，编为条格而已，不比附旧律。"《至元新格》全文已佚，只是在《通制条格》和《元典章》中保留了 96 条内容。此外，可以从元人徐元瑞所撰《吏学指南》中，窥见《至元新格》"十事"（包括公规、选格、治民、理财、赋役、课程、仓库、造作、防盗、察狱等）的基本内容："公规，谓官府常守之制也；选格，谓铨量人才之限也；治民，谓抚养兆民，平理诉讼也；理财，谓关防钱谷，主平物价也；赋役，谓征催钱粮，均当差役也；课程，谓整治盐酒曲税之类是也；仓库，谨于出纳，收贮如法也；造作，谓监督工程，确其物料也；防盗，谓禁弭奸宄也；察狱，谓推鞫囚徒也。"参见（元）徐元瑞：《吏学指南》，"五科"。参见杨一凡主编：《历代珍稀司法文献》（第一册），社会科学文献出版社 2012 年版，第 199 页。
② 元仁宗（1312—1320 年在位）时编辑的《风宪宏纲》，这是一部关于纲纪吏治方面的封建监察法。"风宪"原指风纪法度，中国古代常指监察官员整肃吏治。延祐二年（1315 年），曾参照元朝历代条格编纂法律，包括诏制、条格、断例三部分。第二年纂成，但未颁行。后将现行格例、条画中有关风纪的内容汇辑成《风宪宏纲》，作为专门的监察条令予以颁行。
③ 《高丽史·刑法志》（中册），第 833 页。引自张春海：《唐律、高丽律比较研究》，法律出版社 2016 年版，第 43 页。
④ 杨鸿烈：《中国法律在东亚诸国之影响》，商务印书馆 2017 年版，第 418 页。

事方御定书》（1742 年）等一批法典。① 因此，中世纪以后，日本在法律形式以及法律教育和法律学术方面，同样是全盘吸收借鉴了中国的模式。

四、中华法律文化的特点及其在世界法律文明中的地位

在中世纪，除产生了中华法系之外，也形成了伊斯兰法系、基督教会法系，在吸收古代希腊、罗马航海法基础上形成了海事法系，以日耳曼部落创建的蛮族国家习惯法和制定法为基础的日耳曼法系，以及在英国开始崛起的英吉利法系等。与这些同时代的法系比较，以中华法系为代表的中华法律文化具有如下七个特点，正是这些特点，使其在中世纪法律文明中占据着重要的地位。

第一，适用地域广袤、规范人口众多。除了中国本土以外，中华法系还包含了越南、朝鲜、日本和琉球（今日本冲绳）等，整个东亚地区全部被覆盖。除了伊斯兰法系极盛时代之外，中华法系是当时世界上管辖地区最大、适用人口最多的法系。

第二，以外儒内法的中国古代正统法律思想为指导，具有世俗化、集权化、一元化的特征。公元前 3 世纪秦帝国建立以后，法家思想上升为国家的意识形态。但秦 14 年短暂的"二世而亡"的"恶法之治"，宣告了单纯的、苛刻的法家思想治理国家的失败。继之而起的汉王朝吸取秦的教训，在经过短暂的"无为而治"的黄老思想实验后，汉王朝毫不犹豫地采用了以儒家思想为门面、以法家思想为底子的"外儒内法"法制运作指导思想，并迅速传至周边国家，一直贯彻延续至近代中华法系解体。

第三，以隋唐成文法典为核心，具有法律制度的体系化、成熟发达的特点。中华法系的核心，是隋唐法律制度；隋唐法制的基础，是以《唐律疏议》为核心的成文法典体系。中华法系形成时，在中国，有唐律、唐令、唐格、唐式；在日本，有《大宝律令》《养老律令》《弘仁格式》（701—819 年）和《延喜格式》（869—927 年）等；在朝鲜，有《高丽律》（10 世纪末）、《经国大典》（1470 年）

---

① ［日］浅古弘、伊藤孝夫、植田信广、神保文夫编：《日本法制史》，青林书院 2010 年版，第 108、212、290—291 页。

等；在越南，有《刑书》（1042年）、《国朝通制》（1230年）、《公文格式》（1290年）、《皇朝大典》（1341年）、《国朝刑律》（1483年）等。这些律、令、格、式等成文法律，标志着中华法系的法律制度已完成了组织化和体系化，不管是母法国中国，还是各成员国日本、朝鲜和越南，成文法典都达到了一个非常高的水准。

第四，法律注释学的高度发达。在中华法系中，不仅中国有发达完美的法律注释学，《唐律疏议》是其经典。在日本，也有较为发达的律令注释学，如佚名律学家对大宝律、养老律进行注释的《律释》（787—795年），由律学家惟宗直本私撰的《养老令》的注释书《令集解》（868年），受淳和天皇敕令由官方（具体由兴原敏久等）所撰的《令义解》（834年），就是其代表作。日本不仅在律令制时代仿照中国律令注释书撰写了许多注释作品，而且把注释律令传统和方法也用在了幕府法的解释中，如为了帮助实施13世纪由镰仓幕府制定颁布的法典《御成败式目》，就出现了大量对其进行注释的作品，共有十种之多。① 在朝鲜，15世纪的李朝统治者不仅引入了《大明律》，而且还引入了《大明律》的各种注释书，如《大明律讲解》《律解辨疑》《启蒙议头》《律条疏议》《大明律读法》《明律直引》《律学解颐》等。这些明律注释书不仅成为法官审案的法律依据，而且还成为由《经国大典》所明确规定的律学中考试的内容，因而在此基础上，形成了古代朝鲜的律学教育和律学研究。② 在越南，由于中国的《唐律疏议》等法典和法律注释书传了过去，因此也在此基础上发展起了自己的注释律学。

第五，法医学等学科的诞生和进步。在中华法系发展之鼎盛时期的宋代，在中国还诞生了以宋慈著《洗冤集录》（至元代又出版了王与的《无冤录》）为中心的法医学学科。这门法医学不仅是世界上最早诞生的，早于西欧100多年，而且还传入了朝鲜等国。早在李朝太祖李成桂灭高丽建国号为朝鲜（1392年）之初，便引入了王与的《无冤录》，加以音注以后，以《新注无冤录》之名出

---

① 参见［日］池内义资编：《中世法制史料集·别卷·御成败式目注释书集要》，岩波书店1978年版。

② 何勤华主编：《法律文明史》（第7卷），商务印书馆2019年版，第585页。

版。该书在朝鲜一直适用了三百余年。到英祖二十年（1744 年），在对《新注无冤录》进行增删、训注和考订后，于正祖二十年（1796 年）出版了《增修无冤录》。与此同时，还于 1792 年出版了《增修无冤录》的朝鲜语版《增修无冤录谚解》，从而使由宋慈开创的中国古代法医学在朝鲜获得了更加广泛的应用。①

第六，律学研究和教育发达。中华法系是人类文明史上重要的法律体系之一，它能够在东亚这块土地上生存发展 1300 余年，不仅有一批著名法典以及一批著名律学家，而且有《唐律疏议》《律附音义》《令集解》《令义解》《律集解》《律例笺释》《类聚三代格考》《大明律例详解》《读律琐言》《读律佩觿》《刑法叙略》《政事要略》《大清律辑注》等一大批作品构成的法律学术（即律学，就是古代中国、日本、朝鲜和越南的律令注释学），它们支撑着中华法系的发展、繁荣和延续。② 经过五百多年的曲折发展与演变，至隋唐时期，律学已经非常成熟，成为一门专门的学术。与此同时，在日本，公元 592 年推古天皇即位（592—628 年在位），推行政治与法律改革，派遣隋使、遣唐使学习中国的律令及律学。并于神龟五年（728 年）成立了作为法律教育的律学。到了 8 世纪中叶，又将律学改称为"明法道"。

中华法系的律学研究（法律学术）是中华法律文化中的精华，其特点具体表现为：其一，周密严谨精致的律令注释学，这是律学的基本特征，也是它最为主要的传世价值。其二，丰富、多元的研究方法。在律学研究中，不仅有归纳的、演绎的方法，训诂的方法，扩张解释、限制解释、字义解释、文句解释等的法律解释学方法等，还有历史的方法，即阐述各项法律规定时，必定将其起源、发展、演变的历史说得清清楚楚。其三，更为重要的，是律学对法的正义的追求。中国古代的法律学术虽然大量的是逐条、逐句、逐词地解释律令的含义，阐述律令在实施中遇到的问题，但也不乏对立法与司法之正义的追求。

在律学研究发达的同时，中华法系定型时期的公元 7 世纪，中国律学教育

---

① 何勤华：《中国法学史》（第二卷），法律出版社 2006 年版，第 466—467 页。
② 由于本书限定于中华法系内中日两国的法律学术，而中华法系形成于 6 世纪末 7 世纪初，所以在中华法系诞生之前秦汉以及魏晋南北朝时期的律学作品，如 1975 年出土的湖北睡虎地秦墓竹简《法律答问》《岳麓书院藏秦简（壹）》公布的《为吏治官及黔首》（2010 年由上海辞书出版社出版）等，这里就不再展开。

也进入了一个新的发展时期。7世纪初，隋文帝杨坚废除了九品中正制，① 随后隋炀帝杨广（569—618年）创设了分科举人，以策问取士的制度，② 并在中央设立了专门管理教育的行政机构国子监。隶属于国子监的中央学校有国子学、太学、四门学、书学和算学。律学则属于大理寺，设律博士、律博士弟子员，并沿用魏晋南北朝以来律学由司法部门主管的体制。③ 唐王朝建立后，进一步建立了进士科，从而正式创立了以考试来选拔官员的科举制度。当时分常科和制举两种，常科中就设置有明法一科（源自晋时在百官中设立"明法"之官职），形成了独立成熟的官方律学教育。④ 宋代开国之初，没有设律学，只设有律博士掌授法律。宋神宗熙宁六年（1073年），才在国子监设立律学，设律学教授四人。元丰年间（1078—1085年），设律学博士、学正各一人。宋哲宗绍圣二年（1095年），又设置律学博士。

中华法系的主要成员国日本的法律教育其起步和发展，与中华法系的形成和发展几乎是同步的。为了学习先进发达的隋唐法律制度和文化，日本派遣了多批遣隋使和遣唐使来中国学习。这一活动，可以视为日本最早的律学教育，即把中国的官府和律学家当作老师，学习中国的隋律、唐律，并将其学习的成果带回日本。因此，日本最早的律学教育是一种通过留学方式开展的法律教育。这在人类历史上也是不多见的。⑤ 日本国内的律学教育大体始于奈良（710—794年）、平

---

① 《辞海》："东汉末，曹操当政，提倡唯才是举。献帝延康元年（220年），曹丕采吏部尚书陈群的建议，推选各郡有声望的人出任中正，将当地士人按才能分别评定为九等（九品），政府按等选用。谓之'九品官人法'，仍保持曹操用人'不计门第'的原则。"晋、六朝时沿用此制。隋文帝时废除此制，改行科举制。参见《辞海》（上），上海辞书出版社2024年版，第2023页。

② 俞大纲、唐长孺、何忠礼、金铮等学者认为隋朝废除了九品中正制，又开始了以各科举人的做法，但性质上仍然是一种察举制。是唐朝开创了以进士为主要取士科目，士人定期赴试，国家从中选拔人才的科举制。

③ 徐道邻：《中国法制史论集》，志文出版社1975年版，第182页。

④ 《通典》卷第十五"选举"记载："其常贡之科，有秀才，有明经，有进士，有明法，有书，有算。自京师郡县皆有学焉。"（唐）杜佑撰：《通典》（第一册），卷第十五"选举"，王文锦等点校，中华书局1988年版，第353页。

⑤ 11世纪，在罗马法复兴的浪潮中，在意大利形成了以讲授、注释罗马法为使命的博洛尼亚（Bologna）大学，吸引了欧洲各国的年轻人前来学习法律，其人数最多时达到1万余人（[日] 碧海纯一、伊藤正己、村上淳一等编：《法学史》，东京大学出版会1976年版，第85页）。应该说这也是世界历史上为数不多的以留学教育为中心的法律教育。

安（794—1192 年）两个时代。在这之前，在元明天皇的和铜年间（708—715年），依据格在大学寮中创立了明法科（律学科），开始了律学教育。① 至天长三年（826 年），明法科经过一百余年的发展，已经达到相当发达的程度。

中华法系之比较发达的律学教育，在推动国家的法律运作方面发挥了巨大作用，并为中华法系的发展、延续和传承作出了贡献。具体而言，其一，中华法系的法律教育，为中华法系的成长和延续培养了人才。其二，推动了立法和司法事业的进步。其三，传承了法律学术。中国隋唐以后一批重要的法典注释作品如《唐律疏议》《律附音义》《宋刑统》《律解辨疑》《读律佩觿》《大清律辑注》等，都是法科教育的成果，并因律学家的努力而使水准达到极致。日本的情况也一样，在日本明法科教育刚刚开始时，日本律学的水平不仅无法与中国相比，就是与当时的新罗（朝鲜）也是无法比的。然而，经过一百二十多年严格的明法教育，至 9 世纪时日本的律学水准已经达到了一个相当的高度。《三代实录》贞观四年（清和天皇年号，862 年）八月十七日条记载：承和年间（834—848年），大判事兴原敏久和明法博士额田今足，将在平时审判时积累下来的十道刑法难题摘抄出来，准备赴唐向中国律学专家请教。日本明法博士讚岐永直自告奋勇，说他可以来回答这些难题。结果，原来准备去唐朝咨询的法律难题，就为讚岐永直所圆满回答了。②

第七，有一个职业的律家（律学家）阶层。美国著名比较法学家威格摩尔（John H. Wigmore）在《世界法系概览》（A Panorama of the World's Legal Systems）一书中曾说："法系的产生和存续取决于一个训练有素的法律职业阶层的存续和发展。"③ 中华法系虽然因各种原因，没有形成如近代以后大陆法系、英美法系中那样纯粹的职业法学家阶层，但也形成了一个律家群体，这一群体包括了政治家、行政与司法官吏以及士大夫阶层。由于他们围绕着立法、执法、司法和法

---

① 日本学术界的通说认为日本设置明法科，是圣武天皇神龟五年（728 年）。但利光三津夫根据早在和铜年间（708—715 年）的史籍中，就散见有"明法博士"，以及表达"明法博士"的"令师""律师"等用语，主张明法科的设置可以从圣武天皇神龟五年往前上溯至元明天皇和铜年间。参见［日］利光三津夫：《律令制とその周边》，庆应通信 1967 年版，第 117 页。

② ［日］利光三津夫：《律令制とその周边》，庆应通信 1967 年版，第 154—155 页。

③ ［美］威格摩尔：《世界法系概览》，何勤华、李秀清、郭光东等译，上海人民出版社 2021年版，第 668 页。

律解释付出了辛勤劳动，中华法系才不断成长、壮大，并生存、延续了1300多年。这既是中华法系的鲜明特点，也是其突出的优点。

我们所说的律家，在中国是指隋唐（中华法系诞生）以后的律、令、格、式、例等的制定、阐释与实施者，在日本是指645年"大化改新"以后从事律、令（包括格、式）编纂、解释、执行、实施的法律工作者（明法博士等）这一群体。① 在中国，从汉至清，律家代有传人，延续不绝。

在日本，由藤原不比等（659—720年，《大宝律令》和《养老律令》的编纂者和解释者）开创了律令制建设与注释传授并行的律学（8世纪后改为明法道）传统之后，律家（8世纪后称明法博士）人才辈出，绵延不绝。从参与《大宝律令》《养老律令》编纂、解释之奈良时代（710—794年）的大和长冈、盐屋吉麻吕等，到平安时代（794—1192年）的山田白金、穴太内人、讚岐永直、惟宗直本、坂上明兼、中原明基等，到15世纪以后的榊原篁洲、荻生徂徕、高濑喜朴、荷田在满等。

律家的作用主要表现为：参与立法；注释律令；解答疑难；传授法律。其观点和思想主要有：其一，提倡法律之平等与司法之公正。这成为律家的奏疏和律典解释中的重要内容。其二，阐释罪名、刑种及定罪量刑的具体含义，做"律义之较名"。其三，强调立法之简约和便民利民。其四，律学研究中比较法的运用。律家活动的特征表现为群体成分的多元化；人数多，持续时间长；法律世家众多。律家为中华法系的传承作出了重要贡献：其一，阐述律令等法律体系中的法理与精神，拓宽律学的理论基础。其二，充任政府的法律顾问，为政府的法制建设出谋划策。其三，从事律学教育，培养为国家服务的法律人才。其四，严格执法，确立一种追求法律平等适用、公平正义的传统。

律家的上述贡献，为中华法系的传承奠定了基础。

五、中华法律文化与中华法系之关系

中华法系是中华法律文化发展到鼎盛时期的文化结晶。中华者，中国也。

---

① 何勤华：《以古代中国与日本为中心中华法系之律家考》，《中国法学》2017年第5期。

如前所述，中国意识自三代即已形成，西周何尊铭文有曰："唯武王既克大邑商，则廷告于天，曰：'余其宅兹中国，自兹义民……'""中国"就是"土中"，意为天下的中心。① 文化可以从社会进路的角度出发，将其宽泛理解为特定时期特定社会的生活方式的整体称谓；也可以从观念进路的角度出发，将其狭义理解为由某种知识、规范、行为准则、价值观等人们精神或观念中的存在所构成。② 法律是形，文化是魂，中华法律是中华法律文化的外在表现。中华法律文化是一个地域性的概念，是在中华大地的土壤上孕育的文化，是中国法律之魂。

而法系是一种民族文化的积淀，③ 是指由若干个国家的法律所组成的，具有共同历史渊源、共同制度内容、共同风貌特征以及共同话语体系的法律体系。④ 中华法系的形成渊源于从夏商周三代即已萌芽的中华法律文化，成型于周边国家对中国法的吸收借鉴。中华法系是以传统中国法为母法的东亚法律体系，包括近代以前的中国法、日本法、朝鲜法、越南法以及周边其他一些少数民族地区的法。⑤ 中华法系是一个国际性的或区域性的概念，是包括中国法律以及各成员国法律的法律体系。

（一）中华法系的世界观源自中华法律文化的主流思想

如同大陆法系有立法（法典）正义之世界观，英美法系有司法正义之世界观，中华法系也有自己独立的世界观，如包括以君主集权为国家建构形式的政治观，以等级制、德主刑辅为主的社会治理观，以三纲五常、尊老爱幼为基础的家庭伦理观，最后一统于天人合一的自然观。⑥

第一，是君主集权的政治观。君主集权是中国古代政治的基调，在两千多年的历史长河中未曾中断。⑦ 在封建专制主义中央集权的体制下，皇帝拥有最

---

① 李学勤：《何尊新释》，《中原文物》1981 年第 1 期。
② 参见韦森：《文化与制序》，上海三联书店 2020 年版，第 14—17 页。
③ 郝铁川：《中华法系研究》，商务印书馆 2021 年版，第 12 页。
④ 何勤华主编：《法律文明史》（第 7 卷），商务印书馆 2019 年版，第 12—14 页。
⑤ 参见马小红、刘婷婷主编：《法律文化研究》（第七辑中华法系专题），社会科学文献出版社 2014 年版，第 147 页。
⑥ 何佳馨：《中华法系与中华法律文化关系考辨》，《法学》2024 年第 10 期。
⑦ 参见白钢：《中国政治制度通史》（第 1 卷），社会科学文献出版社 2011 年版，第 83—85 页。

高的主权，①且不受任何限制。②在立法方面，凡法律的制定和颁行都是由君主进行组织并以君主的名义颁行的。"前主所是著为律……后主所是疏为令……何古之法乎？"③司法方面，皇帝拥有死刑的最后批准权。《新唐书》卷2《太宗纪》记太宗时规定："决死刑，京师五复奏，诸州三复奏。"对于不执行复奏制度的官员，要处以刑罚。《唐律疏议》卷30规定："诸死罪囚，不待覆奏报下而决者，流二千里。即奏报应决者，听三日乃行刑。若限未满而行刑者，徒一年。即过限，违一日杖一百，二日加一等。"行政方面，皇帝是国家的行政首脑，中枢机构中书、门下、尚书三省长官均对皇帝负责，宰相的决策只有经过皇帝的认可，以皇帝制敕的名义颁行，才能发生效力。④军事方面，皇帝是全国武装部队的最高统帅。从太尉、将军到每个士卒都听命于他的调度。财政方面，对于国家的土地和其他财产，皇帝既可以任意挥霍，又可以任意封赏臣下，在他眼里，国家是他的私产，从臣子到百姓都可以任意处置。人事方面，皇帝是国家元首，以丞相为首的百官既受其任免又一切听命于他。⑤

在古代日本，中央集权制表现为天皇制，其形成启动于圣德太子改革，初步形成于孝德天皇（645—654年在位）与天智天皇（668—671年在位）的大化改新时期，制度化于大化改新矛盾积累导致的"壬申之乱"后的天武天皇（673—686年在位）及其继任者持统（690—697年在位）、文武（697—707年在位）、元明天皇（707—715年在位）时期，中间走过百年左右的曲折历程。⑥而604年圣德太子制定的"宪法十七条"，则是体现这一政治变迁历程和中央集权

① （汉）司马迁撰，（宋）裴骃集解，（唐）司马贞索隐，（唐）张守节正义：《史记》（第1册），中华书局2013年版，第258页。
② 参见白钢：《中国政治制度通史》（第1卷），社会科学文献出版社2011年版，第150—154页。
③ （汉）班固撰，（唐）颜师古注：《汉书》（第九册），中华书局2013年版，第2659页。
④ 参见俞鹿年：《中国政治制度通史》（第五卷隋唐五代），社会科学文献出版社2011年版，第38—41页。
⑤ 参见白钢：《中国政治制度通史》（第一卷总论），社会科学文献出版社2011年版，第150—154页。
⑥ 解晓东、刘洋：《传统与变革：日本政治史专题研究》，东北大学出版社2014年版，第6页。

之内涵的经典表达。① 在古代朝鲜半岛也建立了封建统治机构。670—676 年，新罗统一朝鲜半岛平壤以南地区，效仿唐朝的封建制度进行统治。② 在古代越南，968 年丁部领建立大瞿越国后，以中国秦以来的政治文化塑造了以大越皇帝为中心的区域朝贡体系。③ 越南在国家地位上采取"内帝外臣"政策，拓展国家发展空间，取得了很大的成功。④

第二，等级之分的尊卑观。表现为宗法等级、礼仪制度、三纲五常等。在中国古代，从秦汉时的贱民"奴婢"，到魏晋南北朝的官贱民"杂户""官户"和私贱民"部曲""客女"等新身份，到唐代确定的"良民"和"贱民"之两大身份的"良贱制"（贱民尤其是奴婢只是主人的"物"）。⑤ 等级尊卑在《唐律》中体现得非常充分，如对杀人罪的规定，根据社会良贱身份等级的不同，处罚也不同。良人杀奴、丈夫杀妾，虽都有罪，但罪不至死。如良人殴伤杀他人之部曲奴婢（《斗讼律》卷第 22 总第 320 条）、主人杀奴婢部曲（同卷总第 321、322 条）、丈夫杀妾（同卷总第 326 条）。但反过来，贱人杀良人，则是必死无疑。如部曲奴婢谋杀主及主之期亲（《贼盗律》第 254 条）、妻妾谋杀故夫之父祖及部曲奴婢谋杀旧主（《贼盗律》第 255 条）。

观各成员国法律，也都有等级尊卑的相关条文规定。日本的《大宝律令》亦如唐制之区分人民身份为"良民"与"贱民"二阶级，《养老律令》中的贱民"私奴婢"如《唐律》的规定一样，可买卖交易。⑥ 高丽《刑法二·奴婢》对此作了同样的规定。⑦ 安南也有阶级制度，普通民众与为官者之间的等级是不可逾越的，一旦有所触犯，必有严刑伺候。"杀有官者，验高卑，偿钱赎罪仍杖，皆

---

① 参见解晓东、刘洋：《传统与变革：日本政治史专题研究》，东北大学出版社 2014 年版，第 8—9 页。

② 李宝奇：《韩国修宪历史及其政治制度变迁研究》，中国政法大学出版社 2013 年版，第 5 页。

③ 参见戴可来：《略论古代中国和越南的宗藩关系》，《中国边疆史地研究》2004 年第 2 期。

④ 叶少飞：《越南古代"内帝外臣"政策与双重国号的演变》，《形象史学研究》2016 年第 1 期。

⑤ 参见［日］尾形勇：《中国古代的"家"与国家》，张鹤泉译，中华书局 2010 年版，第 233—237 页。

⑥ 杨鸿烈：《中国法律在东亚诸国之影响》，商务印书馆 2017 年版，第 274 页。

⑦ 杨鸿烈：《中国法律在东亚诸国之影响》，商务印书馆 2017 年版，第 71 页。

八十；重者杖六十，杀，与奸同例。”“詈有官者，量轻重，令犯人出钱并牛酒为谢，杖如之前。”①

第三，德主刑辅的治理观。“德主刑辅”，是杨鸿烈在《中国法律思想史》一书中总结得出的汉至清正统的法律思想。《大戴礼记·盛德》在论及刑罚的起源时说道“刑罚之源，生于嗜欲好恶不节。故明堂，天法也；礼度，德法也……刑法者，所以威不行德法者也”。②可以看出，德主刑辅的“德”绝不是指道德，而是指“礼”，是以礼作为社会秩序的主要维护方法，是为先礼后刑、出礼入刑；而德主刑辅的“刑”指的是法律、法令等我们所说的法的规范。古语中的“法”不是指今天的法律，而是泛指一切规则、法则。在运用到刑的时候，要做到恤刑，不得采取重刑治天下。这就是德主刑辅的含义，德与刑是相辅相成的关系。

德主刑辅是汉代确立的正统法哲学的核心观点。董仲舒用“天人感应”的思想和阴阳五行相辅相成的学说对此作了进一步的阐述：“天道之大者在阴阳，阳为德，阴为刑，刑主杀而德主生。是故阳常居大夏而以生育养长为事，阴常居大冬而积于空虚不用之处，以此见天之任德不任刑也……王者承天意以从事，故任德教而不任刑。刑者不可任以治世，犹阴之宵可任以成岁也。为政而任刑，不顺于天，故先王莫之肯为也。”③这恰恰表明，德刑之间是互补关系，而不是主次关系，阴阳互补，才能生和谐。只不过德与刑的运用有一个先后顺序，先通过礼的方式，确立社会秩序，希望大家都按照礼的秩序来生活，这是“德主”的含义；如果有人破坏封建礼制，那么就要用刑来惩治，来维护封建礼制秩序。

德主刑辅的治理观也为中华法系之成员国所采纳，这些国家自继受中华法律文化之始，就逐步确立了这一国家治理观。如日本在“宪法十七条”中，就强调了“以礼为本”“德治为主”的法制指导思想。其第4条规定：“群卿百僚，

---

① ［越］黎崱：《安南志略》，武尚清点校，中华书局1995年版，第329页。

② （清）孔广森撰，王丰先点校：《大戴礼记补注：附校正孔氏大戴礼记补注》，中华书局2013年版，第155页。

③ （汉）班固撰，（唐）颜师古注：《汉书》（第八册），中华书局2013年版，第2502页。

以礼为本。其治民之本，要在乎礼。上不礼而下非齐，下无礼以必有罪。是以，君臣有礼，位次不乱；百姓有礼，国家自治。"第 7 条进一步强调了治理国家必须重视德治、重视任用贤人："人各有任，掌宜不滥。其贤哲任官，颂音则起；奸者有官，祸乱则繁。世少生知，克念作圣。事无大少，得人必治；时无急缓，遇贤自宽。因此国家永久，社稷勿危。故古圣王为官以求人，为人不求官。"①古代朝鲜在李朝时代，就突出了德主刑辅的治国理念。成宗曾在一份教旨中明确指出，"德礼以导民，刑政以示惩，刑非圣人之得已也"。②这一思想很好地诠释了中国儒家所主张的"德主刑辅"理论。成宗十九年（1488 年），司宪府大司宪李则针对当时"陵上告讦之风日长，小官不敬大官而陵侮之"的严重现象，认为"德礼在所当先，而刑政亦不可后也……儒风士习当以德礼导之，渐以变之，不可以一朝刑政而遽革也。若庶民陵上者，则德礼虽不可无，刑政亦不可不急。请今后庶民之陵辱慢侮长官者，限其风俗归厚，勿论罪之轻重，全家徙边，以补风化之万一"。强调"德礼虽不可无，刑政亦不可不急"。③而古代越南，也和中国、朝鲜、日本一样，在治理国家时强调德主刑辅的统治思想。④

第四，三纲五常的伦理观。三纲为"君为臣纲，父为子纲，父为妻纲"。"三纲"自汉代《春秋繁露》《白虎通义》时出现。五常为"仁、义、礼、智、信"，三纲五常合称最早见于马融注解《论语·为政》。⑤中华法系之法哲学的主要原理贯彻的中心思想是中国法律的伦理化，即"儒家伦理"或"宗法伦理"，其核心就是"三纲五常"。⑥这是中国法律文明所特有的本质属性。形成中国法哲学这种本质属性的经济基础和思想基础就是中国古代长期延续的以小农经济为特

---

① ［日］梅原猛：《聖德太子Ⅱ　憲法十七条》，小学馆 1986 年版，第 260—264 页。
② 《朝鲜王朝实录》，成宗卷 58，成宗六年（1475 年）八月二十六日（壬寅条）。
③ 《朝鲜王朝实录》，成宗卷 222，成宗十九年（1488 年）十一月二日（辛酉条）。
④ 参见［越］吴士连等：《大越史记全书》（第一册），孙晓主编，西南师范大学出版社、人民出版社 2015 年版，第 21、23 页。
⑤ 肖峥主编：《朱子百题》，厦门大学出版社 2019 年版，第 50 页。对其阐释，参见何佳馨：《中华法系与中华法律文化之关系考辨》，《法学》2024 年第 10 期。
⑥ 张中秋：《原理及其意义：探索中国法律文化之道》，中国政法大学出版社 2015 年版，第 2 页。

征的农耕社会，以及由这样一种社会演化出来的一系列具有中国特色的思想、政治、法律之生态场景。①

在长期稳定且几乎不变地采用精耕细作的生产方式的农耕社会里，在为了获得更多的食物以便养活日益增多的人口的生存压力下，中国古代的农耕社会非常需要生产经验和家内团结，这样家族中的长辈和拥有强壮体力的男子成为稳定和推动社会进步发展的主要力量，而家内团结又进一步强化了原有的宗法关系。② 这一现实背景为耕地、祭祀和战争等国家主要活动被成年男子垄断提供了合法性；又为家庭、家族中的权力等级和阶位序列提供了基础，形成了父权、夫权、家长权和宗族权，中华法系的儒家伦理或者宗法伦理"三纲五常"中的后二纲"父为子纲""夫为妻纲"即从这里发展而来。

按照《说文解字》的解释："伦，辈也……一曰：道也。"段玉裁注释："伦，道也，理也。"③ 因此，有学者理解为，在中国古代语境中，伦理就是辈分之理，就是人们怎样按辈分来相处这样一种做人的道理，简称人道、人理、人义，亦即通常所说的人伦道德。④ 古代中国长期稳定且几乎不变的农耕社会就是这一人伦道德产生并长期发挥作用的经济基础，而这一人伦道德又成为中国古代法哲学的根基之一。⑤ 在中国古代，"德"是儒家伦理和宗法伦理"三纲五常"中"五常"的主线。"五常"之仁、义、礼、智、信，都是德的具体内容，即五德。常，带有不变的意思，所以这五德也是不变的。而在这不变的五德中，仁表示仁慈博爱，义表示适宜恰当，礼表示有序合理，智表示明智通达，信表示诚实信用。⑥

在中华法系形成之时，三纲五常之精神便传入各成员国，成为其立法、执法、司法以及法律教育和法律宣传的指导思想。如日本在吸收中国律令制国家

---

① 何勤华主编：《法律文明史》（第 7 卷），商务印书馆 2019 年版，第 56 页。
② 张中秋：《原理及其意义：探索中国法律文化之道》，中国政法大学出版社 2015 年版，第 29 页。
③ （汉）许慎，段玉裁注：《说文解字》，上海古籍出版社 1981 年版，第 371 页。
④ 李钟声：《中华法系》（上册），台湾华欣文化事业中心 1985 年版，第 211 页。
⑤ 何勤华主编：《法律文明史》（第 7 卷），商务印书馆 2019 年版，第 57 页。
⑥ 张中秋：《原理及其意义：探索中国法律文化之道》，中国政法大学出版社 2015 年版，第 53 页。

范式之初，就在"宪法十七条"中强调了三纲五常的原则。其第 3 条规定："承诏必谨。君则天之，臣则地之。天覆地转，四时顺行，万气得通。地欲覆天，则致坏耳。是以君言臣承，上行下靡，故承诏必慎，不谨自败。"① 进入幕府时代，随着父权家长制家族的确立，中国儒家的伦理纲常进一步深入日本社会。② 三纲五常思想亦为朝鲜所继受，成为指导立法与司法的基本原则。世宗二年（1420 年），礼曹判书许稠等人启奏："窃谓，天下国家人伦所在，莫不各有君臣上下之分，不可少有陵犯之心也。"③ 针对当时朝鲜严重的卑幼凌犯尊长的行为，许稠等人引用了朱熹关于"凡有狱讼，必先论其尊卑上下、长幼亲疏之分，然后听其曲直之辞"的主张。古代越南也认为"三纲五常，人之大伦"。④ 后黎朝时期，黎玄宗（1663—1671 年在位）刚登基，立即申明教化四十七条，其略曰："为臣尽忠，为子止孝，兄弟相和睦，夫妻相爱敬，朋友止信以辅仁……凡若干条，颁布天下。"⑤

第五，尊老爱幼的人伦观。中华民族一直被认为是古代东方的礼仪之邦，最为注重尊老爱幼，在人伦道德的思想和实践方面是古代东亚地区各个民族的表率。不仅如此，我们的古人还将这种人伦思想贯彻于法律之中，中国古代历朝法典中都有关于尊老爱幼恤废怜疾的法律规定，从《周礼·秋官·司厉》至汉代，法律都有明确规定。至唐代，则进一步发展完善了关于尊老爱幼恤废怜疾的法律规定。尊老爱幼恤废怜疾的法律关怀，其思想基础和法理精神就是中国古代思想家（主要是儒家）所主张的伦理精神，这种伦理精神将维护宗法社会中以血缘家族为基础的人伦尊卑等级秩序视为人伦之常道，乃至宇宙万物的生存规则，以此铺就一条修身、齐家、治国、平天下的道路。因此，法典规定老、幼、病、残者可以免除或减轻刑罚。⑥

---

① ［日］梅原猛：《聖徳太子Ⅱ 憲法十七条》，小学馆 1986 年版，第 339 页。
② 李卓：《日本社会史论》，江苏人民出版社 2019 年版，第 345 页。
③ 《朝鲜王朝实录》，世宗卷 9，世宗二年（1420 年）九月十三日（戊寅条）。
④ 《大越史记·本纪全书》卷之三《陈纪》。［越］吴士连等：《大越史记全书》（第一册），孙晓主编，西南师范大学出版社、人民出版社 2015 年版，第 261 页。
⑤ 《大越史记·本纪续编》卷之十九《黎纪》。［越］吴士连等：《大越史记全书》（第四册），孙晓主编，西南师范大学出版社、人民出版社 2015 年版，第 954 页。
⑥ 何勤华主编：《法律文明史》（第 7 卷），商务印书馆 2019 年版，第 780 页。

中华法系之成员国即古代日本、朝鲜和越南，也同样吸收了中国尊老爱幼的人伦观，如日本就将体现这一人伦观的中国的"存留养亲"和"矜恤老幼"制度引入了其国内。对前者，日本律文规定："凡犯死罪非八虐，而祖父母、父母老疾应侍，家无二等亲成丁者，上请。犯流者，权留养亲。"[1] 对后者，《养老律》将《唐律疏议·名例律》规定的"诸年七十以上、十五以下及废疾，犯流罪以下，收赎。八十以上、十岁以下及笃疾，犯反逆、杀人应死者，上请；盗及伤人者，亦收赎；余皆勿论。九十以上、七岁以下，虽有死罪，不加刑；即有人教令，坐其教令者。若有赃应备，受赃者备之"全部搬入，只将其中流罪以下收赎对象中的"十五以下"改为"十六以下"，扩大了该律文的适用范围而已。[2] 朝鲜也一样，将中国的"存留养亲"和"矜恤老幼"制度引入了其国内。《高丽律》规定："年七十以上父母无守护，其子犯罪应配岛者，存留孝养。"[3] 朝鲜法律还规定，对于老幼笃疾、妇女等特殊群体给予刑罚上一定程度的宽大处理，仁宗十六年（1138 年），判决规定"八十以上及笃疾人，虽犯杀人，除杖刑配岛"。[4] 越南的情况也一样，《历朝宪章类志》卷之三十四记载道"诸年七十以上，十五以下及废疾犯流罪以下咱（《唐律》为'收'）赎"。[5]

第六，天人合一的和谐观。关于"和"的思想，早在《诗经》中就有体现。《诗经·商颂·列祖》云："亦有和羹，既戒既平。"《左传》中也出现了和羹的比喻："和如羹焉，水火醯醢盐梅，以烹鱼肉，燀之以薪，宰夫和之，齐之以味；济其不及，以泄其过。"[6]《尚书·尧典》云："克明俊德，以亲九族。九族既睦，平章百姓。百姓昭明，协和万邦。黎民于变时雍。"[7] "和为贵"一词最早在

---

① 这一规定，除了将唐律中的"十恶"换为日本律中的"八虐"，"期亲"换为"二等亲"以外，其律文规定一致。
② 杨鸿烈：《中国法律在东亚诸国之影响》，商务印书馆 2017 年版，第 227 页。
③ ［朝鲜］郑麟趾撰：《高丽史·刑法志·恤刑》。
④ ［朝鲜］郑麟趾撰：《高丽史·刑法志·恤刑》。
⑤ 杨鸿烈：《中国法律在东亚诸国之影响》，商务印书馆 2017 年版，第 496 页。
⑥ 《左传·昭公二十年》。（战国）左丘明：《左传》，（晋）杜预注，上海古籍出版社 2015 年版，第 847 页。
⑦ 《尚书·尧典》。（汉）孔安国：《尚书正义》，（唐）孔颖达正义，上海古籍出版社 2007 年版，第 36 页。

《论语》中作为整体出现，有子曰："礼之用，和为贵。"[①] 这些都是中国文化追求"和"的价值取向的体现。"和"在中国古代哲学里是极高的境界，其内涵丰富，涵盖社会生活的方方面面。[②] "和"的思想在指导中国古代的法律运作方面，主要有两个层面：

第一个层面在天人关系的问题上，主张天人合一，由此衍生出诸如秋冬行刑等顺应时节变化的制度。天人合一是中国古代和谐思想的最高境界。天人合一的法律思想萌芽于夏商，在汉代成熟，在唐代发展完备。[③] 从夏商开始，人们就关注到人与天之间的和谐相处，他们认为必然存在一个超自然的神秘力量，主宰着世间万物的运行变幻。夏商时期的立法主张神判、天罚；西周灭商，为了解释为何上天任命的统治者商朝会被灭绝，得出了以德配天的结论，即上天祖佑有德之君，商君无德，故西周得以灭之。

《汉书·刑法志》记载道："（圣人）必通天地之心，制礼作教，立法设刑，动缘民情，而则天象地。故曰：先王立礼，'则天之明，因地之性'也。刑罚威狱，以类天之震曜杀戮也；温慈惠和，以效天之生殖长育也。书云'天秩有礼''天讨有罪'。故圣人因天秩而制五礼，因天讨而作五刑。"[④] 唐承汉制，将"天人合一"之"和"的理念，规定进了律典，[⑤] 从而展示了中华法系受中国古代宇宙观（天道观）所影响的情景。即在中国古人的自然宇宙观看来，我们人类所生活的这个世界是一个有生命的系统，是一个天、地、人和谐相处的生命体，它由明与暗、昼与夜、阳与阴、生与死等两两相对又彼此依存的对立之矛盾体所组成，并且井然有序，生生不息。而在这一生命体的运行中，一直在发挥作用、起着调节功能的，则是道（规律）。合乎道者，就生存发展，不合乎者，就衰落、消亡。而这个道，在人与物（外部世界）之关系的相处上，就是

---

① 《论语·学而》。杨伯峻：《论语译注》，中华书局2015年版，第10页。
② 《说文解字》中，"和"有3个字，一为和（hè），相应也（口部）；二为龢（hé），调也（龠部）；三为盉（hé），调味也（皿部）。和（hé）可以理解为应声相和，如夫唱妇和；龢为器乐、音律相和；盉为味道相和，如《诗经》以及《左传》中的和羹之喻。
③ 参见高明士：《律令法与天下法》，上海古籍出版社2013年版，第314页。
④ （汉）班固撰，（唐）颜师古注：《汉书》（第四册），中华书局2013年版，第1079页。
⑤ 《唐律疏议·名例律》："德礼为政教之本，刑罚为政教之用，两者犹昏晓阳秋相须而成者也。"参见刘俊文撰：《唐律疏议笺解》（上），中华书局1996年版，第3页。

必须顺应自然界的发展变化而生产、生活，懂得和掌握这种道（自然规律）的，就是长者、贤者、智者、能者，这为中华法系中的尊长、尊贤、尊智、尊权提供了哲学基础；在人与人相处之关系上，就是要有德，而有德的衡量标准，就是"君为臣纲""父为子纲""夫为妻纲"之三纲，以及仁、义、礼、智、信之五常。①

中华法律文化中天人合一的和谐观，也影响了中华法系的各成员国。如日本的"宪法十七条"第 1 条就规定了"以和为贵"，虽着重于人与人之间的和谐，但也是受了天人合一之和谐观的影响。而古代朝鲜则明确将天人合一思想中的"秋冬行刑"移植了过去。他们认为"秋冬行刑"是阴阳五行观及"天人感应"思想影响司法实践的具体表现。高丽显宗九年（1018 年），显宗听从了门下侍中刘瑨的建议，按照《礼记·月令》"三月节，省囹圄，去桎梏，毋肆掠，止狱诉。四月中气，挺重囚，出轻系，七月中气，缮囹圄，具桎梏，断薄刑，决小罪"实行"从立春至秋分不得奏决死刑"，规定"今后内外所司皆依《月令》施行"。② 而古代越南，同样也信奉天人合一的和谐之道，如越裳氏献白雉于周公，其送礼的说辞是"天上很久没有暴风和雷雨了，大概是中国出现了圣人吧？如果中国出现了圣人，那么就应该要去朝见"。③ 越氏把天下和平、天无烈风雷雨归功于周公制礼作乐，施行仁政，这就是天人合一思想的体现。《大越史记全书》中还记载许多越南统治者信奉天人合一的事件，如李朝的李英宗以及黎皇朝纪的仁宗宣皇帝，都曾下诏强调关注法律的运行必须与天地运转相适应。④

第二个层面在人人关系的问题上，主张以和为贵。其一是国家在律法的制

---

① 何勤华主编：《法律文明史》（第 7 卷），商务印书馆 2019 年版，第 58 页。天人合一的法律思想融合进具体的法律条文，则可见《唐律疏议·断狱律》"立春以后、秋分以前决死刑"条（总 496 条）规定："诸立春以后、秋分以前决死刑者，徒一年。其所犯虽不待时，若于断屠月及禁杀日而决者，各杖六十。待时而违者，加二等。"这是顺应节气而行刑的规定。

② ［朝鲜］郑麟趾撰：《高丽史·刑法志·恤刑》。

③ 《大越史记·外纪全书》卷之一。［越］吴士连等：《大越史记全书》（第一册），孙晓主编，西南师范大学出版社、人民出版社 2015 年版，第 41—42 页。

④ 《大越史记·本纪实录》卷之十一《黎皇朝纪》。［越］吴士连等：《大越史记全书》（第二册），孙晓主编，西南师范大学出版社、人民出版社 2015 年版，第 583 页。

定上本着以和为贵的理念，这体现在礼的规范进入律中，"礼之用，和为贵。先王之道，斯为美"。其二是国家在社会治理方面，同样遵循以和为贵的原则，《论语·颜渊》有曰："听讼，吾犹人也，必也使无讼乎！"其三是个体之间的交往，须秉持以和为贵的态度，这强调适可而止，由此衍生出中国古代极为普遍的和解（调解）现象。

越南的黎皇朝时期，玄宗穆皇帝颁布的《申明教化》47条特别强调了以和为贵的理念："为臣尽忠，为子止孝。兄弟相和睦，夫妻相爱敬，朋友止信以辅仁。父母修身以教子，师生以道相待，家长以礼立教，子弟恪敬父兄。妇人无违夫子，妇人夫亡无子，不得私运货财。"强调家庭内部的和谐共处。"居乡党者长幼相敬爱，便害相与除，毋以强而凌弱，毋唱讼而行私。豪强不得勘讼事，男女不得肆淫风，证讼者以实而无徇货财，旅次者防奸而勿拒投宿，勿占道路为园圃，勿侵溪港为沼池。山林川浑之便，与聚共之。"强调邻里和谐。"坊社村庄之长，挥人为之。生业务勤，乡饮从简。毋倚恃权势而寄托词讼，毋故将老弱而嫁祸善人，毋托僧尼以避役，毋唆人讼以取财。事争讼者毋为罗织以诬人，业商买者毋聚徒党而为盗。"①申明不得投机取巧，要形成善良正气的风俗。

后黎朝于洪德十四年（1483年）颁布《国朝刑律》。这是一部以《唐律》为底本，兼采大明律及为数颇多的越南固有法的条文而编纂的法典，共6卷12章721条。《国朝刑律》的编排，分为名例、卫禁、职制、军政、户婚、田产、奸通、盗贼、斗讼、诈伪、杂律、捕亡、断狱等章。相比于《唐律》，《国朝刑律》另外规定了调解前置程序，其明确将纠纷划分为最小事、小事、中事、大事，其中，最小事必须先经过社官调解，调解不成才可提起诉讼："诸路、县人有争讼者，最小事就社官，小事就路（县）官，中事就府（路）官，勘平如法，大事赴京。即社官不为理，即告县官。县官不为理，则告路官。路官不为理，然后赴京申奏。违者，以杖、贬论。告谋反、叛逆事，不

---

① ［越］吴士连等：《大越史记全书》（第四册），孙晓主编，西南师范大学出版社、人民出版社 2015 年版，第 954 页。

在此律。"①

在古朝鲜高丽王朝,《宋史·列传》(外国三)中是这样总结的:"高丽刑无惨酷之科,惟恶逆及骂父母者斩,余皆杖肋。"②另外,高丽强调晚辈对长辈的绝对服从,如果有殴杀父母等尊亲属的不孝行为,会遭到严厉的惩罚。但是反过来,如果长辈殴杀晚辈,则处罚比较轻。据《高丽史·刑法志》记载,"谋杀周亲尊长外祖父母,夫妇之父母虽未伤,斩……谋杀周亲卑幼,徒二年半;已伤,三年;已杀,流三千里"。③对于殴伤和骂詈尊亲属亦有相似规定。而且法律明文规定,即使父母有罪,子女也不许状告父母,"告周亲尊长,外祖父母,夫妇之祖父母,虽得实,徒二年;流罪,徒三年;死罪,流三千里;诬告,加所诬罪二等"。④"祖父母、父母在子孙别籍异财,供养有阙,徒二年;服内别籍,徒一年。"⑤若父母年老得不到赡养,子女亦会受到法律的制裁。⑥另外,高丽律还规定了子女的治丧假,"诸犯死罪在禁,非恶逆以上,遭父母丧、夫丧、祖父母丧,承重者给暇七日委哀"。⑦"若祖父母、父母丧者,给暇十五日。家口有死者,七日。"⑧

如上所述,日本圣德太子"宪法十七条"的第 1 条就是强调以和为贵:"夏四月丙寅朔戊辰,皇太子亲启作宪法十七条,一曰,以和为贵,无忤为宗。人皆有党,亦少达者。是以或不顺君父,乍违于邻里。然上下和睦,皆于论事,

---

① 《国朝刑律·断狱章》第 672 条。[日]八尾隆生编:《大越黎朝国朝刑律》,汲古书院 2020 年版,第 345 页。
② 《宋史·列传·外国三》。[元]脱脱等撰:《宋史》(第 40 册),中华书局 2013 年版,第 14055 页。
③ 《高丽史·刑法志一》卷 84。[朝鲜]郑麟趾等:《高丽史》(六),孙晓主编,西南师范大学出版社、人民出版社 2013 年版,第 2685 页。
④ 《高丽史·刑法志一》卷 84。[朝鲜]郑麟趾等:《高丽史》(六),孙晓主编,西南师范大学出版社、人民出版社 2013 年版,第 2686 页。
⑤ 《高丽史·刑法志一》卷 84。[朝鲜]郑麟趾等:《高丽史》(六),孙晓主编,西南师范大学出版社、人民出版社 2013 年版,第 2683 页。
⑥ 李明珠、杨蓉:《继承与超越:儒家文化对韩国法律的影响及其现代启示》,《长春大学学报》2018 年第 11 期。
⑦ 《高丽史·刑法志二》卷 85。[朝鲜]郑麟趾等:《高丽史》(六),孙晓主编,西南师范大学出版社、人民出版社 2013 年版,第 2708 页。
⑧ 《高丽史·刑法志二》卷 85。[朝鲜]郑麟趾等:《高丽史》(六),孙晓主编,西南师范大学出版社、人民出版社 2013 年版,第 2709 页。

则事理自通，何事不成？"① 意为要将人与人之间的和谐相处看作最重要的事情，这样才不会有违祖上之道。该条以"以和为贵，无忤为宗"开始，前半句的出处是《论语》的"有子曰：礼之用和为贵"和《礼记》的"礼之用，和为贵"，这被视为揭示了儒教的原理，在这里，"和"是为礼而说的。但是后半句却不同，它是达到第 2 条"笃敬三宝"的前提，所以正是以佛教意义上的"和合"为主要目的。日本有学者又补充说："无忤是源于为了'和合'的慈悲矜哀的无诤。即含有老子的不争之德之意。"②

《沙汰未律书》中甚至提出聪明人不打官司，而选择和解，君子之交和为贵。但与"内济"不同，选择"和解"还是审判由当事人决定。镰仓幕府在审判中强调调解的作用，鼓励有关领地等的诉讼用"和解"来结案。江户幕府时代盛行的"内济"制度即典型地体现了日本传统法律文化回避审判的特征。在日文中，"内济"原为私下解决纠纷、私了之意。在江户幕府时期，"内济"成为一种由"町役人"或"村役人"等地方官员或有势力的第三者介入纠纷，对纠纷进行调解的制度。③

（二）中华法系的诸多范畴源自中华法律文化之概念体系

中华法系的诸多范畴、词语、用句，不管是官制领域，还是婚姻、家庭、土地、田产、契等民事领域，以及犯罪与刑罚之刑事领域，都源自中华法律文化所创造之概念体系。古代日本律令制体系中的一些词语、概念和用句，如宪法，冠位，以和为贵，群卿百寮，帝王之德，以天地为宗，德、仁、礼、信、义、智，诉、讼，上和下睦，笃敬三宝，承诏必谨，国非二君、民无两主，率土兆民，以礼为本，君臣有礼，明辨是非，惩恶劝善，使民以时，国家永久、社稷勿危，不得贤圣、何以治国，违制害法，背私向公，善恶成败、要在于信，绝忿弃瞋，不怒人违，五罪（中国是五刑）、八虐（中国是十恶）、六议（中国是八议），律、令、格、式，等等。在古代朝鲜也一样，有忠君，纲纪，恤民，

---

① ［日］舍人亲王：《日本书纪》卷 22，四川人民出版社 2019 年版，第 303 页。
② ［日］大木雅夫：《东西方的法观念比较》，华夏、战宪斌译，北京大学出版社 2004 年版，第 100 页。
③ ［日］真田芳宪：《日本的法律继受与法律文化变迁》，中国政法大学出版社 2005 年版，第 235 页。

仁爱，恃德者昌、恃力者亡，修己以安百姓，败坏纲常，事君以忠、事亲以孝、事友以信，入则孝于家、出则忠于国，事亲以孝、与兄弟以友，禁同姓婚之约，律令格式，法禁，叛逆，立三省、六尚书、九寺，斩衰、齐衰、大功、小功、缌麻之五服，刑以惩其已然、法以防其未然，存留养亲，矜老恤幼，秋冬行刑，德礼当先、刑政亦随，以严为本、而以宽济之，酌量首从、差等论断、以行天讨，诬告反坐，慎刑恤囚等。在古代越南，上述中华法律文化中的概念、用语和文句，大部分也为其所吸收，其他还如律令，谋反，杀人者偿命，强盗、窃盗，诬告，狱讼，法吏，违令越奏、如律治罪，诸断罪皆须具引律、令、格、式正文，出于礼、入于法，法不加大人、礼不降小人，法不加君子、礼不责小人，五服，服丧之制：子居父母丧、妻居夫丧当遵三年通制，等等。

经过学者仔细考证，中华法系的上述诸多范畴、词语、用句，基本上都来自《唐律疏议》以及中国的古籍（经典），如《诗经》《尚书》《左传》《庄子》《论语》《墨子》《韩非子》《管子》《孝经》《中庸》《礼记》《孟子》《说苑》《千字文》《文选》《史记》《汉书》等。此外，根据学术界最新的研究成果，从近代日本传入中国的"法理"一词，也是在古代中华法律文化向周边国家传播之时，由中国输入日本的。① 陈翠玉认真梳理了这一过程，认为"法理"是中国本土产物。最初，"法"和"理"分开使用。"法"乃"刑"之义，后引申出模范等多种含义。"理"乃玉石内部的纹路及加工玉石，后引申为事物的本质属性及依此加工、处置事物。到了汉代，"法"和"理"发生黏连，成为一个复合词"法理"。《汉书·宣帝纪》："孝宣之治，信赏必罚，综核名实，政事文学法理之士咸精其能。"之后，"法理"这一用语就得以沿用。在日本奈良时代，"法理"一词与汉籍文献一起传入日本。不仅如此，法理之用语还传入了朝鲜和越南、琉球等东亚汉字文化圈其他国家中，被运用于立法、司法、执法、国家治理及民众生活等领域。至近代，随着日本学术界翻译西方法学著作兴趣日增，法理一词就成为对译西方法学理论之概念术语乃至编撰本国法学著作的重要用语，如在何礼之译本《万法精理》（即孟德斯鸠《论法的精神》）之译序中，木户孝允就使用

---

① 陈翠玉：《中国原创"法理"概念在日本法理学科创建中的运用》，《法制与社会发展》2024年第5期。

"法理"一词。日本学人吉本达于 1880 年出版了《法理原论》，直接将法理一词用于书名。而井上哲次郎在编撰《哲学字汇》（1881 年 4 月出版）时，进一步创造了"法理学"一词，5 个月后，穗积陈重又用"法理学"对译 Jurisprudence 一词，从而将法理学定位为"法理之学"，并经过梁启超等近代中国学人传入了中国。①

（三）中华法系的制度设计源自中华法律文化的制度成果

中华法系的制度，可以分为刑事法律制度、民事法律制度、行政法律制度和诉讼（司法）法律制度等。而这些制度，就源自夏起历经两千多年发展起来的中华法律文化的制度成果。如在中华法系之刑法制度中，首先是对"五刑"作了系统规定。五刑是中国古代最基本的刑制，体现了中国深厚的文化底蕴以及哲学内涵。中国的主刑从古到今，其稳定形态无不是五种，从苗民"五虐之刑"与象刑，到奴隶制五刑与封建制五刑，莫不如此；更值得玩味的是，自 20 世纪初以来，我国屡次修订刑律均吸收了西方思想的指导，主刑的内容亦不断更新，但皆不能突破"五"的框架，这在世界法律史上无疑是独一无二的。②中国古代的五刑，在中华法系形成时，就为日本、朝鲜和越南所继受。其次是"十恶"和"八议"，也为中华法系成员国所仿制，只是日本将"十恶"改为"八虐"，将"八议"改为"六议"而已。又如在以"六礼""七出三不去"为核心的婚姻制度、以户主为权威的家庭制度以及以宗祧继承为核心的继承制度等方面，日本、朝鲜和越南也将在中华法律文化中发展起来的制度文明，予以了传承和光大。③

（四）中华法系的狱讼机制源自中华法律文化的纠纷解决机制成果

中华法系的纠纷解决方式具有多元性，不仅有我们现代意义上的诉讼，即"狱"与"讼"，也有非诉纠纷解决机制，如调解的方式。除此之外，中国古代还有一种特殊的纠纷解决方式，是家族内部依据家法族规把争议问题在家内解

---

① 陈翠玉：《中国原创"法理"概念在日本法理学科创建中的运用》，《法制与社会发展》2024 年第 5 期。
② 汪进、胡旭晟：《五刑与五行：中国刑制的文化内涵》，《比较法研究》1989 年第 1 辑。
③ 何佳馨：《中华法系与中华法律文化关系考辨》，《法学》2024 年第 10 期。

决，这种方式称为家族司法。

1. 狱与讼。在中国古代，没有与"民事案件""民事诉讼"确切一致的词汇，但这并不代表古代就没有类似的概念。郑玄（128—200年）在《周礼》注中多次提到与"狱"有别的"讼"。例如在对《地官·大司徒》"凡万民之不服教而有狱讼者"作注时，郑说："争罪曰狱，争财曰讼。"①在注解《秋官·大司寇》"以两造禁民讼""以两剂禁民狱"时说："讼谓以财货相告者""狱谓相告以罪名者"。②此外，在解释《夏官》"若有马讼则听之"时，郑玄强调了讼和交易违约有关："讼，谓卖买之言相负。"③所以根据郑玄的注疏，财产和契约纠纷与犯罪性质不同，并且表述它们的法律术语也不同：前者称为"讼"，后者称为"狱"。这非常接近当代的民事诉讼与刑事诉讼的区分。④

在中国古代，一般而言，狱和讼有不同的含义，除了以上郑玄的注疏，还有如《诗·行露》疏："此章言狱，下章言讼。"⑤但在有些情况下，狱和讼的含义相同，如《左传》僖公二十八年注："狱讼皆争罪之事也。"《淮南·汜论》："有狱讼者。"注："狱亦讼。"⑥有学者据此认为，至迟到战国时期，狱讼已无区别，无论民事、刑事诉讼都适用同样的程序和同样的制度。⑦但如果我们仔细推敲，在狱与讼的用法上，其实还是有区别的。

就笔者目前所看到的文献而言，至少可以得出古代狱与讼的两大区别：其一，"狱"不可私和，而"讼"可以私和。从《唐律》中可以看出，民事诉讼和刑事诉讼有个最大的区别，就是是否可以私和。一般来讲，民事诉讼案件是秉持以和为贵的态度，鼓励调解结案的，但是对于刑事诉讼，法律规定了许多

---

① （汉）郑玄注，（唐）贾公彦疏，彭林整理：《周礼注疏》（上册），上海古籍出版社 2010 年版，第 373 页。
② （汉）郑玄注，（唐）贾公彦疏，彭林整理：《周礼注疏》（下册），上海古籍出版社 2010 年版，第 1322 页。
③ （汉）郑玄注，（唐）贾公彦疏，彭林整理：《周礼注疏》（中册），上海古籍出版社 2010 年版，第 1150 页。
④ 张朝阳：《中国早期民法的建构》，中国政法大学出版社 2014 年版，第 45 页。
⑤ 沈家本：《历代刑法考》（刑事卷），商务印书馆 2017 年版，第 905 页。
⑥ 沈家本：《历代刑法考》（刑事卷），商务印书馆 2017 年版，第 905 页。
⑦ 郭健、殷哮虎、王志强：《中华文化通志·法律志》，上海人民出版社 1998 年版，第 328 页。

"私和"的法律责任。一些严重的刑事案件，不仅要求不能"私和"，而且要在既定的期限内告知官府，否则也要承担法律责任。如《唐律》"父祖或夫及主为人杀私和"条规定："诸祖父母、父母及夫为人所杀，私和者，流二千里；期亲，徒二年半；大功以下，递减一等。受财重者，各准盗论。虽不私和，知杀期以上亲，经三十日不告者，各减二等。"除此之外，监临官之亲属被部下杀害，私下和解要负法律责任；主人被人杀害，部曲、奴婢私下和解接受对方财物，不去官府告发，罪罚与子孙私和不皆相同。

日本古代的法律也有禁止私和的规定，《养老律·贼盗律》云："凡祖父母外祖父母及夫。为人所煞私和者。徒三年。二等亲徒二年。三等以下亲。递减一等。受财重者。各准盗论。虽不私和。知煞二等以上亲。经卅日不告者。各减二等。"① 根据杨鸿烈的梳理和考证，《德川氏刑法》第五章规定了私和人命罪："祖父母、父母为人杀死而子孙私和者，处流刑""子孙为人杀死而祖父母、父母私和者，处'逐籍'之刑"。《假刑律·人命》"人命内济"条云："凡祖父母、父母及夫为人所杀，忘仇不告官而内济（即私和）者，笞六十，徒一年。外祖父母、伯叔父、姑、兄、姊，笞八十。若卑幼被杀，尊长内济者，笞五十。常人人命内济者，笞三十。"《新律纲领》卷四《人命律》"私和人命"条："凡祖父母、父母及夫，若家长为人所杀，子孙、妻妾、奴婢私和者，徒三年。"《改定律例》卷二《人命律》"私和人命条例"第200条："凡家长为人所杀，雇人私和者，惩役百日。若雇人为人所杀，家长私和者，惩役七十日。"②

古代朝鲜的《刑典》"私贱"条云："凡买卖奴婢，告官。私和买卖者，其奴婢及价物并没官。"③越南《历朝宪章类志·刑律志》记载后黎朝刑律的"盗贼奸淫之律"条云："诸祖父母、父母及夫为人所杀而私和者，流外州。"《皇越律例》卷十四、《会典事例》卷一百九十六《刑律·人命》"尊长为人杀私和"条云："凡祖父母、父母及夫若家长为人所杀而子孙、妻妾、奴婢、雇工人私和者，杖

---

① ［日］黑板胜美、国史大系编修会编辑：（新订增补）《国史大系》（第22卷）（律·令义解），吉川弘文馆昭和41年7月30日发行。
② 杨鸿烈：《中国法律在东亚诸国之影响》，商务印书馆2017年版，第297、316页。
③ 杨鸿烈：《中国法律在东亚诸国之影响》，商务印书馆2017年版，第180页。

一百，徒三年；期亲尊长被杀而卑幼私和者，杖八十，徒二年；二功以下，各递减一等。"①

其二，"狱"鲜有讼师干预，而"讼"多有讼师参与。在一些民事案件中，秉持着和谐息讼的观念，当事人很多都会采取调解息案的方法，这时讼师就有很大可能会被委托为中间调解人。例如清朝著名讼师吴墨谦就经常替纠纷当事人双方在讼前结束争端，"雍正时，松江有吴墨谦者，通晓律例，人请作呈牍，必先叩实情，理曲即为和解之，若理直，虽上官不能抑也"。②

2. 调解。在中国古代，通过调解来解决纠纷是中华法律文化的一个特点，调解始终是统治阶级推行礼治和德化教育的工具。调解思想在三代以前就已存在，那时的生产力低下，社会组织简单，战国法家经典著作《韩非子》记载了一件舜调解纠纷的事迹："历山之农者侵畔，舜往耕焉，期年甽亩正。河滨之渔者争坻，舜往渔焉，期年而让长。东夷之陶者器苦窳，舜往陶焉，期年而器牢。仲尼叹曰：'耕、渔与陶，非舜官也，而舜往为之者，所以救败也。舜其信仁乎！乃耕藉处苦而民从之。故曰：圣人之德化乎！'"③

历山的农民互相侵占田界，舜便到历山与农人一起耕地，一年后，没有人再侵占田界。在河滨打鱼的渔民互相争夺水中高地，舜便到河滨与渔民一起打鱼，一年后渔民主动将高地让给长者。东夷制陶器的陶工制作的陶器品质低劣不结实，舜便到东夷与他们一起制陶，一年后陶工制出的陶器十分结实。孔子评叹道：农耕、打鱼和制陶，都不是舜的职责，而舜却亲自前往做了这些事情，只是为了去拯救败坏的风气。舜确实称得上仁啊！能亲自吃苦操劳而使民众都信从他。所以说，圣人的道德能感化人啊！

西周时期有"调人"一职，《周礼》的"地方司徒"属下有"调人"，"调人掌司万民之难，而谐和之"，④可见是专做调解工作的。⑤之后，从秦至唐，县以下的基层组织都设有"三老"等机构，负责调处民间争讼。宋以后，这一传

① 杨鸿烈：《中国法律在东亚诸国之影响》，商务印书馆 2017 年版，第 542 页。
② 党江舟：《中国讼师文化》，北京大学出版社 2005 年版，第 138 页。
③ 高华平、王齐洲、张三夕译：《韩非子·难一》，中华书局 2014 年版，第 428 页。
④ 《周礼译注》，杨天宇译注，上海古籍出版社 2016 年版，第 178 页。
⑤ 俞荣根：《儒家法思想通论》，商务印书馆 2018 年版，第 20 页。

统得以保留并发扬光大。宋代的陆九渊做官时，对争议"酌情决之""而多所劝释……惟不可训者，始置之法"。元朝时，乡里设社，社长负有调解职责。明朝的乡里调解更具有特色。每个里都定有乡约。每当会日，里长甲首与里老集合里民，讲谕法令约规。有的里设有申明亭，里长有不孝不悌或犯奸盗者，将其姓名写在亭上，以示警戒，当其改过自新后就去掉。里老对于婚户、田土等一般纠纷，有权在申明亭劝导解决，即"凡民间应有词状，许着老里长准受于本亭剖理"。正因为调解有利于减少诉讼和维护封建统治秩序的稳定，故历代封建统治者一直很重视，直到清末制定《大清民事诉讼法典》，仍有以调解结案的规定。

日本传统法文化继受中国"刑惩于已然之后，礼禁于将然之前""出礼而入刑"的法律观念，将纠纷视为非正常状态。当纠纷发生时，彼此克制，极力回避审判程序，选择非正式的协商或调停方式实现妥协性的解决结果。《沙汰未律书》中甚至提出聪明人不打官司，江户幕府时代，将"内济"，即由"盯役人"或"村役人"等地方官员或有势力的第三者介入，对纠纷进行调解的制度列入审判制度中。①

3. 家族司法。即家族内部依据其祖训家规等家族法审断家族纠纷，维护家族稳定秩序的一种惩罚犯罪族人的活动。家族就是有共同的祖先、以父系血缘为主，在宗法等级制度下形成的血缘社会群体。家族法，是指家族内部由祖先遗留或族人共同制定的要求族人遵循的规训，它往往载录在族谱中，具有家族成文法的效力。②

家族司法产生于家族内部不平等的关系，是从有明确的等级划分和地位差别时开始的。春秋以前，生产力水平相对比较低下，族人必须依赖家族的力量进行生产，家族不但是政治实体，经济上也具有一定的实体性。因此，家族内部约束族人的规范，一种统管全族的意识形态已然存在，甚至在家族发展过程中，如何惩治违规族人以增强家族凝聚力，共同对付外强，成为家族发展壮大

---

① 李青：《中华法系为何成为东亚各国的母法》，《中国政法大学法律史学研究中心：中华法系国际学术研讨会文集》，中国政法大学法律史学研究院 2006 年版，第 28 页。
② 原美林：《中国传统家族司法研究》，法律出版社 2014 年版，第 26—29 页。

的必要措施。

在秦代，国法森严，家长对家人、奴婢都不能随意处置，族长对族人的权威必然更加式微。在这样的时势下，家族司法显然难以得到发展。汉朝建立后，政治环境相对好转，在汉代，忠孝的伦理原则是政治原则。家族内部受儒家思想的影响，尊卑观念根深蒂固，这顺应国家法律维护封建等级秩序的原则，家族司法再次萌发且塑造了中国封建法律独特的家族伦理法性格。到了隋唐，三纲入律，忠孝成为法律规范，[①] 家族内部有了矛盾，第一时间就是通过家族内部调解，内部调解的法律依据便是家法族规，家族司法开始有了后续的发展。到宋元时期，宋代人不仅在理论上提出重建家族制度的种种设想，而且以家族司法为典型，进行了丰富的实践活动。[②]

（五）中华法系的律家，源自中华法律文化的法律职业者

中华法系的形成，得益于中华法律文化的法律职业者在立法、司法、律学研究以及法律教育方面作出的卓越贡献。

第一个贡献表现为"律家"积极参与法律运行之中，从事立法、司法和诉讼活动，通过这些活动贯彻自己的法律主张，并以此影响皇帝的立法指导思想和安邦治国的总政策。如隋初高颖、杨素、苏威、牛弘等人，在总结南北朝"用法深重""诛杀无度"之教训的基础上，制定了《开皇律》，"尽除苛惨之法"，在一定程度上克服了前朝刑罚的野蛮性。而唐初的房玄龄、长孙无忌、李勣、宋璟、于志宁等人，又在隋末《开皇律》和唐初《武德律》的基础上，制定了《贞观律》和《永徽律》，对之前的法典作了重大修改，使之更加简约、更加成熟，如减少大辟罪九十二条，"削烦去蠹、变重为轻者，不可胜纪"。[③]

在中华法系之各个成员国，情况也一样。如日本以藤原不比等为首的一批律家，积极完成了《大宝律令》和《养老律令》的编纂和解释任务。律家讚岐千继和物部敏久等一批人，完成了《延历交替式》以及《弘仁格式》《贞观格式》

---

① 参见何柏生主编：《中国传统法律文化与法律价值》，法律出版社2017年版，第496—497页。

② 原美林：《中国传统家族司法研究》，法律出版社2014年版，第33—35页。

③ 《旧唐书》卷五十，"刑法"，第六册，中华书局1975年版，第2138页。

《延喜格式》（782—923 年）等一批法律和法规的编纂任务。在古代朝鲜，郑梦周等一批律家，也积极参与国家的立法、司法、法律教育和法制宣传（讲读律令等）工作。在古代越南，显宗景兴十二年（1751 年）校定《百官职掌》："刑部职掌查勘翻覆刑审诸讼，并覆谳内外各衙门，论断囚徒。"① 刑部的这些职掌都是律家，他们的任务就是负责法律的运行。当然，在法律运行中还有一批社会底层的律家，就是那些讼师，他们的活动为中华法律文化的传承也作出了贡献。② 讼师在中国春秋时代就已出现。如郑国邓析，人们常常就法律问题、民间纠纷向他请教。类似邓析那样收取报酬教人诉讼对策的人物，在之后的各个朝代都有出现，但社会评价都不高。及至唐代，中国法律才承认诉状代书人的存在，并强调不得对案情添油加醋。代书诉状在南宋时是特许职业，称为"写状抄书铺户"，简称"书铺"，从业者须经官府审查核准，领取准许营业的凭证"小木印""朱记"等。

日本江户时代有所谓"公事师"制度。公事师经营旅馆，供诉讼关系人住宿。幕府规定他们的职责是送达传票、监视住宿者等；不允许其作为诉讼代理人或被告辩护人出庭参与诉讼。但公事师实际上接受诉讼关系人的咨询，充当他们的诉讼向导，为他们出谋划策，并以宿食费的名义收受咨询费，成为令人反感的讼棍，与中国古代的"哗鬼讼师"一样，社会评价很低。③

律家作出的第二个贡献表现在律学研究方面。注释阐述律令、解答法律疑难，这是中国古代律学家的一项主要工作和重要职责。两汉是律学家辈出、研究律学之风盛行的时代。作为西汉开国元勋之一的萧何（公元前 257—前 193 年），本就出身于"刀笔吏"（法律官吏），出于对法律的爱好和极高的法律素养，使得在刘邦（公元前 256—前 195 年）领兵打下秦朝首都咸阳时，其他人都关注金银财宝，唯有萧何专心致志地收集秦的法律文献。仅从这一点，就可以明白称萧何为中国古代"律学家"的鼻祖应是当之无愧的。继萧何之后，两汉著名

① 《历朝宪章类志·官职志》。引自杨鸿烈：《中国法律在东亚诸国之影响》，商务印书馆 2017 年版，第 487—488 页。

② 党江舟：《中国讼师文化》，北京大学出版社 2005 年版，第 6 页。

③ 刘俊文、[日] 池田温主编：《中日文化交流史大系》（法制卷），浙江人民出版社 1996 年版，第 285—287 页。

律学家还有南阳杜氏父子（杜周、杜延年）、泰山郑氏兄弟（郑弘、郑昌）、颍川郭氏家族（郭弘、郭躬、郭晊、郭镇、郭贺、郭祯、郭禧等）、沛国陈氏家族（陈咸、陈躬、陈宠、陈忠等），① 以及经学大师马融和郑玄等。到了魏晋时期，又有张斐、杜预、刘颂、钟繇、刘邵等一批律学名家涌现。此时律学地位和经学同等重要，成为并立的学府。而从魏开始在官府设立的"律博士"（"律学博士"），专门传授律学，开创了学律有专门学府的先例。

隋唐是中华法系形成之时期，也是我国古代律学发展到极盛的时期。隋朝律学之设，在于隋初统治者重视修定刑律，如《隋书·刑法志》记载，文帝开皇元年诏尚书左仆射高颎等更定新律，三年又敕苏威、牛弘更定新律，"自是刑网简要，疏而不失"。但这所谓新律，也是吸取前代法制之长，如《隋书·裴政列传》载，裴政曾与苏威等修定律令，"政采魏晋刑典，下至齐梁，沿革轻重，取其折衷"。律学就在这个基础上成立。开皇三年置律博士弟子员，州县并置律生。六年，又"敕诸州长史已下，行参已上，并令习律，集京之日，试其通否"。② 经过之前近七百多年的学术积累，律学发展到唐代已经完全成熟，从而支撑起了中华法系之学术的大厦。③

由于中国隋唐时期，日本积极向中国学习法律制度，包括律学，在当时有许多遣隋使和遣唐使曾不断购买隋唐时期尤其是唐代的法律作品和律学著作运回日本，这些中国的律学著作为日本学者所广泛引用，从而在日本保留至今的法律文献如《律集解》《令义解》和《令集解》等中，可以看到一些唐代民间律学专家的活动印记。根据日本庆应大学教授利光三津夫的梳理和研究，日本法律注释书中引用的唐代私家法律注释作品共有十五种，其中可以确认的作者（律学家）大体为张氏、宋氏、简氏、杨氏、曹氏、栗氏等十余家数十人。④ 虽

---

① （宋）范晔撰，（唐）李贤注：《后汉书》（第六册），中华书局 2012 年版，第 1543—1547 页。史家还记载说："郭氏自弘后，数世皆传法律，子孙至公者一人，廷尉七人……"同上书，第 1546 页。
② 高时良：《中国古代教育史纲》，人民教育出版社 2001 年版，第 231 页。
③ 详细请参阅何勤华主编：《法律文明史》（第 7 卷），商务印书馆 2019 年版，第 102 页。
④ ［日］利光三津夫：《律令およそ令制の研究》，明治书院 1959 年版，第 71 页。转引自何勤华主编：《法律文明史》（第 7 卷），商务印书馆 2019 年版，第 103 页。

然这些线索还都比较模糊、不甚清晰，但我们已经可以大体作出这样的判断：唐代中国的律学家人数已经不少，而且非常活跃。不仅有官方的，也有民间的。正是在他们的辛勤努力下，才能推出如《唐律疏议》这样伟大的律学经典作品。

律学家作出的注释、阐述、解答等，不论是正式的还是学理的，在我国古代司法实践中均发挥着巨大的效力。如长孙无忌等人编纂的《唐律疏议》、窦仪等人编撰的《宋刑统》，就是对唐《永徽律》和宋代法律所作的官方注释，它们对律文进行逐句解释，阐明文义，剖析内涵，并设置问答，通过互相辩难，解释、回答法律疑义，以补充律文之不足。这种解释作为官方的正式解释，与律、令等具有同等效力。《宋刑统》还附上了相应的敕（通过"准"和"臣等参详"的方式）。明代雷梦麟《读律琐言》、王肯堂《律例笺释》、陆柬云《读律管见》和清代王明德的《读律佩觽》、沈之奇的《大清律辑注》、夏敬一的《读律示掌》等，虽然只是学理解释，但在司法实务中也同样起着重要的指导意义。

中华法系之律家所作出的第三个重要贡献，就是不断推进法律教育活动的展开。中国历史上法律教育第一个大普及的时代或许可以追溯到春秋战国时期。[①] 此时，郑国有邓析，秦国有商鞅，教民以法律。秦始皇统一中国后，国家垄断了法律教育。《商君书·定分》云："圣人必为法令置官也，置吏也，为天下师。"《韩非子·五蠹》亦云："明主之国，无书简之文，以法为教；无先王之语，以吏为师。"湖北云梦睡虎地秦墓竹简的《秦律十八种》有"内史杂"，称学习的地方为"学室"，在"除弟子律"称学习法令者为"弟子"。从秦简的法律文书看来，所谓学法令，当包含司法业务教育、司法道德教育以及法律宣传等方面。司法业务教育，指明法律令为良吏的必备条件；司法道德教育，指《秦简·语书》区分良吏与恶吏的标准，不仅在明法律令，而且还在于法官的品德，如廉洁、公心等；法律宣传，指秦在各地基层行政组设有"三老"，以掌教化，使"黔首改化，远迩同度"。所以从秦国到秦朝时期的"以吏为师"的法令教

---

① 沈天水：《中国古代法律教育初探》，《法学》1984 年第 2 期。

育，看来颇具制度化。①

汉承秦制，仍"以吏为师"。但私学已得解禁，虽以传授经学为多，但也有传授律令学者。以吏为师之实例，有如贾谊从河南守吴公习得刑律，严延从丞相府习得法律等。②汉朝统治阶级深明法律在维护封建统治中的作用，因此汉朝统治阶级在选拔官吏的时候仍把明习法令作为一个重要条件。汉武帝元光元年（公元前134年），令郡国举孝廉各一人，"限以四科"。其中就有"明习法令"一条。由于统治阶级的提倡，两汉一代法律教育仍绵绵不绝，或父传其子，或师传其弟。《汉书·于定国传》记载"定国少学法于父，父死，后定国亦为狱吏，郡决曹，补廷尉史"。这就是通过家传的方式传授法律的例子。另一种方式是由官府，主要是由丞相府传授法律。《汉书·循吏传》中说"景帝末，'文翁'为蜀郡守，仁爱好教化，见蜀地辟陋有蛮夷风，文翁欲诱进之，乃选郡县小吏开敏有材者张叔等十余人亲自饬厉，遣诣京师，受业博士，或学律令"。汉代依靠这两种方式来进行法律教育。③

魏明帝时，大臣卫凯上奏"刑法者，国家之所贵重，而私议之所轻践，狱吏者，百姓之所悬命，而选用者之所卑下。王政之弊，未必不由此也"。因此，他建议置律博士，转相教授。魏明帝采纳了卫凯的建议，这是律博士设置之始。从卫凯上奏中能看出，魏之设律博士是为了对在职狱吏加强法律知识的教育，还不是唐之后为了培养法律人才的官学。一直到隋朝仍设律博士8人，明法椽20人。至此为止，律博士仅是执法机关廷尉或大理寺的属官，他们的职责主要是教授法律和备顾问。④隋朝律学直隶于大理寺。⑤唐代是中国封建教育发展的鼎盛时期。自唐武德初始，律博士隶国子监，国家正式把律学设为国子监的六学之一，⑥并于贞观六年（632年）得以正式确立。⑦律学方面的教师设置为：设

---

① 高明士：《东亚传统教育与法文化》，台大出版中心2007年版，第239—240页。
② 高明士：《东亚传统教育与法文化》，台大出版中心2007年版，第240页。
③ 沈天水：《中国古代法律教育初探》，《法学》1984年第2期。
④ 沈天水：《中国古代法律教育初探》，《法学》1984年第2期。
⑤ 高时良：《中国古代教育史纲》，人民教育出版社2001年版，第230页。
⑥ 沈天水：《中国古代法律教育初探》，《法学》1984年第2期。
⑦ 高时良：《中国古代教育史纲》，人民教育出版社2001年版，第243页。

置律学博士一人，从八品下；助教一人，从九品上。① 根据《国子律学直讲仇道朗墓志铭》云：仇道朗曾在咸亨三年（672年）前"授宣德郎、国子监律学直讲"。② 龙朔三年（663年）律学改隶详刑寺。律学学生入学年龄大致为18—25岁。在学六年期满后，考试合格者，可参加科举考试，担任各种官职，③ "律生六年不任贡举者，并解退"。④ 除国子监外，中书省下的内文学馆也有律学教育的内容，其有博士2人。⑤

在中华法系的律学家中，大凡有名望者都有各自不同数量的门生。这一传统继承于两汉及魏晋南北朝，兴盛发达于隋唐之间，如魏明帝时代的刘劭（著有《法论》等），晋时的嵇康（224—263年）、傅玄（217—278年）、杜预（222—284年）、张斐（著有《律注表》等），南朝的孔稚珪（447—501年）、蔡法度（《梁律》的编纂者），北朝的封述（《北齐律》的编纂者），以及隋唐之际的王通（584—617年）、杨汪、孔颖达（574—648年）、颜师古（581—645年）等。至宋以后，有宋代的孙奭（1019—1079年）和傅霖（北宋初人），元代的沈仲纬（元末活跃之人）等人。明代的律学家唐枢（1497—1574年）和李贽（1527—1602年），虽然也曾是司法官员阶层之中坚，但在得罪权贵、遭贬免职之后，两人就长期从事讲学、传授学生的工作。而清代著名律学家、律学教育家汪辉祖（1731—1807年），对中国的法律教育更是作出了巨大贡献。他的三部作品《佐治药言》《续佐治药言》《学治臆说》，就是他长期从事幕府律学教育的心得经验总结，也是当时最受人欢迎的律学教科书。他无论是亲自带学徒，还是阐述其任刑幕的经验，对当时民间的法律教育均产生了巨大的影响。⑥ 应该说，我国古代之所以有律学教育的悠久历史传统，同律学家是分不

---

① 《旧唐书》卷44，《职官志三》。（后晋）刘昫等：《旧唐书》（六），中华书局2013年版，第1892页。

② （清）毛凤枝：《关中金石文字存逸考》卷三《国子律学直讲仇道朗慕志铭》，光绪辛未年会稽顾氏江西萍乡县署刻本，上海古籍出版社1995年版，第26页。

③ 杨昭全：《中国—朝鲜·韩国文化交流史》（第一册），昆仑出版社2004年版，第105页。

④ 高时良：《中国古代教育史纲》，人民教育出版社2001年版，第246页。

⑤ 高时良：《中国古代教育史纲》，人民教育出版社2001年版，第251页。

⑥ 此外，明代的雷梦麟和清代的王明德不仅是著名的律学家，同样还是非常有成绩的律学教育家。

开的。①

科举考试方面，《唐六典·尚书礼部》载："凡举试之制，每岁仲冬，率与计谐。其科有六：一曰秀才，二曰明经，三曰进士，四曰明法，五曰书，六曰算。"《新唐书·选举志》说得更为详尽："唐制，取士之科，多因隋旧，然其大要有三。由学馆者曰生徒，由州县者曰乡贡，皆升于有司而进退之。其科之目，有秀才，有明经……"明法科的考试方式是：试律七条，令三条。全通为甲第，通八为乙第。② 另外，唐代制科也有明法科。明法这个科目测验考生对唐朝法律的掌握程度。所有考生必须精熟的法律知识当中，著名的《唐律》是一切的根本。不过考试内容也包括了与刑律、令、格式等相关的事务。这个科目的考生主要都是乡贡与律学的生徒。

王安石在 1073 年于国子监辖下正式成立一所律学（教育机构）。由法律博士从事的法律教学，原本主要是大理寺的职责。随着律学的成立，"博士"的头衔也改为"教授"。现任官员与考生都可申请入学，政府尤其鼓励考生学习法律。③ 法律学校在 12 世纪初废止，大理寺重新执掌法律学生的训练。南宋期间，政府仍然偶尔举行刑法考试。这类活动必然由大理寺负责。法律学生必须遵守大学的校规，唯一差别是他们如果考试成绩不佳，惩罚是罚款而不是退学。④

中国古代的法律教育还包括讼师教育。讼师的职业特点之一就是设立专门场所教人诉讼，教的内容不但包括诉讼的一般知识和技术，而且教涉讼人员如何去针对个案打官司、行事。早在讼师出现的春秋战国，已经有了专门教授别人学讼的邓析，其开创的讼学大体在北宋仁宗时期被发扬光大，当时学校学讼不亚于四书五经。《袁州府志》卷十三称：江西一带，"编户之内，学讼成风；乡校之中，校律为业"。民间专门教人讼学的学校叫"讼学业嘴社"，当时也有

① 何勤华主编：《法律文明史》（第 7 卷），商务印书馆 2019 年版，第 107—108 页。
② 高时良：《中国古代教育史纲》，人民教育出版社 2001 年版，第 260 页。
③ 李弘祺：《学以为己：传统中国的教育》（下），华东师范大学出版社 2017 年版，第 446 页。
④ 李弘祺：《学以为己：传统中国的教育》（下），华东师范大学出版社 2017 年版，第 447 页。

人专门编撰教人打官司的书籍。①

以上，我们比较详细地梳理和论述了本书之基础性范畴，关于中华法律文化研究的学术史、中华法律文化对东亚之影响的形成和发展、中华法律文化的特点及其在世界法律文明中的地位、中华法律文化与中华法系之关系，等等。

通过这些梳理和论述，我们试图说明中华法律文化之所以能够成为中华法系的基础，能够对日本、朝鲜和越南等东亚国家产生影响，成为这些国家建国立制、变法修律的模范，就在于中华法律文化有一种宽松、包容并兼顾天、地、人为一体的法律运作指导思想，有以成文法典为中心、法律渊源多元化为基础的发达的法律制度，有比较齐全且能满足各方当事人需求的法律设施，有包含有法律人活动和法律机构比较高水平实施的法律艺术，乃至贯穿于立法、执法、司法、守法以及法律教育和法律研究的一整套法律运作智慧。

正是因为拥有了上述这样一种在当时东亚最为发达的法律文化，中国就很自然地成为周边国家所学习、仿制的模范，中华法律文化就从公元 6 世纪末 7 世纪初开始，源源不断地向日本、朝鲜和越南地区传播和输出，并在此基础上，形成了在古代世界独树一帜的中华法系，从而为人类法治文明的进步作出了中华民族的贡献。这些就由本书之第一章、第二章和第三章来详细讲述，导论就写到此，不再赘述了。华东政法大学法律学院法律史专业硕士研究生于佳慧为本书制作了索引，在此也表示我们的感谢。

----

① 参见党江舟：《中国讼师文化》，北京大学出版社 2005 年版，第 24—25、136—137 页。

第一章　中华法律文化对日本之影响

在东亚地区，中国在公元前就确立了统一政权，影响了周边地区民族文化与国家的形成和发展，这些民族和国家仰慕和憧憬中国王朝之文化，呈现出了"外夷慕化"之景象。中国王朝向周边首领派遣的使者授予爵位和官职，形成一种册封关系，东亚地区"册封体制"由此展开。① 众所周知的"汉委奴国王"金印正是中日之间册封关系的体现。作为日本体积最小的国宝，该金印现存福冈市博物馆，金印印面正方形，边长2.3厘米，印台高约0.9厘米，台上附蛇形钮，通体高约2.2厘米，上面刻有"汉委奴国王"字样（"委"即"倭"）。当时日本列岛上各个小国林立，还并未形成统一日本列岛的政权。公元57年，列岛中的一个部落国王遣使朝觐，汉光武帝授予的就是这枚金印。② 除了这枚金印以外，到公元3世纪时，邪马台国女王卑弥呼被赐"亲魏倭王"，并随赠锦缎布匹若干和铜镜百枚等。③ 虽然由于史料的限制，在日本并没有相关文献记载（如后文所述，日本此时还未有文字），但流传至今的金印和铜镜是早期中日交往的明证。

---

① 详细内容参考［日］西嶋定生：《東アジア世界と册封体制》，岩波书店2002年版。

② 《后汉书·东夷列传》"建武中元二年（公元57年）倭奴国奉贡朝贺，使人自称大夫，光武赐以印绶"。日本此时没有可查证的文献，其最早的古文献为《古事记》和《日本书纪》，这二者都是8世纪初才写成。

③ 《三国志》卷三十，"魏书·东夷传"之倭人条。日本史上有三大谜题，其中一个就是邪马台国到底在九州还是在近畿。代表性学说就是东京大学白鸟库吉的九州说和京都大学内藤湖南的近畿说，而三角缘神兽镜大量在近畿出土是近畿说的重要论据。

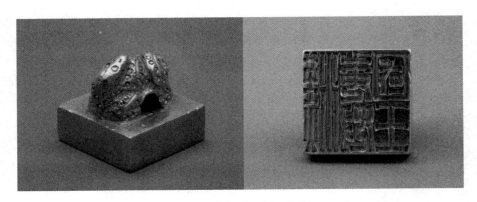

图 1-1　金印"汉委奴国王"

图片来源于福冈市博物馆主页：*https://g.co/arts/iBqG9qeUUxGLAi2E8。

但是，现有的史料都没有表明此时日本已经吸收了中国的法律。事实上，这对尚处于"百余国"分裂状态的公元 1 世纪的日本来说是无法实现的，即便是到了 3 世纪，尚未拥有文字的日本也无从吸收成文法的中国法律。全面吸收中国法律文化势必需要两个条件：其一是文字，其二是能够全面推行法律变革的统一政权。达成这两个要件，日本又花了两三个世纪的时间。其间，原本诞生在印度的佛教在东传以后得到中国统治者的青睐，中国大兴佛教，这自然也影响到了仰慕中国文化的日本。

如果说前面所举之日本国体积最小的国宝——"汉委奴国王"金印体现了日本与中国早期的接触，那么日本现存体积最大的国宝——东大寺大佛殿（"金堂"）则体现了几个世纪后日本全面学习中国达到鼎盛。

东大寺内供奉了高约 15 米的卢舍那大佛，模仿的正是武则天在洛阳紫微城建造天堂和在龙门石窟雕刻卢舍那大佛。日本天平十二年（740 年），在光明皇后的力劝下，圣武天皇发愿"朕亦奉造"。这位光明皇后的父亲正是后文将要介绍的主持《大宝律令》和《养老律令》编撰的重要人物——藤原不比等。因此，可以说这一最大的国宝见证的是日本从宗教到法律、从文化到政治制度全面吸收中国古代文化的时代。天平胜宝八年（756 年）圣武天皇去世，光明皇后在圣武天皇七七忌日之时，将圣武天皇的遗物交予东大寺，此为正仓院之肇始。今日正仓院所藏之唐物精美绝伦，其背后反映的也正是当时日本统治阶层对中国文化的仰慕。

图 1-2　东大寺金堂（位于日本奈良，是当今世界上最大的木造建筑）

图片来源于东大寺主页：https://www.todaiji.or.jp/information/daibutsuden/。

　　概而言之，在几个世纪的交流中，日本在吸收中土佛教和其他中国经典思想的过程中产生了文字，并且在这个过程中实现了政权统一，为接下来的全面吸收法律文化奠定了基础。飞鸟时代（592—710 年）和奈良时代（710—784 年）是法律文化吸收的顶峰。在这一时期，日本以佛教思想为开端，逐步过渡为全面吸收中华法律思想，并在制度上全面模仿中华法律制度，成为中华法系成员国中重要的一员。接下来，本章将分别从法制理念、法律制度、司法机构和法律智慧方面梳理日本对中华法律文化的摄取，探讨其影响，并总结其特点。

第一节　中国古代法制理念对日本之影响

　　前面谈到日本对古代中华文化的吸收是自佛教思想起，但佛教思想的传入并不是一帆风顺的，面临的最大阻力就是日本本土的神道教，率先主张引入佛教思想的苏我氏及其所支持的圣德太子在"神佛之争"（神道教和佛教的冲突）中一步步巩固了统治，并在这个过程中率先推行了法律制度的改革。这也是其政治改革中带有浓重佛教色彩的原因之一。在探讨以天皇为核心的中央政权全面吸收中华法律文化——唐法东传之前，有必要先了解一下作为文化传播的先锋，"佛法"是如何传入日本并被吸收的。

一、儒法东渐之基础——佛教思想与汉字文化的东亚共有

古代社会中，文化传播的重要载体是文字，大规模的、长久的传承更是需要有文字的记载。《隋书·倭国传》言及古代的日本，乃："敬佛法，于百济求得佛经，始有文字。"日本官方对中国文化思想的吸收首先从佛教思想开始。其中也包含了佛教为日本带来可以记载并流传于世的文字这一重要内容。

（一）朝拜佛法：日本汉字文化的起点

佛教思想早在公元前 6 世纪至公元前 5 世纪就诞生于印度，后来从中国经由朝鲜半岛传到日本，日本得以成为佛教文化圈的成员之一，并且也是在这一过程中，逐渐成为以中国为首的东亚世界中的重要成员。关于佛教思想何时以官方途径正式从中国传到日本，就现有的史料而言，有两个有力的学说。一说为 538 年，另说为 552 年，[①] 无论哪一说更为确切，都表明佛教思想传到日本的时期是在公元 6 世纪，这是佛教思想诞生千年以后的事了。佛教思想东传至日本后，对日本的国家、社会以及日本人的思想形态和生活习俗等产生了深刻且久远的影响，即便在今日，这些影响仍然清晰可见。

古代日本的佛教史中，有飞鸟佛教和奈良佛教之分，飞鸟佛教主要指日本在推古朝时期（593—628 年）以苏我氏为首导入的佛教思想；奈良佛教是指飞鸟佛教之后，以天皇为首举国家之力使之兴盛的护国佛教，其典型代表是天武朝时期（673—686 年）。[②]

佛教思想进入日本并不是一个简单的过程。正如佛教当初进入中国时，也面临与本土思想有所矛盾的情形一样。在佛教传入中国时，其与本土文化之间

---

① 前者（538 年说）依据的是《元興寺缘起》，后者（552 年说）依据的是天皇的实录《日本书纪》。不过，《元興寺缘起》中包含了"飞鸟寺系缘起"和"丰浦寺系缘起"。在"丰浦寺系缘起"部分有宣化戊午年（538 年）百济圣明王送来佛教的记载。而"飞鸟寺系缘起"部分包含了钦明壬申年（552 年）佛教公传的记载，此又与《日本书纪》记载一致。详细参见松木裕美：《〈史料紹介〉〈元興寺缘起〉》，《歴史と地理》537 号，2000 年 9 月刊行，第 38—41 页。

② 不过，需要注意的是，在推古朝时期，摄政的圣德太子也是佛教思想的大力推动者，只不过此时还未迎来举国家之力全面发展的鼎盛时代。

的冲击也是巨大的。日本在佛教思想传入之前，早已经有根深蒂固的神道教信仰，在印度生根发芽、在中国成长、又经由朝鲜半岛而来的佛教要融入新的土壤中实非易事，其中，苏我氏的推动毋庸置疑发挥了至关重要的作用。

（二）神佛之争：物部氏与苏我氏

如前文所述，大约 6 世纪中，佛教自朝鲜半岛传来以后，以苏我大臣稻目为首领的苏我氏积极迎接佛教到来，为此，他还将自己在飞鸟向原的家宅改为了供奉从百济圣明王初迎来的佛像，这是日本第一次供奉佛像，从这个意义上而言，这是日本最古老的佛寺。

对外来思想的到来，既有欢迎派，也有反对派。苏我稻目因与朝鲜半岛有所交涉，主张日本应当学习中国和朝鲜迎接佛教，称"西蕃诸国皆礼之，日本岂独背也"。而物部尾舆和中臣镰子主张日本自古四季祭拜天地社稷的一百八十神，今舍"国神"而奉"蕃神"，恐会致"国神"发怒。①

以物部氏为首的势力的反对是有效的，事实上，钦明天皇（日本第 29 代天皇，539—571 年在位）放弃了以国家为主体吸收佛教的途径，而仅仅以容许苏我稻目个人信仰的形式承认了此时佛教在日本的传播。反对佛教的物部尾舆和中臣镰子等甚至将佛像扔进难波（现今的大阪市）的堀江之中，并烧毁佛寺。但此后不久，钦明天皇的宫殿就遭遇了大火。第 2 年（钦明天皇十四年），河内国（位于今天大阪府东部）报告海中飘浮着闪着金光的樟木，于是有了大和吉野郡比苏寺（又名比曾寺，在江户时代被大火烧毁，由曹洞宗僧人重建，改名世尊寺）的放光樟木佛像。

虽然遭遇了强烈的反对，但苏我稻目的崇佛思想并没有就此停止，反而持续深化。其背后也有钦明天皇与苏我氏关系密切这一原因，钦明天皇的妃子中有两位都是苏我稻目的女儿（苏我稻目有 3 个女儿，都分别嫁给了天皇。所以他本人是日本 3 位天皇的外祖父）。但钦明天皇的继任者敏达天皇（日本第 30 代天皇，572—585 年在位）则与其父亲不太相同，不崇信佛法。他与物部守屋等主张废佛的人站在了一起。继任敏达天皇的是他的同父异母的弟弟——用明天皇（日本第 31 代天皇，585—587 年在位）。用明天皇的母亲是苏我稻目的

---

① 《日本书纪》卷 19，钦明天皇十三年 10 月条。

女儿坚盐媛（也是后来推古天皇的母亲），她公开承认了佛教的地位，朝廷中再次兴起苏我氏的崇佛思想。用明天皇的崇佛引起了物部氏等反佛派人士的不满，之后的日本史经历了苏我氏和物部氏的斗争后，在推古天皇（日本第33代天皇，593—628 年在位。除去卑弥呼，推古天皇是日本第一位女帝，是钦明天皇与苏我稻目女儿坚盐媛的女儿，敏达天皇的皇后）继位后，终于确立了苏我氏的主导地位，苏我氏所崇尚的佛教思想由此在日本获得了稳定的地位。

由此可见，日本"朝拜佛法"的崇佛思想并不能简单地归结为仅仅是对佛教思想的吸收，事实上，苏我稻目的崇佛本身并不是单纯的信仰的改变，其背后是他对吸收了中华文明的百济和高句丽的先进文明的憧憬。从政治层面来看，佛教的传入背后是政治势力的对抗。如果说钦明天皇时，这一政治势力的对抗还并未决出胜负，那钦明天皇去世后，经过激烈的政治势力之间的斗争，最终以苏我稻目的继任者苏我马子的胜利告终。崇佛派的胜利使得日本进入一个相对统一的政权，由此才得以吸收大一统的礼教与法制，而推动这一过程的正是以圣德太子和以苏我氏为代表的日本统治阶层。

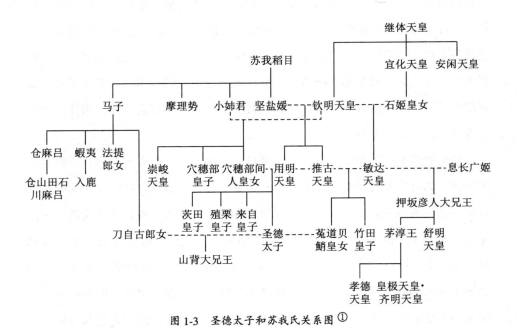

图 1-3　圣德太子和苏我氏关系图①

---

① ［日］川胜守：《聖徳太子と東アジア世界》，吉川弘文馆 2002 年版，第 164 页。

在苏我马子的政治影响下，圣德太子出任推古天皇的摄政，"位居东宫，总摄万机，行天皇事"。① 推古天皇是日本第一位女性天皇（上文提到的卑弥呼也是女王，但尚未称天皇），后来的齐名天皇、持统天皇和孝谦天皇等也都是女性。而朝鲜最早的女王（善德女王）于 632 年即位，此外还有 647 年即位的真德女王，共计两位女王；中国仅一位女帝，即女皇武则天，于 690 年即位。由此可见，就东亚社会来看，女性称帝的传统日本出现得早，且持续的时间最长。不过，和女王卑弥呼相同，推古天皇虽然名为天皇，但真正的政治统治者仍然是男性，即圣德太子及其背后的苏我马子。

图 1-4　圣德太子像

菊池容斋（武保）著《前賢故実》卷第 1，雲水魚尽庵，明 1. 国立国会図書館デジタルコレクション，https://dl.ndl.go.jp/pid/778215，参照 2024-03-23。

苏我氏与圣德太子推崇佛教。早在与物部氏对抗之时，圣德太子就曾造四天王像，发愿若能胜敌，必奉护世四王，起立寺塔。推古天皇继位后下诏"隆兴三宝"，圣德太子亦大力兴建佛寺。② 伴随着佛教思想一并传入日本的还包括儒家思想。推古天皇十一年（603 年）制定的"冠位十二阶"和推古天皇十二年（604 年）制定的"宪法十七条"是典型代表。前者按照德、仁、礼、信、义、智的顺序，分别大小，共计十二阶，以此来区分官员的等级。后者谓"以和为贵，无忤为宗"，儒家的"五常"之道和"礼之用，和为贵"的

① 《日本书纪》卷 21，"用明天皇元年春正月任子"条。
② 传圣德太子建七大寺：四天王寺（创建于 593 年）、法隆寺（创建于 607 年，圣德太子为实现父亲用明天皇生前愿望而建）、广隆寺（创建于 603 年，一说 622 年）、法起寺（创建于 638 年，根据太子遗言而建）、中宫寺（607 年，一说 7 世纪上半叶，传圣德太子为母亲所建）、橘寺（创建年不详，传圣德太子由用明天皇的别宫改建）和葛木寺（传为圣德太子生前所建）。不过，亦有学者（如大山诚一等）对于圣德太子本身的存在及其佛教事业提出质疑。限于史料，现在尚有不清晰之处，笔者认为即便后世对史料有所润饰，但中国古代的史料和《日本书纪》所记载之事实，并非虚构。

思想被采纳吸收，反映了圣德太子时期的"儒佛一致"的政治思想。①

（三）遣隋使：政治使臣和留学生（僧）混合模式的开启

在苏我氏和物部氏的政治对立中，日本的政局动荡不安，与此同时，朝鲜半岛正在发生翻天覆地的变化。高句丽和百济在581年先后向隋朝贡受封。新罗虽然稍晚一些，在隋统一5年后的594年亦朝贡受封。相较朝鲜半岛而言，日本此时的外交反而显得迟缓。《日本书纪》中记载的日本首次派出遣隋使是推古天皇十五年（607年），即小野妹子一行。不过，在《隋书》中记载了早在7年前就已经有倭国使者来访，此为通说，即日本自公元600年开始派遣隋使。即便如此，日本还是比高句丽和百济晚了约20年，比新罗晚了6年。而公元600年正是日本在经历政局动荡后相对稳定的推古天皇时期。飞鸟朝廷（圣德太子摄政）期间共计派遣了5次，除了前面所述之600年和607年以外，608年、610年和614年也分别派遣了使者前往隋朝。有学者根据东亚的史书，对这5次派遣整理如下：②

表 1-1

	隋朝纪年	日本纪年	备　考	出　典
1	隋文帝开皇二十年（600年）	推古天皇八年	倭王姓阿每，字多利思比孤，号阿辈鸡弥，遣使诣阙。	《隋书·东夷传》
2	隋炀帝大业三年（607年）	推古天皇十五年	1. 大业三年，其王多利思比孤遣使朝贡。 2. 秋七月戊申庚戌，大礼小野妹子遣于大唐，以鞍作福利为通事。	1.《隋书·东夷传》 2.《日本书纪》卷二十二
3	隋炀帝大业四年（608年）	推古天皇十六年	1. 明年，上遣文林郎裴清使于倭国。 2. 小野妹子，至自大唐。唐国号妹子曰苏因高。 3. 隋文林郎裴清奉使倭国，经我国南路。 （小野妹子再度赴隋）	1.《隋书·东夷传》 2.《日本书纪》卷二十二 3.《三国史记》卷二十七
4	隋炀帝大业六年（610年）	推古天皇十八年	己丑，倭国遣使贡方物。	《隋书·炀帝纪上》
5	隋炀帝大业十年（614年）	推古天皇二十二年	六月丁卯朔己卯，遣犬上君御田锹、矢田部造于大唐。	《日本书纪》卷二十二

---

① ［日］川胜守：《聖徳太子と東アジア世界》，吉川弘文馆2002年版，第183—184页。

② 童岭：《日出处天子致书日没处天子——隋代的国书事件及其文本阐释探微》，《北京大学学报（哲学社会科学版）》2023年第1期。

遣隋使们的朝拜并不顺利，第 1 次的遣隋使在中国并没有受到优待，其原因在史料中可以寻得踪迹。当遣隋的使节被问到自己国家的风俗时，其回答曰："倭王以天为兄，以日为弟，天未明时出听政，跏趺坐，日出便停理务，云委我弟。"这一回答显然让自诩为天子的中国皇帝不满，认为"此太无义理"。① 在这种情形下，日本第 1 次出使隋王朝没有受封也在情理之中。

7 年后，日本第 2 次派遣遣隋使来朝。《隋书》中记载有："大业三年，其王多利思比孤遣使朝贡。使者曰：'闻海西菩萨天子重兴佛法，故遣朝拜，兼沙门数十人来学佛法。'"这一次，发生了著名的"国书事件"，即日本在国书中曰"日出处天子至书日没处天子无恙"云云。这再次让中国的天子不悦，谓鸿胪卿曰："蛮夷书有无礼者，勿复以闻。"② 从外交来看，这是一次失败的"遣使朝贡"，但这次开创了留学僧的派遣，为后来日本进一步吸收中国文化开辟了一条重要的路径，这一路径使得中日两国自此有了从古至今不间断的文化交流。

从国书来看，"无礼"的变化体现在 608 年第 3 次遣隋使。使者小野妹子携来的由圣德太子用汉语撰写的国书，其称谓改为"东天皇敬白西皇帝"，这里不再有东西天子，"敬白"一词本身也表示臣礼。缘何有这一改变？事实上，608年（推古十六年），隋使裴世清（又名裴清）奉命随前一年来朝（第 2 次遣隋使）的小野妹子于 6 月一同到达日本，在 8 月壬子，将国书和信物献给日本朝廷，根据古濑奈津子的论考，其间日方所执行的外交之礼应源自隋炀帝下令编纂的《江都集礼》。③ 因此，虽然不知道《江都集礼》何时通过何人带到日本，但可以说此时的日本已经吸收了中国的礼，国书的变化正是其体现。

礼仪渐备的日本派出的第 3 次遣隋使除了正使、副使以外，同行的还有学问僧（留学僧）和留学生（8 人），他们在中土的时间从十余年到三十余年不等，深入地接触了中土的文化，为接下来日本全面吸收唐朝的法律文化作了铺垫。

---

① 《隋书·列传》，卷 46。
② 《隋书·东夷传·倭国》。此外，围绕"无礼"，学者分别从日本自称"天子""致书"这一用词和"日出"与"日落"这一对应关系等进行了分析。
③ ［日］古濑奈津子：《遣唐使の见た中国》，吉川弘文馆 2003 年版，第 150—153 页。古濑奈津子提到这是日本首次采用中国的宾礼接见外交使臣。而《三国志》，"魏书·东夷传"之倭人条中的女王卑弥呼并没有直接接见魏的使者。

学问僧中例如法师旻，他在中土居住 24 年后于舒明四年（632 年）归国，回国后设塾授徒，其学生就包括当时权倾朝野的苏我入鹿以及后来影响日本约半个世纪的"藤原"氏的开创者中臣镰足（天智天皇赐"藤原"姓）。留学生中例如高向玄理，留学 32 年后于舒明十二年（640 年）回国，与僧旻一并作为国博士，为日本的大化改新提出了诸多制度和政策方面的建议，为之后日本全面吸收传统中国文化奠定了基础。

（四）遣唐使：文化吸收的全盛

623 年，原跟随遣隋使到中国留学并在唐朝留学归国的留学生——学问僧惠日等共奏称"留于唐国学者，皆学以成业，应唤。且大唐国者，法式备定，珍国也，常须达"。① 自 630 年起，直到 894 年派出最后一批遣唐使为止，日本多次派遣唐使，次数约达 20 次。② 遣唐使初期每批 200 余人，中期以后增至 500 余人，除了外交使臣、译员、工匠、水手之外，与遣隋使团相同，也有留学生和学问僧同行。

派遣的目的在于外交和吸收大唐文化，因此选派使节之际偏向学者和有学问素养的人，如文章博士、文章得业生和文章生等，即便没有到文章生的程度，其大多"容止温雅"。除此以外，也有多人出自名门。如藤原马养是赠太政大臣藤原不比等的第 3 子，藤原清河为赠太政大臣藤原房前的第 4 子，石上宅嗣是左大臣石上麻吕的孙子，菅原清公和菅原善主父子则出生于博士家等。③

相较于此，遣唐留学生大多为中下级官员的子弟。如有名的吉备真备是右卫士少尉下道国胜之子，阿倍仲麻吕是中务大辅船守之子，大和长冈则是刑部少辅从五位上五百足之子。比起出身和家世，留学生的选拔更重视头脑，并且还按照其从事的专业进行选拔。④

---

① 《日本书纪》推古天皇三十一年秋七月条。
② ［日］森克己《遣唐使》（至文堂昭 1962 年版，第 25—27 页）中所举为 18 次；［日］木宫泰彦《日中文化交流史》（胡锡年译，商务印书馆 1980 年版）中统计为 19 次，其中 1 次未能成行，两次中途折返，3 次特殊使命（接送使臣），实际正式派遣并到达中国的遣唐使共 13 次；［日］古濑奈津子：《遣唐使の見た中国》（第 4—6 页）中按照［日］石井正敏《唐と日本》（吉川弘文馆 1992 年版，第 74—76 页）所列为 20 次。
③ 参见［日］森克己：《遣唐使》，至文堂昭 1962 年版，第 94—100 页。
④ ［日］森克己：《遣唐使》，至文堂昭 1962 年版，第 122—139 页。

综上所述，日本古代以佛法为始端接触和吸收中华文明，通过遣隋使和遣唐使不断学习和传播相关知识，使得古代日本迅速进入了中华文明圈。就法律文化而言，前往中土的不乏律法相关人士，这些人归国后为日本的政治改革和法律整备作出了巨大贡献。例如，高向玄理（遣隋留学生）回国后参加到日本的大化改新中，赐国博士；伊吉博德（遣唐留学生）回国后参与了《大宝律令》的制定；大和长冈和吉备真备都是养老年间遣唐使的留学生，留学入"明法"科，大和长冈年少便好刑名之学，留学归国后成为日本律学第一人，吉备真备归国后被重用，出任了孝谦天皇的侍讲、大纳言，甚至官至右大臣。两人归国后共同完成了《删定律令》二十四条等。

日本到底在何时开始吸收传统中国法律文化呢？如果仅以日本出现成文法的律令来界定，这显然是忽视了其学习和吸收过程的结果论。但囿于史料，要判断日本最早接触并吸收中华法律思想（如法律典籍的传入等）的时间确实有难度。不过，在律令制定之前，日本的统治者明显地吸收了隋唐的统治理念，并在日本推行了相关改革，笔者认为可以暂且将此视作日本吸收传统中国法律文化的开端，也是后来全面编撰律令的政治基础。接下来，就在现存史料范围内，来梳理儒法东渐到日本的起始。

二、儒法东渐的序章——圣德太子的改革

在上述"神佛之争"中胜出的苏我氏拥护了同样尊崇佛教的圣德太子，圣德太子在摄政时期颁布了日本第一部成文法，即"宪法十七条"。关于这部成文法相关的研究虽然有极其丰硕的成果，但其至今仍然是古代日本法制史中的重要谜题。

（一）第一部成文法："宪法十七条"之谜

据《古事记》和《日本书纪》记载，百济人王仁曾于应神天皇十六年（通说认为对应的是公元 405 年①）将中国典籍携带到日本，其中就有《论语》10

---

① ［日］丸山二郎：《日本書紀研究》，吉川弘文馆 1955 年版，第 85—270 页。

卷。自6世纪开始，百济多次派遣五经博士到日本，进一步促进了儒家思想在日本的传播（皇室和贵族间），可见，中国儒家的礼制思想早就传到了日本，不过，日本统治阶层真正将这些思想运用于统治，要等到推古天皇时期。

在中国儒家思想中，"天命"观、"王土王命""德治""仁政"等思想为古代日本天皇制集权统治的社会变革——从圣德太子的推古朝改革到后来的大化改新——提供了理论基础，而"宪法十七条"正是早期儒家思想东渐的集大成者。这是日本最早的成文法典，法条虽然仅有17条，但其在日本历史上的重要性不言而喻，这从古今无数学者热衷于对其讨论便可见一斑。

根据《日本书纪》推古天皇十二年（604年）的记载，"夏四月丙寅朔戊辰，皇太子亲肇作宪法十七条"。后文就是对该17条内容的全文引用。对此，学者多有论述，这些讨论大概可概括为以下3个核心问题：① 其一，"宪法十七条"到底是否为圣德太子亲撰？其二，"宪法十七条"是否为"宪法"？其三，对于"宪法十七条"所规定的内容，应该作何种解读？

关于第1个问题，即"宪法十七条"是否为伪作，日本的学者于江户时代就提出质疑。江户后期的考证学者狩谷棭斋认为在《日本书纪》中并没有收录文章作者全文的做法，因此认为其乃书纪撰写者所作。② 之后，江户末期到明治前期的国学者榊原芳野也同样持怀疑的观点，而活跃于明治时期以后的实证史学家津田左右吉更是断言并非为圣德太子亲撰。

这些质疑的来源一方面与《日本书纪》成书的年代相关。《日本书纪》成书于养老四年（720年），是日本最早的正史记录，在其之前，日本国内并无正式的文献记载。而在720年成书的文献中记载"宪法十七条"撰写的时间是604年，相差百年以上，也难怪其记载的准确性被质疑。不过，同样在《日本书纪》中可见的于前一年制定的"冠位十二阶"，③ 人们却鲜有疑虑。推古十一年中有记

---

① ［日］梅原猛：《聖德太子Ⅱ 憲法十七条》，小学馆1986年版，第260—264页。
② ［日］狩谷棭斋：《文教温故批考》，收于《狩谷棭斋全集》（8），日本古典全书刊行会1928年，第124页。
③ 例如，同年春正月戊戌条："始赐冠位豫诸臣，各有差。"

载如下：

> 十二月戊辰朔壬申，始行冠位。大德、小德、大仁、小仁、大礼、小礼、大信、小信、大义、小义、大智、小智，并十二阶，并以当色絁缝之，顶撮揔如囊，而著缘焉。唯元日著髻华（髻华，此云于孺）。

明治时期的国学家饭田武乡倾注 48 年撰写的《日本书纪通释》（全 70 卷）中对此有如下阐释："壬申为五日，赐冠位乃定品级之意。品级以德、仁、礼、信、义、智六阶分大小二阶共十二阶而成。""以当色絁缝之"中"当色"指位阶的颜色，即上述六阶分别对应紫、青、赤、黄、白、黑这六种不同颜色的冠帽，其中大小阶则以颜色深浅分之。通释曰："今按德统五性之名，是应合阴阳之紫色"，即以紫为贵，对应"德"，以"德"为最高之位阶，统帅其他。相应品级的官员着总发戴帽，唯每年正月初一除外。①

书纪中紧接上述记载的，是翌年即推古十二年春天正月戊戌条，"始赐冠位豫诸臣，各有差"，而上述夏四月丙寅朔戊辰圣德太子作宪法之条紧接此两条。如此前后相连的 3 条内容，为何前两条可信，而第 3 条就不可信呢？其原因在于，"冠位十二阶"的相关记载除了书纪以外，在中国的史书中也可寻得踪迹，如《隋书》和《北史》中有所提及，以及《翰苑》所引用的《括地志》中也有所明记。而中国的史书中虽提及"冠位十二阶"，却未提及"宪法十七条"。但就日本国内文献来看，《日本书纪》的"宪法十七条"之记载并非为孤证。日本国内最古老的圣德太子传记，《上宫圣德法王帝说》中也有"立十七条之法"的记载；《上宫圣德太子传补阙记》中也有"太子即制十七条之政事修国修身之事"的记载；《弘仁格》的序文中亦有"上宫太子亲作宪法十七条，国家法制自兹始焉"之语句。不过，前者因作者和撰写年代均不详，难以成为确证；补阙记则是 8 世纪末平安时代的文献，《弘仁格》编撰于弘仁十一年（820 年），似乎都更难以为之确证。但是反过来说，仅以《日本书纪》成书较晚，且无绝对有

---

① ［日］饭田武乡：《日本书纪通释》，日本书纪通释刊行会 1940 年，第 2946—2950 页。

力之辅证就对其加以否定，这并不能让人信服。并且如前文所述，佛教的东传使得东亚社会共享文字，日本在 6 世纪中叶佛教传来后开始有文字，小野妹子于 608 年带来的圣德太子以汉字书写的国书就说明此时汉字文化已经为日本政治权力顶层所用，同为圣德太子制定的"宪法十七条"没有文字载体这一判断似乎为时尚早。反而，"宪法十七条"在当时以某种形式留存下来，《日本书纪》的编撰者见到其内容因此录用全文，这似乎更符合一般逻辑。

就狩谷棭斋和榊原芳野的论述，冈田正之和植木直一郎都进行了反驳。①与江户时代学者就书写习惯和体裁等形式上的问题提出质疑不同，近代的学者津田左右吉针对"宪法十七条"的内容提出了伪作说，即："宪法十七条"中出现的"国司""群卿百寮""所任官司""国靡二君"等词汇乃 40 多年以后推行大化改新（645 年开始着手）之后才出现，由此主张"宪法十七条"并非出自推古天皇时期，而是大化改新之后由某儒学家所撰，以其为圣德太子所撰，乃附会之举。②

针对这一观点，泷川政次郎的反论具有代表性意义。泷川政次郎在其《律令格式的研究》中对津田左右吉反对意见的 4 个方面进行了驳斥。③并主张，作为日本国家首部制定法，"宪法十七条"的真实性不容置疑，是推古朝当时在东亚局势的压力下，意图确立基于法家思想的中央集权国家基本原则的"宪法"。④

以上是围绕第 1 个问题的日本学界的两大基本观点形成的情况，围绕"宪法十七条"是否为伪作，第二次世界大战后，日本学者对其的关心热度也未见减少。如井上光贞认为"可以信任书纪中所书宪法制定于推古朝这一记载"；石田母正明确主张"围绕宪法十七条的诸说中，伪作说站不住脚"；家永三郎认为

---

① ［日］冈田正之：《近江奈良朝の漢文学》，养德社 1946 年版，第 34—81 页；植木直一郎：《聖徳太子の十七条憲法》，《国学院杂志》第 27 卷，第 4（第 1—12 页）、5 号（第 1—13 页），1921 年 4 月、5 月。
② ［日］津田左右吉：《日本古典の研究》（下），岩波书店 1950 年版。
③ ［日］泷川政次郎：《律令格式の研究》（法制史论丛第 1 册），角川书店 1967 年版，第 80—93 页。
④ 同样对津田说持反对意见的还有坂本太郎（《聖徳太子》，日本历史学会编，2006 年第 57—58 页）。

"（津田说的）质疑在今日来看基本已经消解"，虽然尚有不确定，但"将其视为太子所作是妥当的"。① 反之，伪作之说并未就此消失，如大山诚一通过对"宪法十七条"与《隋书·倭国传》的记载进行比较研究，主张其并非推古朝制定；森博达通过音韵学的研究，主张其为《日本书纪》编撰开始后的7世纪末的天武朝以后制定。② 不过，近年来研究进一步细化和深入，肯定说逐渐得到进一步论证。例如，上野利三从推古时期当时的政治情形和大化改新时的薄葬令等进行分析，认为推古前期制定的"宪法十七条"的思想及精神为后来所继承；神崎胜亦认为其条文自身源自推古时期制定的6个单行法令；吉村武彦从第8条中可以看到政务时间和中央机构的萌芽，主张慎重看待伪作说。③ 时至今日，围绕第一个问题，即是否为圣德太子亲撰，一般认为："宪法十七条"的原型为圣德太子所制定，《日本书纪》的编撰者有所润色。④

关于第2个问题，即"宪法十七条"是否为宪法？自平安后期以来圣德太子本身就被视为日本佛教的开山之祖，镰仓时代圣德太子信仰兴盛，圣德太子的画像和雕像成为被供奉的对象，因此"宪法十七条"也多为佛教相关研究的对象。并且就其内容而言，有学者认为其并不是"法"，而认为其不过是圣德太子对官员的训诫。⑤ 这一观点引发了诸多法学者的反对，如三浦周行、牧健二、小野清一郎等。例如植木直一郎主张"宪"与"法"为同义语，两者皆表示法律之含义。此外，"宪"有"明确"之含义，"宪法"两字也可以理解为"明法"

---

① ［日］井上光贞：《日本古代の国家と仏教》，岩波书店1971年版；［日］石田母正：《日本古代国家論》（第1部），岩波书店1973年版；［日］家永三郎、古田武彦：《聖德太子論争》，市民的古代研究会，新泉社1989年版。此外，作为同时期的观点，梅原猛也坚定地持肯定说（［日］梅原猛：《聖德太子Ⅱ 憲法十七条》）。

② ［日］大山诚一：《"聖德太子"の誕生》，吉川弘文馆1999年版，第74页；［日］森博达：《日本書紀の謎を解く》，中央公论新社1999年版，第185页。

③ ［日］上野利三：《憲法十七条の政治的考察》，《松阪大学纪要》第14号，1996年，第35—75页。［日］神崎胜：《十七条憲法の構造とその歴史的意義》，立命馆大学人文学会编：《立命馆文学》第550号，1997年6月，第21—44页。［日］吉村武彦：《聖德太子》，岩波书店2002年版，第50页。

④ ［日］浅古弘、伊藤孝夫、植田信广、神保文夫编：《日本法制史》，青林书院2010年版，第16—17页。

⑤ 例如［日］有贺长雄：《日本古代法释义》，牧野书房1893年版，第1—2页。

之含义，"宪法"与"法""法律"同义。① 小野清一郎在其论文《宪法十七条中的国家和伦理》中就明确论述到，"其内容虽以伦理道德为根基，但并不仅仅只是道德方面的训诫"，"有贺博士以法则未附制裁之规定而否认其法律性。但是，'制裁'乃为刑法和民法所有，宪法者，无制裁之规定乃是当然。今日之大日本帝国宪法何处有'制裁'乎？"② 泷川政次郎更是强调在世界范围内，古代法律本身具有浓厚的宗教和道德性色彩，"宪法十七条"是古代社会的法，更是规定了国家基本原则的宪法。③ 梅原猛亦持同样立场，认为应将"宪法十七条"视为法，"是圣德太子所思考的理想国家的法""理想国家的法与后来现实的律令国家的法内容有所不同也是合理的"。④ 不过，这些反论显然并没有被大家普遍接受，在日本法制史的相关书籍中，仍然多将"宪法十七条"仅定性为"对官员的训诫"。⑤

　　第 3 个问题，即"宪法十七条"的内容，或者说其蕴含的思想，关于这一点，也是众说纷纭。如前所述，在遣隋使之前，中国古代的典籍已经从朝鲜半岛传往日本，宪法以汉文字、并且以汉语语法写成，其诸多内容出自中国古代的典籍。圣德太子在借鉴中国典籍时，并非仅限于某一部或某一家之典籍，而是博采众长，合诸家之言编撰而成。其出典不仅包括佛教经典，还大量引用如《诗经》《书经》《孝经》《论语》《中庸》《礼记》《孟子》《左传》《庄子》《墨子》《韩非子》《管子》《说苑》《韩诗外传》《千字文》《文选》《史记》《汉书》等，涉猎范围极广。⑥ 梅原猛曾经以福永光司对"宪法十七条"第 1 条的解读为例来说明这个

① ［日］植木直一郎：《聖德太子の十七条憲法》，《国学院杂志》第 27 卷，第 4（第 1—12 页）、5 号（第 1—13 页），1921 年 4 月、5 月。

② ［日］小野清一郎：《憲法十七条に於ける国家と倫理》，收于同著《法学评论》（下），弘文堂 1939 年版，第 184—208 页。

③ ［日］泷川政次郎：《律令格式の研究》（法制史論叢第 1 册），角川书店 1967 年版，第 24—27 页。

④ ［日］梅原猛：《聖德太子 II　憲法十七条》，小学馆 1986 年版，第 266 页。

⑤ 如［日］浅古弘、伊藤孝夫、植田信广、神保文夫编：《日本法制史》，青林书院 2010 年版，第 14 页。

⑥ ［日］海村惟一、海村佳惟：《古代日本对〈论语义疏〉的扬弃——以圣德太子"宪法十七条"为主》中对"宪法十七条"扬弃中国经典有所统计："圣德太子在制定'宪法十七条'时扬弃了来自中国的 23 种重要经典，57 个精华语句。"

问题，因颇具代表性，此处将其对第 1 条中 "以和为贵，无忤为宗。人皆有党，亦少达者" 的说明转引如下：①

> （第 1 条条文）开头部分的 "以和为贵" 直接借用了《礼记·儒行篇》中的用语；"无忤为宗" 出自《庄子·刻意篇》中的 "无所于忤，虚之至也"，同书《庄子·天道篇》中还有 "夫帝王之德，以天地为宗"；"有党" 出自《左传》僖公九年中的 "有党必有仇"；"达者" 出自《庄子·齐物论篇》中的 "唯达者通为一"。

福永光司作为具有代表意义的道教思想研究者，其对 "宪法十七条" 的解读从道家经典出发无可厚非，但宪法全文皆是引用中国古代经典，而这些词汇又不仅仅出现在某一部经典之中，各家经典即使用词有所相同，但往往彼此之间的观点并不一致。因此，这一研究路径虽然是百花齐放，但却很难据此提炼圣德太子所撰宪法的核心思想。

由于 "宪法十七条" 引经据典的复杂性，并且所受影响虽然主要可以归纳为儒家思想、佛教思想和法家思想，但这 3 种思想之间本身也有矛盾的地方，很难以其中某个思想来全面概括。但是，我们并不能因为其思想来源的复杂性就直接判定其没有 "法" 的性格。梅原猛在其著作中以 "冠位十二阶" 为线重新整理了 "宪法十七条" 中所贯穿的逻辑，其中强调要将二者作为一个整体去理解，指出前者（"冠位十二阶"）是后者的形式，后者是前者的内容。其论述详情如下："冠位十二阶" 的六大阶之 "德、仁、礼、信、义、智"，这与作为儒家五常的 "德、仁、义、礼、智、信" 的顺序并不完全相同，"礼" 和 "信" 的位置被调到了 "义" 和 "智" 的前面。为何会发生这样的变化？梅原猛在将 "宪法十七条" 的 17 条条文进行如下归类后，答案一目了然，即：

---

① ［日］梅原猛：《聖德太子 II 憲法十七条》，小学馆 1986 年版，第 267 页。

表 1-2 "宪法十七条"与"冠位十二阶"之对应关系

"宪法十七条"	"冠位"之阶
1—3 条	"和"（即"仁"）之德
4—8 条	"礼"之德
9—11 条	"信"之德
12—14 条	"义"之德
15—17 条	"智"之德

＊本表由笔者根据梅原猛在文中的论述作成。

如此，"宪法十七条"的结构正是"仁、礼、信、义、智"之德，并且，圣德太子强调"以礼为本"（第4条）和"信是意本"（第9条），即重视"礼"和"信"，因此，将"礼"和"信"的地位排在"义"和"智"的前面，这在"冠位十二阶"和"宪法十七条"中是共通的。[1]

虽然这种对"宪法十七条"内容的分类略有牵强之嫌，并且将"和"等同于"仁"的理解尚值得推敲，但将"冠位十二阶"和"宪法十七条"结合展开分析的路径是一种突破，所揭示的二者内部逻辑的统一也有利于加深对"宪法十七条"本身的认识。笔者亦赞同"冠位十二阶"和"宪法十七条"二者关系密切，将其制定者割裂的做法反而显得刻意。井上亘对二者关系的考察，也明证了这一点。[2]

以上是日本学术界对"宪法十七条"进行的3个维度的探讨，显然，这3个问题并不是各自独立的，要理解第1个问题，对后两个问题的探讨必不可少。先前学者的成果提供了大量方法和路径的启示，"宪法十七条"意义深远这一点已经很明确，其不仅仅是儒家思想或佛教思想的东渐，而是圣德太子为之后全面引进中华法律文化奠定政治基础的重要立法。

（二）改革的核心内容："宪法十七条"的指导性意义

日本第一次派出遣隋使是在公元600年，4年后，圣德太子制定"宪法十七条"。虽然这部名为"宪法"的一系列规定并不是现代意义上的宪法，其主要

---

① ［日］梅原猛：《聖德太子Ⅱ 憲法十七条》，小学馆1986年版，第272—278页。
② ［日］井上亘：《宪法十七条与圣德太子》，王晓秋、徐勇编：《中日文化交流两千年：回顾与展望》，社会科学文献出版社2013年版，第79—82页。

内容涉及的更多是政治和道德规范，但它为之后古代日本全面吸收中国法制理念作了铺垫，是后来一系列变革的指导思想。其主要内容可以概括为以下6个方面。

1. "以和为贵，无忤为宗"："忠孝"观

"宪法十七条"第1条规定：

> 一曰，以和为贵，无忤为宗。人皆有党，亦少达者。是以或不顺君父，乍违于邻里。然上和下睦，谐于论事，则事理自通，何事不成？

"以和为贵"出自《论语》，《论语·学而》有云："礼之用，和为贵，先王之道，斯为美，小大由之。有所不行，知和而和，不以礼节之，亦不可行也。"条文中"上和下睦"一词也是如此，《孝经》之"开宗明谊章"有曰"民用和睦，上下无怨"，《千字文》中曰"上和下睦，夫唱妇随"。要理解本条的核心思想，需要将"以和为贵"与"无忤为宗"结合起来理解。

在中国古代文化传入日本之际，日本尚处于氏姓贵族之间斗争激烈的环境之中。苏我氏和物部氏经过几十年的争斗，苏我氏逐渐独揽大权，公元587年苏我马子甚至弑杀了崇峻天皇，之后苏我马子推举外甥女炊屋姬继位，即推古天皇，并立厩户皇子为太子，即圣德太子统摄政治。但圣德太子并不甘于被苏我马子控制，推古九年（601年）开始在飞鸟宫西北处营建斑鸠宫，并于605年迁宫至此。因此，圣德太子改革的核心就是要确立摆脱贵族控制的君权。《论语》言"君子不党"，《礼记》言"君子人达也"，而当时的现状却是"人皆有党，亦少达者"。由此，也就不难理解为何圣德太子将"和为贵""无忤""顺君父"作为第1条予以规定，指出党派（氏姓）之弊，以求"上和下睦"。与这一思想相同的还有：

> 二曰，笃敬三宝。三宝者，佛、法、僧也。则四生之终归，万国之极宗。何世何人，非贵是法。人鲜尤恶，能教从之，其不归三宝，何以直枉？
>
> 三曰，承诏必谨。君则天之，臣则地之。天覆地转，四时顺行，万气

得通。地欲覆天，则致坏耳。是以君言臣承，上行下靡，故承诏必慎，不谨自败。

宪法前3条分别以"以和为贵""笃敬三宝""承诏必谨"四字短语开篇，从这3个短语来看，似乎内容各自不同，"以和为贵"显然出自儒家思想，"笃信三宝"崇佛色彩浓厚，"承诏必谨"与儒家和法家思想联系紧密。由此，如果从出典来分析，很难将三者统一而论，但如果聚焦于其内容，可以总结出三者的内部逻辑，即尊君思想。在首条"无忤"和"顺"君父的基础上，第2条提出的"笃敬三宝"，第3条提出的"承诏必谨"，其实强化的都是尊君思想。"笃敬"的对象虽然是佛教的"佛、法、僧"这一佛教内容，但值得注意的是，在当时的时代背景下，崇佛与尊君具有相同的含义。根据《日本书纪》的记载，早在钦命天皇十三年（552年，亦有538年说），百济圣明王派遣使臣献给日本朝廷佛像、幡盖和经论等。[1]佛教的传来在朝廷中引发了排佛派物部氏和崇佛派苏我氏的冲突。圣德太子本身亦为崇佛派，早在与物部氏对抗之时，就曾造四天王像，发愿若能胜敌，必奉护世四王，起立寺塔。推古天皇继位后下诏"隆兴三宝"，圣德太子亦大力兴建佛寺。因此可以说，崇信佛教在此时就是尊君思想的具体内容之一。至于第3条的"承诏必谨"，其中的尊君思想显而易见。孔子谓"夫为人父者，必能诏其子，为人兄者，必能教其弟"，[2]故此处用"诏"。君臣有别，君为天，臣为地，"天无私覆，地无私载"，[3]须重天皇之诏敕，其原因是君与臣对应的是天与地之关系，"君言臣承"，此为古代君臣之根本。

梅原猛也主张将前3条结合在一起分析，他在论述前3条的关系时，对其内部逻辑有过如下的归纳，即：第1条说明了"和"的原理；第2条是倡导佛教，积极地实现"和"；第3条是规定对天皇命令的绝对服从，是消极地实现"和"。[4]这一论述以"和"为中心展开，自然也有其合理之处。而笔者认为，此

---

① 《日本书纪》卷19。

② 《庄子·盗跖》。

③ 《礼记·孔子闲居》。

④ ［日］梅原猛：《聖德太子Ⅱ 憲法十七条》，小学馆1986年版，第339页。

处"和"的核心就是忠孝理念，在政治上体现为尊君思想。

2."承诏必敬"："尊皇"之理念

在树立了忠孝观念之后，"宪法十七条"的第3条和第12条明确了"尊皇"的思想，也就是天皇的权威：

> 三曰，承诏必谨。君则天之，臣则地之。天覆地转，四时顺行，万气得通。地欲覆天，则致坏耳。是以君言臣承，上行下靡，故承诏必慎，不谨自败。
>
> 十二曰，国司，国造，勿敛百姓。国非二君，民无两主。率土兆民，以王为主。所任官司，皆是王臣。何敢与公，赋敛百姓？

第3条规定君之诏，臣必谨慎听从。这是古代君臣之根本。这一点反映在后来的诏敕制度中。

诏敕制度的核心思想与中国皇帝一样，天皇拥有至高无上的权力，其一言一行为天下臣民的法律和典范。天皇的"金口玉言"分为诏和敕，前者为国家大事，后者为命令臣下之小事。臣下承君言需慎，诏敕本身的发布也规定了审慎的手续。首先由中书省草拟原稿，天皇亲自写下日期，归还给中书省，中书省再复写一张，由卿、大辅、少辅署名后送报太政官，由太政官、左大臣、右大臣、大纳言署名再递送天皇请求许可，天皇此时书写"可"送还给大政官，大政官将其复写昭告天下。

第12条明显是吸收了"溥天之下，莫非王土。率土之滨，莫非王臣"和"天无二日，民无二王"的"王土王民"思想。圣德太子制定这两条，所憧憬的是："臣"不是与"君"分庭抗礼的旧式氏姓贵族，而应该是"君言臣承"的中央集权统治下的官僚。日本大化改新时期将这一思想付诸实践。

3."以礼为本"："以礼治国"之理念

以儒家思想为根本的王道政治是礼治的根本。在忠孝和尊皇的两大基干之上，圣德太子提出以礼为统治之根本。"宪法十七条"第4条规定：

四曰，群卿百僚，以礼为本。其治民之本，要在乎礼。上不礼而下非齐，下无礼以必有罪。是以，君臣有礼，位次不乱；百姓有礼，国家自治。

"君臣有礼"则朝廷"位次不乱"，"百姓有礼"则"国家自治"。圣德太子的宪法在提出以忠孝（尊君）为基础的"和"之后，首先强调的也是上下有礼的礼治。治国需以礼为本，《礼记》有云：

孔子曰：夫礼，先王以承天之道，以治人之情，故失之者死，得之者生。诗曰：相鼠有体，人而无礼。人而无礼，胡不遄死？是故夫礼，必本于天，殽于地，列于鬼神，达于丧祭射御、冠昏朝聘。故圣人以礼示之，故天下国家可得而正也。①

"君臣""父子""兄弟"需有礼，《孝经》亦云：

安上治民，莫善于礼。礼者，敬而已矣。故敬其父，则子悦，敬其兄，则弟悦，敬其君，则臣悦，敬一人，而千万人悦。所敬者寡而悦者众，此之谓要道。②

如前文所述，在推古十六年（608 年）隋使裴世清到日本之时，日本就以中国之宾礼待之，可知《江都集礼》在此时已经传入日本。唐代以后，贞观十一年（637 年），和贞观律令格式一并颁布的还有《贞观礼》(100 卷)，但在《日本国见在书目录》中不得见，不过，按照学者的研究，大宝丧葬令 17 服纪条并不是受唐令的影响形成，而是源自唐礼，因此可以推想《贞观礼》应该以某种形式传入了日本。之后，按照《续日本纪》的记载，天平七年（735 年）入唐留学生下道朝臣真备（后来的吉备真备）献上唐礼 100 卷，从卷数上来看，应该是显庆三年（658 年）颁布的《永徽礼》。之后，天平胜宝四年（752 年）作为遣

---

① 《礼记·礼运》。
② 《孝经·广要道》。

唐副使再次入唐，带回《大唐开元礼》。由此可见，中国的礼本身以完整的形式传到了日本。事实上，根据古濑奈津子的考证，当时的任官仪式就是受到中国古代的影响，其中在紫宸殿上举行的宣命仪式正是源自《大唐开元礼》。

4. "明辨诉讼"与"赏罚必当"："法治"之理念

倡导礼制，但法治亦是治国安民之本。"宪法十七条"第 5 条规定：

> 五曰，绝餮弃欲，明辨诉讼。其百姓之讼，一日千事。一日尚尔，况乎累岁？顷治讼者，得利为常，见贿听谳，有财者之讼，如石投水；乏者之诉，似水投石。是以贫民则不知所由，臣道亦于焉阙。

"绝餮弃欲，明辨诉讼"，"绝餮"中的"餮"源自"饕餮"。《左传》言："缙云氏有不才子，贪于饮食，冒于货贿，侵欲崇侈，不可盈厌；聚敛积实，不知纪极；不分孤寡，不恤穷匮。天下之民以比三凶，谓之饕餮。"①《韩非子》亦言："饕贪而无厌，近利而好得者，可亡也。"②治讼之人臣，如果趋之以利，聚敛钱财，则如饕餮。官如饕餮则无法明辨诉讼，民受累而官则失于为臣之道。此为法治之理念，与此相通的还有：

> 十一曰，明察功过，赏罚必当。日者赏不在功，罚不在罪。执事群卿，宜明赏罚。

"明察功过，赏罚必当"体现的是法家信赏必罚的思想。《韩非子·外储说右下》曰："夫使民者有功与无功俱赏者，此乱之道也。"同书"难一"条曰："明主赏不加于无功，罚不加于无罪"，并曰"仲尼不知善赏"。"赏罚者，利器也"，"内储说"的"下六微庙攻七右经"中就此论述道："君操之以制臣，臣得之以壅主。"圣德太子指出当时日本社会"赏不在功，罚不在罪"这一弊端，主张执政者应该赏罚分明。

---

① 《左传》文公卷下十八年条。
② 《韩非子·亡征》。

5. "劝善惩恶""勿敛百姓"和"使民以时"："仁政"之理念

除了要明辨诉讼之外，还要劝善惩恶：

> 六曰，惩恶劝善古良典。是以无匿人善，见恶必匡。其谄诈者，则为覆国家之利器，为绝人民之锋剑。亦佞媚者，对上则说下过，逢下则诽谤上矣。其如此人，皆无忠於君，无仁於民，是大乱之本也。

《论语·为政》云："举直错诸枉，则民服"，"举善而教不能，则劝"。若匿人善、见恶不匡，则会引起国家动乱。不过，这一条在"劝善"的同时也强调了惩恶，其中所举不忠不仁而造成大乱的景象正是日本当时政治环境的映射。

> 十二曰，国司国造，勿敛百姓。国非二君，民无两主。率土兆民，以王为主。所任官司，皆是王臣。何敢与公，赋敛百姓？
>
> 十六曰，使民以时，古之良典。故，冬月有间，可以使民。从春至秋，农桑之节，不可使民。其不农何食，不桑何服？

在第 12 条中，圣德太子提出国司、国造等地方官不得为了一己私利违抗王的命令征敛百姓。《孟子·梁惠王》上篇中曰："王如施仁政于民，省刑罚，薄税敛，深耕易耨。"条文中的"国非二君，民无两主"应出自《礼记·曾子问》中："孔子曰，天无二日，土无二王。"而"率土兆民，以王为主"的思想则应来自《诗经·小雅》中的"溥天之下，莫非王土。率土之滨，莫非王臣"。本条一方面阐述了仁政之思想，同时也再次强调了天皇支配权之下的君臣关系。第 16 条中规定"使民以时"，训诫官员不要在"三农"之时使役百姓。《论语》有曰："敬事有信，节用而爱人，使民以时"，不可在农忙时期使役老百姓，妨害老百姓的营生，此为仁政之重要内容。

6. "起用圣贤"："德治"之理念

> 七曰，人各有任，掌宜不滥。其贤哲任官，颂音则起；奸者有官，祸

乱则繁。世少生知，克念作圣。事无大少，得人必治；时无急缓，遇贤自宽。因此国家永久，社稷勿危。故古圣王为官以求人，为人不求官。

要行善政，圣贤不可缺，若能起用圣贤，国家可长治久安，这是德治的重要内容。"世少生知"见于《论语·述而》，"子曰，我非生而知之者，好古，敏以求之者"，即圣贤少有生而知之者。"克念作圣"可见于《千字文》中，即控制了内心的妄念从而为圣。"古圣王为官以求人，为人不求官"应出典自《韩非子·外储说》："桓公谓管仲曰，官少而索者众，寡人忧之。管仲曰：君无听左右之请，因能而受禄，禄功而与官，则莫敢索官。君何患焉？"即古圣王以圣贤者为官，就能打消无能奸佞者任官之念头。选用贤才，此为国家政治推行之必要。那么何为贤？第8条对此有所涉及：

> 八曰，群卿百寮，早朝晏退。公事靡盬，终日难尽。是以迟朝不逮于急，早退必事不尽。

《墨子·尚贤》中有云："贤者之治国也，蚤朝晏退，听狱治政，是以国家治而刑法正。贤者之长官也，夜寝夙兴。"早朝晏退，即清早上朝处理政事，很晚才退朝。"公事靡盬"意指勤于政无止息，《诗经·唐风》中曰："王事靡盬，不能蓺黍稷"，亦是表示政事繁忙，无法回家耕种农田。这一条表述勤于政事，是贤人政治重要的要素。有了贤人政治的理想和内容，第14条强调满足百官之间"无有嫉妒"这一条件，方能起用圣贤。

> 十四曰，群臣百寮，无有嫉妒。我既嫉人，人亦嫉我，嫉妒之患，不知其极。所以，智胜于己则不悦，才优于己则嫉妒。是以，五百之乃今遇贤，千载以难待一圣。其不得贤圣，何以治国？

《荀子·大略》中有曰："士有妒友，则贤亦不亲。君有妒臣，则贤人不至。"而条文中所言"五百之乃今遇贤，千载以难待一圣"应该与《孟子·尽心》中的论述相关："孟子曰，由尧舜至于汤，五百有余岁。若禹、皋陶，则见而知之；若汤，则闻而知之。由汤至于文王，五百有余岁，若伊尹、莱朱，则见而知之；若文王，则闻而知之。由文王至于孔子，五百有余岁，若太公望、散宜生，则见而知之；若孔子，则闻而知之。由孔子而来至于今，百有余岁，去圣人之世，若此其未远也；近圣人之居，若此其甚也。"圣人之出现算来约要五百年，不可妒贤嫉能，否则无圣贤则无法治国。面对氏姓贵族之间的激烈斗争，圣德太子深知要越过其阻扰获得圣贤人才的艰难，因此尤其强调"无有嫉妒"。

此外，圣德太子理想的贤人政治中，还包括"背私向公"之忠臣、以"信义"为本的君臣关系：

> 十五曰，背私向公，是臣之道矣。凡夫，人有私必有恨，有憾必非同。非同则以私妨公，憾起则违制害法。故初章云，上下和谐，其亦是情欤。

"公"为公平之意，《左传》有言"以私害公，非忠也"，因此，"背私向公"才是为臣之忠。此处与第 1 条的"和"即"上下和谐"相呼应。

> 九曰，信是义本。每事有信，其善恶成败，要在于信。君臣共信，何事不成？君臣无信，万事悉败。①

圣德太子强调"信"是"义"之本，孟子所言"君臣有义"为大义，而君臣大义之根本在于君臣之有信。有信才有君臣大义，万事方可成。

除了以上内容以外，"宪法十七条"中还有其他一些思想，列举如下：

> 十曰，绝忿弃瞋，不怒人违。人皆有心，心各有执。彼是则我非，我

---

① 关于本条的文本，《日本书纪》的刻本中为"君臣"，但古代的写本，如北野本、岩崎本以及传历、拾芥抄等皆为"群臣"，饭田武乡、村冈典嗣和梅原猛皆持"君臣"说。笔者此处亦以书纪为据，采用"君臣"说。关于"君臣"说，可参见〔日〕梅原猛：《聖德太子 II 憲法十七条》，小学馆 1986 年版，第 388—391 页。

是则彼非。我必非圣，彼必非愚，共是凡夫耳。是非之理，讵能可定。相共贤愚，如镮无端。是以，彼人虽瞋，还恐我失，我独虽得，从众同举。

十七曰，夫事不可独断，必与众宜论。少事是轻，不可必众。唯逮论大事，若疑有失。故与众相辨，辞则得理。

第 10 条通常被认为是"基于佛教思想的相对论"，人皆以他人为非，执迷于"我见"之中，因此人们都在是与非的意见中对立相争。但"是非之理，讵能可定"，既没有绝对的"是"，也没有绝对的"非"，"是"或"非"不过是"我见"而已，是非贤愚，非凡夫所能决定。要去"我见"，则须舍弃愤怒之情感，去除对是与非的执迷，保持清净之心，倾听众人的见解。本条强调的仍然是"和"，可看作是与第 1 条的呼应。第 17 条之出典暂时不明，圣德太子提出"不可独断"，其所指的对象是天皇还是自身，或者说是具有强大势力的贵族？这一点也暂时无法确定。

日本国内当时尚未确立以君主为中心的中央集权制度，氏姓贵族的强大势力和部民制度尚未打破。在颁布宪法之前，"冠位十二阶"的宗旨是按照个人能力来授予冠位，且冠位不可世袭。而事实上，皇族和苏我氏被排除在冠位授予的对象以外，换句话说，苏我氏与皇族同样处于超越十二阶的地位。而《日本书纪》中有一条记载颇有深意，即皇极二年十二月条："苏我大臣虾夷，缘病不朝，私授紫冠于子入鹿，拟大臣位。"从这一条记载中也可以看出当时苏我氏的权势和专横，这一情形的改变要等到大化改新，大中兄王子诛杀苏我入鹿，苏我氏本宗才被灭亡。[①] 由此，也不难理解"宪法十七条"缘何以多个条文强调尊君思想和君臣的忠信。日本是"阶级社会的迟到者"，[②] 也是中央集权制度的仰慕者。圣德太子在制定"宪法十七条"之时，虽然以中国的政治制度为目标，但又不得不考量日本的特殊情形。与此不同，在乙巳之变后建立的新政权，瓦解了苏我氏势力的新政权于大化改新中，革新了政治制度和土地制度等，拉开了全面模仿中华法律思想的帷幕。而之前圣德太子"宪法十七条"中的内容在后

---

① 关于苏我氏权势的研究，参见［日］吉村武彦：《蘇我氏の古代》，岩波书店 2015 年版。
② 李卓：《氏姓制度与日本社会》，《史学月刊》1985 年第 5 期。

来的制度中也得以体现，在这个意义上，圣德太子的"宪法十七条"与大化改新之间具有延续性。并且，正如泷川政次郎所说，"是确立以法家思想为基础的中央集权国家的基本原则的法"，是名副其实的"宪法"。①

三、日本"律令时代"的确立——大化改新与律令的编撰

如果说 7 世纪初的"冠位十二阶"和"宪法十七条"为日本吸收中华法律思想拉开了序章，那在 7 世纪中叶由日本中央权力领导实施的大化改新的一系列政策使得日本首次建立中央集权的政治体制，宣布了日本正式迈入朝向中国古代的律令体系。接下来，在概括叙述律令法编撰过程的基础上，以儒家伦理观念对日本律法的影响为例来看中国古代法制理念对日本的影响。

（一）律令法的编撰

1. 大化改新

圣德太子摄政的推古天皇王朝时期，也是苏我氏权力的极盛期，甚至以"苏我王朝"称之亦不为过。如果说之前推古天皇和圣德太子以及苏我马子三者实现了较为利益一致的合作的话，那这一合作关系随着当事者们的相继离世也被打破（推古天皇以 75 岁高龄驾崩，圣德太子在 6 年前薨逝）。作为推古天皇继任者，圣德太子的儿子山背大兄皇子（其母亲是苏我马子的女儿）不失为有优势的候补。但苏我虾夷（马子的继任者）却并没有支持自己的这位外甥，而是支持了与自己没有血缘关系的田村皇子（即第 34 代天皇，舒明天皇，629—641 年在位）。对于苏我而言，理想主义者的圣德太子父子并非合适的天皇人选。舒明天皇驾崩后，即位的是其皇后，是为皇极天皇（第 35 代天皇，女帝，642—645 年在位）。皇极天皇时期，苏我虾夷愈发专横，而虾夷的儿子苏我入鹿的登场是苏我权势的巅峰（当然，这是双方斗争中胜利方的描述，历史的真实性并非无可置疑）。

苏我入鹿在少年时代便展现其才能。上文提到的跟随遣隋使前往中国学习

① ［日］泷川政次郎：《律令格式の研究》（法制史論叢第 1 册），角川书店 1967 年版，第 27 页、第 79—93 页。

后回到日本的僧旻，在京城给贵族子弟开堂授课，苏我入鹿和中臣镰足（后来的藤原镰足）都是他的学生，并在僧旻的授业中学习了大量的中国典籍并将其运用到实践。如《藤氏家传》中记载中臣镰足习《六韬》，并以其为指导，联合中大兄皇子，所谓"镰足习《六韬》破入鹿"是也。

僧旻法师曾说在自己的学生中，除了镰足以外，没有学生能与入鹿的才能相匹敌（《藤氏家传》）。基于显赫的身世和聪明的才智，苏我入鹿笼络政治权力，甚至凌驾于其父亲虾夷之上。入鹿权倾朝野，飞扬跋扈，在《藤氏家传》的描述中，将其比作了董卓。根据《日本书纪》的记载，643 年 10 月，身患疾病的虾夷在未与天皇商量的情形下，私自将"大臣"之位的紫冠授予入鹿。入鹿上台后，称"大臣"的家为"宫门"，称自己的子女为"王子"，丝毫不见对天皇的敬畏之心。[1]11 月，入鹿又突袭了斑鸠宫，谋杀山背大兄一族，圣德太子一脉在此断绝。这一暴行也是两年后中大兄皇子和中臣镰足发动乙巳之变的重要原因。乙巳之变正是大化改新的开端。

在 645 年的乙巳之变中，中大兄皇子在自己母亲（皇极天皇）面前斩杀了苏我入鹿，虾夷自尽。自此，前后 4 代人在古代日本朝廷活跃了大约半个世纪的苏我氏走下历史舞台，代之而起的就是以中臣镰足为始的藤原氏。乙巳之变后，皇极天皇让位，此时的日本还未形成由天皇长子即皇太子即位的规则，而是按照惯例，由"大臣"为首的群臣选出天皇。这一次也不例外，在群臣和中大兄皇子的推荐下，女帝将皇位让给了与自己同母的弟弟——轻皇子，轻皇子即位为孝德天皇（第 36 代天皇，645—654 年在位）。并在日本历史上第一次使用年号，曰"大化"。[2] 于是，在孝德天皇的统治下，以中大兄皇子为首的朝廷开始了一系列的改革活动，史称大化改新。

孝德天皇将王宫从大和（奈良）的飞鸟搬迁到了摄津（大阪）的难波，意味着新的统治开始。翌年，即大化二年（646 年）正月，新天皇参照唐制颁布了

---

① 《日本书纪》卷 24 "皇极天皇"。
② "大化"二字源自《尚书》，曰"施教化，大治天天"。

包含4项重要改革内容的"改新之诏",概括而言,包括以下内容: [1]

其一,废除昔日天皇所立的"子代之民、处处囤仓",以及"臣、连、伴造、国造、村首"等从中央到地方所有臣下的"部曲之民,处处田庄",仍以"食封"赐给大夫以上的治民者,再按等级将"布帛"赐予其他官员和百姓。[2] 随后,通过三月壬午条"皇太子(中大兄)奏状"和八月癸酉条"品部废止诏"以及大化三年四月壬午条"续品部废止诏"等一系列措施废除了部民制,实现了由天皇统领的"国家之民"的"公民制"。

其二,初修京师,置畿内国司,确定国、郡、里等地方行政制度,由朝廷派遣国司、郡司掌管地方行政。虽然一般认为此时还没有制定国、郡、里等地方行政制度,《日本书纪》的诏文也被后来编撰者润色,但此时对京师和地方制度有所整备应为事实。

其三,初造户籍、记账制度,实施班田收授法。例如,以50户为1里,每里设里长等。通过这些措施掌握全国的户口和租税。

其四,废除旧的赋役制度,确立租、庸、调的税收制度。

除了《改新之诏》以外,孝德天皇还实施了新的冠位制度("冠位十九阶"),设八省百官等。日本派出遣唐使共计约20次,而孝德天皇在位的645年至654年期间就相继派出了两次遣唐使前往中国学习(653年和654年)。可以说,大化改新是以唐朝的政治和经济制度为模仿对象推进,其最大的亮点就在于意图将权力收归于天皇,实现中央集权。这些制度改革在日本自然会遇到各种阻力,多有波折,但为之后全面引进中华法律思想打下了重要的政治和经济基础,这是最为重要的意义。

654年,孝德天皇病逝,皇极上皇重祚,是为齐明天皇,并迁都飞鸟。在这里值得注意的是,苏我氏掌权的时候,其对外(朝鲜半岛)政策被称为"等距离外交",即与朝鲜半岛并立的新罗、百济和高句丽都采取交好的政策。但大化

---

[1] 《日本书纪》卷25,孝德天皇大化二年春正月甲子朔条。

[2] 关于这一举措,日本教科书上通常论述其为将"私田"改为"公田",但亦有学者主张此时仍为"私田制",如〔日〕吉村武彦:《大化改新を考える》,岩波书店2018年版,第51页。

改新之后，日本交好百济，改变在朝鲜半岛的政策。660年，大唐派苏定方率军与新罗联军，攻破百济，百济向日本请求援助。于是，中大兄皇子与齐明天皇前赴九州，意图征战朝鲜半岛。661年，齐明天皇因年事已高，在九州去世。其继任者正是推进这一系列改革的中大兄皇子。不过，中大兄皇子很长一段时间并不即位，而是以皇太子名义称制，直到668年，中大兄皇子将都城从飞鸟迁到近江后才正式即位，即天智天皇。

天智天皇（中大兄皇子）在即位前的天智二年（663年）举兵朝鲜半岛，8月发生了著名的白江村之战，日军惨败。白江村之战的意义在东亚历史上尤其显著。一方面，白江村之战大败日本，以唐朝为中心的东亚格局自此形成；另一方面，失去对朝鲜控制的日本担忧唐军逼近国境，同时在这种压力下更清楚地认识到学习唐制的必要性。从白江村之战之后的历史来看，668年天智天皇制定《近江令》；壬申之乱之后，673年天武天皇即位，模仿唐制，681年制定了《飞鸟净原令》，并由此开启了全面学习唐朝的制度的进程，中华法律的思想在这个过程中正式被日本吸收并在日本确立。

2. 从《近江令》到《大宝律令》

天智天皇迁都近江后，全力整备国家的相关制度。在平安初期编撰的《藤氏家传》和《弘仁格式》的序文中有天智天皇（第38代天皇）即位元年（668年）在高向玄理、南渊请安等遣唐使的指导下，中臣（藤原）镰足等按照唐朝的律令主持编撰制定了《近江朝廷之令》22卷（又称《近江令》，推测以《贞观令》为参考）的记载，这是日本最早的律令法。不过，在正史《日本书纪》中对此却并无提及，因此，《近江令》是否作为完整的法典而被编撰完成这一事实本身尚有争议。从出土的木简来看，户令等一部分的篇目得以编撰完成的可能性极高。① 天智天皇十年（672年），天智天皇去世后，围绕皇位的继承发生了日本古代最大的内乱——壬申之乱，近江朝廷灭亡，《近江令》的内容由此失传。

在壬申之乱中胜出的大海人皇子（天智天皇的同母弟，后来的天武天皇，

---

① ［日］浅古弘、伊藤孝夫、植田信广、神保文夫编：《日本法制史》，青林书院2010年版，第29页。

第 40 代天皇）及其继任者持统天皇（天武天皇的皇后，第 41 代天皇）则是继续沿着建设律令制国家的方向前进。根据《日本书纪》的记载，天武十年（681年）着手编纂令典，持统三年（689年）"班赐诸司，令一部廿二卷"，即《飞鸟净御原令》（又称《天武律令》）。但该令亦未得以保存，现今已无法窥其貌，其与《近江令》之异同，更是无从考证。

日本最初完整地完成律令法典的编撰则要等到天武天皇和持统天皇的孙辈，即文武天皇（第 42 代天皇）时期。由天武天皇第 9 皇子刑部亲王和藤原不比等诸人主持的律令法典的编撰活动于文武四年（700年）左右完成，其中《大宝令》于大宝元年（701年）实施，《大宝律》完成于大宝元年并于翌年（702年）实施，二者合称《大宝律令》。《大宝律令》之后，《弘仁格式》的序文中提到了养老二年（718年）编撰律令各 10 卷，即《养老律令》。但一般认为此时并未完成，事实上，两年后的养老四年（720年），编撰者藤原不比等去世，编撰虽即将完成但不得不中止，直到 30 余年后的圣武天皇和光明皇后之女——孝谦天皇在位时的天平胜宝九年（757年）才实施。至此，实施了半个世纪多的《大宝律令》完成其历史使命，为《养老律令》取而代之。《养老律令》作为国家的法典一直存续于日本社会，直到明治维新时期才被废止，其间跨越约 1100 年，成为日本历史上寿命最长的法律。

主持编撰《大宝律令》和《养老律令》的藤原不比等在日本的历史上是举足轻重的人物。其父亲藤原镰足（原名中臣镰足，被天皇赐藤原姓）是上述大化改新的大功臣。镰足是后来影响日本半个世纪的"藤原氏"的始祖，但在镰足时，藤原家男丁并不兴旺。镰足有多名女儿，儿子却只有两名，其中一名早逝，不比等成了唯一的继承人。不比等的学问之师是于 608 年跟随小野妹子的遣隋使团到中国的学问僧僧旻。僧旻于 632 年归国，也是大化改新的参与者。不比等父子都是推崇中华文明的天皇之近臣，并且也都是佛教的笃信者。继承父业的不比等因有功于《大宝律令》的编撰，在大宝元年，即《大宝律令》实施的当年被擢拔为大纳言，居正三位。同年，不比等的长女宫子早前作为天武天皇的夫人（律令制下天皇后宫之一，地位次于皇后和妃）入宫，也在这一年诞下了皇子，名曰首皇子，即后来的圣武天皇（724 年即位）。灵龟二年（716

年），不比等的另一名女儿光明子（安宿媛）入宫，成为首皇子之妃，天平元年（729 年）称光明皇后。不仅如此，藤原不比等的儿子们，即藤原四兄弟（藤原南家之祖藤原武智麻吕、藤原北家之祖藤原房前、藤原式家之祖藤原宇合、藤原京家之祖藤原麻吕）势力极速扩张，在天平初年就在朝廷内实现了"藤原四卿时代"。

《大宝律令》以《永徽律令》（651 年）和《永徽律疏》（653 年）为蓝本，其内容本身虽然也未能流传于世，不过根据平安时代所编撰的《令集解》中"古记"的注释，可以获知部分《大宝令》的内容；《大宝律》也仅有部分条文得以复原。而《养老令》由于有官方注释书《令义解》（833 年撰写，834 年实施）及私撰注释书《令集解》（9 世纪后半叶编撰），其内容基本得以复原；《养老律》亦仅有部分流传于世。根据现存史料，可知二者的基本结构为：《养老律》500 条 12 篇，《养老令》约 1000 条 30 篇。① 由 12 篇 10 卷构成的《养老律》在日本法律发展史中的地位不言而喻，但其大部分已经佚失，存于世的仅有名例律的前半部分、卫禁律的后半部分、职制律和盗贼律的一部分。因此，自江户后期开始，以神宫祢宜为代表的诸多学者就开始了复原《养老律》的工作，其参考的除了日本本国的史料以外，中国的《唐律疏议》亦是其重要的参考文献。

日本的律和中国的律到底有何差别？限于篇幅，此处无法一一展开，但仅从篇目来看，以《养老律》为例，其有 12 篇，分别为：名例、卫禁、职制、户婚、厩库、擅兴、贼盗、斗讼、诈伪、杂律、捕亡和断狱，这在名称和顺序上与唐律完全一致。相较于律，令在篇目上就已经表现出其变通的特点。据池田温的研究："将'养老令'与唐'开元前令'作比较的话，可以看出，两者在编目名称上大体是一样的，但在个别细部上有许多差异，如唐'官品令'，在'养

---

① 一般认为《大宝律令》和《养老律令》之间并没有太大的差异，不过，在近年的研究中，学者发现二者的篇目数和排列顺序并不相同，如［日］石上英一：《日本古代史料学》，东京大学出版会 1997 年版；［日］榎本淳一：《養老律令試論》、笹山晴生先生還曆記念会编《日本律令制論集》（上），吉川弘文館 1993 年版。除此以外，二者内容也有所不同，如户令应分条，《大宝令》采用的是区分嫡庶继承的原则，而《养老令》中采用的是唐律中的诸子均分原则。仅从这一点来看，《大宝令》更加接近日本旧有的习惯，而《养老令》更加接近唐朝的规定。

老令'中称'官位令'，唐令中将官僚职员分作'三师三公台省职员'令、'寺监职员'令、'卫府职员'令、'州县镇戍岳渎关津职员'令和'内外命妇职员'令。在'养老令'中，对中央官僚则没有区分，统称为'职员令'，但另列有'后宫'、'东宫'、'家令'三种职员令。其中，'后宫'相当于唐'内外命妇'，'东宫'相当于唐的'寺监'，'家令'相当于唐的'王府职员'，形式上有所变化。"不仅如此，在篇目的排序和数量上也有所不同。①

虽然《大宝律令》和《养老律令》是日本学习中国古代法律的集大成者，但模仿并制定法律这一行为早于7世纪就开始，在一个世纪的输入过程中，日本的制度以中国制度为摹本，结合本土土壤制定了一系列法律制度，因此，在制定《大宝律令》和《养老律令》时，有些制度已经在日本生根发芽，并且有所变化，而律令法典的制定是在此基础上的进一步深化。例如，日本朝廷的各个节日仪式和庆典在遣隋使往返于中日之际就已经在受隋代礼制的影响下形成，8世纪的遣唐使们带来新的礼制之时，则发生了一轮更为正式的变革。②

不过，需要注意的是，日本在吸收律的过程中，在用语和内容方面多有变通，以适应本国的国情。例如，在名例律部分中，唐律规定了五刑、十恶和八议，与此对应，日本规定为五罪、八虐和六议。③再如，在职制律中，唐律规定："诸监临之官，受猪羊供馈，坐赃论，强者依强取监临财物法。"对此，日本律首先将"猪羊"改为"猪鹿"，并且改为"供馈勿论"，即官员可以接受管辖内老百姓的馈赠。这样的改动一方面是适应日本的饮食生活习惯，另一方面也考虑到了日本本国的风俗和习惯。唐朝的地方官由中央派遣，其与地方的结合性较低，而日本的郡司和国造等地方官是从地方豪族中任命，其与地方子民的关

---

① ［日］池田温：《隋唐律令与日本古代法律制度的关系》，《武汉大学学报》1989 年第 3 期。
② ［日］古瀨奈津子：《遣唐史の見た中国》，吉川弘文馆 2003 年版，第 203—205 页。不过，作者同时也强调了唐礼的正式输入与律令格式的输入相比较晚，是由吉备真备等具有学识的人首次导入的。
③ 并且，在日本律中，这些规定并不算条文数，也并无疏文，因此有学者认为这些部分可能是日本在《大宝令》之前自己制定的。参见［日］吉田孝：《名例律継受の諸段階》、弥永贞三先生還暦記念会编：《日本古代の社会と经济》，吉川弘文馆 1978 年版。

系更为亲密；此外，日本地方首长也多有向王权奉纳的礼仪和习惯，因此，日本在采用时进行了符合自身情形的改动。① 除此以外，日本律的刑罚整体比唐律较轻也是其变通的重点之一。

综上所述，古代日本自第33代天皇推古天皇时期，以圣德太子的"宪法十七条"为标志，以强大的中央集权为目标，统治阶级开始积极吸收中国古代法律思想。在第35代天皇皇极天皇在位时发生大化改新，推进了这一进程。至第42代天皇文武天皇时期，日本终于正式踏上律令制国家的进程，并以第46代天皇孝谦天皇时期实施的《养老律令》为其大成。

在这一过程中，佛教思想的传播发挥了举足轻重的作用。新的宗教思想的传播一方面在一定程度上减轻了固有势力的抵抗，同时，也为新生势力的日益强大作了背书。笃信佛教的苏我氏的兴起和藤原氏在这个过程中日益兴盛，并积极投入这场古代日本最大的变革中。随着隋唐的统一以及统一法典的颁布，在思想、文字、政治环境方面具备了条件的日本一举从中国引进了当时最为先进的法典，成为中华法系的一员。日本在大化改新前，其法制方面的建设极其薄弱，仅有氏姓制社会的习惯法，在大化改新后，通过反复的斗争，逐步引进并参照制定了律令法。日本从中国古代首先引进令，然后再引进律，并且根据日本的情况对令作了较大调整，而对律大多表现为细节的调整。究其原因，就在于日本的政治情况与中国大有不同。令是中央集权的封建国家制度的法律构架，所谓："盖令者，尊卑贵贱之等数，国家之制度也。"（《新唐书·刑法志》）日本一方面率先引进与国家行政紧密相关的"令"，另一方面又不得不根据自身情况进行调整，在这个过程中，逐渐实现中央的统一权力后，再几乎全盘引进以惩罚为主要内容的社会治理的"律"，从而实现律令齐备的律令制国家。用日本学者的话来说："古代日本社会的发展状况，比之中国的隋唐社会有些不同，日本比较后进，固然努力模仿唐朝的律令制度来编纂自己的律令，乍一看好像类似的地方比较多，可是在各个具体方面也有为适合日本社会情况而作的改变、修订。因此可以这样认识：古代日本的法律制度是在学习唐朝律令制度的基础

---

① 详细参见［日］利光三津夫：《律令研究続貂》，庆应通信1994年版。

上制定出来的。"①

　　3. 其他法律形式

　　除了律令，唐朝的法律中还有格与式，所谓"律、令、格、式，天下通规"，而这四者分别不同，所谓"律以正刑定罪，令以设范立制，格以禁违止邪，式以轨物程事"，如果将律和令视为基本法典的话，格就是对律的补充和变通条例，式则是官府机构执行律令的各种章程细则。在唐朝，编撰律令的同时也编撰格与式，但传播到日本的时候由于历史条件等因素的限制，从整体上来看，日本先用了很长的时间（直到 8 世纪上半叶）编撰律令，而体系性地编撰格与式则要再等百年，9 世纪后，日本进行了三次格和式的编撰，即所谓弘仁、贞观和延喜三代格式。这三代格式之中，现存于世的仅有延喜式的抄本，由 50卷 3300 条构成；三代格本身没能流传于世，但在 11 世纪时，编撰了《类聚三代格》，即将三代的格分门别类集成，其抄本流传至今。

　　虽然编撰的时间和顺序有所不同，但日本完全继受了唐朝律、令、格、式这些法律概念。这从德川光国祖孙数代撰写的《大日本史·刑法志》中对日本的律、令、格、式的定义中可见："……盖'令'者，尊卑贵贱之等数，国家之制度也。'格'者，百官有司所常行之事也。'式'者，其所常守之法也。凡邦国之政，必从事于此，其不能遵由，为恶而入于罪戾者，一断以'律'……"

　　中国自唐以后经历王朝更迭，新的王朝建立后都会重修法典，因此，唐之后的《宋刑统》《元典章》《大明律》（万历年间的《大明律集解附例》开创了律与例合编的形式，影响了之后清代律例的编撰）和《大清律例》等律典的编撰使得国家之基本法典得以适应社会的急剧变化。而日本自《养老律令》之后不再修律令，相应地，承担法律适应社会变动这一责任在统治者制定成文法方面主要体现在公家社会的新制和武家社会制定武家法方面，而在法律适用方面，最重要的当属明法之活动（法律解释）。这其中包括明法博士和大判事的明法勘文、法家问答和法书编撰等形式。

---

① ［日］池田温：《隋唐律令与日本古代法律制度的关系》，《武汉大学学报》1989 年第 3 期。

明法勘文是指在公卿议定政务和审判案件时遇到疑难问题向明法官员咨询，明法官员就此所作的解释回答；法家问答也是明法官员就律令的运用和解释所作出的解答，但不限于公卿提出咨询，包括明法官员官方或非官方的解答，其一般呈现问答之形式。明法勘文和法家问答都是明法官员针对咨询提问所作出的解答，而法书编撰则是明法官员编撰的法律解释书籍，其中最为有名的是《令集解》和《法曹至要抄》。

前文曾提到私撰的《令集解》有助于恢复日本令的原文，其原因就在于编撰者明法博士惟宗直本在 9 世纪编撰该书时，收录了《养老令》官方的解释书——《令义解》《大宝令》的解释书——《古记》，以及其他各种《养老令》的注释书（《令释》《迹记》《穴记》《赞记》和《额记》等），其内容复杂多样，也因此，这本书被誉为探究日本古代法律史的宝库。①

《法曹至要抄》则是约 300 年后的 12 世纪，由明法博士坂上明兼子承父业，在其父亲坂上范政著书的基础上增补，再由明兼的孙子明法博士坂上明基共同完成。

综上所述，可以说，自大化改新以后，日本先后承袭了中国古代法律中的令、律、格、式，正式进入了中华法系圈。虽然《养老律令》之后不再修律（令），但格与式在一定程度上承担起了应对社会变动的功能。此外，具有汉学修养的明法家也承担了将法律思想代代传承的责任。当然，如果仅仅是采取了中国古代的法律形式而没有纳入其精神，并不能断定古代日本是中华法系之成员。古代日本法对中国法的全面继受更深刻地体现在对法制理念的吸收上。如前文所述，日本对中国古代法之精神的汲取早已见于圣德太子的"宪法十七条"中，此处不再赘述，接下来就以律令法为对象展开讨论。

（二）儒家伦理观念对日本律法的影响

就中国古代法而言，礼法合一是其重要的特点。在三代之时，夏、商、周皆有礼（夏有"夏礼"、商有"殷礼"、周有"周礼"），亦各自有法（夏

---

① ［日］浅古弘、伊藤孝夫、植田信广、神保文夫编：《日本法制史》，青林书院 2010 年版，第 80 页。

有"禹刑"、商有"汤刑"、周有"九刑"）。春秋以后，儒家和法家、礼与法、德与刑的对立日益明显，在这个过程中，以惩戒为目的、作为暴力手段的刑律日渐发达。秦独倡法家，但很快衰亡。以此为鉴，汉之后法开始向礼回归，汉武帝"罢黜百家，独尊儒术"，董仲舒以儒家经典《左传》解释法律，即所谓的"引经决狱"。之后，中国古代法律进入了儒法合流的进程，其指导思想逐渐演变为以礼为本、以刑为辅的"德主刑辅"和"明刑弼教"等思想。魏晋"引法入礼"，隋唐之际正式进入礼法合一的时期，唐律"一准于礼"，可以说是准确地道出了此时立法的特色。古代日本律令法所模仿的正是礼法合一的唐代的律令，因此，这一特色自然也全面地体现在日本的律令法之中。

围绕国家治理，礼制思想与法家思想截然不同。法家举"一赏一刑"（《商君书·赏刑》）的平等思想，主张"不知亲疏、远近、贵贱、美恶"（《管子·任法》），称"刑过不辟大臣，赏善不遗匹夫"（《韩非子·有度》）；而礼制思想的核心是以"亲亲""尊尊"为代表的儒家伦理，"亲亲"为孝，"尊尊"为忠，二者的有机结合体现了中国古代家国同构的特质。"亲亲""尊尊"的儒家伦理主张亲疏有别、长幼有序、尊卑有等、贵贱有差，认为"礼者，所以定亲疏，决嫌疑，别异同，明是非也"（《礼记·曲礼上》），称"礼不下庶人，刑不上大夫"。律令法中礼法合一最为突出的体现，就是将这一"有别、有序、有等、有差"的儒家礼之秩序贯穿于中国古代法律之首尾，在儒家伦理观念框架下实施"同罪异罚"。

在律令的规定中，"准五服以治罪""亲亲得相首匿"典型地体现了亲疏与长幼之别；"八议"和"以官（爵）当刑"具有代表性地体现了尊卑与贵贱之差。在这种有别和有差之外，"仪制"是礼在律令中直接而具体的表现；"十恶"明确了将维护儒家伦理核心秩序作为最高准则。

1. 准五服以治罪

儒家的"五服"原本规定的是为死去的亲属服丧的制度，根据服丧者与死者亲属关系的远近和尊卑，分为斩衰、齐衰、大功、小功、缌麻共计五种服制。日本吸收了中国古代的"五服"制度，改其为"五等"（关于日本的"五等亲"

详见本章第二节中的"家制度"部分），并在此基础上也吸收了"亲亲得相首匿"的条款。

晋律采用了"竣礼教之防，准五服治罪"这一原则，即将儒家的五服制度运用到处理法律问题中，按照五服所表示的亲族成员之间的关系亲疏及尊卑，来作为定罪量刑的依据。"准五服以制罪"规定了：若以尊犯卑，服制愈近（即血缘关系越亲），处刑愈轻；若以卑犯尊，服制愈近（即血缘关系越亲），处刑愈重。

例如，同样是谋杀，唐律规定谋杀常人未遂为徒三年（《养老律》中为徒二年）。但是，如果谋杀期亲尊长、外祖父母、夫、夫之祖父母，父母者，皆斩；谋杀缌麻以上尊长（如伯叔祖父母、祖姑母等）者，流二千里；已伤者，绞；已杀者，皆斩。反之，对于尊长谋杀卑幼者，规定依照普通的故杀罪减二等，已伤者，减一等。而日本律对此几乎是完全继受，稍有不同的是，日本在法律中以五等亲代替五服，并在惩罚力度上有所减轻。

表1-3　唐律与《养老律》中尊卑之间的谋杀

	唐　律	《养老律》
谋杀尊长	谋杀期亲尊长、外祖父母、夫、夫之祖父母、父母者，斩。	谋杀祖父母、父母、外祖父母、夫、夫之祖父母、父母者，斩。
	谋杀缌麻以上尊长者，流二千里；已伤者，绞。	谋杀五等以上尊长者，徒三年；已伤者，中流。
谋杀卑幼	各依故杀罪减二等；已伤者，减一等；已杀者，依故杀法。	各依故杀罪减四等；已伤者，减二等；已杀者，依故杀法。

除了谋杀准用五服，区分尊卑分别定刑罚轻重以外，殴打、强奸、辱骂等皆准用五服而区别对待。

2. 亲亲得相首匿

除了用"五服"区别犯罪轻重以维护儒家伦理之外，律法中的"亲亲得相首匿"规定了一定亲属关系之间相互容隐犯罪而不负刑事责任。所谓"父为子隐，子为父隐，直在其中矣"（《论语·子路》)。《唐律疏议·名例律》第46条规定："诸同居，若大功以上亲及外祖父母、外孙，若孙之妇、夫之兄弟及兄弟妻，有罪相为隐；部曲、奴婢为主隐；皆勿论。即漏露其事者及摘语消息亦不坐。其小功以下相隐，减凡人三等。若犯谋叛以上者，不用此律。"① 也就是说，亲属之间有罪应该相互隐瞒，不告发和不作证的不论罪（缘坐的情形下则减刑）。

如果违反了"亲亲得相首匿"如何处置？《唐律疏议》规定："告祖父母、父母者，绞，告期亲尊长、外祖父母、夫、夫之祖父母，即便属实，亦徒二年。"② 此为卑幼告尊长，同样道理，告卑幼也一样不可以，《唐律疏议》规定告小功卑幼，"虽得实，杖八十"，告大功以上亲，递减一等。也就是说，违反"亲亲得相首匿"的，按照五服的亲疏来量刑，比起尊长告卑幼，卑幼告尊长的刑罚更加重；卑幼告尊长，五服关系越亲近刑罚越重，尊长告卑幼，五服关系越疏远刑罚越重，其体现的正是尊长对卑幼的一种"家父长"关系。当然，亲亲相隐制只适用于一般犯罪，谋反、谋大逆、谋叛及其他某些重罪不适用该制度。

这是反映中国古代亲属伦理的典型法条，日本《养老律》之名例律第46条规定："凡同居若三等以上亲，及外祖父母、外孙，若孙之妇、夫之兄弟及兄弟妻，有罪相为隐，家人、奴婢为主隐，皆勿论。即漏露其事及擿语消息，亦不坐。其四等以下亲相隐，减凡人三等。若犯谋叛以上者，不用此律。"③

可见，除了将表示亲等的五服替换为日本的五等亲以外，几乎全文承袭了唐律的规定。在"得相首匿"的规则下，日本也规定了告祖父母、父母者绞；告二等尊长徒一年；告五等四等卑幼，杖六十，告三等以上递减一等。

3. 八议

除了将亲属间亲疏长幼关系适用在法律之中以外，尊卑、贵贱有差也一并为日本律所吸收，这尤其体现在"八议"制度上。作为儒家经典的《周礼》中规定有"八辟丽邦法"，即凡属于亲、故、贤、能、功、贵、勤、宾共计8种人的，如果犯死罪，"皆先奏请，议其所犯"（由皇帝交群臣集议后，最后由皇帝作出裁决），而后可获得相应的减免。若犯流刑以下的罪，则可直接减一等处罚。

---

① ［日］井上光贞等校注：《律令》（日本思想大系 3），岩波书店 1976 年版，第 48 页。
② 《唐律疏议·斗讼律》。
③ ［日］井上光贞等校注：《律令》（日本思想大系 3），岩波书店 1976 年版，第 48 页。

但是犯十恶者不适用八议的规定。① 曹魏制定法律时将此法纳入魏律，即所谓的"八议"。

《唐律疏议·名例律》中对八议规定如下：

其一曰议亲，指皇室一定范围的亲属。详细而言，指皇帝袒免以上亲（律疏注：袒免者，据礼有五。高祖兄弟、曾祖从父兄弟、祖从兄弟、父从兄弟、自身之从兄弟）及太皇太后、皇太后、皇太后缌麻以上亲（律疏注：缌麻之亲有四。曾祖兄弟、祖从父兄弟、父从兄弟、自身之从兄弟）、皇后小功以上亲（律疏注：小功之亲有三。祖之兄弟、父之从父兄弟、自身之从兄弟）；其二曰议故，指皇帝的故旧，"宿得侍见，特蒙接遇历久者"；其三曰议贤，指有大德行的贤人君子，"言行可为法则者"；其四曰议能，指有大才艺，能整军旅、莅政事，有宰相之才，为帝王之辅佐（"盐梅帝道"）、为人伦之师范者；其五曰议功，指有大功勋，"能斩将夺旗，摧锋万里，或率众归化，宁济一时，匡救艰难，铭功太常者"；其六曰议贵，指官贵，"职事官三品以上，散官二品以上及爵一品者"；其七曰议勤，指有大勤劳，"大将吏恪居官次，夙夜在公，若远使绝域，经涉险难者"；其八曰议宾，指承先代之后为国宾者，即"二代之礼"，如"武王克商，封夏后氏之后于杞，封殷氏之后于宋。若今后周介公，隋后酅公，并为国宾者"。

日本在吸收八议制度时，删除了"议勤"和"议宾"二项，其具体内容如下：

其一曰议亲。谓皇帝及皇帝五等以上亲，及太皇太后、皇太后、皇太后四等以上亲，皇后三等以上亲；其二曰议故。谓旧故（疏议与《唐律疏议》同）；其三曰议贤。谓有大德者（疏议与《唐律疏议》同）；其四曰议能。谓有大才艺（疏议与《唐律疏议》同）；其五曰议功。谓有大功勋（疏议与《唐律疏议》同）；其六曰议贵（谓三位以上）。

缘何日本删去后两者？何为"议勤"和"议宾"？这两者相较而言，删除"议宾"较为容易理解，宾谓承先代之后为国宾者，《礼记》云："天子存二代之

---

① 《唐律疏议·名例律》。

后，犹尊贤也。"即尊前两代王朝的后代。日本删去"议宾"，是因为其天皇源自天神，万世一系，理论上不可能改朝换代，由此也不会出现唐律中"宾"的这种情形。至于为何删去"议勤"，还尚待进一步的研究。

4. 官当

除了八议之外，儒家尊卑不同的礼制思想在法律中还体现为官当制度。北魏的律典中增加了"以官爵当刑"的条款，允许贵族官僚用官品和爵位抵当刑罚，这也在唐律中有所规定，并且传到了日本。

官当制度与"礼不下庶人、刑不上大夫"的礼法等级观念有着密切的历史渊源。《礼记》有云："夫礼者，所以章疑别微，以为民坊者也，故贵贱有等，衣服有别，朝廷有位，则民有所让。"有了"贵贱有等"的理论思想，荀子在《荀子·富国》论曰："由士以上则必以礼乐节之，众庶百姓则必以法数制之。"荀悦云："礼教荣辱以加君子，化其情也；桎梏鞭扑以加小人，治其刑也。君子不犯辱，况于刑乎？小人不忌刑，况于辱乎？"也就是说，君子以礼教化之，小人以刑治之。贾谊曰："君之宠臣虽或有过，刑戮之辜不加其身，尊君之故也，此所以为主上豫远不敬也，所以体貌大臣而厉其节也。"即将刑不上大夫之根据归结于尊君思想这种礼法等级制度。

律法中的官当起源于《晋律》中的"杂抵罪"，即用夺爵位、除名籍和免官来抵罪。在南朝的陈出现了正式的"官当"名称，《北魏律》首次将"官当"列入法典。官当直接为官员的特权提供了法律依据。如果犯的是公罪，一官还可以多（抵）当一年。一般五品以上的官员犯罪后可以当徒二年，九品以上可以当徒一年，所以犯公罪的五品以上的官员可以当三年。不过，十恶重罪等危害国家社会秩序的罪刑不得适用官当。

《唐律疏议·名例律》规定：

> 诸犯私罪，以官当徒者，五品以上，一官当徒二年；九品以上，一官当徒一年。若犯公罪者，各加一年当。以官当流者，三流同比徒四年。

日本吸收了唐律中的官当，不同的是，日本律将官员按位阶区分，所以不用"品"而用"位"，以《养老律令》中的品位制度与唐的品阶制比较，则可知其是圣德太子时期的冠位制和品阶制的结合。《令集解》的"官位令"中有曰："义云，品谓位也，亲王称品者，别于诸王。"亲王设品，从一品到四品，共计4阶；诸王和诸臣设位，比照唐的九品制，其中诸王一位到三位分正从各两阶，四位和五位分正从以外，再各分上下，共14阶；诸臣与诸王分法相似，四位以下各分上下两阶，共计30阶（如表1-4所示）。

表 1-4　日本的品位制与唐的品阶制

	亲王	一品	二品	三品	四　　　　　品					
日本	诸王	正一位 从一位	正二位 从二位	正三位 从三位	正四位 （上下） 从四位 （上下）	正五位 （上下） 从五位 （上下）				
日本	诸臣	正一位 从一位	正二位 从二位	正三位 从三位	正四位 （上下） 从四位 （上下）	正五位 （上下） 从五位 （上下）	正六位 （上下） 从六位 （上下）	正七位 （上下） 从七位 （上下）	正八位 （上下） 从八位 （上下）	大初位 （上下） 少初位 （上下）
唐	品阶	正一品 从一品	正二品 从二品	正三品 从三品	正四品 （上下） 从四品 （上下）	正五品 （上下） 从五品 （上下）	正六品 （上下） 从六品 （上下）	正七品 （上下） 从七品 （上下）	正八品 （上下） 从八品 （上下）	正九品 （上下） 从九品 （上下）

如上表所示，日本的品位制中没有设正九品和从九品，与之相对应，设了大初位和少初位。按照《令集解》所言"初位非职事，品秩卑微"，"职事初位与八位同，然则虽有位，无官之日，其身犹贱"。也就是说初位者，任官者与八位相同，不任官者地位非常低下。

在官当之法中，《养老律令》将五位（品）以上的官员再以"三位"为线区分，并对三位以上的高级官员适用更为宽大的政策；同时，对低于八位的（大初位和少初位）没有规定官当的适用："凡犯私罪以官当徒者，一位以下，三位以上，以一官当徒三年；五位以上，以一官当徒二年；八位以上，以一官当徒一年。若犯公罪者，各加一年当；以官当流者，三流同，比徒四年。"对三位以上适用"一官当徒三年"，这反映了日本朝廷中三位以上高级官员的特殊权势；对低于八位的没有规定官当，其正是因为大初位和少初位"品秩卑微"。

除此以外，学者认为，唐律中的官当剥夺的是官员的官职，而日本因为以位阶为根本，因此日本律中的官当剥夺的是官员的位阶。① 这是二者之间最大的不同。

5. 仪制

日本律令中表现"礼治"的条文众多，如"仪制令""假宁令""丧葬令"等。此处仅举一例以示之。如《养老令·仪制》3 之"皇后条"：

> 凡皇后皇太子以下率土之内，於天皇太上天皇上表，同称臣、妾名。对扬称名。皇后皇太子，於太皇太后皇太后，率土之内，於三后太子上启，称殿下。自称皆臣、妾。对扬称名。

所谓"对扬"，即面对面的意思。也就是说，在上表、上启等文书中的自称和与天皇等见面时的自称有所不同，"臣、妾"这一自称仅用于文书中，口头上只用其名。那么，唐令的规定如何？以《唐令拾遗》所复原的仪制令第 3 条（开元七年、二十五年令）来看：

> 诸皇太子已下率土之内，於皇帝皆称臣。皇后已下率土之内，於皇帝太皇太后皇太后，皆称妾。六官已下率土妇人，於皇后皆称妾。百官上疏於太皇太后皇太后皇后，称殿下，自称皆曰臣。百官及东宫官，於皇太子，皆称殿下（上启表同），百官自称名，宫官自称臣。

由此可见，中日这两条规定的条文有所不同。《养老令》的条文中，其对象主体分为三类：其一，天皇和太上天皇（皇后、皇太子以下，上启自称"臣、妾名"；见面自称"名"）；其二，太皇太后和皇太后（皇后和皇太子上启称"殿下"，自称"臣、妾"；见面自称"名"）；其三，三后（太皇太后、皇太后、皇后）和皇太子（率土之内上启称"殿下"，自称"臣、妾"；见面自称"名"）。

---

① ［日］牧英正、藤原明久编：《日本法制史》，青林书院 2004 年版，第 86 页。

与唐令相比简化了不少，但其精神宗旨一致。①

6. 十恶

如上所述，作为儒家礼制核心的"亲亲""尊尊"思想，在律令中得到充分体现，"准五服以制罪""亲亲得相首匿"和"八议""以官当徒"等制度都是其典型体现。如果说这些制度中依据了儒家礼教思想规定了法定的减轻和以官赎刑之事由，即某种"特权"，那么，同样根据礼制思想，法律中还规定了不可以适用这些特别规定的情形，即不赦之重罪——十恶。

《北齐律》中以"重罪十条"规定，即后来的"十恶"，包含谋反、谋大逆、谋叛、谋恶逆、不道、大不敬、不孝、不睦、不义、内乱共计 10 项。只要犯这 10 项罪行，亲亲不得相互容隐，官员也不再享有"八议"和"以官当徒"的特权。日本对此一并吸收，称"八虐"。需要注意的是，由"十"变为"八"，并非删除了其中的内容，而是将"十恶"中的"不睦"并入了"不道"，将"内乱"并入了"不孝"之下，对于罪名的规定，二者基本相同，其内容对比如下。

表 1-5　"十恶"与"八虐"②

唐律之"十恶"	《大宝律》之"八虐"
一、谋反：谋危社稷	一、谋反：同
二、谋大逆：谋毁宗庙山陵及宫阙	二、谋大逆：同
三、谋叛：背国从伪	三、谋叛：同
四、恶逆 1. 殴及谋杀祖父母、父母 2. 杀伯叔父母、姑、兄姊、外祖父母、夫、夫之祖父母、父母	四、恶逆 1. 同 2. 同

---

① 关于仪制令的比较，详细可参见［日］大隅清阳：《儀制令と律令国家——古代国家の支配秩序》，载［日］池田温编：《中国礼法と日本律令制》，东方书店 1992 年版，第 195—222 页。除了仪制令以外，日本对假宁令也进行了吸收，但局部也有所不同，可参见［日］丸山裕美子：《仮寧令と節日——古代社会の習俗と文化》，载［日］池田温编：《中国礼法と日本律令制》，东方书店 1992 年版，第 223—247 页。
② 此表由［日］桑原骘藏博士总结，见其《中国法制史论丛》，弘文堂书房 1935 年版，第 364—368 页；杨鸿烈在著作中引用，杨鸿烈：《中国法律在东亚诸国之影响》，商务印书馆 2017 年版，第 230—231 页。本表根据两位学者的列表作成。

唐律之"十恶"	《大宝律》之"八虐"
五、不道 1. 杀一家非死罪三人 2. 肢解人 3. 造畜蛊毒厌魅	五、不道 1. 同 2. 同 3. 同 4. 杀四等以上尊长及妻（十恶中的不睦） 5. 殴告及谋杀伯叔父母、姑、兄姊、外祖父母、夫、夫之父母（十恶中的不睦）
六、大不敬 1. 盗大祀神御之物 2. 乘舆服御物 （余条省略）	六、大不敬 内容基本同；但加了"毁大社"一文
七、不孝 1. 告言诅骂祖父母及父母 2. 父母在，别籍异财 3. 供养有阙 4. 居父母丧，身自嫁娶，若作乐释服从吉；闻祖父母父母丧匿不举哀；诈称祖父母父母死	七、不孝 1. 不孝 2. 同 3. 无 4. 同 5. 添加奸父祖之妾一条（"十恶"中的内乱）
八、不睦 1. 谋杀及卖缌麻以上亲 2. 殴告夫及大功以上尊长	（删，内容并入"五、不道"）
九、不义 1. 杀本属府主刺史县令，见受业师，吏卒…… 2. 闻夫丧匿不举哀，若作乐释服从吉及改嫁	八、不义 1. 同 2. 同
十、内乱 1. 奸小功以上亲 2. 奸父祖妾	（删，其中 2 之内容并入"七、不孝"中）

从表中可以看出，无论是"十恶"还是"八虐"，都主要维护封建皇帝的专制统治和君臣、父子之间的尊卑和上下的封建伦常秩序：亲亲与尊尊。忠和孝是中国古代统治秩序的基础，日本律令法也以违反忠孝为重罪，其目的就是建立这一基础，从而实现如同中国古代一样，从中央到地方的大一统的国家政权。这一理念体现为"八虐"，以重罚为主旨，并且规定了犯"八虐"者不得享受议、请、减的照顾，"为常赦所不原"。

第二节　中国古代法律制度对日本之影响

在上一节内容中，论述了以佛教思想的传来为契机，日本吸收了中国的汉字，并且以苏我氏等崇佛派为首，主张全面吸收中国古代文化。在这样的背景下，古代日本的第一部成文法——"宪法十七条"中明确了以"仁、义、礼、智、信"为核心的儒家思想的重要地位，在随之而来的法典编撰中，几乎全面继承了"以礼入法""礼法合一"这一中国古代的核心理念。以该法制理念为指导，上自国家统治制度，下至家制度，其他如土地赋役、军事、司法和教育等制度等都曾为日本全面吸收，出现了日本全面实施律令法体系的"律令时代"。并且，日本学习中国古代法律制度的过程是漫长的，"律令时代"之后，虽然经历了所谓的"国风文化"的发展，但直至近代初期，中国古代法律制度都对日本产生过不同程度的影响。

一、律令时代的全面吸收

如前所述，7 世纪中叶的大化改新拉开了日本全面学习中国制度的帷幕，这种基于律令制度统治国家的时代被后来日本的历史学者们称为"律令时代"，这个时候的日本被视为"律令国家"，实施的是"律令体制"。从其时间范围来看，"律令时代"一直持续到 10 世纪左右，其间经历了约 3 个世纪。中国古代法律制度不仅塑造了日本的法律体系，还在社会、政治和文化等方面促进了日本的发展。中国的儒家思想伦理、佛教思想和道德教义等对古代日本的法律思想和社会伦理的形成发挥了重要作用。日本通过学习中国古代的制度，建立了有序的成文法体系，制定了全国统一的刑法和刑罚，重新构建了中央和地方行政组织，为日本的政治和社会稳定提供了基础。在统治阶层内部，模仿中国建设了新的官职体系和层级结构，在官员的选拔方面也受到了中国的启发。这一体制帮助日本建立了高效的政府机构，促进了国家的统一和稳定。并且还促进了中日两国的文化交流，这不仅包括法律制度的借鉴，还包括文学、哲学、艺术等方面的交流，丰富了日本的文化底蕴。

因此，严格说来，中国古代法律，即律令体系对日本的影响并不仅仅限于法律本身，影响的广度和深度都并非本书可尽数。下文仅以国家组织机构（天皇制度和官僚制度）、经济财政（土地和赋役制度）、军事（兵役）、司法、家和教育这几个方面为例展开探讨。但必须强调的是，日本吸收中国律令制度是全面的，制度上的表现并不仅仅局限于这些方面。

（一）天皇制度

就法律制度而言，天皇制度和官僚制度是古代日本政治的核心，完成以天皇为核心的全国统治是日本输入中国古代法律的首要任务。正如在本章第一节中所讨论的，日本早在大化改新前的推古天皇十一年（603年）和十二年（604年）前后就制定了"冠位十二阶"和"宪法十七条"，二者要实现的正是以天皇为统治中心的中央集权的官僚制。虽然日本的史书上提及天皇都以"万世一系"形容，并且在日本的天皇信仰中，天皇是天照大神的子孙，似乎应该拥有强大的力量。但事实上，在古代，大多数时候日本天皇的权力都受到世袭氏族豪族的牵制，前面介绍的苏我马子杀天皇（崇峻天皇）、苏我入鹿灭山背大兄一族就是典型的例子。因此，引进以皇帝为尊的中国古代的君王制度正是日本天皇作为统治者的目的。

大化改新后，这一理念体现在《大宝律令》中的与天皇相关的制度和位阶制之中。古代日本的首领原本并不称天皇，天皇这一称呼的成立有两种学说，一说为推古朝说，一说为天武朝说。前文所述遣隋使的国书事件中所出现的"东天皇敬白西天子"，以及中宫寺中的天寿国绣帐中出现的"天皇"二字等，都是推古朝说的有力证据。天武朝说则是考虑到中国唐朝上元元年（674年），即日本的天武三年，唐高宗李治改称天皇，而在壬申之乱中胜出的天武天皇则模仿用之。此外，在飞鸟池遗迹中出土的天武朝的木简中亦有"天皇"之文字，这也是天武朝说的论据之一。但无论以上哪一种学说，日本采用"天皇"这一称号与中国古代都有莫大的关系。律令中对天皇称呼的相关规定见于《养老令》中"仪制令"的"天子"条，其中规定：祭祀时称"天子"；诏书中称"天皇"；"华夷"称"皇帝"；上表称"陛下"；退位后称太上天皇（上皇）等。从这些规定来看，此时，日本已经是完全沿袭了中国的制度。

除了"天皇"这一称呼以外，还能体现日本模仿中国制度的典型就是日本天皇的年号和汉风谥号。

以年号为例，中国在汉武帝统治时期创制了年号并将其确定下来（建元元年，即公元前140年），成为后来各个朝代的纪年法，延续了两千多年。这一纪年法在4世纪以后也传到了朝鲜半岛，并在7世纪传到了日本。高句丽广开土王曾经使用的"永乐"年号（始于391年）是朝鲜半岛可见的最早的年号纪年法，日本最早的年号则在法隆寺金堂释迦三尊光背铭中的"法兴元卅一年岁次辛巳十二月"（即621年）中可见，《日本书纪》中大化（645—650年）、白雉（650—654年）也是日本学习中国采用年号纪年的例证。①

日本在律令中，将年号作为国家的基本制度。"仪制令"中有言："凡公文应记年者，皆用年号。"在惟宗直本对《养老令》的注释书《令集解》中，对该条文列举了3种注释，除了有对《养老令》的注释外，也包含了对《大宝令》同条文的注释，因此可以说，该条文在《大宝令》和《养老令》中皆存在。日本与中国相同，年号基本上也是在天皇即位时建立，在位期间因祥瑞或异象等而改元，日本还新增加了每逢辛酉年改元和甲子年改元的定制。②

日本除了学习中国采用年号纪元以外，还承袭了中国的封赠谥号制度。谥号是根据去世者的生平事迹和品德修养而授予的尊号。根据郭沫若的考证，中国的谥号制度可以追溯到战国时期。日本在7世纪后半叶引进了这一制度。日本天皇的谥号有"国风谥号"（日本式）和"汉风谥号"（中国式）之分，《大宝

① 刘俊文、[日]池田温主编：《中日文化交流史大系2：法制卷》，浙江人民出版社1996年版，第260—261页。由于《日本书纪》本身成书较晚，围绕大化、白雉的年号的可靠性，文中提到"除少数的否定论者以外，大多数的日本历史学者认为大化、白雉两年号是存在的"，笔者赞同该观点。

② 关于这一点，详细可参见[日]所功：《三善清行の辛酉革命论》，神道学会编：《神道史研究》17（1），1969年。此外，中国在明清时期采用了一世一元的制度，日本在18世纪也多有学者主张学习，比如江户中期大坂的儒者中井竹山在其为回答老中松平定信的咨问而写成的《草茅危言》(1788年）的65条建言中，提到了建议按照明清之法，定为一世一元；再如江户后期的儒学者广濑谈窗，在其《怀旧楼笔记》中亦提到中国明朝以后一帝一元而无更改，日本也因从其例。不过，江户一代始终未采用一世一元的制度，日本采用一世一元乃自明治维新始。

令》中的"公式令"之"平出条"中明确记有"天皇谥"。8世纪末孝谦天皇在位的天平宝字六年正月（762年），熟悉汉字典籍的学者淡海三船奉命撰定了历代天皇的汉风谥号。①"汉风谥号"是从汉字典籍中取二字，从第1代的神武天皇到将都城从奈良（平城京）最终迁到京都（平安京）的第50代桓武天皇，"天皇"前的二字都是典型的"汉风谥号"。②

当然，既然是围绕一国之君的相关制度，日本在吸收与承袭时也考虑了其固有的习惯。例如，《养老令》中的"公式令"规定了天皇发布诏令时的5种形式，分别为："明神御宇日本天皇诏旨""明神御宇天皇诏旨""明神御大八洲天皇诏旨""天皇诏旨"和"诏旨"。前3种天皇称号中都有"明神"字样，"明神"是"现人神"，即以凡人身份降世的神。这表明《养老律令》不仅根据儒家经典和唐律把天皇尊为日本最高统治者，并且结合了本土固有的文化，依然承认天皇是天照大神的直系子孙，赋予其浓厚的原始宗教神话和神权政治色彩。

此外，日本天皇的服制与唐令不同，日本令中并没有明确规定天皇的服制。中国皇帝的服饰因场合不同而有变化，这在唐令的"衣服令"中有明确的规定。《旧唐书》（卷45）"舆服制"中言："唐制，天子衣服，有大裘之冕、衮冕……凡十二等。"而《养老令》的"衣服令"之中并无对应条文：从首条的"皇太子"条到"武官朝服"条，共计14条的条文中并未有天皇服制的相关规定。不过其中有对服色的规定："凡服色，白、黄丹、紫、苏黄、绯、红、黄橡、熏、蒲萄、绀、缥、桑、黄、楷色、秦、柴、橡墨，如此之属，当色以下，各兼得服之。"由此可知，白色在日本是最高等的颜色。在《丧葬令》中规定天皇"除帛衣外，通用杂色"。《令集解》解释说："帛衣，白练衣也"，所谓"我朝以白色

---

① 详细参见［日］中山千寻：《天皇の謚号と皇統意識——漢風謚号の成立をめぐって》，《日本歷史》2000年3月号，第1—20页，吉川弘文馆2000年版。此外，相关研究还见于以下研究之中。［日］坂本太郎：《坂本太郎著作集第7卷：律令制度》，吉川弘文馆1989年版，第255—275页；［日］水野祐：《日本古代王朝史論序説》，早稲田大学出版部1992年版，第122页；［日］榎村寛之：《謚号より見た古代王権継承意識の変化》，收于［日］岡田精司編：《古代祭祀の歴史と文学》，塙书房1997年版，第65—93页。
② 平安时代以后，则又出现"和风谥号"，院政时期，从天皇退位的上皇把握实权，实施院政，多有以其让位后的离宫、御所以及法皇出家之地称其为某某院，去世后也多以该院号追赠，并非出自中国典籍，如白河、堀河、土御门等。

为贵色，天皇服也"。因此，崇尚白色以及天皇衣白是日本民族的固有习俗，这一点应无疑义。①

（二）官僚制度

官僚制度是中国古代统治和管理国家最为核心的内容，其成熟程度之高，是中华文明的一个独特现象。这一制度理所当然地为日本统治者所重视，更确切地说，从圣德太子时期开始，日本就开始尝试导入中国的官僚制度。可以说，制定"冠位十二阶"（603 年）是日本对中国官僚制度的初步尝试，此后经过大化三年（647 年）、大化五年（649 年）、天智三年（664 年）、天武十四年（685年）等改革，这一制度最终在《大宝令》中以"位阶制"得以固定。

除了"位阶制"以外，在中央和地方官的设置方面也大量学习中国古代之制。

1. 中央官制

首先，在中央官制层面，唐朝是三师、三公、三省、六部、九寺、五监制。三师、三公是荣誉性职位，实际权力集中在三省和六部。按照令制，中书省起草，门下省负责审议，由尚书省执行，由此共同完成诏敕的制定与实施。

与此相对应，日本则在中央设置"二官八省"。"二官"即太政官和神祇官，太政官地位相当于唐三师、三公和三省，统摄政治；神祇官的设立与日本宗教祭祀传统相关，其实际职能类似于唐之太常寺、礼部和祠部等。太政官的长官即太政大臣，位阶极高，设一位或二位，《养老令·职员令》中对其的描述为"师范一人，仪形四海，经邦论道，燮理阴阳"，《令义解》中说"教人以道之称也"，即以道德辅佐君主，并负责调整四时之和，且太政官并非常设，如果没有相应的人才则空缺，所谓"无其人则阙"。相对于此，神祇官的长官神祇伯位阶则是四位下，在行政事务方面受太政官统辖。太政官以下设"八省"，分别为：中务省（掌管侍从、诏敕、传奏等宫中事务以及位记、户籍等）、式部省（掌握文官的选退、朝仪、学校）、治部省（掌管姓氏、继嗣、丧葬、佛寺、外国事务）、民部省（掌管一般民政）、兵部省（掌管武官的进退、士兵、武器等）、刑

---

① 刘俊文、[日]池田温主编：《中日文化交流史大系 2：法制卷》，浙江人民出版社 1996 年版，第 66—108 页。

部省（掌管司法）、大藏省（掌管出纳、调、贡纳物、金银、物价、度量衡等）和宫内省（掌管宫中庶务、供奉、营造），各省下设有职、寮、司等机构。比如中务省下就设有"一职六寮三司"："一职"为中宫职（掌管后妃事务）；"六寮"分别为大舍人寮、图书寮、内藏寮、缝殿寮、阴阳寮和内匠寮；"三司"分别为画工司、内药司和内礼司。

整体而言，"八省"摹仿的对象是唐朝的三省六部（九寺五监）制，但按照日本本土情况进行了删减。① 八省与唐的六部相比较，大多是将唐六部、九寺等机构中一些部和寺的职权合并入一个部门，如刑部省相当于唐的刑部和大理寺。这种合并省略使之简单化的特点，是日本继受唐朝法律文化中一个带有普遍性的变通现象。由此，学者论断："日本虽摹仿唐制，但以岛国之故，不能如大陆'礼仪三百，威仪三千'之唐制复杂，故一切皆趋于简单化。"②

除了"二官八省"以外，还有"一台"，即弹正台，与唐之御史台相似，负责整饬风俗，弹劾不法官员。弹正台设有尹1人，弼1人，大忠1人，少忠2人，大疏1人，少疏1人，巡察弹正10人，史生6人，使部30人，直丁2人，共计55名。③ 其职掌各不相同，如弹正台尹，从四位上"掌肃清风俗、弹正内外非违，五位以上弹，六位以下移所司推同"（《令义解》）。"唯大政大臣不得弹。尹有犯，则弼以下共弹奏，台中非违互相弹。弼以下月巡京中，忠以下日察京城内外"（延喜式）。④

就整体而言，日本的职官虽然设置上比唐简略，但在形式上基本完成了中央集权的官制设置。但需要留意的是，改革后，虽然之前的氏姓制度受到一定的冲击，但贵族要素仍然是日本统治的特色。据统计，奈良时代共计74年中，出任三位以上官职的人共计122人，其中亲王22人，其余几乎都是大伴氏、石上氏、巨势氏、藤原氏、阿部氏、纪氏、橘氏等大氏姓贵族的子孙，出身普通

① 详细可参见［日］桑原骘藏：《王朝の律令と唐の律令》，收于同著《桑厚隲藏全集（第3卷）》，岩波书店1968年版，第358—363页。
② 刘俊文、［日］池田温主编：《中日文化交流史大系2：法制卷》，浙江人民出版社1996年版，第23页。
③ 井上光贞等校注：《律令》（日本思想大系3），岩波书店1976年版，第186页。
④ 《日本大典》卷6"刑部省"条与《大日本史》卷200之"职官志"4。

贵族的不过 7 人。[①]

虽然说日本以精缩版的方式学习了唐的中央官制，并根据自身的情形有所变通，但其宗旨和核心与唐制无异——建立以皇帝（天皇）为核心的中枢官僚制，而最具代表性的就是日本"太政官制"受到中国"宰相制"影响这一事实。

《新唐书》之"百官制"中有言："宰相之职，佐天子总百官，治万事，其任重矣。"中国的宰相制度自战国时代始，汉以后多有变化（如西汉时以相国或左、右丞相为宰，魏时改丞相为司徒，诸如此类）而日渐完善。唐承隋制，采用"群相制"，即三师、三公以及三省之首皆为宰相，前两者常年"虽有其位，而无其人"，所以并无常任；而三省之首则必有其人，如中书令、侍中（隋为纳言）、尚书令（太宗李世民曾担任尚书令，之后尚书令空缺，由仆射代行尚书令之职务）。

日本在大化元年（645 年）时，孝德天皇就设置了左大臣（阿倍内麻吕）和右大臣（苏我石川麻吕）。天智十年（671 年），天智天皇任命大友皇子为太政大臣，这是日本第一次设太政大臣，这一官职（其间多有变化，包括武家政权亦设太政大臣）持续到明治时代，日本最后一任太政大臣是明治时期的三条实美，其间共计 95 人。作为最高官职的太政大臣亦并非常设，若无合适人选时则空缺，此时左、右大臣成为事实上的长官。一般认为，大化和天智年间的左、右大臣和太政大臣的官制虽然受到唐朝官制的影响，但与宰相制度还是有所不同。太政大臣正式成为"社稷之镇守、国家之管辖""奉主命而施号令，退奸伪而进贤良"（《令集解》之"职员令"，这与唐令中对三师、三公的描述一致）的重臣要等到《大宝律令》制定以后。

2. 地方统治

在地方统治层面，中国自秦以来实施郡县制，郡县长官是皇帝派出的官僚。唐亦将全国在行政上划分为州、县两级，长官分别为刺史（或太守）和县令，均由中央任命，直接对皇帝负责。

相对于唐朝的地方制度，日本变化较大。在地方上，日本以国、郡、里设

---

① ［日］泷川正次郎：《日本社会史》，刀江书院 1953 年版，第 53 页。

置行政区划，50 户为 1 里；2 里以上 20 里以下为 1 郡，由此，郡根据里的数目不同，分大、上、中、下、小五等；国分大、上、中、下四等，未规定其区分标准。国设国司，郡设郡司。国司由中央派遣，以 6 年为一个任期（《大宝令》，后来改为 4 年），掌握地方民政、警察、审判和祭祀等。但掌管郡的民政和审判的郡司却是"才用同者，先取国造"。"国造"是基于氏姓制统治地方的官职，"先取国造"即优先从当地豪族中选才任用，并且是终身制。郡下更不是由中央派遣官吏，每里设里长（并非官职）1 人，负责户口的查对、赋役的催缴等。灵龟元年（715 年）实施乡里制，里改称为乡，其下再设制 2、3 里，里之下每 5 户选出 1 长，即五保制，相互负有督查之责，如有逃亡之户负责追访，并在租、调上有连带责任。可见，在地方的官制设置上，日本呈现了浓厚的保守色彩，并未完全实现全国范围的中央集权。郡、里的行政长官——郡司和里正均由地方的豪族势力担任，这是日本尚未具有足够强大的中央集权以统一全国之现实原因所导致，是日本学习唐制并在日本推行时对国内现状的妥协。有学者指出，地方统治是日本政治的特点，是唐朝法律文化在日本变通的一个重要原因。又如，与官僚体制密切相关而受到世界赞誉的中国科举制度未能为日本所吸收，关键之处亦在于此。①

3. 官职名称的借鉴

除了官僚机构等设置以外，从中央到地方，日本大量引入和沿用中国官职名称，这反映了中国政治制度和文化对日本的强烈影响。尽管日本在采用这些官职名称的同时也逐渐发展了自己的官制，但中国的官职名称仍然在日本的律令制度中留下了深刻的印记。古濑奈津子对平安时代初期的三大敕撰汉诗文集《凌云集》《文化秀丽集》《经国集》中出现的官职名称做过统计，这些文献中所使用的官职名称也为朝廷认可，可以为我们提供直观的印象，今引用如下（表格中分别将《凌云集》简称为"凌"，《文化秀丽集》简称为"文"，《经国集》简称为"经"；各个典籍后的数字表示卷数）：②

---

① 周一良：《中日文化关系史论》，江西人民出版社 1990 年版，第 34—35 页。
② 刘俊文、[日] 池田温主编：《中日文化交流史大系 2：法制卷》，浙江人民出版社 1996 年版，"第三章关于日本官职称用唐朝官名的考察"，第 70—72 页。

表 1-6　中日两国官职名称对比

中央文官

中国名	日本名	资料出处
平章	参议	经 100
尚书	辨官	经 98
尚书右丞	右辨官	文 81、82
吏部侍郎	式部大辅	凌 21
内史	内记	文 93、131、137、138、141
柱史	内记	文 24、130
千牛	内舍人	凌 42
祭酒	大学头	凌 19、91
进士	文章生	凌 19、91
秀才	文章得业生	凌 19，经 45
评事	判事	经 214
仙郎	五位藏人	凌 17

中央武官

中国名	日本名	资料出处
（左）神策大将军	（左）近卫大将	凌 28，文 23，经 31
右亲卫少将军	右近卫少将	凌 22
右卫大将军	右近卫大将	凌 64，也有的写本作右近卫
金吾将军	卫门督	凌 15，文 19、30

地方官

中国名	日本名	资料出处
太守	国守	凌 77，文 19、23，经 229
长史	国介	经 280
录事	国主典	文 93、94
都护	陆奥出羽按察使	凌 15，文 19、30

女性官职

中国名	日本名	资料出处
公主	内亲王	经 22、24、92、108、167、174、221、222
女侍中	典侍	文 83、84、87、88、89、90、91、92
美人	女房	文 122，经 32

围绕这些官职，古濑奈津子提出可以分为三类：

第一类是不属于唐朝官制的，比如在中国官职名称中出现的内史、柱史和太守等。内史和柱史是秦汉的官职名称，内史是京师的行政长官，柱史（柱下史）是掌管宫内文书和书籍的官职；而太守是隋朝郡的长官。

关于这一点，内藤乾吉和东野治之有所探讨，指出：由于日本孝德天皇承袭的是中国南北朝的官制，天武朝承袭的是与其同时代的隋朝的官制，所以在日本沿用的中国官职名中，有不少是唐以前的名称。①

第二类是唐令"职员令"中规定的官职，这一类数量最多。如尚书、侍郎、平事、长史等，女性官职中所举的公主、女侍中和美人也是这一类别。

第三类是唐初以后新制定的、律令中没有设置的"令外官"。例如"同中书门下平章事"等。

当然，官职名的输入并不代表日本对中国官制的全盘输入，但不容忽视的是，它确实是日本仿效中国而形成的律令官制，其目的正是通过使用中国的官职名，将天皇和官员的关系比拟为中国古代的皇帝与臣下的关系。

除了官职名的输入以外，中国古代法律中对官员的统治管理体现在"考课"令上。唐令规定了在考察官员之际以"四善二十七最"评定："凡考课之法，有四善：一曰德义有闻，二曰清慎明著，三曰公平可称，四曰恪勤匪懈。善状之外，有二十七最。"②

日本令也对此有所继承，其考课令第3—6条规定了"四善"，第8—49条规定了"四十二最"。

四善中，其一曰"德义"："德者，得也，性得高行；义者，宜也，裁制合宜。二者相须，乃得称善。"其二曰"清慎"："清者，洁也；慎者，谨也。假如杨震暗夜辞金，胡威归路问绢之类，是清也；孔光典机，不语温树；樊宏诣阙，

---

① 参见［日］内藤乾吉：《近江朝の法官・理官について》，《中国法制史考证》，有斐阁1963年版；［日］东野治之：《大化以前の官制と律令中央官制》，《日本历史》362，1978年。此外，空海的诗文集及其他史料中也出现了诸多中国官职名，此处不一一举名，可参见刘俊文、［日］池田温主编：《中日文化交流史大系2：法制卷》，浙江人民出版社1996年版，第75—79页。
② 《唐六典》卷2"考功郎中员外郎"条。

无谬钟漏之类，是慎也。"其三曰"公平"："谓背私为公，用心平直。假如赵武举以私仇，祁奚荐以己子之类，公平也。"其四曰"恪勤"："恪，敬也；尽力曰勤。假如冯豹奏事，通宵伏阁；巫马从政，戴星居官之类，恪勤也。"[①]

"四十二罪"乃是按照官员的职掌规定，如第8条规定神祇官之最（"神祇祭祀，不违常典"），第9条规定大纳言之最（"献替奏宣，议务合理"）等，此处不一一列举。虽然日本官僚机构的设置参考唐制，但规模和职掌等均有不同，因此，以官职区别的"最"之数目中日不同，日本以"四十二最"代替了"二十七最"。"四善"作为所有官员的评定标准，日本令对此采取了直接沿袭的方式。

（三）土地和赋役制度

伴随政治制度改革的还有土地和赋役制度的改革。大化改新在土地制度方面模仿唐朝的均田制实施班田制度，并在此基础上实施租庸调制，其目的就是要实现"王土王民"。

1. 土地制度

唐朝采北魏之均田法，将土地权收为国有后由官府主持分配，其土地分类主要有口分田、永业田、私田，此外还有官府所有的田地。

口分田，其意思正如字面所见，即计口（人口）分田之意。唐制规定，凡丁男（21岁以上）和18岁以上的中男，给田1顷（1顷即1百亩，以20亩为"永业"，其余为"口分"）；老男笃疾废疾者给40亩；寡妻妾30亩，若当户者，加20亩。此外，有宽乡、狭乡之分，田多足够分配的为"宽乡"，田不够分配的为"狭乡"，狭乡授田，减宽乡之半。一般禁止买卖田地，但如果老百姓因迁徙，例如从狭乡迁徙到宽乡的话，可以卖其口分田。被授田者死亡，口分田不发生继承，由官府收回，以授无田者。收授都在每年十月进行，授田先贫者及有课役者。

口分田以外还有永业田。唐制规定给田20亩种植林木，不同于口分田不得继承，永业田死亡后不收回，由子孙继承，即北魏的"桑田"。"永业田"虽得

---

① ［日］惟宗直本：《令集解》（第3册），卷19《考课令》，吉川弘文馆1988年版，第558—560页。

传其子孙，但也以不许买卖为原则，有特别的缘由则不在此列，如徙乡之时，及贫无以葬者，经官府同意，可以卖出。

口分田和永业田原则上不可买卖，唐朝还设有私田一项，可以买卖。私田者，其所有权属于个人者也。不过唐朝的私田只限于宅地，故名"庄"，又曰"庄田"。良口3人以上、贱口5人给庄田1亩。由于法律允许，时人多有买卖，例如建中时，诸道府长吏多于任所买百姓之庄园宅舍，多者至数十所。法律上虽然不禁止这种田地之买卖，但课以一定的税金。

除了上述分给老百姓的田地之外，还有属于官府所有的田地，其一为"公廨田"，分为京内、京外两种。京内以司农寺为最，计26顷，其他各机关依次递减；京外以大都督府为最，计40顷，至下都督府及上州，则各30顷。其二为"职分田"，也称"职田"，是授予官员的田地，自一品至九品各分等差，最多者计12顷，最少为2顷。其三为"屯田"，此非屯兵耕种，而多使民从事，有太京屯田、代州屯田、营州屯田等。其四为"营田"，当时有朔州营田、东都营田等，与屯田相似。

以上是唐朝土地制度之大概，日本对此基本全盘采用。如上文所述，日本在大化改新中关于土地的重要改革内容就是实施班田收授法。一方面，废除土地氏族共有和老百姓的氏族部属关系，将全国所有的土地和老百姓规定为属于天皇的"公地""公民"制。比如，大化改新开始的646年三月，皇太子（中大兄皇子）为作表率，将自己私有的土地和部民献给了天皇，作为"公地公民"。并曰："天无双日，国无二王。是故兼并天下，可使万民，唯天皇耳。"①

一般认为，班田制度在《大宝律令》中基本得以确立，该法效仿隋唐的"均田制"。班，是分、赐的意思，班田的前提是所有土地属于国家，即"王土"，在此基础上实施均匀的分配。在土地种类的划分、班田制核心口分田的分配、园宅地和山川薮泽的使用上明显以唐朝为模仿对象。从种类上而言除了口分田以外，日本还以户为单位班给老百姓以栽培桑树、漆树为用途的园地，并规定绝户则将园地归还国家；此外还有宅地，宅地承认私有。这些与唐朝的制

---

① 《日本书纪》孝德天皇大化二年条。

度几乎相同。但如果从具体的制度来看，又可以看出日本是有所变通的。以口分田为例，根据《养老令》中"田令"的内容可以总结为以下几点：

其一，将口分田按照如下比例分配：男子两段（段为面积单位，《令义解》曰："凡田，长卅步、广十二步为段。"），女子为其三分之二，官户和官奴婢与良人同额，家人和私奴婢以乡里田地的多寡为准，颁给良人的三分之一；其二，班田之年造籍时，6 岁以上者皆可得班田；其三，口分田以户籍为据，每 6 年班发一次。班田之年的正月三十以前京职、国司向太政官报告，十月一日开始作成校田账簿和授口账簿，从十一月一日开始集中班田，翌年二月三十日前完成；其四，口分田实施终身收益制，被班发者死亡则收回归公。口分田原则上不可买卖，出租仅以 1 年为限。

从以上规定来看，日本的班田制至少在以下几处与唐朝的均田制有所不同。

首先，唐朝的均田制以成年男子，即丁男为对象，每年班田；而日本是以 6 岁以上的男子和女子，包括良民和贱民为对象班田（虽然比例各不相同），并且班田并非每年进行，而是每 6 年进行。就此，有学者指出，"口分田是律令土地制度的核心，在这方面虽采用了唐制，但并非照搬。唐朝按劳动力班田，只注重收获的效果，而我国（引者按：指日本）却是授给广大人民使用之利，富有均分土地的精神"。① 同时还需要注意的是，虽然老百姓无论男女和良贱均可分到口分田，但口分田被严格限制使用权，其租赁也仅以 1 年为期。

其次，班田的频度亦不同。日本 6 年 1 班，而唐朝 1 年 1 班，这与赋役制度及其相关的"账籍制度"有所关联。唐朝以纳税的丁男为中心班田，丁男作为租需要缴纳粟 2 石（40 税 1），并服庸役（力役）、调役（户调，布帛）和杂徭，即授田对象与纳税主体一致，以人丁为据，所以作为统计人丁的簿册之乡账每年一造（户籍册每 3 年一造）。而日本则是土地税和人丁税分离，土地税按照所班田地缴纳，如前所述，无论男女良贱，获得土地者皆需缴纳，这是以土地为本；而以人丁为本的庸和调仅限男子：纳调者限正丁（21 岁以上 60 岁以下的男子）、次丁（61 岁以上 65 岁以下的老丁和轻度残疾的正丁）和少丁（17 岁

---

① ［日］坂本太郎：《日本史概说》，汪向荣、武寅、韩铁英译，商务印书馆 1992 年版，第 77 页。

以上 20 岁以下的男子）；庸是课于正丁和次丁的人丁税。由此，从这个意义上而言，日本的土地税与人丁税各自独立，6 年 1 班也好，12 年 1 班也好，其与人头税无相关，仅与班田相关，因此也没有必要一年一更。

除了授予老百姓田地以外，日本也授予贵族和官员以田地。对于有位者，正一位至从五位授予位田；有职者，授予职分田；有功者，授予功田。位田区分外位和内位，前者是后者的二分之一，位田需纳租，职分田无需纳租。太政大臣的职分田为 40 町（町为面积单位，10 段为 1 町），左、右大臣各 30 町，大纳言 20 町，以下类推。功田可世袭，大功可代代世袭，上功世袭三代，中功世袭二代，下功世袭一代。这部分的规定多有日本特色，贵族拥有位田以及功田的三代世袭，这在唐制中并没有规定，体现了当时日本社会的贵族属性，天皇代表的中央权力和国家利益只能与之相妥协。[①] 事实上，贵族除了以特权拥有土地以外，还利用职权吞并各地的公田，藤原赖通时大量掠取公田将其变为庄园，其在九州的庄园地跨日向（宫崎县）、萨摩（鹿儿岛县）和大隅（鹿儿岛县）三国，是日本最大的庄园，土地共有 8268.03 町。[②] 唐朝经过东汉以降历次大规模战争的打击，门阀贵族的势力已不能与强大的中央相对抗，因此，土地分配中贵族特权虽仍很明显，但必然要弱于日本社会。此外，日本还规定了神田、寺田不在收授范围之内等，也是王权对于神社和寺院妥协的反映，事实上，寺田后来不断膨胀，如东大寺土地分布在 11 国，有 78 庄，3462 町；西大寺土地分布在 18 国，有 33 庄；元兴寺土地分布在 11 国，有 453 町。

由此可见，除了因土地和人口规模不同，班田的具体数字不同以外，日本在模仿唐朝的均田制实施班田制时，结合本土社会和政治等情形作了调整，体现了自己的特点。

日本的班田制度在当时取得了一定的成功，有助于维持社会秩序、提高农田的产出，并支持了日本古代社会的稳定。然而，随着社会结构和政治体制的变化，这一制度逐渐衰落，被其他土地制度所取代。到 8 世纪后半叶，日本全

---

① ［日］坂本太郎：《日本史概说》，汪向荣、武寅、韩铁英译，商务印书馆 1992 年版，第 69 页。
② ［日］德重浅吉：《日本文化史研究》，东京黑田书店 1938 年版，第 97 页。

国出现了口分田不足的情况，班田制难以维持，为了扩大土地基数，养老六年（722年）启动良田百万町步开垦计划，翌年颁布了《三世一身法》，即新开垦田地者，可以连续3代（本人、子、孙）享有该田地的使用权，即承认3代之内的继承权。但效果并不佳，天平十五年（743年）又颁布《垦田永年私财法》，承认新开垦田地的私有和世袭。这促进了土地开垦，同时也催生了日本贵族、寺社和地方豪族的大土地所有。延历二十年（801年），以手续繁杂为由，班田由6年1班改为1纪（12年）1班，后虽经过反复，延喜二年（902年）再次变为1纪1班，之后就没有再出现班田制实施的相关史料。[1] 尽管如此，班田制度仍然是古代日本农业和土地管理历史的重要组成部分。

2. 赋役制度

与土地制度并行的是国家的赋役制度。唐朝的国家赋役有租、庸、调和杂徭四项。唐之陆贽曰："国朝赋役之法，曰租，曰庸，曰调。其取法远，其敛财均，其域人固，有田则有租，有家则有调，有身则有庸，天下法制均一。虽转徙莫容其奸，故人无摇心。"

租者，以授田为纳租的前提，即田租。凡授田者（前述授丁男和18岁以上中男授以口分田80亩、永业田20亩），每岁就口分田之80亩中征收之。岁输粟2斛、稻3斛，谓之租。天宝时，一家之中有10丁以上者，免2丁之租，5丁以上者，免1丁之租。

庸者，乃国家用人民之力，即力役。"岁凡二十日，闰年则加二日"，对于"不就役者"，规定"每日输绢三尺，布加五分之一"，即以绢、布为未役之代价，谓之庸。

调者，各从其乡土之所产而缴纳的户调。每户岁输绢2匹、绫2丈、布加五分之一、绵3两、麻3斤。

除了固定的租庸调等赋税以外，还有杂徭，即根据国家的需要而临时征调民力。

日本以唐朝的租庸调制为模板，为了把握全国的户籍和赋税情况，防止

---

① ［日］浅古弘、伊藤孝夫、植田信广、神保文夫编：《日本法制史》，青林书院2010年版，第44页。

"赋敛百姓"，将"公民"以 50 户为 1 里进行编户，并创设了户籍和计帐两种公文书，户籍为实施班田制的基础，同时也用来区分良贱，其中记载了该户是否课税、户的登记，口分田的总额，户主的直系和旁系亲属及妻妾以及奴婢等的姓名（奴婢无姓）、年龄、性别等信息；计帐是实施庸调（庸为服劳役，调为纳实物，有身必有庸，有田必有调，所有庸调都课取于男性公民）的基础，其中记载了个人的身体特征和逃亡的年纪等。通过这些措施，将原来氏族制下部民制和贡纳形态改变为国家公民制和国家赋税形态，即"民无二主"。

由此，实施律令制的日本通过统一班田，理论上令老百姓有了最低的生活保障，同时，老百姓也由此承担了租庸调和杂徭等义务。不过，在具体的细则上，日本也按照自己的情况有所变通。

例如，租同样是按照所班口分田的面积来缴纳的田租。《养老令》的"田令"中规定，田 1 段缴纳稻 2 束 2 把，税率差不多为 3%。

而庸同样是向王权所服之岁役，课予正丁和次丁。正丁每年服役 10 日，次丁服役减半，以物品代为缴纳的话，正丁 1 人调布缴纳 2 丈 6 尺，次丁减半。

调同样是缴纳物品，分为正丁、次丁和少丁 3 种按照其乡土所产而缴纳，以缴纳布匹为例，正丁 1 人缴纳 2 丈 6 尺，次丁缴纳正丁之一半，少丁缴纳正丁之四分之一。除了正调以外，还有副调，如染料、油和药品等，其缴纳数量大约为调的三十分之一。①

杂徭为地方所征之劳役，正丁一年最多服役 60 日，次丁 30 日，少丁 15 日。

除了缴纳物品的数量和服役日期不同以外，其他内容也有变通。例如，如前所述，唐朝的制度中，均田制和租庸调制有密切的关系，租庸调制以均田制为基础实施，可以说，租庸调是唐朝在均田制基础上实行的田租、身庸、户调三者合一的赋役制度。但日本的租与班田制直接相关，可看作是单纯的土地税，庸和调则为人丁税。

再如，关于赋役的课口与不课口，二者范围有差。唐制中，不课口的为：流内九品以上官、男年 20 岁以下、61 岁以上老男、废疾妻妾、部曲、客女、奴

---

① ［日］浅古弘、伊藤孝夫、植田信广、神保文夫编：《日本法制史》，青林书院 2010 年版，第 44 页。

婢等（开元二十五年令）。而《养老令》中规定的不课口为：皇亲及八位以上、男年 16 岁以下、荫子（五位以上贵族子弟方有资格）、耆（66 岁以上）、废疾妻妾女、家人、奴婢。也就是说，中日主要差异集中在男丁的年龄范围（唐制 20 岁以下、61 岁以上不课；《养老令》中 16 岁以下、66 岁以上不课）和官员不课范围（唐制为流内九品以上；《养老令》规定为皇族和八位以上以及五位以上的荫子）这两方面。

此外，日本和唐制一样，都规定了赋税减免的相关制度。

例如唐令"赋役令"规定："若孝子、顺孙、义夫、节妇，志行闻于乡闾者，州县申省奏闻，表其门闾，同籍悉免课役。"《养老令》中的"赋役令"也作同样规定："凡孝子、顺孙、义夫、节妇，志行闻于国郡者，申太政官奏闻，表其门闾，同籍悉免课役。"就这两条而言，除了因行政机构不同而导致奏闻机构不同外，实质内容没有一点变化。

又如遇到水、旱、虫、霜等自然灾害时，两国关于赋税减免的幅度有所不同。唐制中规定如果损失为十分之四以上，则免租，如果是十分之六以上，则免租、调，十分之七以上，则租庸调全免（《唐六典》卷 3 "尚书户部"）。而《养老令》则规定损失为十分之五以上免租，十分之七以上免租和调，十分之八以上租庸调全免（《令义解》之"赋税令"）。从这一点来看，日本赋役减免的基准线要高于唐朝。

（四）军事（兵役）制度

1. 府兵制

唐初期实施由西魏所创立的府兵制，北周、北齐和隋朝都采用这一制度，唐朝亦继承该制度。这是一种兵农合一的制度，所谓"寓兵于农"。前面说过，唐朝正丁自 20 岁起（日本 21 岁以上才为正丁，两者相差 1 年），成正丁者即可为兵，60 岁则免。在地方设"府"，即军事的屯扎地，称"折冲府"。折冲府分为 3 等，上府 1200 人，中府 1000 人，下府 800 人，府兵从中等人家招收壮丁而来，免其租庸调。唐朝折冲府数量时有升降，最盛时超过 600 多个府（一说为 800 府）。

在府兵制下，各地府兵都需到首都轮值宿卫 1 年，此外都在本府耕作，于农闲时间操练，并服从国家征调。中央直辖 16 个卫，各卫设大将军统帅。战事结束后，兵回归于府，将回归于卫，所以将领非战事之际并不随时统兵。

2. 军团制

律令时代的日本也设置了类似府兵制的制度，称为"军团制"。军团制亦是由老百姓服兵役，其相关规定在《大宝令》中可以寻见（一说认为军团制早在 689 年的《飞鸟净原令》中已经规定）。在此之前古坟时代和飞鸟时代的日本军队，一般被称为"国造军"，由中央和地方的豪族组织和统帅。而模仿府兵制的军团制与之不同，是国家规模的军队制度，设置于地方各国。全国范围内设置军队驻屯地，由国家征兵组织成军团，各军团以其所在地命名，即地名后加"军团"或"团"字。

就日本律令中的军事制度而言，《养老令》中"军防令"共有 75 条规定，仁井田陞等学者复原唐令中的"军防令"约 40 条，根据日本学者菊池英夫的研究，关于"军防令"：唐令和日本令几乎一致的条文大约有 13 条；二者近似，稍有不同的约有 15 条；只有部分字句相同的条文有 2 条；两者差异较大的条文，以及于不同的地方规定、但内容类似的有 13 条。[①] 此处并不展开具体的研究，仅就《养老令》中所规定的内容介绍一二。

例如，关于征兵，同户中每正丁 3 人征兵 1 人，按照户籍就近原则征用，不得"隔越"征配。《养老令》中还规定："凡差士兵，充卫士防人者，父子兄弟，不得并遣。若祖父母父母老疾合侍，家无兼丁，不在卫士及防人限。"（到京城守卫者谓"卫士"，守卫边疆者谓"防人"）唐令中亦有类似规定。

又如，同唐朝一样，日本令中亦规定了士兵要到中央轮值宿卫，"凡兵士上番者，向京一年，向防三年"，其往返行程不计入其中。

再如，在军事编制方面，日本也多学习唐朝的制度，规定每个军团通常由士兵 1000 人构成，军团的长官为大毅，副官为少毅，校尉 200 人，旅帅 100 人，队正 50 人。武器的核验每年由国司负责，"凡国司，每年孟冬，简阅武器"。此外，还规定令兵士十人为一火，每火分给 6 匹驮重物的马，这与唐令中的"火十人有六驮马"的规定一致。士兵组成队伍（5 人为伍，50 人为 1 队），

---

① ［日］菊池英夫：《日唐軍制比較研究上の若干の問題》，收于（日本）唐朝史研究会编：《隋唐帝国と東アジア世界》，汲古书院 1979 年版，第 401 页。

擅长弓马者组成骑兵队，其他组成步兵队，主帅以上者（校尉、旅帅、队正）按部队种类分别统帅，"不得参杂"。此与唐令大致相同。

此外，在兵士的管理上也与唐朝的规定相同，皆造历名簿两份，其中需要注明贫富上、中、下三等，《令义解》中曰"富为上等，次为中等，贫为下等也"。此外，凭符契发兵的制度也沿用的是唐朝的制度。

唐朝在天宝（742—755 年）以后，府兵制被破坏，折冲府名存实亡。唐朝的府兵制缘何失败？钱穆在《中国历代政治得失》中总结为以下几点：[①]

第一，各地府兵都要到中央轮值宿卫。在早期，由于得到政府重视，宿卫的府兵也有一定的地位，但后来随着天下太平，府兵沦为修建宅邸花园的劳力，地位下降，很多府兵开始规避值宿。

第二，唐初，府兵出征打仗，如果阵亡，军队立刻会把名册呈报中央，中央也会立即应对，采取一系列抚恤褒奖工作。但后来，军队和政府在这方面愈发松散，逐渐丧失了人心。

第三，武官的勋位日渐无价值，军人地位堕落，军队戍边长期化，制度变形，府兵"逃亡略尽"。

在书中还提到一个很重要的信息，就是府兵制衰败以后，唐的后方兵源枯竭，政府就临时买外国人当兵，其实就是募兵，在募兵制下，边疆上逐渐都变成了外国兵。安禄山、史思明都是外国人，平安史之乱的李光弼也是外国人。除此之外，士兵也不再由较为富足的家庭出身的子弟充当，募兵制下，多有市井屠沽、亡命无赖应征。结果府兵变"藩镇"，军阀割据，唐由此巨变，可见军事制度变化对唐的影响巨大。

与唐王朝府兵制的衰败一致，日本的军团制在 8 世纪末后，也由于负担过重，士兵逃亡，逐渐衰落。到延历 11 年（792 年），除了陆奥国、出羽国、佐渡国和西海道诸国以外，基本都已经被废除。地方上的治安改由作为地方军事力量的健儿制负责。

健儿制与军团制不同，多采用地方郡司中受过训练的子弟，各国的人数分

---

① 钱穆：《中国历代政治得失》，生活·读书·新知三联书店 2001 年版，第 137—142 页。

别如下：山城 30 人、大和 30 人、河内 30 人、和泉 20 人、摄津 30 人、伊贺 30 人、伊势 100 人、尾张 50 人、三河 30 人、远江 60 人、骏河 50 人、伊豆 30 人、甲斐 30 人、相模 100 人、武藏 105 人、安房 30 人、上总 100 人、下总 150 人、常陆 200 人、近江 200 人、美浓 100 人、信浓 100 人、上野 100 人、下野 100 人、若狭 30 人、越前 100 人、能登 50 人、越中 50 人、越后 100 人、丹波 50 人、丹后 30 人、但马 50 人、因幡 50 人、伯耆 50 人、出云 100 人、石见 30 人、隐岐 30 人、播磨 100 人、美作 50 人、备前 50 人、备中 50 人、备后 50 人、安芸 30 人、周防 30 人、长门 50 人、纪伊 30 人、淡路 30 人、阿波 30 人、赞岐 50 人、伊予 50 人、土佐 30 人，共计 51 国 3155 人。①826 年，佐渡国和西海道诸国的军团也被废除，之后地方的军事力量就都转变为由地方各国自己负责，即国衙军制，健儿制度或为国衙制吸收，或成为贵族的私兵，成了后来武士产生的源流之一。日本在平安后期出现武士团，历经平氏和源氏两大武士团的斗争，最后由源赖朝在 1192 年于镰仓建立武家政权，可以说，军事制度对日本历史走向的影响并不亚于对中国的影响。

（五）司法制度

1. 审判制度

在日本所继受的中国古代法律制度中，司法制度的重要性不言而喻。司法审判是实现公平正义的核心环节，对于任何的王朝而言，都是统治的重心。本书围绕审判制度和刑罚制度展开。首先，以审判体系的构造为例来一窥日本对中国古代审判制度的吸收。

中国古代的官僚统治是以皇帝为中心，作为被皇帝派遣管理一方的官员，根据其官职，其职能各有不同。就审判权而言，远在京城的皇帝并没有将所有的审判权毫无保留地交予各个地方官员，为了防止官员的误判和错判，设置了官僚制内部的逐级审转复核制度（日本学者滋贺秀三称此为"必要的复审制"）和被告不服提出上诉两种路径，二者皆体现了"慎刑"的思想。

作为上述路径之一的逐级审转复核制度是官僚制内部主动预防错判的体系。

---

① 《类聚三代格》卷 18 "健儿事" 1，延历 11 年 6 月 14 日 "太政官符"。

所谓逐级审转复核，就是将案件按照罪刑的严重程度逐级向上申报，其申报的内容构成上一级审判的基础。唐令中的"狱官令"对逐级审转复核制度有清晰的规定：

> 诸犯罪者，杖罪以下县决之；徒以上县断定送州复审讫；徒罪及流应决杖，若应赎者，即决配征赎；其大理寺及京兆河南府，断徒及官人罪，并后有雪减，并申省，省司复审。无失，速即下知。如有不当者，随事驳正；若大理寺及诸州断流以上，若除免官当者，皆连写案状申省，案复理尽申奏。①

这里规定了逐级审转复核的基本程序：地方上的案件，笞罪和杖罪（即杖罪以下）由县自行判决执行，徒罪以上的案件须送州复核，流罪以上的案件须送刑部省复核（死刑还需上奏皇帝）；京畿内的案件如果为徒罪以上（以及官员犯罪），都需要刑部复核。

逐级审转复核制度的基础是中央集权的官僚制，憧憬集权的日本当然地吸收了这一制度，《养老令》中的"狱令"规定：

> 凡犯罪，笞罪，郡决之；杖罪以上，郡断定，送国复审讫；徒杖罪及流应决杖，若应赎者，即决配征赎（其刑部断徒以上亦准此）；刑部省及诸国断流以上，若除免官当者，皆连写案申太政官按复理尽申奏。②

由此可知，地方上的案件，笞罪由郡自行判决执行，杖罪以上由郡断罪后送国复核，流罪以上需送太政官复核；而关于京畿内案件，由于刑部省负责在京徒罪以上的复核，流罪自然也是其复核的对象，并且，刑部省和诸国所断流罪以上（以及官员犯罪）的案件，皆由太政官复核。③

---

① 《唐律疏议·断狱律》之"辄自决断"条中律疏所引"狱官令"条文。
② 《养老令·狱令》之"郡决"条。
③ 由于日本没有设大理寺，所以此处条文与唐令中稍有差异，与司法机构设置相涉，可参考本章第三节中介绍的"律令制下的司法机构"。

可见，与唐令相同，日本令也根据犯罪的轻重规定了相应的复审——逐级审转复核，只不过唐令中作为基层的县的自行判决执行的范围包括笞和杖，而日本的基层——郡仅拥有笞罪的自行判决和执行权。此外，在唐的制度下，刑部是最高的司法行政机关，掌"律令、刑法、徒隶、按复谳禁之政"，因此包括地方上的流罪以上案件送刑部省复核。而在日本的律令制下，由于该权限归于太政官，因此流罪以上送太政官复核。

审转复核的基础是案发地管辖，关于这一点，日本也一并吸收。唐令中规定："诸有犯罪者，皆从所发州县，推而断之。在京诸司，则徒以上送大理。杖以下当司断之。若金吾纠获，皆送大理。"①围绕这一点，日本"狱令"中的规定除了因司法机构设置有所变更而导致名称不同以外（日本未设大理寺，而是将大理寺的执掌归并于刑部省），内容几乎完全相同："凡犯罪者，皆于事发处官司推断。在京诸司人、京及诸国人，在京诸司事发者，犯徒以上送刑部省。杖罪以下当司决。其卫府纠捉罪人，非隶属京者，皆送刑部省。"

逐级审转复核是官僚制内部为了防止司法审判出现舛误而预先设置的积极的复审制度。但即便如此，并不能完全保障官员不会铤而走险，其审判不会因故意（或过失）而出现不公。为了进一步防止官员的误判或错判，在诉讼体系中，又设置了百姓不满官员的审判时的救济方式——被告的上诉。《唐六典》中规定：

> 凡有冤滞不申欲诉理者，先由本司本贯。或路远而踬碍者，随近官司断决之。即不伏，当请给"不理状"，至尚书省左、右丞为申详之。又不伏，复给"不理状"，经三司陈诉。又不伏者，上表。受表者又不达，听挝登闻鼓。若茕、独、老、幼不能自申者，乃立肺石之下。②

百姓申诉，应该"自下而上"，即先诉于地方官员，如果不接受，可以请发"不理状"，逐级诉于尚书省和三司。仍不伏，则"上表"，不达，则可以"挝登

---

① （唐）李林甫等撰，陈仲夫点校：《唐六典》"尚书刑典卷第6"，中华书局1992年版，第190页。

② （唐）李林甫等撰，陈仲夫点校：《唐六典》"尚书刑典卷第6"，中华书局1992年版，第192页。

闻鼓"和"立肺石",直诉于皇帝。

反之,告状不经过县而径直越诉者,为法律所禁止。针对越诉,规定了相应的刑罚:

> 诸越诉及受者,各笞四十。若应合为受,推抑而不受者笞五十,三条加一等,十条杖九十。即邀车架及挝登闻鼓,若上表诉,而主司不受者,加罪一等。其邀车架诉,而入部伍内,杖六十。①

此处明文规定越诉者和受理越诉的官员同样"笞四十"。此外,根据同条疏议的内容可知,虽是越诉,但"若有司不受,即诉者亦无罪";但如果并非越诉,官员应受理而不受理的,"笞五十","三条加一等",就是说加上原本未受理的一条,共计四条则杖六十,未受理十条罪最高杖九十。并且,如果是"邀车架及挝登闻鼓,若上表诉"而不受理的,罪加一等(不受一条杖六十,四条杖七十,十条杖一百)。邀车架诉而闯入仪仗中的,杖六十。疏议又曰"若越过州诉,受词官人判付县勘当者不坐",也就是发回重审者亦不定此罪。此外,针对官员不给"不理状",疏议曰"科违令笞五十",即以"违令"论处,罚以笞五十。

直诉于皇帝者,禁止诉不实,在"越诉"规定前,有"邀驾挝鼓诉事不实"一条规定如下:"诸邀车驾及挝登闻鼓,若上表,以身事自理诉而不实者,杖八十;即故增减情状,有所隐避诈妄者,从'上书诈不实论'。"其疏议曰:"车驾行幸,在路邀驾申诉;及于魏阙之下,挝鼓以求上闻;及上表披陈身事:此三等,如有不实者,各合杖八十。"②

就结论而言,日本全面吸收了这一逐级上诉制度。首先,关于诉讼的"自下而上",这在日本的《养老令》之"公式令"中可以看到:

> 凡诉讼,皆从下始。各经前人本司本属,若路远及事碍者,经随近官

---

① 《唐律疏议·斗讼律》。
② 《唐律疏议·斗讼律》。

司断之。断讫诉人不服，欲上诉者，请不理状以次上陈。若经三日内不给，听诉人录不给官司姓名以诉，官司准其诉状，即下推不给所由然后断决。至太政官不理者，得上表。①

除了规定当事人"自下而上"逐级上诉至太政官甚至上表的权利以外，《养老令》中还规定了如果官员3日内不颁发"不理状"，上诉人可以具"官司姓名"以告，这在上述《唐六典》对上诉的规定中并不可见，很有可能是日本在制度上作了调整。

其次，关于越诉的相关规定，根据广池千九郎的注释，在日本古籍《续左丞抄》中录有该条，因此，日本全面吸收了"自下而上"逐级上诉的相关规定这一判断应该无误。②

杨鸿烈在其著作中曾引用过一个古代日本的案例，但未见其详细展开，甚为遗憾。该案例是古代日本审判中运用上诉制度并成功的典型案例，今引用并分析如下：③

　　太政官论奏曰，刑部省断罪文云：赞岐国浪人江沼美都良麻吕杀香阿郡百姓县春贞，妻秦净子申诉云：美都良麻吕于春贞宅相共饮酒，言论相斗。春贞叫曰："吾为美都良麻吕被刺"，惊而见之，血出自左肋即死。同郡人秦成吉等与春贞、美都良麻吕等同饮之人也，而相斗之场，虽以言词相谏而遂不相救助。国司断云："斗讼律云：斗殴杀人者绞，以刃及故杀人者斩。虽因斗而用兵刃杀者，与故杀同。准犯据律合斩刑者。又捕亡律云：邻里被杀，人告而不助救者，杖一百。成吉等在杀人出而不助救，准律条

---

① 《养老令·公式令》之"诉讼"条。
② 广池千九郎该条引用自《禰家古文书集》（壬生家藏书），在注释中注明了该书内容与收入新订增补国史大系中的《續左丞抄》内容一样。广池千九郎编：《倭汉比较律疏》，广池学园出版部1980年版，第377—378页。
③ 杨鸿烈：《中国法律在东亚诸国之影响》，商务印书馆2017年版，第221—222页。原著引自［日］菅原道真：《类聚国史》卷87"刑法部"。此处据红叶山文库写本重新引用，（日本）国立公文书馆数据资料库，https://www.digital.archives.go.jp/file/1226621.html，2024年3月10日访问。

各处杖一百。"刑部省复断云：国断有告，何者？案律斗而用刃，即有害心，仍处斩刑，但不同于故杀而引故杀及用兵刃杀等文，此国司之谬断也。又净子词云："成吉等与春贞、美都良麻吕相斗之场，虽以言词相谏而遂不救"，净子闻春贞之言，才知被刺。然则成吉等醉中不觉美都良麻吕害春贞之心，非闻告而不助、刺而不救者也。仍改断无罪。狱律云："官司断罪，失于入者，减三等。"

此案出自菅原道真奉敕命所撰《类聚国史》（892 年成书）这一类书之中。清和天皇贞观八年（866 年）十月二十五日太政官论奏了刑部省受理妻秦净子的申诉，改判国司所审判的美都良麻吕杀害春贞一案。

根据该论奏可知案件之原委：美都良麻吕在被害人春贞家与其一同饮酒时发生口角，春贞大喊自己被美都良麻吕所刺，春贞的妻子大吃一惊，然后看见春贞左肋出血并当场死亡。同时在场一起饮酒的还有同郡的秦成吉等人，因打斗场合难以言辞相谏而未救助。

围绕本案，国司的判决如下：

> 杀人者美都良麻吕，引"斗讼律"而判斩刑，即"斗殴杀人者绞，以刃及故杀人者斩。虽因斗而用兵刃杀者，与故杀同"。

这一规定与《唐律疏议》中"斗讼律"之"斗故杀人"一条规定一致："诸斗殴杀人者绞，以刃及故杀人者斩。虽因斗而用兵刃杀者，与故杀同。"[1]

对于未救助的同郡人秦成吉等人，国司引"捕亡律"中规定"邻里被杀，人告而不助救者，杖一百"，而判一同饮酒的秦成吉等人杖一百。该规定与《唐律疏议·捕亡律》之"被强盗不救助"条一致，该条规定："诸邻里被强盗及杀人，告而不救助者，杖一百，闻而不救助者，减一等。"[2]

---

[1] 《唐律疏议·斗讼律》之"斗故杀人"条。刘俊文：《唐律疏议笺解》（下），中华书局 1996 年版，第 1478—1481 页。

[2] 《唐律疏议·捕亡律》之"被强盗不救助"条。刘俊文：《唐律疏议笺解》（下），中华书局 1996 年版，第 1967—1970 页。

申诉人"妻秦净子"对国司的判决不服,申诉至刑部省(日本未设大理寺,由刑部省兼大理寺功能)。刑部省予以改判:关于美都良麻吕,判定国司引律有误,认为国司此引"故杀乃用兵刃杀等文"乃为谬误,而主张应引"斗而用刃,即有害心,仍处斩刑"。虽然结果同为"斩",但要注意的是,国司和刑部省对于这一犯罪的定性并不相同。这不得不回到前文所说的《斗讼律》,该律完整引用应如下:

> 斗殴杀人者绞,以刃及故杀人者斩。虽因斗而用兵刃杀者,与故杀同。不因斗,故殴伤人者,加斗殴伤罪一等。虽因斗但绝时而杀伤者,从故杀伤法。

虽然条文很短,但是这一条文包含了律法中两个重要且容易混淆的罪名,即斗杀与故杀。国司和刑部省断罪所引的都是这一条文,虽然都是斩刑,但国司引此条所断罪名是故杀;而刑部省所断为斗杀。《名例律》中规定了犯十恶及故杀人者,虽会赦犹除名。也就是说如果依照国司所判的斩刑,原审被告美都良麻吕就无法适用恩赦,而依照刑部省所判斩刑,美都良麻吕如果遇到大赦天下,是可以适用的。因此,同样是"斩",其意义并不相同,究其原因,就是对罪名的定性不同。

除了改判了美都良麻吕的刑罚之外,刑部省还改判了一同饮酒的秦成吉等人"杖一百"的刑罚。针对国司引《捕亡律》之"被强盗不救助"条,刑部省主张:"成吉等醉中不觉美都良麻吕害春贞""非闻告而不助,刺而不救者也",改判无罪。

此外,针对国司错判,引狱律"官司断罪失于入者"(加重犯人刑罚),而判减三等惩罚之。

从这一案件可以明确地看到此时的日本在司法实践中运用律文的情形,也可知上诉制度在司法实践中切实地被运用。

2. 刑罚制度

作为司法制度的另外一个重要内容的刑罚,日本虽然根据国情作了些许调整，但也彻底地引入了唐律中由"笞、杖、徒、流、死"五种基本类型构成的刑罚体系，即所谓的"五刑"（日本称"五罪"），五刑在律中位于《名例律》的卷首，是贯穿律典首尾的基本刑罚手段。

"五刑"究竟源于何时，学界还未有定说。从文献记载和考古发掘来看，中国从夏代进入阶级社会，就开始有了刑罚。《国语·鲁语下》中记载有："昔禹致群神于会稽之山，防风氏后至，禹杀而戮之。"《汉书·刑法志》记载："禹承尧舜之后，自以德衰而制肉刑"，这说明禹时已开始大量运用刑罚手段。商代的刑罚记载略详于夏代，从古代文献、甲骨卜辞和青铜铭文的记载来看，已有黥、劓、刖、醢、脯、焚、剕、剔、炮烙、剖心等刑罚。商代是否存在一个文献所记载的"五刑"体系，学界仍有争议。① 仅就隋唐的法制而言，五刑已经作为正式的刑罚手段写入法典。

笞与杖皆是以木击打臀部。《唐律疏议》曰："笞者，击也。又训为耻，言人有小愆，法须惩戒，故加捶挞以耻之。"根据疏议所论，汉代时候笞用竹，唐时用楚（《说文解字》："楚，丛木也，一曰荆。"）。共分五等，由笞十至笞五十，每十次为一等。

唐律之杖刑承袭自隋律。按照疏议，《说文解字》中曰"杖者，持也，而可击人者欤"，"蚩尤作五虐之刑，亦用鞭扑。源其滥觞，所从来远矣"。隋唐的杖刑自古代的鞭刑而来，改鞭为杖。按照刘俊文的解析，隋、唐的杖刑与笞刑虽有区别，"但实质均为以刑杖击打身体"，"秦、汉之笞刑即已包括隋、唐之杖刑矣"。② 杖刑也分为五等，在笞刑最高刑的笞五十的基础上同样每以十为一等，从杖六十到杖一百。

徒刑指戴着刑具服劳役，在一定期限内强制其劳动。

流刑则是发配边远之地，是将犯人遣送到边缘的荒原地区，并强制其服一定期限劳役的刑罚。流刑包含两方面的内容，其一是强制罪犯迁徙至边远之地，"于配处从户口例"，不得回原籍；其二是在一定时限内（普通的为一年，加役

---

① 李力：《出土文物与先秦法制》，大象出版社 1997 年版，第 62 页。
② 刘俊文：《唐律疏议笺解》（上），中华书局 1996 年版，第 24 页。

流三年)"居作"(强制劳动),居作者着刑具。① 桑原骘藏曾对唐律和《大宝律》中的五刑各自的分等进行过比较,除了流刑,其他都没有改动(参见表1-7)。在唐律中,流刑依据距离的不同被划分为3个等级,距离越远代表刑罚越重,分别是:流两千里、两千五百里、三千里。在此"三流"之外,唐太宗时期又创制了"加役流"这一特殊流刑,主要适用于将死刑改判流刑,需服三年劳役。日本律同样是将其划分为3个等级,规定为远流、中流、近流。《日本大典》中有规定:"流罪三,配所路程,从京为计,越前、安艺等国为近流,信浓、伊豫等国为中流,伊豆、安房、常陆、佐渡、隐岐、土佐等国为远流,三流俱役一年。其称加役流者,配远所役三年。"②《法曹至要抄》引《刑部式》:"远流一千五百里以下,七百里以上;中流五百六十里;近流三百里以上,四百里以下。"如果将中日相对照,日本的远流比唐朝最低等级的流刑(二千里)还少五百里。这并不是刑罚的减轻,而是因为日本疆域有限,无法如同唐那样将流刑设定为从二千里到三千里,这是由于自然地理环境限制所引起的变通。

　　死刑分为绞刑和斩刑,皆是生命刑,但斩刑因身首异处,故更为重。如上所述,日本在律文中同样规定了死刑及其两种类型,甚至在宝龟四年(773年)规定了对放火犯和盗贼的"格杀"这一执行方法,即在民众亲眼目睹下处死罪犯。但是,日本在弘仁年间以后明显出现了停止死刑执行的倾向。首先,弘仁九年(818年)规定,盗罪(强盗、抢劫之意,不同于窃)无论轻重皆徒役。4年后的弘仁十三年(822年)进一步规定了该徒役期间,即便是最为严重的死罪,也以徒15年为上限。自此在实践中,不仅是盗罪,其他的罪刑也开始避免执行死刑。这种停止执行死刑的做法,至少持续了300余年(平安末期即12世纪中叶爆发了保元之乱,此后,武士的力量逐渐增强,日本逐渐步入武家政权的统治,死刑再次以更为丰富的姿态登上日本刑罚史的舞台)。关于日本为何停止死刑,有多种说法,例如日本温和的国民性、朝廷的佛教政策和佛教的因果

---

① 不过,需要注意的是,流刑迁移过程也是流刑执行的重要环节,参考[日]辻正博:《唐律中流刑的本质——以与恩赦的关系为中心》,周东平、陈牧君译,《法律史译评》(第八卷),中西书局2020年版,第285—301页。

② 《日本大典》卷6"刑部省"之"五罪"条。

报应说、唐玄宗废除死刑的影响及背后儒家的恤刑思想、日本本土固有法的思想及自古以来对死亡和血的忌讳、神道中的怨灵思想等，这些说法皆有一定的道理，而考虑到平安京本身就是在怨灵思想的影响下而建，怨灵思想深刻影响了平安时代，因此，笔者也赞同死刑的停止与怨灵思想之间的联系颇为紧密的看法。①

表1-7　唐律与《大宝律》中的五刑②

唐　律	《大宝律》
笞刑：10、20、30、40、50	同
杖刑：60、70、80、90、100	同
徒刑：1 年、1 年半、2 年、2 年半、3 年	同
流刑：2 千里、2.5 千里、3 千里	不明记里数，惟分近流、中流、远流共 3 等
死刑：绞、斩	同

必须补充说明的是，日本律对刑罚的种类和等级几乎完全沿袭唐律，但针对各种罪名而规定的刑罚力度，日本有所不同。总体而言，日本的刑罚规定比唐律稍轻，正如泷川政次郎所论，因崇信佛教，日本采取了宽刑的方针。③

杨鸿烈在其著作中的“刑法分则”部分，将律文中的刑罚规定分别以“侵犯帝室罪”“内乱罪”“渎职罪”“逮捕监狱者脱逃罪”“藏匿犯人罪”“诬告罪”“失火放火罪”“决水罪”“私有禁兵器罪”等共计 26 项分类，并围绕这些条文讨论了中日刑罚规定的异同，④此处不再赘述，从中可以看到大部分日本律规定的刑罚较唐律规定轻 1 至 2 个等级，也有部分条文与唐律相同，未作减轻。以下，以同为“不敬”的两个条文为例来看日本在制定相同法条时的斟酌。

---

① ［日］牧英正、藤原明久编：《日本法制史》，青林书院 2004 年版，第 88—89 页。在著作中，作者认为怨灵思想是导致日本停止死刑的最大因素。
② ［日］桑原骘藏：《王朝の律令と東の律令》，收于氏著《桑原隲藏全集（第 3 卷）》，岩波书店 1968 年版，第 234 页。此处引用杨鸿烈在其著作中的制表，参见杨鸿烈：《中国法律在东亚诸国之影响》，商务印书馆 2017 年版，第 224 页。
③ ［日］泷川政次郎：《日本法律思想の特質》，日本法理研究会，1940 年 11 月，第 88—94 页。文中认为日本的宽刑主要体现在三个方面：其一是“日本律的轻刑”；其二是犯罪连坐之范围狭小；其三是平安时代废除了死刑。
④ 杨鸿烈：《中国法律在东亚诸国之影响》，商务印书馆 2017 年版，第 230—271 页。

首先来看犯跸的条文，所谓犯跸，就是指冲撞皇帝（天皇）的车驾，这在古代是严重的罪行，一方面冒犯了皇帝之权威，另一方面直接威胁了皇帝的安全。在汉代，犯跸情况严重的，甚至可以判死罪。在《养老律》残存的4编3卷中，可以看到《卫禁律》对此的规定，其与唐律比较如下：[1]

　　　　凡车驾行，冲队者，杖一百（唐律作"徒一年"）；若冲兵卫及内舍人仗者（唐律作"冲三卫仗者"），徒一年（唐律作"徒二年"）；误者各减二等（同唐律）。若畜产唐突，守卫不备，入宫门者，杖七十（唐律作"杖一百"）；冲仗卫者，笞五十（唐律作"杖八十"）。

天子出行曰驾，驾行则有卫队和仪仗，本条规定的正是冲撞皇帝（天皇）车队和仪仗的罪刑。《养老律》和唐律在条文的构成方面一致，律文（以唐律为例）将冲撞队仗分为两类，一类是行人冲队仗，另一类是畜产冲队仗。律文分前后两部分，前面部分规定的是行人冲队仗：故意冲入队中者，徒一年；误冲入队中者，减故犯二等（杖九十）；故意冲入仗中者，徒二年，误冲入仗中者，减故犯二等（徒一年）。律条后面部分规定的是畜产冲队仗（惩罚的是守卫）：畜产唐突冲入宫门的，守卫杖一百；畜产唐突冲仗卫的，守卫杖八十。

上文所录《养老律》的律文括号中的内容为唐律的规定，二者比较，可以看出：即便是在同一个法条中，日本律的制定者在斟酌减轻刑罚的时候也并非统一减轻1等或2等而适用之，如将"车架行冲队者"由唐律的"徒一年"改为"杖一百"是降低了1个刑等；但接下来的"冲兵卫及内舍人仗者"由唐律的"徒二年"改为"徒一年"则是降低了两个刑等（跳过了中间的徒一年半）；而"若畜产唐突，守卫不备入宫门者"从唐律的"杖一百"改为"杖七十"则降了3个刑等；"冲仗卫者"由唐律的"杖八十"改为"笞五十"也是降了3个刑等。

---

[1]　杨鸿烈：《中国法律在东亚诸国之影响》，商务印书馆2017年版，第233页。

其次，同样是"不敬"之罪，在引入规定"指斥乘舆"和"对捍制使"的律文时，日本律文则并未减轻。按照疏议，"指斥，谓言议乘舆"，"乘舆"本来是指天子所乘坐的车驾，此处指天子，"言议乘舆"指攻击指责天子。"对捍制使"，疏议曰"谓奉制敕使人，有所宣告，对使拒捍，不依人臣之礼，既不承制令，又出拒捍之言者"，即指抗拒诏命之行为。《养老律》的《职制律》中规定有：

> 凡指斥乘舆，情理切害者，斩。非切害者，徒二年。对捍诏使而无人臣之礼者，绞。

这一条文的规定与唐律完全相同，刑罚亦未有减轻。同样是"不敬"之罪，"指斥乘舆"和"对捍制使"属于"大不敬"，被列入十恶（日本为八虐）重罪，因此日本律未做减轻似乎有理可循。但是要注意的是，十恶（八虐）重罪的刑罚在日本律中并非都没有进行改动，事实上也有减轻刑罚的例子。例如十恶中不睦一项下的"殴告夫及大功以上尊长"，日本将不睦的内容并入八虐下的不道之中，并且在具体的刑罚力度上也有所减轻。以下按照桑原骘藏的考察，分别从"殴"与"告"来看日本和中国规定的不同。①

表 1-8　殴、告大功以上尊长

		唐　律	《大宝律》
殴打	兄、姊	徒二年半	徒一年半
	伯叔父母、姑、外祖父母	徒三年	徒二年
	祖父母、父母	斩	斩
告	祖父母	绞	绞
	期亲尊长、外祖父母、夫、夫之祖父母（日本律为"告二等尊长"），虽得实	徒二年	徒一年

从上表中可见，即便同为十恶（八虐）重罪，日本律对一部分的刑罚也作

---

① 参见［日］桑原骘藏:《王朝の律令と東の律令》，收于氏著《桑原隲蔵全集（第 3 卷）》，岩波书店 1968 年版，第 234 页。

了减轻的调整。仅就上表而言，其对祖父母、父母的犯罪行为与唐律同样予以严惩，但对二等亲的犯罪行为的惩罚力度比唐律轻，究其原因，应该和日本的家制度本身紧密相关。

基于此，作为大不敬的"指斥乘舆"和"对捍制使"，日本律对其刑罚未作减轻就不能简单地仅仅将其原因归结为十恶（八虐），而是需要从日本本身的国情去思考。如果回想本章第一节所讨论过的圣德太子"宪法十七条"的内容，其中第3条所曰"承诏必谨"与此处的内容核心思想一致，即"尊皇"思想。也就是说，日本从零散地学习中国法律制度到体系性地吸收律令法这一过程中，始终面临一个亟待解决的矛盾，即迫切需要建立以天皇为核心的中央集权这一希望和豪族势力凌驾天皇这一现实的矛盾。"指斥乘舆"和"对捍制使"要求的正是臣下尊重天皇权威，日本在吸收此条的时候并未减轻其刑罚，原因就在于这样的规定符合其现实政治的需求。

除了以五刑为代表的刑罚体系以外，刑罚中的加重以及减轻的基本原则也一并被日本律所吸收。杨鸿烈在著作中所举累犯刑罚的加重和因八议（日本为六议）、老弱废疾、自首而导致刑罚的减轻等原则都在日本律中清晰可见。此外，作为减轻刑罚的典型著书中还列举了官当和赎铜。① 不过，要注意的是，八议（六议）、老弱废疾、自首的刑罚减轻是刑罚本身（五刑）等第的减免，而官当和赎铜是一种换刑制度，即五刑本身不减轻等第，而是将五刑以官职或财产来替换刑罚。

官当在前文中已经有论述，此处不再展开，以下仅介绍赎铜这一制度。

赎刑最早出现在《尚书·舜典》中，是指在一定条件下，犯人可以用财物或工作来替代或减轻刑罚的一种制度。唐朝亦规定赎刑制度。《唐律疏议·名例律》中详细规定了笞、杖、徒、流、死每种刑种及其刑期所对应的赎铜数量：其中，笞刑五等，从十到五十，对应的赎铜为一斤到五斤；杖刑五等，从六十到一百，对应的赎铜为六斤到十斤；徒刑五等，从一年到三年，对应的赎铜为二十斤到六十斤；流刑三等，从两千里到三千里，对应的赎铜为八十斤到一百

---

① 杨鸿烈：《中国法律在东亚诸国之影响》，商务印书馆2017年版，第225—228页。

斤；死刑有斩、绞两种执行方式，赎铜一百二十斤。唐朝的赎刑制度已经比较完善，主要表现在以下几个方面：

首先，唐朝法律规定，赎刑适用于所有犯罪，包括谋反、欺诈、盗窃、斗殴等，并且适用范围广泛，不仅适用于平民，也适用于官员和贵族。这表明赎刑制度在唐朝已经比较成熟和完善。

其次，唐朝赎刑的费用较低，可以用金钱或丝绸来赎罪。这表明唐朝政府已经充分考虑到了犯人家庭的经济状况，使得更多的人可以通过赎刑来减轻刑罚。

最后，唐朝赎刑制度的实施得到了进一步的加强。唐朝法律规定，赎刑必须经过官府的批准，并且必须由官府统一收取赎金，不得私自收取。同时，唐朝政府也加强了对赎刑的监督和管理，确保赎刑的公正性和合法性。

赎铜这一制度也为日本所吸收，其规定如下：①

表 1-9　日本赎铜制度
笞杖徒赎铜（同唐律）

笞刑	赎铜	杖刑	赎铜	徒刑	赎铜
十	一斤	十	六斤	一年	二十斤
二十	二斤	二十	七斤	一年半	三十斤
三十	三斤	三十	八斤	二年	四十斤
四十	四斤	四十	九斤	二年半	五十斤
五十	五斤	五十	十斤	三年	六十斤

流刑赎铜

流刑	赎铜	唐律
近流	一百斤	八十斤
中流	一百二十斤	九十斤
远流	一百四十斤	一百斤

死刑赎铜

死刑	赎铜	唐律
绞刑	二百斤	一百二十斤
斩刑	二百斤	一百二十斤

---

① 《刑法沿革志》卷 1 至卷 5，另有《律疏残篇》（1）"五刑"条。

日本在笞杖徒刑的赎铜规定上与唐律一致，流罪和死罪的赎铜高于唐律，《日本大典》就此云："盖徒以下因唐制，流以上其制稍重。"① 并且，在死刑的执行时间上，也规定：

> 从立春至秋分不得奏决死刑，违者徒一年。准令犯恶逆以上及家人、奴婢杀主者不待时。其大祀日及斋日、朔、望、晦、上下弦、二十四气、假日，并不得奏决死刑。虽不待时，于此日亦不得决死刑。违而决者，杖六十；待时违者，加二等。（原注：谓秋分以后，立春以前，于禁杀者而故决者，加二等，合杖八十）②

中国古代主张天人感应、顺时而杀。除了特殊情况，一般都是秋后问斩，即"秋决"。《周礼·秋官》曰："狱讼成，士师受中，协日刑杀。"协，合也，即挑选合适之日刑杀。《左传》曰："赏以春夏，刑以秋冬。"唐律对此明确规定："诸立春以后，秋分以前，决死刑者，徒一年。其所犯虽不待时，若于断屠月及禁杀日而决者，各杖六十；待时而违者，加二等。"③

也就是说，关于死刑的执行，日本基本沿袭了唐代的做法。首先规定死刑一律只能秋决，但有例外，即"犯恶逆以上及家人、奴婢杀主者"（唐律中为"奴婢、部曲杀主"）。但即便是例外可以不等秋决的，也不得在特殊的月、日被执行死刑。日本规定为"其大祀日及斋日、朔、望、晦、上下弦、二十四气、假日"。而唐律中规定"断屠月及禁杀日"，根据律疏所引令文可知，"断屠月"，

---

① 《日本大典》卷6"刑部省"。
② ［日］三浦周行、泷川政次郎：《定本令集解释義》，内外书籍1931年版，第886页。
③ 《唐律疏议·断狱律》之"立春后秋分前不决死刑"。对此，律疏中具体引用了狱官令的内容：从立春至秋分，不得奏决死刑，违者徒一年。若犯恶逆以上及奴婢、部曲杀主者，不拘此令。其大祭祀及致斋、朔望、上下弦、二十四气、雨未晴、夜未明、断屠月日及假日，并不得奏决死刑。其所犯虽不待时，"若于断屠月"，谓正月、五月、九月。"及禁杀日"，谓每月十直日：月一日、八日、十四日、十五日、十八日、二十三日、二十四日、二十八日、二十九日、三十日。虽不待时，于此月日亦不得决死刑，违而决者各杖六十。"待时而违者"，谓秋分以前，立春以后，正月、五月、九月及十直日，不得行刑，故违时日者，加二等合杖八十。其正月、五月、九月有闰者，令文但云正月、五月、九月断屠，即有闰者各同正月，亦不得奏决死刑。

是正月、五月、九月；"禁杀日"是每月的十直日：月一日、八日、十四日、十五日、十八日、二十三日、二十四日、二十八日、二十九日、三十日；此外，令中还举有"雨未晴、夜未明"。可见，日本引入此条时，酌情减少了不得执行死刑的日子。

（六）家制度

1. 亲属关系

中国古代家制度的基础和核心是五服制度。如前所述，五服制度本是中国的礼制，规定的是为死去的亲属服丧的制度，按照血缘关系亲疏不同，其丧服不同。从丧服上把直系亲属和旁系亲属分五等，亲者服重，疏者服轻，依次递减。中国古代是由父系宗族组成的社会，以父系血缘为基础、以宗法为重。由己身算起：上至高祖、下至玄孙的男系后裔及其眷属配偶，通称为"本宗九族"。本宗九族范围内的亲属（包括直系和旁系亲属）都是"有服亲属"，称为"内亲"。内亲在丧事期间要为死者服丧，关系亲近者居丧服制愈重、关系疏远者居丧服制愈轻，依次递减。母系血缘的服制范围有限，仅包括外祖父母、舅父、姨母、舅表兄弟和姨表兄弟，是为"外亲"。

根据"服制"不同，丧期限和丧服材质的粗细不同，分为：斩衰、齐衰、大功、小功和缌麻五种等级，即谓"五服"。也可以说，所谓的"期服亲"是指父系亲属，"大功服亲"是指祖父系亲属，"小功服亲"是指曾祖父系亲属，"缌麻服亲"是指高祖父系亲属，母系一世的亲属同属于缌麻服亲；除外的都是"无服亲属"。"五服"的具体内容为：

斩衰是五服中最重的孝服。"衰"通"缞"，亦作"斩缞"。丧服上衣（披在胸前）称为"衰"，下衣称为"裳"。"斩"就是不缝缉的意思，所以称为"斩衰"。斩衰服用最粗的生麻布制成，不缝边缘，服制3年（实25个月大祥、27个月禫祭，即可除服）。子为父、诸侯为天子、士大夫为君，都是服斩衰。男服斩衰的装束是斩衰裳、直绖、杖、绞带、冠绳缨和菅屦；女服的装束和发饰有别于男子，除了直绖、杖、绞带、菅屦等衣物与男子相同外，另有布总、箭笄、髽和衰的装束；众臣为国君服斩衰的装束是布带和绳屦两件物品，布带同齐衰服、绳屦同大功服，其余杖、冠绖等则穿戴如常。

齐衰是次于斩衰的丧服，亦作"齐缞"。齐衰服用粗麻布制成，断处缉边，因此称为"齐衰"。齐衰服由于丧期和服制的区别，又分为4种，即：齐衰3年、齐衰杖期、齐衰不杖期和齐衰3个月。齐衰3年的装束是疏衰裳齐、牡麻绖、冠布缨、削杖、布带和疏屦；齐衰杖期（期年）的装束与齐衰3年完全相同，差异在于丧期的长短；齐衰不杖期的装束是不杖和麻屦，不持杖、以麻屦代替齐衰杖期的疏屦；齐衰3个月的装束是疏衰裳齐、牡麻绖和无受，"无受"是指变服后即可除服，不再变换为轻服。"期"通"朞"，是指1周年的意思，有：杖期（持杖，服1年）和不杖期（不持杖，服1年）两种区别。在唐朝，子为母皆齐衰3年；子妇为姑（婆）亦齐衰3年。

大功是次于齐衰的丧服。大功服用熟麻布制成，比齐衰精细、比小功略粗，又可区分为：殇大功和成人大功两种。"功"就是指女子所做的纺织、缝纫等的加工，因为所加人工较为粗略，所以称为"大功布"。殇大功是为未成年死者降等而服，装束是大功布衰裳、牡麻绖和无受，长殇9个月，缨绖；中殇7个月，不缨绖。成人大功服的装束是大功布衰裳、牡麻绖、缨和布带，服制9个月；3个月变服之时受以小功衰服，即"葛衣"。为伯叔父母、为堂兄弟、未嫁的堂姐妹、已嫁的姑、姐妹，以及已嫁女为母亲、伯叔父、兄弟服丧皆服大功。

小功是次于大功的丧服。小功服用熟麻布制成，比大功更精细，因为纺织所加人工不似大功那般粗略，故相对而称"小功布"。小功服又可区分为：殇小功和成人小功两种，主要取决于所服对象是否成年，服制5个月。殇小功服的装束是小功布衰裳和澡麻带绖，因为是下殇夭折之故，所以是降两等而服；成人小功服的装束是小功布衰裳和牡麻绖，即"葛衣"。为从祖父母、堂伯叔父母、未嫁祖姑、堂姑、已嫁堂姐妹、兄弟之妻、从堂兄弟、未嫁从堂姐妹，和为外祖父母、母舅、母姨等服小功。

缌麻是五等服中最轻的丧服，亦作"织麻"。缌麻服用细麻布制成，比小功服更精细，服制3个月。缌麻服由于丧期较短，可以说是葬后即除服，故虽有殇缌麻和成人缌麻的区别，也只是所服对象有所不同，服饰则几乎没有差异。凡为曾祖父母、族伯父母、族兄弟姐妹、未嫁族姐妹，和外姓中为表兄弟、岳父母都服缌麻。

总而言之，"五服"即以自己为圆心，根据距离亲疏关系画 5 个同心圆，这 5 个由中心辐散开去的关系圆就在五服之内。也就是说五服就是指由自己（含）往上往下或往外数的 5 代亲属关系的亲疏等级。

日本吸收了中国的五服制度，并以"五等亲"规定之，日本"仪制令"中规定：

一等亲：父母、继母、养父母、夫、子。

按：此与中国五服之制之"斩衰三年，齐衰三年之亲"相当。

二等亲：祖父母、嫡母、继母、伯叔父姑、兄弟姊妹、夫之父母、妻妾、侄、孙、子之妇。

按：此与中国之"齐衰一等之亲"相当。

三等亲：曾祖父母、伯叔之妇、夫之侄、从父兄弟姊妹、异父兄姊妹、夫之祖父母、夫之伯叔、姑侄之妇、继父、夫之前妻妾之子。

按：此与中国之"大功九月之亲"相当。

四等亲：高祖父母、从祖祖父姑、从祖伯叔父姑、夫之兄弟姊妹、兄弟之妻妾、再从兄弟姊妹、外祖父母、舅姨、兄弟之孙、从父兄弟之子、外甥、曾孙、孙之妇、妻妾前夫之子。

按：此与中国之"齐衰五月、小功五月、齐衰三月"之亲等相当。

五等亲：妻妾之父母、姑之子、舅之子、玄孙、外孙、女婿。

按：此等与中国之"缌麻三月"之亲相当。

表 1-10　日本的"五等亲"与唐律"五服"的关系

《养老令》	具体内容	与唐"五服"的关系
一等亲	父母、继母、养父母、夫、子	与"斩衰三年，齐衰三年"之亲相当
二等亲	祖父母、嫡母、继母、伯叔父姑、兄弟姊妹、夫之父母、妻妾、侄、孙、子之妇	与"齐衰一年"之亲相当
三等亲	曾祖父母、伯叔父母、夫之侄、从父兄弟姊妹、异父兄姊妹、夫之祖父母、夫之伯叔、姑侄之妇、继父、夫之前妻妾之子	与"大功九月"之亲相当
四等亲	高祖父母、从祖祖父姑、从祖伯叔父姑、夫之兄弟姊妹、兄弟之妻妾、再从兄弟姊妹、外祖父母、舅姨、兄弟之孙、从父兄弟之子、外甥、曾孙、孙之妇、妻妾前夫之子	与"齐衰五月，小功五月，齐衰三月"之亲相当
五等亲	妻妾之父母、姑之子、舅之子、玄孙、外孙、女婿	与"缌麻三月"之亲相当

以上是从日本的五等亲出发，来看与中国古代五服的对应关系。反之，广池千九郎曾以中国的五服制度为中心，讨论过二者的对应关系，其总结为：其一，唐律之"期亲"和"大功"亲为日本之二等亲，"大功"中还有部分为三等亲；其二，唐律中的"小功"亲为日本的三等亲和四等亲；其三，唐律中的"缌麻"亲为日本的四等亲和五等亲；其四，唐律中的"斩衰三年""齐衰三年"与日本一等亲相当。①

从"仪制令"的规定来看，其亲属构造与唐一样，即贯彻男（父）系优先的原则。例如，对于妻子而言，丈夫是一等亲，但对于丈夫而言，妻（妾）为二等亲。不过，二者亦有明显的不同，例如日本"五等亲"中并未区分妻与妾。

总而言之，日本在吸收中国五服制度时，也斟酌了自己的情况加以修改形成日本的"五等亲"制度，而这一"等亲"制度一直沿用到明治时期，在明治维新后的 1870 年颁布的《新律纲领》中，以"阶级等亲制"之名存续。

此外，还需要注意的是，中国古代的五服制度不仅仅是表示亲属之间关系亲疏的制度，它还有一个重要功能，就是规定为亲属服丧的仪制，而日本在模仿这一制度时，一分为二，即以五等亲制来拟定亲属之间的亲疏关系，又在"丧葬令"中规定服纪制，来规定亲属间服丧的仪制。总的来说，日本的服纪制比唐朝的规定时间有所缩短。虽然都是 5 段分法，唐朝规定五服制度中的服丧期为 3 年、1 年、9 个月、5 个月、3 个月，服纪制中相应改为 1 年、5 个月、3 个月、1 个月、7 天。除此以外，二者的不同还体现在：服纪制中所规定的亲属范围也比五服制有所缩小，将曾祖父母一系（五服中的"小功"）等远亲删去；五服制度中，服父亲丧为斩衰，服母亲丧为齐衰，而服纪制中将二者平等对待，皆为 1 年；此外，虽然五服制度中以男系为根本，但将母系亲属都纳入了五服之中，服纪制与此不同。

2. 婚姻继承制度

从法律规范来看，在婚姻制度方面，日本在户令和户婚律中基本上也全面承袭了唐律的规定，但在现实中，由于古代日本有走婚之习惯，女性及其家族

---

① ［日］广池千九郎：《東洋法制史本論：中国朝鮮親族法並二喪服制度》，早稻田大学出版部 1915 年版，第 105—107 页。

对婚姻的成立有较大影响力等日本自身的因素，法律在实践中的实效性存在疑问。不过，正如学者指出，在史料中可以看到，如同《万叶集》中有引用律文之事例，因此认为与户婚相关的律令规定在当时完全是一纸具文的看法也并不完全合理。

首先来看婚姻的成立。户令规定男性 15 岁、女性 13 岁为法定最低结婚年龄，但事实上早婚盛行。此外，唐制奉行同姓不婚的原则、规定不得与五服以内亲属的妻妾结婚、禁止重婚、禁止良贱通婚、结婚需循礼等。《养老律》中删去同姓不婚原则，这与日本本土的风俗紧密相关；又规定不得与自己直系尊亲属的妻妾结婚，缩小了不得为婚的范围；其他基本也都在律令中沿袭。此外，作为婚姻的形式要件，需要遵循儒家礼教中定婚和成婚两阶段，并需要从祖父母、父母等近亲中选出主婚人，婚姻的成立需要主婚人的同意。在《养老律》的户婚律规定中，对于主婚人还增加了外祖父母，一般认为，这是日本注重母系关系的体现。

关于婚姻的解除，律令制中规定 4 种情形，包括丈夫单方面意思的休妻、基于双方当事人合意的和离、强制离婚（义绝）和特殊情形下妻子单方面的婚姻解除。其规定几乎与唐一致。

丈夫单方面意思的离婚，首先需要妻子一方符合"七出"的法定要件，其次要尊属的同意，最后还必须作成离缘状（休书）。关于"七出"，《大戴礼记·本命》有曰："妇有七去：不顺父母去，无子去，淫去，妒去，有恶疾去，多言去，窃盗去。不顺父母去，为其逆德也；无子，为其绝世也；淫，为其乱族也；妒，为其乱家也；有恶疾，为其不可与共粢盛也；口多言，为其离亲也；盗窃，为其反义也。"与此相对，律令制又规定了"三不去"，即不得离婚的情形。《大戴礼记·本命》："妇有三不去：有所娶无所归（无娘家可归的），不去；与更三年丧（曾为公婆守孝三年的），不去；前贫贱后富贵，不去。"律令规定，"有三不去而出之者，杖一百，追还合"。不过，如果中犯恶疾及奸者，则不用此规定。

夫妻双方合意离婚则较为简单灵活，并不需要法定的理由，双方同意即可。《唐律疏议·户婚律》"义绝离之"条规定："若夫妻不相安谐而和离者，不坐。"

疏议曰："若夫妻不相安谐，谓彼此情不相得，两愿离者，不坐。"

如果是违反礼教的行为，则有"义绝"这一强制离婚的规定。根据《唐律疏议》的规定，以下都属于"义绝"的情形："夫殴妻之祖父母、父母，以及杀妻外祖父母、伯叔父母、兄弟、姑、姊妹；夫妻祖父母、父母、外祖父母、伯叔父母、兄弟、姑、姊妹自相杀；妻殴詈（骂）夫之祖父母、父母，杀伤夫外祖父母、伯叔父母、兄弟、姑、姊妹。"同时明确规定："诸犯义绝者，离之，违者徒一年。"对此，日本亦有相同条文，不过刑罚从唐律的"徒一年"减轻为"杖一百"。①

根据妻子单方面意思的离婚仅存在以下几种情形：如定婚后超过3个月，丈夫无正当事由未成婚的情形；丈夫从籍贯地出逃超过1个月、在外行踪不明超过1年、犯徒罪以上等情形。

与婚姻制度相关规定全面沿袭唐代律令法规定不同的是，日本在继承制度方面明显地体现了本国的特色。关于这一部分的内容，根据中田薰等学者的研究，可知日本的《大宝令》和《养老令》有较为明显的差异。②继承有继嗣和财产继承之分，唐律在封爵令中规定了爵位的单独继承，其继承顺序是嫡妻长子、嫡出长孙、嫡妻长子同母弟、庶子。复原的《大宝令》中的继承顺序与此相近，而到《养老令》时，嫡子的选定就更多地由被继承人自由决定。财产方面，唐代采同居共财之原理，若出现分家事由则以诸子均分的原理进行财产分割。《大宝令》采取了极端的嫡庶异分主义，而《养老令》则采取了八位以上的有位者依照嫡庶异分、庶民采取均分主义这一折中方案，而这与日本旧有的习惯并不相同，通常认为该条文在实践中并未被适用。③

（七）教育制度

日本的教育制度也深受唐制影响，唐朝在中央的官学为"六学二馆"："六学"有国子学、太学、四门学、律学、书学和算学，隶属国子监，置博士以教

---

① ［日］广池千九郎编：《倭汉比较律疏》，广池学园出版部1980年版，第247页。书中注明《法曹至要抄》中有条文："户婚律云，犯义绝者，离之，违者杖一百。"
② ［日］中田薰：《唐令と日本令との比較研究》（1）～（完），《国家学会雑誌》18卷212—214号，1904年10—12月。
③ ［日］牧英正、藤原明久编：《日本法制史》，青林书院2004年版，第76—79页。

生徒；"二馆"为弘文馆和崇文馆，弘文馆隶属门下省，崇文馆隶属东宫，各置学士以教生徒。地方上的州、县、乡也均设学校。律令制下的日本的教育机关也分中央和地方两级，在中央比照国子监设大学寮，早期内设明经道（儒学）、算道、音道、书道4科，后来演变为由纪传道（史学，传授《史记》《汉书》《后汉书》及《文选》等）、文章道、明经道、明法道（法律）和算道构成，后来又将文章道统合到纪传道中；在地方设国学，此外还有隶属于中务省的阴阳寮和隶属于宫内省的典药寮。

大化改新前，日本没有学校，公卿子弟都在学者门下受教。前面介绍过的苏我入鹿和中臣镰足在僧旻法师门下学习就是实例。天智天皇二年（663年）设置了大学寮，请高向玄理和僧旻出任博士，教授学生。天武天皇时期，在京城设置了大学，在地方设置国学。文武天皇的《大宝令》中详细规定了大学和国学的规制，其中教授的学科是礼乐、明经、明法、算术、音韵和籀篆六艺。《养老令》中"学令"共计22条，都是在唐令的基础上作细微修改而成。

例如，关于学生的来源。唐规定，国子学收文武三品以上子孙，太学收五品以上子孙，四门学收七品以上子孙；而日本中央的大学寮，收五位以上及东西史部之子，另规定如果八位以上之子又热心向学的，也可以恳请入学。唐规定地方学校以州县长官子孙为主，与此相同，日本地方所设国学也招收郡司之子弟。并规定大学寮之学生补式部，国学学生补国司。不过在学生年龄上，两国稍有不同，唐规定录14岁以上、19岁以下，律学生18岁以上、25岁以下。而日本规定录取13岁以上、16岁以下聪慧之人。

至于所学课程，唐规定必修的有《孝经》《论语》，选修的分为大经（《礼记》《左传》）、中经（《毛诗》《周礼》《仪礼》）和小经（《周易》《尚书》《春秋公羊传》《春秋谷梁传》）。书学生必须读《国语》《说文》《字林》《三苍》《尔雅》。算学生必须读《孙子》《五曹》《九章》《海岛算经》《张丘建》《夏侯阳》《周髀》《五经算术》《缀术》《缉古》《记遗》《三等数》等。日本的学习科目基本与唐相同，只不过选修科目中没有《春秋公羊传》和《春秋谷梁传》，所以小经中只有《周易》和《尚书》。算学科目中没有《张丘建》《夏侯阳》《五经算术》《缉古》《记遗》和《三等数》，却有《六章》《三开重差》和《九司》。

授课时由于存在汉字的发音问题，所以日本大学寮内设有音博士，其任务就是教授学生朗读经文。

关于学生的放假制度，日本完全沿袭了唐制，即每旬（10天）休假1天，此外每年5月另有田假，9月有授衣假。考试制度也相同，每旬一小考，每年一大考。小考时由博士主持，试读者，每千字内考1处3字（即解说该3字）；试讲者，每两千字内问大义1条，总考3条，答对两条的为及格，未及格者"斟量决罚"。大考于每年七月进行，考试范围为当年所学内容。大考的成绩评定，日本略与唐制不同。唐制规定问大义10条，对8条者为上，对6条者为中，5条则为下。日本问大义总数为8条，对6条者为上，4条者为中，3条以下为下。

不过与唐朝不同，日本的官学不甚兴盛。唐朝庶民亦可入学校，而日本的入大学寮者皆五位以上官员的子孙、世代以文笔为业的史部之后代，个别也有六至八位的官吏子弟。但由于日本五位以上的子弟可以适用荫位制而取得相当的官位，因此通过在大学寮刻苦学习而获得官位这一途径对于他们并没有太大的吸引力。古代日本的大学寮主要是对那些由血统关系产生的官吏接班人加以辅导，使他们具备一定的教养。这是基于日本贵族政治的特点。

与此不同的是，唐朝的科举制度是在摧毁魏晋门阀基础上建立起来的，贵族享有特权的九品中正制已部分地被科举取代，不过对于五品以上官员子弟同样也有门荫（又曰"资荫""用荫""门资""门调"等）制度。[1]《唐六典》中有如下相关规定："谓一品子，正七品上叙，至从三品子，递降一等。四品、五品有正、从之差，亦递降一等；从五品子，从八品下叙"，并且"三品以上荫曾孙，五品以上荫孙；孙降子一等，曾孙降孙一等"。[2]

相对于此，日本在《养老令·选叙令》中规定："凡五位以上子出身者，一位嫡子从五位下，二位嫡子正六位下，庶子及三位嫡子从六位上，庶子从六位下，正四位嫡子正七位下，庶子及从四位嫡子从七位上，庶子从七位下，正五

---

① 关于唐朝的门荫制度，可参见孙俊：《隋唐门荫制度研究》，辽宁师范大学出版社2015年版。

② 李林甫等撰，陈仲夫点校：《唐六典》，中华书局1992年版，第32页。

位嫡子正八位下，庶子及从五位嫡子从八位上，庶子从八位下。三位以上荫及孙，降子一等。"

就这两条条文比较而言，首先，唐朝的门荫子弟的官品并不高，例如一品官员的子仅得荫正七品上，而《养老令》中从一位的子孙可以荫五位、六位，可以说日本荫位制对朝廷的影响更大；其次，唐朝的荫官没有区分嫡庶，而日本的荫位制区分嫡庶，关于这一点，还有待将来进一步的分析；再次，唐制中二品以上不区分正、从荫官，而日本《养老令》中三位以上不区分正、从荫官（下表中虽然分正三位和从三位，其目的是与唐制对应），其原因正如前文所述，日本的三位以上的官员多为大氏姓贵族所垄断，自成一体。

表 1-11　荫叙制比较

唐荫叙制				日荫位制				
本人	子	孙	曾孙	本人	嫡子	庶子	嫡孙	庶孙
一品	正七品上	正七品下	从七品上	一位	从五位下	正六位上	正六位上	正六位下
二品	正七品下	从七品上	从七品下	二位	正六位下	从六位上	从六位上	从六位下
正三品	从七品上	从七品下	正八品上	正三位	从六位上	从六位下	从六位下	正七位上
从三品	从七品下	正八品上	正八品下	从三位	从六位下	从六位下	从六位下	正七位下
正四品	正八品上	正八品下		正四位	正七位下	从七位上		
从四品	正八品下	从八品上		从四位	从七位上	从七位下		
正五品	从八品上	从八品下		正五位	正八位下	从八位上		
从五品	从八品下	正九品上		从五位	从八位上	从八位下		

日本官学虽不甚兴盛，但贵族的私学多有发展。延历年间，和气清麻吕之子和气广世在担任大学寮别当之时，将 20 町垦田充作劝学费，在大学的南面设学寮，名弘文院，聘请学者教授学生。嵯峨天皇弘仁十二年（821 年）藤原冬嗣亦在大学寮南面为本族子弟建劝学院，又称"南曹"。太后橘嘉智子于文德天皇嘉祥三年（850 年）开设学馆院，专门培养橘氏子弟。儒者善渊、大江、庆滋、菅原等家也都设有私塾。菅原家三代相继为文章博士，其门人遍布朝野。除了贵族子弟的私学，还有僧人开设私学。空海在唐学习时看到长安每坊有闾塾，每县有乡学，806 年回国后，空海以日本没有平民之私塾，由此开设了综艺种智院，积极培养人才。日本在平安后期以后，私塾形式的私学最终替代了官学，

学问也逐渐演变为以家门相传，如明经道是清原氏和申原氏，明法道是坂上氏，算道是三善氏和小规氏，天文历道是贺茂氏和安倍氏，医道是和气氏和丹波氏等，学问也逐渐被各家所垄断。而反观中国，虽然私塾也在不断发展，但设私塾也好，延请私塾先生也好，其目的都是以科举考试为目标，由此，私学与官学两个系统互为补充和增长，并未出现以家学替代官学的结果。

二、武家时代的"律法中兴"

正如前文所述，以圣德太子的"宪法十七条"为宣言，日本开启了学习中国古代法律的帷幕，并且以律法形式之"律令"为国家统治之基本法律，在"律令时代"，从国家统治之制度到家制度，再到司法审判、刑罚和教育制度都全面学习了唐制。但由于日本在学习过程中不得不对各种势力，如贵族和寺社等作出妥协和让步，很多制度并没有落实和一以贯之。

平安中期以后，自10世纪开始，日本发展出了自己的国风文化，在法制上，由于法权分立等因素，作为公家法的律令之影响日渐衰微，《养老律令》在形式上得以延续。到了江户幕府时代，日本政治再次进入了一个相对长久的安定期，经历庄园制和武家政权以后，作为国家法的完整的律令体系被武家法所替代。武家法在统治上以幕藩体制为主，幕府实施幕府法，各藩在领地内实施各自的藩法。

（一）幕府法之概况

在18世纪第8代将军吉宗编撰法典之前，幕府法中既有元和元年（1615年）针对大名颁布的《武家诸法度》（13条），也有宽永九年（1632年）以旗本、御家人为对象的《诸士法度》（9条，3年后修订为23条）。5代将军冈吉后废除《诸士法度》，以《武家诸法度》代替之。元和元年（1615年）颁布《武家诸法度》后又颁布了《禁中并公家诸法度》。除此以外，庆长六年（1601年）至元和二年（1616年）间还以各宗本山为对象颁布了《寺院法度》等，以统治的对象不同而颁布不同的法规，这也是其多层次性和灵活性的体现。

到第8代将军吉宗时期，开始急速推动法典的编撰，元文二年（1742年）

以三奉行为中心开始编撰，到宽保二年（1742年）时大致完成了《公事方御定书》。《公事方御定书》分下上两卷，刚编成时，上卷为78条，下卷为90条，之后经过5次增补修改，在宝历四年（1754年）时形成现在可见的上卷81条和下卷103条的构成。上卷为基本法令的汇编，下卷为具体的判例的汇编（下卷又被称为《御定书百条》），并且下卷的判例在编撰时又会将该条由来的先例加以记载，从中可见对判例进行抽象化和法规化。此外，《公事方御定书》中有些规定具有类似总则的作用，但并没有形成总则与分则的体系构成，虽然具有一定的体系性，但无法与唐律中所见的立法技术相媲美，仍然显得纷繁复杂。

以犯罪的规定为例，《公事方御定书》中将犯罪分为普通犯罪和特别法犯罪，普通犯罪包括8大类，分别是（1）危害统治秩序的犯罪，如内乱罪、阴谋罪等；（2）危害人身安全的犯罪，如杀人罪、伤害罪等；（3）财产犯罪，包括侵占罪、欺诈罪、恐吓罪、窝藏赃物罪以及毁损器物罪等；（4）公共危险犯罪，具体包括骚扰罪、失火罪、放火罪等；（5）侵害公共信用的犯罪，具体包括伪造货币罪、伪造文书罪等；（6）职务犯罪，具体包括贿赂罪、滥用职权罪、怠于行使职权罪等；（7）妨害公务的犯罪，如隐匿罪犯、应诉不诉罪等；（8）破坏公序良俗的犯罪，如通奸罪、赌博罪等。

普通犯罪之外，又有临时立法中规定违反特别法的特别法犯罪，例如庆长十八年（1613年）颁布的诸法度中规定了在市町发生火灾时，对违反禁令的予以严惩；又如宽保二年（1742年）的《紫宸殿御条目》中规定，在三公等诸公家面前不遵守礼节，可遵循先例，处以远岛或死刑。此外还规定了对于审判不服、卖淫、使用假秤和买卖毒药等特别法犯罪。

围绕犯罪有普通犯罪和特别法规定之犯罪的区别，在刑罚方面，也体现了其多层次性。首先以主体不同，区分对庶民百姓的刑罚和对武士、僧尼等特别主体的刑罚（闰刑）。对士族的闰刑包括闭门、蛰居、预、永预、切腹、斩刑等，针对僧侣、神官的闰刑有晒、追院、退院等。其次，《公事方御定书》中将刑罚进行了一定程度的体系化，从中亦可以看到其包含普通刑罚体系和特别刑罚体系两种。普通刑罚体系是基本的刑罚体系，也就是通常说的"正刑"，包括死刑、远岛、追放、敲、押禁和叱责。死刑6种（武士则为斩刑和切腹两种）；

远岛则规定在关东流放伊豆七岛，在关西流放萨摩 5 岛、隐岐、天草等岛；追放根据距离不同，分为轻追放、中追放、重追放、江户十里四方追放（从江户的日本桥起算，放逐到半径 5 里以外的地区）、江户扰（驱逐出江户）、所扰（驱逐出所居住的町），共计 6 种；敲刑分两种，轻敲（50 次）与重敲（100次）；叱责分叱责和急度叱责。而特别刑罚体系是针对盗犯，也是盗犯中累犯的处罚体系，包含入墨重敲、入墨敲、入墨、重敲和敲。①

由此可见，江户幕府的犯罪规定和刑罚规定纷繁复杂，多因事、因人而有不同规定，这与幕府的统治特点息息相关，因此，同时期的明清律法虽然传入了日本，也在一定程度上影响了其法律思想和立法，但已经与古代律令法的传入有本质上的不同，此时的律令法并没有改变幕府的统治理念，而仅仅作为"术"被部分地吸收。

（二）明清律译注

虽然只是被部分地吸收，但从幕府到各藩都出现了研究明律的潮流。日本的明律研究在纪伊藩第 2 代藩主德川光贞（德川家康之孙）和德川幕府第 8 代将军德川吉宗的推动下，犹为兴盛。

享保年间（1715—1736 年）是整个江户时代研究中国法律最为繁盛的时期。领导者即幕府的第 8 代将军德川吉宗，他下令文臣调查和研究中国法律，并且自己也经常购买和阅读中国的法律书。德川吉宗出身于"御三家"之一的纪州德川家，原为纪伊藩的第 5 代藩主。正德六年（1716 年），德川吉宗前往江户继任将军之位。纪伊藩从建立之初就保持着明律研究的传统，藩内曾聘请过多位在日中国人为藩儒们教授汉语和明律，并且聘用知名儒者专门从事明律研究。二代藩主德川光贞曾命榊原篁洲撰写《大明律例谚解》一书，于元禄七年（1694 年）完成。德川吉宗为光贞第 4 子，对于中国法典的爱好更甚于其父祖，在其任藩主期间，曾命藩儒高濑喜朴为朝鲜文《大明律例直解》一书做训点，之后又要求榊原霞州、高濑喜朴等人先后参订《大明律例谚解》一书。

除纪伊藩的明律研究传统外，吉宗本人更是爱好学问之人，《德川实纪》中

---

① ［日］浅古弘等编：《日本法制史》，青林书院 2010 年版，第 215 页。

记载有"法书充盈纪伊国家门，深为喜爱，即位后仍不时阅览。"吉宗酷爱汉籍，在其方针下，红叶山文库收集了大量汉籍，现存之孤本《江宁县志》正是收藏于红叶山文库，他本人也频繁向幕府红叶山文库借阅书籍，其中就曾多次借阅明律注释书。之后红叶山文库无法满足吉宗的需求，他开始将关注的重点转移至海外舶来书籍。在诸多舶来书籍之中，吉宗最感兴趣的还是汉籍，对于中国法典更是有着极为浓厚的兴趣。他曾在江户见到舶来的《大清会典》一书，大为赞叹。享保五年（1720年），吉宗便向长崎奉行要求再次向中国人订购《大清会典》和《定例成案》。《大清会典》在当时极难入手，中国商人多方探求仍无法获得刊本，只能将此书做成抄本辗转运往日本，吉宗于两年之后方才收到手抄本《大清会典》。从这一求书经历亦可看出吉宗对于中国法典的热衷。

在这样的背景下，享保年间的明律研究及其研究成果对江户时代产生了深远的影响，其中，最具代表性的是以下3种注释书，其一是高濑喜朴的《大明律例译义》；其二是荻生观（北溪）训点的《官准刊行明律》；其三是荻生徂徕撰写的《明律国字解》。

德川吉宗在继任将军的最初几年就开始着手经济相关的改革，随着改革扩展至法律领域，吉宗开始进一步推进中国法典研究，不久即委托高濑喜朴撰写明律注释书。高濑于享保五年（1720年）二月开始翻译，于同年十二月就完成了《大明律例译义》。高濑喜朴（1668—1749年）是和歌山藩医高濑素庵的长子，在贞享二年（1685年）继承了家业。喜朴在江户时曾在儒学者林凤冈门下学习程朱之学，还在此阅读到了朝鲜刊本的《大明律直解》，参加了《大明律例谚解》编撰的相关工作，这也是其能10个月左右就完成长达700页的《大明律例译义》的重要原因。《大明律例译义》是将明律及其条例逐条翻译为日文的著作，全书共14卷，正文12卷，首卷与末卷各1卷。首卷为"律大意"、译义凡例和目录，末卷为罪名、赎法和九族五服。正文12卷为《大明律例》的翻译，包括律文460条和条例。条例是对律的修正、补充和说明。《大明律例译义》行文通俗流畅，易于理解，从而流传甚广，之后成为江户时代多部法典所效法的对象。而作为其翻译对象的是洪武三十年（1397年）颁布的《大明律》，此律的原文未有传世，但通过其日语翻译版本的《大明律例译义》，亦可以了解该律法的内容。

与其他著作相比，《大明律例译义》最为显著的特色就是通俗易懂。一方面，其语言简洁明快；另一方面，其附加的注释生动形象。就其语言简洁明快而言，以"斗殴殴受业师条"为例，条文规定为："凡殴受业师者加凡人二等，死者斩。"《大明律例译义》中对应的释义为："殴受业师罪为学文化时殴打老师之罪。学员殴打为他讲课的老师，殴打罪比普通人加二等。如把老师打死，其罪当斩。这不只限于教授文化的老师，学习技能的人殴打了师傅，也按这条刑律行事。"

翻译之时，《大明律例译义》先书写条文标题，其后以双行小注写明该条文大意，然后翻译该条文，译文之后还有双行小字加注，内容十分详细。比如，对"凌迟处死"注释如下："凌迟是慢慢地杀死，如先斩断手足再砍掉头颅等，使受刑者增加痛苦，和日本的锯刑相似。"①

《大明律例译义》被后世学者誉为享保年间明律研究最优秀的成果，然而它有一个显著缺憾就是在释义时并未附《大明律》原文。于是吉宗又命儒者荻生观训点《大明律》原文。荻生观是荻生徂徕的弟弟，字叔达，号北溪，通称总三郎，因为原姓物部，所以他自己模仿中国人的名字，"修姓"后称"物观"（荻生徂徕则修为物茂乡）。荻生观此前就曾成立明律研究会，有了研究会成员的协力，在不到 1 年的时间内就完成了《大明律》原文的训点，于享保八年二月首先在京都发行，同年三月在江户印制发行，并因幕府许可，名为《官准刊行明律》。该书有"分卷"部分和"不分卷"部分，"分卷"部分 30 卷，共计 460条，不分卷部分 382 条。

除了奉命编撰刊行的著作以外，民间的学者也主动参与到这场明律研究的活动中。其中最为知名的当属荻生徂徕著写的《明律国字解》。徂徕是荻生方庵的次子，名双松，字茂乡，亦称总右卫门。徂徕这个号来自《诗经·鲁颂》中的"徂徕之松"。徂徕早年曾受教于朱子学者林鹅峰与林凤冈父子，之后在辗转学习的过程中逐渐背离朱子学，确立了"古文辞学"，并将之作为研究中国古

---

① 刘俊文、［日］池田温主编：《中日文化交流史大系 2：法制卷》，浙江人民出版社 1996 年版，第 138 页。

代经典的方法论。荻生徂徕一生并未任职于幕府，而是在跟随研究会完成明律的训点之后有了自己对律学的领悟，著成《明律国字解》一书。该书以解释语句为主要内容，行文中汉字与片假名并用，故名为"国字解"。与《官准刊行明律》一样，全书共30卷，体例与明律相同，亦为六部体系，条例则附于每卷末。同样以"斗殴殴受业师条"为例，《明律国字解》的内容为："受业师非只限儒学之师，亦含艺匠工人之师，均以学其技能而齐家立身也。但僧道之师应以叔伯父为准，不适此律，而用殴打叔父之律。"将这一解释与前面所举高濑喜朴的《大明律例译义》的同一条解释相比较，其各自的特色跃然纸上。比起《大明律例译义》的通俗易懂，《明律国字解》更加有"律疏"的风格，用与律文本身风格相近的问题来进行解释。后人将其与《大明律例译义》并称为江户时代明律研究的"双璧"。

在德川吉宗获得《大清会典》后，当年就命令幕府的儒者、中国人的后裔深见玄岱、深见有邻父子开始翻译《大清会典》。深见有邻于次年前往长崎，在长崎当地中国人的协力下，经5年时间方才完成了会典的解读。此外，享保七年（1722年）《大清会典》再次舶来之后，一经入库即被借阅半年，借阅人正是训点《官准刊行明律》的荻生观。荻生观对于《大清会典》进行了深入研读，将吏部所有内容译为日文，对礼部、兵部的部分内容作了训点，并对清代的各种官职作出了详细翻译和注释。相关研究之后被收录在吉宗幕僚的研究报告集《名家丛书》之中。

（三）幕府法对明律的吸收

吉宗如此热衷地了解明清的法律，不仅仅是其个人爱好，其对明清法律的翻译与享保改革紧密相关。以宽保二年（1742年）出台幕府的基本法《公事方御定书》（上下卷）为标志，始于享保年间的法制整备在此完成。其中上卷收录的是81条法令集原文，包括与行政相关的重要指令、法令和布告等。下卷则是有名的《御定书百条》，共103条，主要规定了犯罪和刑罚，主要是与刑法相关的内容，但也包含了民事及诉讼法的内容，因此，其并不单单是一部刑法典。不过需要注意的是，《御定书百条》的大部分规定都是先例和判例的条文化，并且大多是享保年间的规定。在《御定书百条》中，规定了享保年间实施的三种新的刑罚，分别为"过料"（罚金）、"敲"（杖则）和"入墨"（墨刑），而这些都是幕府参照明律而设。

《御定书百条》的最后一条，也就是第 103 条为"御仕置仕形之事"，翻译过来就是刑罚的方法和种类。其中"过料"（享保三年）规定中，除了罚 3 贯文和 5 贯文之外，其后还有但书一则：但重者，罚 10 贯文，或 20 两、30 两，因其人之家境、村之产值及人数而定；令其 3 日内交纳。至为贫寒难于交纳者，罚之以戴手铐。也就是说，轻微的罚金有一致的规定，而对于重罚的情形，各地并不一致，从 10 贯文到 30 两，如何科刑取决于家境和当地的经济水平。可以想见这一规定下幕府罚金的执行并不统一，尤其是重罚金因地、因人皆不相同。这种因人而异、因地制宜的做法应该是为了防止因贫富不同而出现不公，这也是幕府对于明律中"赎铜"制度的担忧。赎铜原本是交纳铜钱来抵销过失的一种制度，在中国古已有之。《大明律例谚解》一书当中，谚解的著者榊原篁洲与校订者高濑喜朴等人都曾对"赎铜"发表过不同意见。日本古代在《养老律》之中，亦曾效法唐律规定了赎铜。然而到了中世，武家法之中并未沿用赎刑规定，而采用了被称为"过料"的相当于罚金刑的刑罚。明律中的赎铜有两种情形，一种是针对官员犯罪，令其赎铜，以免其罪；还有一种是对老人、青少年和残疾人的特殊恩惠，允许其缴纳罚金以代替五刑，无论是哪一种，赎铜都是一种替代刑，即先按照法律规定量刑，然后再有赎铜。而幕府法中的罚金是作为独立刑罚存在，与明律并不完全相同。

《御定书百条》第 103 条中还规定了"入墨"（享保五年），明律中称"刺字"。明代对于盗窃犯，除了情节轻微的以外，初犯者要在右小臂上刺"盗窃" 2 字，每个字 1 寸见方，每笔宽 1 分 5 厘，再犯者刺左小臂，第 3 次犯者要处以绞刑。明律中的刺字是作为正刑的五刑之外的附加刑。幕府法中规定"入墨"于监狱内实施，在犯人手臂上刺图，笔宽 3 分 2 行，中间空 7 分左右。但书言：入墨痕迹痊愈后出狱。就"入墨"的实施来看，幕府法也是大多沿袭了明律。《御定书百条》第 56 条有记载：（享保五年）一次盗窃轻微者责打，再犯者入墨；第 85 条记载：（享保六年）入墨后再盗窃者，死罪。也就是说和明律规定一样，3 次犯盗窃即处死刑。

《御定书百条》第103条中还规定了"敲"刑（享保五年）：数目50，重者100。其实施方法为：把犯人押至牢房前，责打除了脊骨外的肩部、背部和臀部。其但书中曰：但如果是町人（居住在城市中的人），将户主和地方管理人员唤来观看并领回；如果是无住所者，则于牢房门前驱逐之。虽然责打自古就在中国的五刑之内，即笞、杖之刑，日本在律令时代也继承了，但这里将其看作是明律的影响更符合上文所述幕府研习明律的事实。尤其是其在牢房前责打，还唤相关人员来观看，更是体现了"笞者，耻也"的观念。

幕府法并没有全面学习明律中所规定的"五刑"，例如其中的徒刑。吉宗曾经就是否实施徒刑咨询过荻生观的意见，但荻生观以"徒刑逃脱考"一文否定了徒刑的实施。在文中，荻生观陈述了日本在延喜时期有徒刑的详细规定，但当下日本并不适合实施。其原因有二：一是受战国时代的影响，二是政务还未整顿有序，因此，如果现在实行，徒刑犯很有可能会大量逃亡。因为政治情形和社会情况等客观原因，幕府没有全面采用明律中的刑罚，但是，幕府法参考了明律制定了新的刑罚这一点毋庸置疑，学习明律但仍以武家社会固有习惯为主，这是与日本律令时代不同的特点。

此外，值得一提的是，日本的战国时代是日本刑法史上最为严苛的时期，采取重刑主义，江户初期沿袭了这一思想，17世纪后期，从宽文、延宝年间开始出现全国范围的宽刑化倾向。18世纪，幕府进一步推进宽刑化：废除了削鼻、割耳的肉刑；将庶民的连坐加以限制，仅在弑主、弑亲等重罪的情形下才连坐处罚犯人之子；罪犯的流放不跨国、不跨领；对于1年以前所犯的轻微罪刑，如果犯罪人在犯罪后悔悟并不再犯的话，就不再追究上述轻微犯罪等。[①] 中田万之助著有《德川氏刑法》[②] 一书，其中所列已经是宽刑后的幕府法。杨鸿烈以该书为例，将其中与明清律相似的条文作了比较，并指出"其处分均较明清律为加重"。[③] 这与日本律令时代的刑罚轻于母国法的刑罚这一特点并不相同，不过，从严酷刑罚演变为一定程度的宽大，其中明清律产生了影响这一点毋庸置疑。

① ［日］牧英正、藤原明久编：《日本法制史》，青林书院2004年版，第223—224页。
② ［日］中田万之助：《德川氏刑法》，博闻社1888年版。
③ 杨鸿烈：《中国法律在东亚诸国之影响》，商务印书馆2017年版，第292—298页。

无论是过料、入墨还是敲刑，都是日本吸收中国法律思想，实施"宽缓刑狱"、重视教化的重要体现。

（四）藩法中的明律

在幕府统治下的藩法中，因各藩的实力、与德川幕府关系亲疏以及接触中国文化的便利性等各种原因，既有实施与幕府法相似（或相同）的藩，也有积极吸收明清律的藩。最早将明律运用于藩法的是熊本藩。熊本位于日本九州，从地理位置上而言与中国相近。并且，江户时期规定的与中国开展贸易的唯一港口——长崎就在熊本藩附近，这在客观上有利于其对中华文化的吸收。被誉为"肥后地区之凤凰"的熊本藩藩主细川重贤（1720—1785 年）是一位明主，他在熊本藩推行了藩政改革，即宝历改革。该改革中最大的成果之一就是编撰了《刑法草书》这一法典，这被视为细川重贤善政的代表。《刑法草书》由堀平太左卫门（堀胜名）编写，分为两个阶段，在宝历五年（1755 年）完成了 58 条和附录 1 条的编撰，宝历十一年（1761 年）完成了由 8 篇、95 项，共计 142 条组成的法典。

在江户幕府时期，熊本藩的《刑法草书》被认为是刑法典的典范。其中包含了对各种刑事罪行的定义和相应的刑罚，同时还规定了相应的审判程序。《刑法草书》对于当时的法治和刑事制度改革具有重要意义，也为日本现代法律体系的发展奠定了基础。在该法典中，日本首次使用"刑法"这一用语，并且还确立了幕府并没有采用的徒刑，采纳了秋后处决的死刑执行方式。《刑法草书》从形式到内容上都借鉴了明律，例如在篇首以"名例"篇统领整个法典，之后根据犯罪类型分为"盗贼""诈伪""奔亡""奸犯""斗殴""人命"和"杂犯"；刑罚种类亦沿袭明律；此外，从其条文内容来看，亦是参考了明律行文，不过刑罚的规定整体较明律更轻，以"盗贼夜无故入人家"这一条文为例，明律中的规定是："凡夜无故入人家内者，笞八十"，而《刑法草书》中对应的条文为："夜无故潜入他人之家内者，笞四十。"

《刑法草书》编撰后，熊本藩还在天保元年（1839 年）编撰完成了《御刑法草书附例》，也就是按照明清律的体裁，将例编入律中，形成"律例"一体的形式。因此，其构成与《刑法草书》一致，共 8 篇，项目增加为 96 项，条数也相应增加为 153 条。

除了熊本藩的《刑法草书》和《御刑法草书附例》以外，其他藩也进行了法典的编撰。江户时代，地方上藩侯数目众多，多有变更，整个江户时代号称有 300 诸侯，其中编撰了法典的不到 20 个藩，这些藩法有些偏重武家固有习惯，有些偏重于幕府法，有些则和熊本藩法一样，明显为模仿明律而来。比如，新发田藩于天明四年（1784 年）编撰而成的《新律》(10 篇，234 条)；会津藩于宽政二年（1790 年）编撰的《刑则》(71 条)；弘前藩于宽政九年（1797 年）编撰的《御刑法牒》(11 篇，99 项)；和歌山藩于享和年间以后（1801 年后）编撰的《国律》(18 篇，390 条) 和天保年间以后（1830 年后）编撰的《国律补注》(18 篇，102 条)；土佐藩在文久元年（1861 年）编撰的《海南律例》(18 篇，109 条)；久留米藩于庆应二年（1861 年）编撰的《刑法下案》18 篇，218 条等。

三、明治初期律法的影响

明清的律法对日本江户时代产生了影响，这一点确凿无疑。但明清的律法对日本的影响是否就止步于江户时代呢？学者常常以明治维新为起点来论述日本法制的近代化转型。这与将大化改新等同为日本吸收中国法的起点一样，太过粗略。明治三十二年（1899 年）出版的清浦奎吾的《明治法制史》中曾论述道："德川氏自 2260 年（此为日本天皇纪年，即公元 1600 年，笔者注）起至 30 年前（明治初年，笔者注）止"，幕府之法主要在于习惯（法），其成文法之运用并不拘泥于体系，其所依据的乃是按照当时之实际情况，参酌中国法而行。日本当时虽然没有像之前将中国成文法直接引进运用，但日本的法律思想直到近世仍然受到中国法的支配。[1] 事实上，在德川幕府的江户时代结束后，明治维新的初年，日本并没有立即走上建设西方法的道路，新成立的明治政府内部除了在对抗列强这一点上达成了一致外，在其他方面还尚未达成一致的政

---

① ［日］青浦奎吾：《明治法制史》，"绪论"，明法堂 1899 年版，第 8 页。日本国立国会图书館デジタルコレクション https://dl.ndl.go.jp/pid/2937118，2024 年 3 月 23 日访问。

治纲领。在政府中，既有复古的王土论者，亦有稳健的立宪制支持者，还有资本主义推进派和开明的自由主义拥护者。在法律史上，这段时期的法律虽然采取了身份制度的废除、商品流通和合同的自由、土地的私有等措施，但从法律制度的整体来看，还有大量之前法律的残留，封建法和近代法在此时呈现出一种独特的共存现象，因此，日本法制史上亦将其称为"维新法"时期（1868—1879 年）。① 在这个时期，明治政府先后制定的几部刑法典参照的都是中国的法律。

（一）《暂行刑律》

早在明治元年（1868 年），朝廷就草拟了刑法，曰《暂行刑律》（日语称《仮刑律》）。主导编撰的熊本藩的相关人士，以《清律例汇纂》②、熊本藩的《刑法草书》为基础，参考《大宝律》《养老律》和《公事方御定书》等编撰了新政府第一部刑法典。不过，这部刑法典并未作为接替旧法的新法被颁布实施，而是作为政府内部准则发挥了作用，中央以此为准则解答地方上关于拟律断刑的相关咨询。并且，由于其"暂行"的特征，制定后也不断修改变更。

《暂行刑律》在王政复古的潮流中制定，与采用太政官制相匹配，因此体现的主要是法律制度的复古。维新政府成立后最先着手刑法典的修订，本身体现的就是"圣王为治，修刑罚以齐众"的中国古代法律思想。在这一思想指导下，《暂行刑律》的篇目和内容与中国古代律法并无异质，在篇目上，仍由名例、盗贼、斗殴、人命、诉讼、捕亡、犯奸、受赃、诈伪、断狱、婚姻、杂犯共 12 篇121 条构成，③ 刑罚则由死、流、徒、笞四种构成，分为 20 个等级。虽然内容并非与中国古代的律典完全一致，但仍没有跳出该框架，中国古代法律的影响仍在延续。

---

① ［日］川口由彦：《日本近代法制史》，新世社 2009 年版，第 4 页。

② 天保年间，熊本藩藩主细川齐护命儒臣训诂了乾隆五十七年（1792 年）沈书城编的《大清律例汇纂》，明治七年（1874 年）刊行了以其为底本增补校订的明法寮藏《增补训点清律汇纂》，此处所参酌的应该就是指该书。日本律令研究会在 20 世纪 80 年代出版了该史料，为学术界今日了解明治时期日本对大清律法的研究提供了珍贵史料。

③ 关于其篇目，杨鸿烈在著作中所列为 11 篇，此处根据其他学者论说补充"受赃"一篇，共计 12 篇。参见杨鸿烈：《中国法律在东亚诸国之影响》，商务印书馆 2017 年版，第 308 页；［日］牧英正、藤原久明编：《日本法制史》，青林书院 2004 年版，第 306 页。

如果说《暂行刑律》体现了"维新"的意义的话，最为突出的体现就是"宽刑"的举措。

例如，江户时代多用死刑，庶民的死刑分为 6 种，今将其从轻到重列举如下：最轻的为"下手人"刑，即斩首；其次为"死罪"刑，这与"下手人"刑相同的是都为斩首，不同的是"死罪"刑是将犯人作为试刀的对象被斩首；然后是"狱门"，即斩首后将其头颅示众 3 日；再为"磔"刑，以十字架绑缚后以长枪捅杀至其死亡；而"磔"刑则是在众人面前折磨犯人至死，尤其残酷；接下来是"锯挽"刑，即将犯人埋于土中，仅留头部在地面，示众三日后处以"磔"刑；最重者为"火罪"刑，仅适用于放火犯，即将犯人绑缚在柱子上烧死。明治政府的新法中则规定除了例外性地对重大犯罪实施磔、焚、枭首以外，死刑基本仅有刎和斩两种，以体现其"宽刑"的精神。

再如，前文提过德川吉宗就徒刑曾经询问过荻生观的意见，但荻生以"徒刑逃脱考"一说反对了徒刑的设置。明治政府新法采用徒刑，将江户时代的流放刑（如前文所介绍的追放刑）改为流刑和徒刑，徒刑为劳役刑，此举也是典型的"宽刑"之政。

（二）《新律纲领》

在采用《暂行刑律》的同时，明治政府也着手新的刑法典的编撰。《暂行刑律》并未公布，翌年，天皇又下诏，曰："我大八洲之国，创立于邃古，自神武以降，凡二千年，行宽恕之政，奖励忠厚之俗，大宝时折衷于唐令以定法律，且较为宽大。"又曰"武士专权，为政惟行苛法，刀锯之下宽恕忠厚之风遂扫地以尽"，"今大政更始，宜稽古以明今，政治惟求宽恕，风俗亟宜复返忠厚"，为此"顷者刑部撰定《新律》，宜体兹旨，除八虐、故杀、强盗、放火等罪而外，皆从宽处流以下之刑"。明治元年，政府即设置了刑法官参考旧幕府时代的审判记录和明清律，编撰新的刑法典，刑法官废除以后，这一项工作为刑部省（明治二年设置）所继承，明治三年（1870 年）公布的《新律纲领》便是其成果。

在明治三年时，由箕作麟祥翻译的《法兰西法律书·刑法》已经完成，但在《新律纲领》中不见西方法律的影响，该法仍然清晰地呈现出明清律的影响，其编撰者水本成美等律令法学者参考的主要蓝本就是《大清律例刑案汇纂集成》。《新律纲领》由 6 卷构成，首卷列有七赃图、赎罪收赎例图、五等亲图等，全 14 篇 192 条，篇目分别为名例、职制、户婚、盗贼、人命、斗殴、骂詈、诉讼、受赃、诈伪、犯奸、杂犯、捕亡、断狱。刑罚之正刑由死刑、流刑、徒刑、杖刑和笞刑所组成的五刑 20 等构成。不过，《新律纲领》中也多见日本自身特色，典型的体现就是：因国情而没有继承清律中的礼律、兵律和工律等；此外，刑罚中除正刑以外，保存了士族和官吏的闰刑，如自裁、戍边、禁锢、闭门、谨慎等。

《新律纲领》颁布后，明治政府仍然持续着律典的修订工作。明治四年（1871 年），新政府宣布"废藩置县"，作为旧势力的藩被统一到新政府之中，新政府的基础得到巩固，接着，废封建旧法实施新法也提上日程。明治五年（1872 年），江藤新平就任司法卿，新政府开始翻译和参酌法国法制定法律。明治六年（1873 年）颁布了与《新律纲领》并行的《改定律例》，后者是《新律纲领》颁布后发布的各种补充和修改的单行法令的集成，形式已经借鉴了欧美法律体系，即按数字顺序列举条款，总计 318 条，并废除了由笞、杖、徒、流、死构成的传统五刑，一律改为"惩役"（惩役，指将服刑人员拘禁于监狱，强制服刑人员参加劳动。即我国之徒刑。下文同）。不过需要强调的是，《改定律例》全 3 卷，12 图，14 篇共计 318 条。其中虽然已经能看到若干法国刑法典的影子，但从其整体的构成和内容而言，仍然属于律典体系。关于《新律纲领》和《改定律例》这两部法典，穗积陈重评价可谓中肯："此二部法典者，皆代表日本法律史之过渡时代者也。前者为中国法系最后之结束，后者为加入欧洲法系之开端。"①

日本正式脱离律典体系以明治十三年（1880 年）刑法（旧刑法）为标志。该刑法以 1810 年的法国刑法典为基础，参考德国、比利时和意大利等国家的立法编撰而成，由 4 编 21 章 430 条构成。第 1 编为总则，由法例、刑例、加减刑、不论罪及宽恕减轻、再犯加重、加减顺序、数罪俱发、数人共犯、未遂犯罪、亲属例共 10 章构成；第 2 编为与公益相关之罪刑；第 3 编是对身体财产所

---

① 引自杨鸿烈：《中国法律在东亚诸国之影响》，商务印书馆 2017 年版，第 275 页。

犯罪行；第4编为违警罪。犯罪分重罪、轻罪和违警罪，其审判之法院和科刑亦以此为区分。专以科刑言之，重罪的主刑为死刑（绞刑）、无期徒刑、有期徒刑、无期流刑、有期流刑、重惩役、轻惩役、重禁狱、轻禁狱；轻罪的主刑为重禁锢、轻禁锢、罚金；违警罪的主刑为拘留、科料。主刑之外，附加刑有剥夺公权、停止公权、禁治产、监视、罚金、没收。由此可见，从结构、内容再到刑罚手段，日本在明治十三年的刑法中都焕然一新，并从此走向了另一条法律发展的路径。

第三节　中国古代司法机构设置对日本之影响

本章前半部分论述了中国古代法制理念传入古代日本后，融合了儒家思想和法治理念等经典思想的"宪法十七条"为接下来大刀阔斧的改革提供了理论基础，在该理念指导下的法典编撰几乎是全面承袭了中国古代法制的内容。在对唐朝律、令、格、式等法律的全面吸收过程中，日本从国家的政治、经济、军事、司法制度到家制度和教育制度等方面不同程度地吸收了中国古代的制度，中华法律文化的影响皆清晰可见。并且，日本的学习是彻底的，除了法制理念和制度，在司法运用和实践方面至关重要的司法机构设置这一方面，日本当初也是一并学习，不过，同样地，在其法制史的漫长发展过程中，其学习和借鉴的程度有所不同。

一、律令制下的司法机构设置

在中国古代法制思想下，并没有与行政系统相独立的司法系统，而是采取了司法与行政相统一的做法。司法与行政并没有明确的划分，司法机关统属在国家行政系统中，行政机关兼理司法，以实现治世的平稳。这是中华法系的一个特点。但是，这并不意味着在官僚机构内部没有执掌的区分。从唐朝的制度设计来看，在中央，设有"三法司"执掌司法，地方上则由州（郡）、县长官掌管。这样的制度设计也为实施律令制的古代日本所吸收。

（一）太政官制度

与司法相涉，唐朝设立了三个中央司法机关，合称三法司，即刑部、大理寺和御史台。

刑部设于中央三省之一的尚书省下的六部之中，是中央最高司法行政机关。掌刑法、徒隶、勾覆及关禁之政令。刑部下辖刑部、都官、比部、司门四司。刑部司掌刑法，并复审经大理寺审理的所有案件（包括大理寺复审的地方徒刑以上案件和大理寺初审的流刑以下案件）；都官司之掌管，虽因年代不同，多有变化，主要包括役隶、狱囚经给衣粮医药等；比部司主管勾覆（核算）内外赋敛、经费、俸禄、公廨、勋赐、赃赎、徒役课程、逋欠之物，及军资、械器、和籴、屯收所入；司门司主管关禁出入，掌天下诸门及关出入往来之籍赋，而审其政，即管理门禁关卡出入登记，以及各地上缴失物的处理。

与刑部主要掌司法行政事务有所不同，大理寺为中央最高审判机关。《唐六典》中对其职权主要是复审疑难案件和冤案："一曰明慎以谳疑狱，二曰哀矜以雪冤狱，三曰公平以鞠庶狱。"具体而言，为"凡诸司百官所送犯徒刑以上；九品以上犯除、免、官当，庶人犯流、死以上者，详而质之，以上刑部，仍于中书门下详覆。（其杖以下则决之）……凡中外官吏有犯，经断奏讫而犹称冤者，则审详其状。"也就是说包括了审理诸司所报徒刑以上案件；九品以上官员的犯除名、面所居官和官当的案件以及普通老百姓流罪以上的案件，审理后要报送刑部，刑部仍然需报送中书省和门下省；杖刑以下自行审结。此外，还负责审理中央和地方百官称蒙冤之案件。

御史台是中央机关监察机构，"掌邦国刑宪典章之政令，以肃正朝列"，大理寺和刑部的司法活动也在其监督范围之内。御史台也兼理司法，对官吏的犯罪有管辖权，并参与重大案件的审理。

总而言之，这三个机构在唐朝的司法体系中各司其职，平时独立行使司法权力。但在遇到特别重大案件时，会由大理寺卿、刑部尚书和御史中丞共同审理，形成最高审判组织，称为"三司推事"制度。大理寺负责审讯人犯、拟定判词，刑部负责复核，同时报御史台监审。如果审理中有意见分歧，则由皇帝裁决。

前面提到，日本在学习唐朝的官僚制度时，设有太政官这一国家最高机关，统摄八省。此外，日本在导入唐朝制度的时候奉行简化政策，将唐朝中央的司法行政机关——刑部和最高审判机关——大理寺归并为刑部省，并且置于太政官之下。由此，唐朝的三法司在日本则变为太政官及其所辖的刑部省、弹正台，其间权限和执掌有所变化。

首先来看和御史台接近的弹正台，弹正台作为纠弹官僚的机关直属天皇（而非太政官），为最高监察机关，其职责相当于唐的御史台。《令义解》中记曰："弹正台尹一人，从四位上，掌肃清风俗、弹正内外非违，五位以上弹，六位以下移所司推同。"又《延喜式》中规定"唯大政大臣不得弹。尹有犯，则弼以下共弹奏，台中非违互相弹。弼以下月巡京中，忠以下日察京城内外"。其执掌为"掌肃清风俗、弹奏内外非违"，这与唐之御史台相似。

刑部省是中央司法行政和审判机关，兼有唐刑部和大理寺的职能，按照《养老令》中"职员令"的"刑部省"条，刑部省"置卿1人，掌鞫狱、定刑名、决疑狱、良贱名籍、囚禁负债事"，管辖亦与唐制相似。又刑部省下设赃赎司和囚狱司二司。根据《令义解》，赃赎司"掌簿敛配收，赃赎阑遗杂物事"，其内容包括：作成帐簿、没收资财、官户、官奴婢和遗失物的管理，从其执掌内容来看，兼有部分唐刑部下属之都官司、比部司和司门司的执掌，但并非全部囊括；囚狱司"掌囚禁罪人、徒役功程、配流决杖事"，这与唐刑部都官司的执掌略同。刑部省原本并不掌管赃赎司，在日本第51代天皇，即平城天皇（806—809年在位）时才将赃赎司归入刑部省管辖。由此可见，日本在吸收唐尚书省刑部的执掌时，并非完全搬来（实际上也不可能），而是渐进式地、有所抉择地吸收。

需要注意的是，唐的刑部与《养老律令》中的刑部省在管辖范围方面有所不同。

在前文探讨逐级审转制度时曾经介绍过日本的审级，即：京城内，杖刑以下的案件由京诸司审断并执行刑罚，徒罪以上，由京诸司审判以后，不执行刑罚而送至刑部省复核，刑部省执行刑罚的范围限于徒罪和赎铜，流罪以上以及除、免、官当等判决需请奏太政官及天皇。京城以外的地方，笞刑由郡司决罚，杖刑以上案件由郡司审判后送国司，国司执行徒刑、杖刑和赎铜等刑罚。但是，如果是流罪以上或者和官员的除、免、官当相关，则和刑部省一样，要奏请太政官和天皇的裁可。

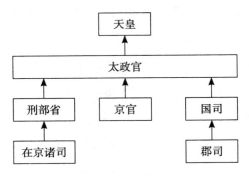

图 1-5　日本《养老律令》下的审判管辖

也就是说，《养老律令》中的刑部省承担的是在京诸司的徒罪以上案件的复核，并且流罪以上还需太政官及天皇（主要是太政官）裁可；此外，地方上报案件也并不是送往刑部省，而是由国司省执行徒刑以下、杖刑以上刑罚，流罪以上由国司上报太政官（及天皇）。由此可见，在《养老律令》中，刑部省并没有被视作全国范围内的最高司法机构，在中央案件中，比起刑部省，太政官拥有了强大的权限；在地方案件中，国司直接报送太政官，亦与刑部省无涉。因此，这一点上，日本与唐朝的制度设计相差甚大。

（二）地方司法机构的设置

在地方司法机构的设置上，唐朝继承并完善了隋代的制度。唐初地方机构分为州（郡）、县两级。武德元年（618 年），朝廷将郡改为州，天宝元年（743 年）又改州为郡，"自是州郡史守更相为名，其实一也"。唐的州（郡）的长官是刺史，总领包括司法事务在内的地方事务。其下设有六曹分别负责辖区内的具体工作，其中法曹是在刺史的领导下掌理地方司法狱政的机构。法曹中有司法参军事主掌刑狱，所谓"掌律令格式，鞫狱定刑，督捕贼盗，纠逖奸非之事，以究其情伪而制其文法。赦从重而罚从轻。使人知所避而迁善远罪"。

府在唐朝是一种特别的行政区划，政治地位上略高于州，但并非州的上级。唐朝的府包括 3 类：第 1 类是因特殊的政治地位而设置的，如唐初设京兆、洛阳、太原 3 府，即西京、东都和北都，合称三京府，后又陆续设置凤翔、成都、江陵等 6 府。三京府设牧 1 人，另设尹负责日常政务，其余 6 府设府尹，"掌宣德化，岁巡属县，观风俗、录囚、恤鳏寡。亲王典州，则岁以上佐巡县"。第 2 类是都督府，是因重要的战略地位而设置的，"都督掌督诸州兵马、甲械、城隍、镇戍、粮廪，总判府事"。第 3 类是设置于边塞重镇的都护府，"都护掌统诸蕃，抚慰、征讨、叙功、罚过，总判府事"。府尹、都督、都护是府的司法长官，其下均设有法曹参军事具体负责刑狱。

县是最低一级地方行政机构，长官为县令，"县令之职，皆掌导扬风化，抚字黎氓，敦四人之业，崇五土之利，养鳏寡，恤孤穷，审察冤屈，躬亲狱讼，务知百姓之疾苦……若籍帐、传驿、仓库、盗贼、河堤、道路，虽有专当官，皆县令兼综焉"。县是唐朝最低一级审级，审理案件是县令重要的日常工作之一。县令之下设县丞，为佐吏之首，地位仅次于县令。当县令请假不在时，县丞可以暂时代行县令职务。列曹中有司法佐、史，负责辅助办理刑事案件。

此外，唐朝还有道一级的行政区划。唐初将天下分为 10 道，由中央派遣监察官在监区内巡游，在地方并无固定衙署。至开元二十一年（733 年），由 10 道增为 15 道，每道置采访处置使 1 人，基本职能是察访善恶，举其违法。伴随着职权的日益扩张，道的性质开始由监察区变为行政区，州、县 2 级的地方区划逐渐转变为道、州、县 3 级。安史之乱后，为了应对时局设立了节度使，后期节度使通常兼任道的行政长官，于是道开始演变成为方镇，而有的节度使统领数个方镇，从而形成了藩镇。节度使也就成为藩镇的行政长官和司法长官。

相应地，适用律令制的日本的地方司法机构也是地方行政机构，如都城的左、右京职类于唐的京兆尹，统管京城的行政、司法和警察等事务。都城的管辖以外，国守类于唐朝的刺史，从五位上，国守下设有国介，即唐之别驾（随刺史巡查之官，另乘车架，故称"别驾"），正六位下，负责纠察，并掌管诉讼。郡设郡司，类于唐朝的县令，其职权也一如唐之规定，主理行政的同时兼理司法。此外，日本也依照唐制从养老三年（719 年）开始设置了按察使府，置按察使 11 人，"访察国郡官司"，并"割断合理，狱讼无冤"等。

二、武家法时代的司法机构

如前所述，在律令国家后期，地方势力日渐膨胀，伴随着《三世一身法》（723 年）、《垦田永世私财法》（743 年）的颁布和实施，班田制愈发难行，902 年以后就无法寻见相关记载。在土地制度的变革中，日本逐渐形成庄园制，小农和小地主为了寻求保护，把土地献给地方有势力的豪族（日语称此为"寄进"），这使得土地集中的趋势一发不可收拾。在庄园制下，庄园领主取代了政府向庄民征税和征收赋役，并拥有司法、警察的权力。同时，庄园主为了保护自己的利益，组织了自己的武装力量。在这个过程中，武家势力也逐渐扩大。由此，日本法律发展史上出现了法权分立的时代，即公家法、武家法和庄园法以及其他如寺（寺庙）社（神社）法的多足鼎立。伴随武家政权统一全国，幕府法实质上成为国家法。此时公家法虽然存在，与武家法并立，甚至从原理上来说，朝廷的公家法在地位上高于幕府法，但由于幕府在实质上掌握着统治的权力，公家朝廷不过是在观念上还维持着律令法体系。因此，幕府法的地位与其统治范围紧密相关，如德川幕府法。①

16 世纪末，统一全国的丰臣秀吉率军自对马岛出发，侵略朝鲜，以图中国。因在露梁海战中失利而失败，丰臣秀吉忧愤而亡。之后，德川家康的势力迅速扩大，1600 年，在关原之战中，德川家康的东军大胜西军，1603 年，德川家康被天皇任命为右大臣和征夷大将军后，立即于江湖（即今日的东京）建立幕府，史称"德川幕府"或"江户幕府"（1603—1868 年）。

德川幕府作为日本最后一个幕府，其统治持续了 265 年。幕府的统治体制被称为"幕藩制"，以幕府为核心，诸藩为支柱。各藩的大名（诸侯）按照与将军家的亲疏关系，分为亲藩（与将军同族）、谱代（关原之战以前就追随德川氏的大名）和外样（关原之战后归顺的大名）三等。在江户一代，大名的数量

---

① "幕府"并非正式的称呼，作为统一全国的政权，被称为"御公仪""大公仪"，作为领主被称为"御当家""御家"。相应地，其法律也被称为"公仪御法"，也与其他领主一样，称为"家法""家风"。

常有变动，其中"强藩"（石高为 20 万石以上）的大约为 20 个，加贺藩以超过百万石而名列前茅，当然，全国经济实力最强的是幕府，幕府直辖领地初期约为 250 万石，到中期达到 420 万石，加上直接控制的"旗本"统治的 300 万石，号称 800 万石。

德川幕府在宽永十年（1633 年）颁布了《公事裁许定》、元禄十年（1697年）颁布了《自分仕置令》（"仕置"原本为统治之意，此处取其狭义，即领主的审判权），规定了大名、旗本等封建领主等的司法管辖，即封建领主在"一领一家中"行使审判和科刑的权力。此处的"一领一家中"并非指领地，而是指属于该领主的臣民，即采用属人主义。例如，在领地中发生的案件，如果当事人或相关人员中有属于其他领主的臣民，管辖权归幕府。对于无归属的"无宿"者，如果其人在幕府有被判刑的前科，则归幕府管辖，否则，任何领主均有管辖权。大名拥有完整的管辖权，即便是最为严重的死刑也无需向幕府上奏，独自决定。旗本的管辖权则受到较大的限制。其他如寺社和盲人团体（日语称"当道座"）等自治性团体也有一定的审判权。由此，为了避免叙述的繁杂，此处仅以作为全国政权统治——幕府为对象展开介绍。

（一）幕府中央的司法机构

幕府的统治仍然是行政与司法合一，作为幕府的司法机构，江户设有评定所一座，是最高议事机关，掌管司法行政，是幕府的最高审判机构，兼有唐朝刑部和大理寺的职能。主要由三奉行（寺社奉行、町奉行和勘定奉行）及 1 名老中 ① 构成。第 3 代将军家光之前，还常常出现幕府将军亲自审判大名的"御直审判"，但 5 代将军冈吉在天和元年（1681 年）审判越后骚动以后，就不再出现将军审判的事例，之后，将军就直接在老中上奏的文书中给予裁决。

三奉行中，寺社奉行地位最高，定员 4 名，在奉行的家宅中办公，掌管全国寺社、僧尼和寺社领，并掌相关诉讼。町奉行掌管江户城内的行政、司法、

---

① 老中是幕府中的最高常设职位（将军之下设有大老、老中、若年寄三要职。其中大老是临时职务，因事而设，整个江户时代也就大约任命了 10 名；若年寄主要辅助老中管理旗本和御家人），从两万五千石以上十万石以下的谱代大名中选任，定员 4 名或 5 名，每月轮番任职。

警察和消防等诸多事宜，定员通常为 2 名。因所在的位置分别为一南一北，因此有南町奉行所和北町奉行所之称呼，南北町二奉行也是每月交替执掌。勘定奉行则从旗本中任命，定员 4 名，掌管幕府领地的财政和司法相关的事务，享保 7 年（1722 年）将其分为处理诉讼的公事方和负责财政的御胜手向御用方。

在评定所之外，幕府还设有大目付和目付，其职能与御史台接近。大目付直属老中，作为其耳目监察各大名。元禄之后规定定员 4 名，从旗本中任命；目付直属若年寄，监督旗本和御家人，虽定员常有变动，享保以后常例为 10 人。

另外，在这些司法机构中，老中、奉行、代官等都是行政和司法的负责人，实际上担当审判而作成判决书的是其下属。例如，勘定奉行所的评定所留役（正式名称为评定所留役勘定）和町奉行所的吟味方与力。评定所留役在贞享二年（1685 年）创制，起初定员 3 名，后来逐渐增多，宝历年间形成了由大约 20 名成员构成的常例。评定所留役负责评定所和勘定奉行所的审判，并且也被调往寺社奉行所负责审判。与评定所留役大多由能力被选用不同，在南、北町奉行所各有 10 名左右的吟味方与力大多为世袭，他们大多在 10 多岁就到町奉行所见习，自己的父亲退隐后就子承父业。除了"评定所留役"和"吟味方与力"之外，参与到司法事务的还有"奥右笔"，在老中和若年寄之下负责法律的起草和调查等。①

（二）幕府地方的司法机构

除了中央的司法机构以外，幕府在全国各地设有如京都所司代、城代、远国奉行、郡代和代官等，兼有行政和司法的功能。

京都所司代设置于京都，主要负责与皇室贵族的交涉及监督事宜；城代设置于全国战略要地所在城市，如大阪城代；远国奉行设置于江户以外幕府直辖领内的重要城市，掌管民政和诉讼；10 万石以上的直辖领地则设郡代，10 万石以下设代官管辖。

幕府的奉行和代官等可以独自审理和科刑的范围皆有规定，如果超过该范

---

① ［日］浅古弘、伊藤孝夫、植田信广、神保文夫编：《日本法制史》，青林书院 2010 年版，第 224—225 页。

围或者虽然在范围以内，但有疑义时，都需要向其所属的上司——勘定奉行提出咨询（日语称"御仕置伺"）。宽政六年（1794年）以后，围绕赌博罪，规定重敲以下（重敲，即用鞭子打犯人100次，50敲为轻敲）的刑罚由其负责。如果案件与其他领地管辖有涉，原则上需要移送给勘定奉行。

远国奉行不仅可以管辖自己领地范围内的案件，也可以管辖与其他领地管辖重叠的案件。可科刑的范围各远国奉行并不相同。例如，长崎奉行和佐渡奉行等可以管辖至"重追放"（幕府6种追放刑中最重的刑罚）以下的案件，而日光奉行和骏府奉行等可以管辖至追放刑中"江户十里四方追放"（幕府6种追放刑中，按照从重到轻的顺序，排第4），甲府勤番支配和浦贺奉行等只可以管辖至"所払"（幕府6种追放刑中最轻的刑罚）。如果超出管辖范围，则咨询老中。此外，关于赌博罪，上述宽政六年（1794年）以后，规定远国奉行可以管辖"中追放"（追放刑中仅次于重追放的刑罚）以下的案件。①

由此可以看出，江户幕府的司法机构以及其各自管辖虽然各有分工，但与之前的律令体系相较而言，更多呈现一种流动性和灵活性，其突出地体现在：官员的轮番执掌，甚至包括幕府最高职位的老中也是每月轮岗；对各处奉行（代官）的管辖权的制定多为因地制宜和因事设法（如围绕赌博罪管辖的特别规定等）。

事实上，幕府的司法机构设置与幕府的统治和立法的特点相呼应。江户幕府的统治本身就有两个层次，其一是作为大名对自己领地（"天领"）的统治，其二是作为将军对天下的统治，前者对应的是幕府直属的家臣和领地，后者是以全国为对象。与此对应，幕府法也有两个层次，如禁止田地的永世买卖等禁令是在其"天领"中实施，而"切支丹禁制"（禁制基督教的法令）则是"天下统一之法度"。此外，各大名和各种团体也具有一定的自治性，因此幕府法本身具有多重性。以居住在某藩的商人为例，他所需要遵守的是包括幕府法、藩法、町法、仲间法、家法（家训）在内的这一多层次的法律系统。

---

① ［日］浅古弘、伊藤孝夫、植田信广、神保文夫编：《日本法制史》，青林书院2010年版，第229页。

三、明治维新之初的司法机构

明治维新虽然被视为日本走向西方文明的拐角点，但如前所述，如果仔细区分的话，明治维新最初阶段的核心内容是大政奉还和王政复古。这一时期，明治政府初期的各项举措体现出浓重的复古色彩，司法机构设置方面也充分体现这一点。

（一）官制激变下的中央司法机构

庆应三年（1867年）十月十四日，幕府的末代将军德川庆喜向朝廷上表提出大政奉还。当年的十二月九日，倒幕派实施了王政复古的政变，明治天皇颁布了王政复古的号令，宣布废除摄政、关白和幕府等，作为临时机构，设定了总裁、议定和参与三职。总裁者，"总裁万机，决一切事务"；议定者，"分督各课事务，定决议事"；参与者，"参议事务，分务各课"，由此形成以总裁为最高机关的集权型权力机构。

翌年一月，在鸟羽伏见之战中胜利的新政府在三职下分别设神祇事务、内国事务、外国事务、海陆事务、会计事务、刑法事务及制度寮等行政七科，即所谓的"三职七科制"。二月，又在总裁下设置总裁局，形成"三职八局制"。此处的八局制与律令体系下的八省制类似，皆是作为处理全国各种事务的中央机构，只不过各局之掌管略有不同。在七科制中，担任断狱事务（刑事案件）的为刑法事务科，在八局制中称为刑法事务局，在庆应四年（1868年）闰四月的政体书（第1次太政官制）中又设置为刑法官。此外，听讼事务（民事案件）在明治元年时由会计官执掌，明治二年正月设置会计官诉讼所，四月，随着民部官的设置，就变更为由民部官听讼司执掌。不过，要注意的是，此时案件的大部分仍然由地方处理，中央机构仅处置重大的刑事案件和地方难以判断或不同的府、藩、县之间有管辖冲突的民事案件。

四月的《政体书》中明确表明"总天下之权力归太政官"，明治二年（1869年）七月颁布的《职员令》中又设定二官六省制："二官"即神祇官和太政官，太政官下设民部、大藏、兵部、刑部、宫内、外务六省，之前的刑法官和民部官分别变更为刑部省和民部省，此外还设置了集议院、弹正台、海军、陆军等机构。但是，弹正台的执掌与刑部省有融合，导致在司法实践中引发了混乱（"1869 年栗田口止刑案件"）。

虽然在名称和内容上有所不同，但总的说来，这时候的官制改革仍然是以律令体系下的官职为模仿对象，其核心是中央集权。事实上，在《职员令》颁布前的 1 个月，即当年的六月，已经顺利实现版籍奉还，散布在各地方大名手中的土地所有权被收回到中央政府，这也为两年后的废藩置县奠定了经济基础。明治四年（1871 年）七月，明治政府宣布废藩置县，正式结束了日本长期以来的封建割据，并在当年年底实现了将全国统合为 1 使（开拓史）3 府（东京、京都、大阪）72 县的格局。1873 年又颁布《地租改正条例》，从此地租构成了中央政府财政来源的主要部分，中央政府收回了财政权。

与政治改革和法典编纂的过程相辅相成，正如杨鸿烈所言，明治初年的司法机构变迁亦呈现出"徘徊踌躇，折衷于中西之间，制度时时更改"。

到明治四年（1871 年）七月九日，在废藩置县前，刑部省和弹正台被废除，取而代之的是司法省，掌管"执法、申律、折狱、断讼、捕亡"诸事。八月，司法省就接手了东京府的审判事务，十二月七日设置东京法院，这是近代日本最早设置的法院。九月，民事审判的事务也从大藏省移至司法省管辖，司法省成为统管刑事和民事的机构，但仍然是太政官制之下的机构这一点并未改变。

（二）地方司法机构的变与不变

与上述中央司法机构伴随官制改革呈现巨大变化不同，在明治初期，地方司法机构的变化并不明显。王政复古后，旧幕府领地中的审判事务虽然由新政府掌管，但直到废藩置县前，仍然是按照幕藩体制，由各藩自行掌管审判事务。并且，在新政府直辖地的府、县中，大多数行政事务（包括审判）实际上也仍然只能延续旧幕府的执掌，在人员方面也多是重新雇佣旧幕臣由其继续掌管该事务。

地方司法机构的变化要等到日本真正意义上的近代司法改革，在明治五年（1872 年）五月江藤新平出任首任司法卿后才出现。当月二十二日制定了《司法事务》（共 5 条），据此，司法行政和审判相分离，同月二十七日设置了中央的审判机构司法省法院。八月，制定《司法省职制及事务章程》(《司法职务定制》)22 章 108 条，以法院、检事局和明法寮分章司法省之事务，并将法院分为 5 种，分别为：司法省临时法院、司法省法院、派出法院、府县法院、各区法院。其中司法省临时法院审理"国家之大事"及"法官之犯罪"。司法省法院负责"复审不服府县法院之审判而上诉者""决断各府县之难狱及诉讼之难决者""受卿命而鞫问敕任官及华族之犯罪"。派出法院本拟在偏远地方设置和司法省法院同一权限的派出机构，但实际上并未实现。府县法院则为置于各府各县的一审法院，但其设置也并非一帆风顺，在地方官的强烈反对下，是年仅完成 3 府 13 县法院的设置。最后，区法院负责笞杖以下的断刑和小额诉讼。

将全国的司法审判统合到司法省下则是大审院创制以后的事。明治八年（1875 年）四月，立宪政体之诏书得以发布，为"巩固审判之权"而设置了大审院。大审院以法国的破弃法院（Cour de Cassation，也译作翻案法院）为模仿对象，其下设置上等法院、府县法院。不过，法国的破弃法院只能破弃（撤销）判决而不能自己审判，日本则在法国顾问波梭纳德（Gustave Émile Boissonade）的建议下改为大审院可以裁量判决。临时法院仍然存在，但成为审理国事犯和涉外的重大民事与刑事案件的初审和终审法院。上等法院则设置在东京、大阪、长崎、福岛（后转移至宫城），以"复审不服府县法院之审判而控诉者"。府县法院则是"在各府县置一法院，审判一切民事和刑事惩役以下（的案件）"。府县法院的法官当初也多由行政官兼任，但伴随着法院的体制改革，到明治十年（1877 年）二月，行政官吏掌管审判的情形基本一扫而空。不过需要注意的是，这并不意味着日本达成了司法权的独立，司法权的独立在当今的日本仍然是值得探讨的问题。

在上述司法机构的更迭中，各机构的人员构成也反复变迁，杨鸿烈根据永田虚编撰的《制度沿革便览》和天野御民所撰《国制沿革略史》对这一点有详尽的介绍，此处不再赘述。① 近代日本的明治维新中的"明治"乃睦仁天皇于明

---

① 杨鸿烈：《中国法律在东亚诸国之影响》，商务印书馆 2017 年版，第 311—313 页，文中随后还对明治维新初期的法律与大明律的关系有充分的分析（第 314—416 页），此处亦不再重复展开。

治元年（1868年）九月七日晚在儒者选定的几个备选选项中抽选的年号，并于第2天于"一世一元"的诏令中正式采用。"明治"者，取自《易经·说卦传》之："圣人南面而听天下，向明而治"；"维新"则出自《诗经·大雅·文王》之"文王在上，于昭于天。周虽旧邦，其命维新"。从上文所述的改革过程来看，此处的"维新"最初并非脱离古代传统而转向西方文明之意，其要"一新"的是幕府的统治。这在明治初年的改革中有充分体现，但是在之后的改革中，日本逐渐走向西方，实现了另一种意义的"维新"。

第四节　中国古代法律智慧对日本之影响

日本对中国古代法律的吸收是彻底和全面的，虽然在平安时代后期，因为其国内形势的变化，法律的发展相应也有所变化，但直至近代走上西方法的道路之前，中国古代法律的思想和智慧都深刻影响了日本。此外，尤其值得注意的是，由于中国并未统治过日本，这些法律智慧的吸取都不是被迫的，而是日本（中央和地方的）统治者仰慕中华法律文化的结果。

一、公权主义与司法官员的责任

（一）公权主义

公权主义是中国古代法律最为重要的特征之一。中国古代法律的目的在于调整社会关系、构建社会秩序和维护国家统治，遵从天命以"代行天罚"是中国古代法律的基本理念。公权主义正是实现这一理念的重要保障。近代以来，随着西方法理念的传入，学者多以民刑不分和缺少民事规范来说明中国古代法律与西方的不同。但值得注意的是，这并不意味着中国古代人民的权利就得不到保障。与民事紧密相关的户婚田土案件，即民间细故是地方官员审判的重要对象。也就是说，通过审判，个人的权利一定程度上可以得以主张。那么，如何理解中国古代法律在民刑不分这一前提下对民事权利实现的作用呢？在这背后最为重要的就是中国古代法律的公权主义，这一公权主义的设想是在公权的实现过程中保障个人权利，不过要注意的是，在这里，个人权利不可以突破公权、不可以突破公共利益。以公权为核心的这一思想在传统法律思想中具体体现为民本思想。这里的"民"，并非某个具体的人，而是所有人的集合。法律实现的不是某个人的权利，而是囊括所有人的"民"这一集合的权利。

（二）诉讼中的公权主义：职权探知主义

职权探知主义是公权主义在诉讼方面的具体体现，其具体内容为：公权力积极地调查事实、收集相关证据，相应地，当事人负有真实陈述的义务，公权力有询问当事人的权力。

关于唐代的审判程序，学术界有两种观点：一种认为在程序上区分了刑事诉讼和民事诉讼，前者以"断狱"称之，以"狱官令"的相关规定为主要内容，后者以"诉讼"称之，以"公式令"的相关规定为主要内容。日本学者利光三津夫、仁井田陞、泷川政次郎等皆赞成这一观点；与这一观点相对，奥村郁三并不赞成这种两分法，而是主张"同一系统"，即无论刑事还是民事，都是以"狱官令"为核心，"公式令"等其他的规定不过是在这个核心下对诉讼提起的方法、上诉和提起诉讼的期间等进行了规定。① 不过，无论是哪一种划分，在职权探知主义这一方面，审判过程中都有所体现。

依照职权探知主义发动的审判大致具备以下 4 个特点：其一，法官（行政官员）主动追究犯罪，对于辖内发生的案件，当然地拥有主动依职权进行调查和审判的权责；其二，控诉、逮捕（包含拘禁）和审判职能一体，都集中于法官（行政官员）一身，也就是说，并未采用现代社会中普遍存在的由公安立案侦查、检察院提起控诉和法官审判这样的职责分离；其三，被告人在审判中是被审问的对象，而非诉讼权利主体，这也意味着审判之初，被告人就被视为有罪，审判的目的是断其罪，而非为其辩白；其四，被告人的供述成为断案的重要依据，为了获得被告人的供述，拷问在一定程度上具有合法性。

除此以外，职权探知主义在中国古代法律中还体现在：在民事相关的案件中，审判结果并不受当事人起诉内容的约束，审判者在审判过程中积极"验诸

---

① ［日］奥村郁三：《唐代裁判手続法》，《法制史研究》10 号，1959 年。

证信"，其目的不是实现起诉方一方的权利，而是诉讼双方之间的"情法之平"，以实现自己的行政目的——息讼。

在审判中，法官（行政官员）全方位主导审判，事实上，他们的形象设定是为皇帝守护一方安宁的集行政管理和司法审判于一身的全能型人才。不过，由司法官员一方主导的审判结果也并不一定就等同于造成冤假错案，事实上，皇帝为了防止审判的不公、保障公权主义在审判中按照轨道运行，法律中严格规定了实施审判的官员的司法责任，建立了比较完备的法官责任制度以保证司法公正，对枉法审判的法官进行处罚。

（三）公权主义实现的保障：司法官员相关责任的规定

在古代司法实践中，法官的责任体现在各个方面，如不依法刑讯、状外求罪、判决不引律令、应上报不上报等情形，依律都应受到处罚。

与依职权主义发动的审判相伴相生的是审判过程中的拷问，唐律一方面承认拷问的合法性，但关于其适用，在法律上也有相应的限制。《唐律疏议·断狱律》中有"讯囚察辞理"一条，规定了适用拷问的情形："诸应讯囚者，必先以情，审察辞理，反复参验，犹未能决，事须讯问者，立案同判，然后拷讯。违者，杖六十。"紧随其后，疏议举"狱官令"曰："察狱之官，先备五听，又验诸证信。事状疑似，尤不首实者，然后拷掠。"[①]

在审理过程中，审判者采用"五听"的问询方式，并以此作为判案重要的依据。"五听"在《尚书·吕刑》中称"五辞"，《周礼·秋官·司寇》中称"五声""五听"。《唐六典》对"五听"的注释为："一曰辞听，二曰色听，三曰气听，四曰耳听，五曰目听。"[②]即审判者根据被"听"者心理变化的外在体现判断相关事实和真伪。五听的对象不仅是原告方，其广泛地包括与该案有涉的所有人，如被告方和证人等。

官员在拷问之前，须经"五听"反复审查并核验相关证据后确有可疑，须是"事不明辨，未能决断，事须询问者"，方可拷问，违反规定拷问者，杖六十。紧接着该条文之后，规定的是"拷囚不得过三度"，即对拷问次数的限

---

① 《唐律疏议·断狱律》之"讯囚察辞理"。
② 《唐六典》卷6。

制："诸拷囚不得过三度，数总不得过二百，杖罪以下不得过所犯之数。"①

关于这两条规定，在日本的《法曹至要抄》的"拷讯条"中也可寻见，其中写道："狱令云凡察狱之官，先备五听，又检诸信证，事状疑似，尤不首实者，然后拷掠"，"断狱律云应讯囚者必先以请究察词理，反复参验，尤未能决事，须讯问者，立案同判，然后拷讯，违者笞五十"，又曰"拷囚不得过三度，杖数总不得过二百，杖罪以下不得过所犯之数"。② 可见，违反断狱律，没有经过反复审查等而拷问，日本律规定得比唐律轻一等，除此以外，二者的内容几乎完全一致。

经过审判后，官员在断罪时必须引律是古代刑事司法的另一个重要特征。《唐律疏议·断狱律》中有云："诸断罪者，皆须具引律、令、格、式正文，违者笞三十。"③ 在这一前提下，又规定"诸制敕断罪，临时处分，不为永格者，不得引为后比。若辄引，致罪有出入者，以故失论"。也就是说，律令格式是断罪的根本依据，断罪时必须具引律法之规定以定罪。不过，律法一定，而社会的实际情形万千，疏议所言之"事有时宜，故人主权断，制敕量情处分"则是对"断罪引律"这一规定应对变化万千的背书，即：当没有合适的律文，需要有所变通的时候，由"人主权断"，而这是因时制宜的决断，凡"不为永格者"（未上升为成文法者），"不得引为后比"（不得成为今后断罪的依据）。

"断罪引律"在日本的律文中也有完全同样的规定。江户时期尾张藩的律令学者石原正明复原《养老律》所辑《律逸》八卷中，"断狱"篇就有此条："凡断罪皆须具引律、令、格、式正文"，④ 至于后半部分的"违者笞三十"等语则是石原正明根据唐律补充。此外，日本也沿袭了不得引用未被编撰为永格的诏敕

---

① 《唐律疏议·断狱律》之"拷囚不得过三度"。
② 《法曹至要抄》（上），39 左"拷讯事"条。引自广池千九郎编撰：《倭汉比较律疏》，广池学园出版部 1980 年版，第 446 页。
③ 《唐律疏议·断狱律》之"断罪不具引律令格式"条。
④ ［日］石原正明：《律逸》之"断狱"篇。石原正明在后双行小注标明："职员令集解（指《令集解·职员令》，笔者注）、《三代实录》所载《贞观格》序"。并在该双行小注上标记有：贞观格序文见《本朝文粹》八十，文粹无"凡"字、"皆"字、"具"字。资料来源：（日本）国立公文书馆数字化档案，https://www.digital.archives.go.jp/file/1225592.html，2024 年 3 月 15 日访问。

这一点。《法曹至要抄》中"触秽事可依时议事"一条有对该条律文的引用："断狱律诏救断罪，临时处分，不为永格者，不得引为后比。疏云，事有事宜，故人主权断，诏（救）量情处分，不为永格者，不得引为后比。"① 由此可见，日本律当初继承了中国古代法的（严格的）罪刑法定主义的相关条款。

由于是"代行天罚"，枉法审判是最为严重的失职行为。西周时期的"五过之疵"，描述的正是枉法审判的五种情形："五过之疵，惟官、惟反、惟内、惟货、惟来"，而为官者，应做到公平审判，即"其罪惟均，其审克之"。② 此处的"五过"，列举了枉法审判的原因，即："惟官"者，谓秉承上意、迎合权势者也；"惟反"者，谓以权谋私、公报私仇者也；"惟内"者，谓惑于内亲、徇情枉法者也；"惟货"，谓贪赃受贿、敲诈勒索者也；"惟来"，谓接受请托、徇私枉法者也。

在《唐律疏议·断狱律》中，对于枉法审判的责任有全面的规定："诸官司入人罪者，若入全罪，以全罪论。从轻入重，以所剩论。刑名易者，从笞入杖、从徒入流，亦以所剩论；从笞杖入徒流、从徒流入死罪，亦以全罪论。其出罪者各如之。即断罪失于入者，各减三等；失于出者，各减五等。"③

"入"者，加罪也，即将无罪的人判为有罪或将轻罪判为重罪；"出"者，减罪也，即将有罪的人判为无罪或将重罪判为轻罪，无论是"入"还是"出"，都是错判。对于错判，根据官员的主观意图而区分故意和过失，有"故出入人罪"和"失出入人罪"之分。出于故意而加罪或减罪，对于官员惩罚的方式一致：以增加或减少的罪刑论处，简单说来就是"以眼还眼，以牙还牙"，体现的是最原始的罪刑均衡思想。如果是出于过失的话，虽然仍然是依照增减的罪刑直接处罚，但对官员的惩罚则大幅度减轻，同时还有所区分：因过失加罪者，对官员按照增加的罪刑各减三等处罚；而因过失减少罪行的，各减五等处罚，后者比前者处罚轻，其原因在于轻判产生的后果具有较强的可复原性，重判则往往具有不可逆性和不可弥补性。由此可见，仅就因过失错判的规定来看，其

---

① 此外，广池千九郎编撰的《倭汉比较律疏》第451页对该条文亦有相同引用。

② 《尚书·吕刑》。

③ 《唐律疏议·断狱律》。

衡量的不仅仅是有否严格按照罪刑法定主义判案这一侵害皇帝利益的行为——行政行为的正确与错误，对因过失导致错误的，根据给当事人造成后果的轻重有所区分。换句话说，在这时，虽然享受的只是"反射性效应"，但老百姓利益的减损程度在一定情形下也是考量内容之一。

日本关于出入人罪的规定在石原正明的《律逸》中同样可以寻见："诸官司入人罪者，若入全罪，以全罪论。从轻入重，以所剩论。刑名易者，从笞入杖、从徒入流，亦以所剩论；从笞杖入徒流、从徒流入死罪，亦以全罪论。其出罪者各如之。即断罪失于入者，各减三等；失于出者，各减五等。"① 可见，关于该条文，日本也全文吸收。

在古代审判中的另一个浓厚的特色体现在囚犯这一问题上，被拘禁在监狱中的，除了已决犯以外，还包括未决犯，因此，从这个意义上来说，这并不完全等同于我们现代意义上的监狱。无论已决未决，主守之人员都有责任防止其逃脱，并按照法律规定使用刑具。

《唐律疏议·捕亡律》中规定了"主守不觉失囚"一条："主守不觉失囚者，减囚罪二等，若因拒捍而走者，又减二等。皆听一百日追捕。限内能自捕得及他人捕得，若囚已死及自首，除其罪。即限外捕得及囚已死若自首者，各又追减一等。监当之官各减主守三等。故纵者，不给捕限，即以其罪罪之。未断决间，能自捕得及他人捕得，若囚已死及自首各减一等。"② 根据律疏可知，"主守"即专门负责看守监狱的人，如典狱之类。如果囚犯逃走，按照囚犯之罪减二等处罚主守，如果囚犯强悍，"力不能制"，则再减二等处罚。并且无论哪一种情况，都给予百日期限抓捕，若期限内能抓捕归案，或囚犯已经身死，或其自首，皆可免主守之罪，如果是期限外，上述三种情形皆"追减失囚本罪一等"。"监当之官"指的是"检校专知囚者"，即当值者，其罪比主守之官轻三等（即减囚

---

① 石原正明：《律逸》之"断狱"篇。文中在"断罪失于人者，各'之后有双行小注'依唐律补"，表明作者在复原该律文时，参考了唐律条文，并且在随后的"减三等"之后有双行小注："法曹至要抄、三代实录贞观八年条"，表明作者在复原该条时同时也参考了日本的古典文献。资料来源：（日本）国立公文书馆数字化档案，https://www.digital.archives.go.jp/file/1225592.html，2024 年 3 月 15 日访问。

② 《唐律疏议》卷 28 之"主守不觉失囚"。

犯罪五等）。减囚犯之罪而处罚针对的是"失"，无论是主守还是监当之官，凡是故意纵囚让其逃亡，则无捕限一说，直接治罪。

这一条的律文虽然已经佚失，但在明法学家所编撰的《法曹至要抄》中有"失囚故纵事"一条，其中对日本所制定的这一条律文有所引用："捕亡律云主守不觉失囚者，减囚罪二等。若囚拒捍走者，又减二等。皆听一百日追捕，限内自捕得，除其罪。即限外捕得及囚已死若自首者，各又追减一等。监当之官各减主守三等。故纵者，不给捕限，即以其罪罪之。未断决间，能自捕得及他人捕得，若囚已死及自首各减一等。"这一规定与上述唐律中的"主守不觉失囚"一条的规定无异。①

主守官员负责看守囚犯，不仅要负责不能"失囚"，而且在看守过程中要遵守律令中所规定的对被囚禁犯人使用刑具的严格规定。《唐律疏议·断狱律》中"囚应禁不禁"所引的"狱官令"，对此有详细规定。

首先，庶人犯杖罪以上应监禁，其中：犯杖罪者，不用刑具（曰"散禁"）；犯徒罪和流罪者，用枷；犯死罪者，用枷及杻（男性）或单独用枷（女性）；此外，老、小、疾、孕及侏儒皆不用刑具。其次，九品以上官员及应赎之人犯徒以上监禁，被监禁者一律用枷；七品以上官及应议、请、减者犯流罪以上者监禁，被监禁者一律用鏁（同"锁"）。由此可见，庶人和有官者收监，规定虽然有所不同，但皆以罪刑严重程度区分，特殊人群——老、小、疾、孕及侏儒，不用刑具。

关于刑具，此处举了枷、杻和鏁三者。枷，木制，用以枷囚徒之颈；杻，木制，用来拷囚徒之手，也就是我们说的手铐；鏁，铁制，用以锁囚徒之颈，也就是所谓的"锒铛"。②官员如果不遵守规定，违法囚禁，律文"囚应禁不禁"条规定："应枷、鏁、杻而不枷、鏁、杻及脱去者，杖罪笞三十，徒罪以上递加一等"（徒罪笞四十、流罪笞五十、死罪杖六十）；如果"回易所著者"，比如应

---

① 《法曹至要抄》上 37 左，引自［日］广池千九郎编撰的《倭汉比较律疏》第 436 页。此外，《金玉掌中抄》中亦有"失囚罪事"条："捕亡律云主守不觉失囚者减囚罪二等，若囚拒捍走者又减二等"（《金玉掌中抄》20 右），引自广池千九郎编撰的《倭汉比较律疏》第 432 页。

② 参见刘俊文：《唐律疏议笺解》（下），中华书局 1996 年版，第 2015 页。

该用枷而用了镣，应该镣却用了枷，则"各减一等"（徒罪笞三十，流罪笞四十，死罪笞五十）。如果错用刑具，加重其应用刑具者，所受惩罚更重，法条规定："若不应禁而禁，及不应枷、镣、杻而枷、镣、杻者杖六十。"①

同样，日本律令中亦有禁囚的相关规定，《法曹至要抄》中有"禁法事"一条，在该条中引用了断狱律中"囚应禁而不禁"一条，同时也引用了狱令中对刑具的规定。②首先来看"囚应禁而不禁"一条：

> 断狱律云，囚应禁而不禁，应枷杻、肱禁、桍禁而不枷杻、肱禁、桍禁及脱巾者，杖罪笞三十，徒罪以上加一等。若不应禁而禁，及不应枷杻、肱禁、桍禁而枷杻、肱禁、桍禁者，杖六十。

相应地，狱令中对刑具使用的规定如下：

> 狱令云禁囚，死罪枷、杻，妇女及流罪以下去杻，其杖罪散禁。年八十、十岁及废疾、怀孕、侏儒之类虽犯死罪，亦散禁……又条云应议、请、减者，犯流罪以上，若除、免、官当者，并肱禁，公坐流、私罪徒（并谓非官当者），责保参对；其初位以上及无位应赎，犯徒以上及除、免、官当者，桍禁，公罪徒并散禁，不脱巾……

由此可见，虽然内容上有所变动，但中日律令规定的相似性还是显而易见的。比如庶民和官员分别论之。庶民犯杖罪以下散禁；犯流罪以下（徒、流）去杻存枷，这与唐令无异，除此之外，对老、小、疾、孕及侏儒不用刑具，

---

① 《唐律疏议》卷29"断狱"之"囚应禁不禁"。
② 引自广池千九郎编撰的《倭汉比较律疏》，第441页。此外，《令义解》中亦有相同规定，见［日］清原夏野等编：《〈令义解〉卷10"狱令"之"禁囚"条》，资料来源：（日本）国立公文书馆数字化档案，https://www.digital.archives.go.jp/file/3690820.html，2024年3月10日访问。并且，在《法曹至要抄》的原文中，先引用的是狱令中对使用刑具的规定，而后才引用狱律中的"囚应禁而不禁"一条，此处为了方便理解，按照上文的顺序先述律再述令。

二者也相同。不过，围绕官员的囚禁则在细则上稍有不同。日本令中对应议、请、减者流罪以上的，用肱禁，而唐令中规定用鏁。日本令中还规定如果是公罪的流罪和私罪的徒罪（非官当者）则责保参对，唐令中似乎无此规定。日本令规定初位（唐令中对应为九品）以及应赎者，犯徒以上梏禁，而唐令中规定枷。显然日本对官员的相关规定比唐令层次更加丰富（区分公罪和私罪），并且也出现一些前面所举唐令中没有的刑具，除了枷、杻之外，还有肱禁、责保参对、梏禁和脱巾。①

《法曹至要抄》中在该条文后附有作者的"案之"（即按语），可以为其适用提供一个视角："无位白丁之类，若犯笞罪以上，死罪以下者，皆可脱巾、肱禁。又有肱禁不脱巾之者，有脱巾不肱禁之人。若有官位之辈，犯流以上，若除、免、官当者，只用禁法，不可脱巾。但公坐流、私罪徒、责保参对也。无位白丁之者，犯杖罪以下者，只合脱巾不可肱禁。何者？杖罪以下者，是为散禁之者，不关木索之故也。又可禁不禁之罪，具在此律矣。"②在此处，作者先说无位之白丁犯罪皆可用"脱巾"和"肱禁"，而有官位者，不可"脱巾"。但其又补充无位白丁犯杖罪以下只可"脱巾"而不可"肱禁"，原因就在于杖罪以下为散禁，不可以刑具锁之。

由此可见，关于囚禁犯人，唐律中责成相关官员看守犯人的"主守不觉失囚"一条被日本完全吸收，同时，作为看守过程中的细则之"囚应禁不禁"这一条文也同样被吸收，但在具体的规定中有所变通。

综上，官员参与司法活动所涉及的讯囚、断罪、收监等各方面的责任，日本都对以唐律为核心的律令法进行了吸收和继承，通过上文所举的各条款的详细比较，可以知晓其吸收和继承一方面是全面的、有体系的，另一方面也是斟酌自己国情而有所改动的。除了这里所论述的制度以外，还有如审判官员的回

① 肱禁，是将犯人两腕用绳子绑缚收监；责保参对中"保"是保证的意思，"参对"则是令其回家，在讯问时再前来应对，责保参对就是责令其取保候审之意；梏禁，"梏"者，木制的手铐者也，梏禁即戴上手铐收监；脱巾即脱去冠冕之意。
② 广池千九郎编撰：《倭汉比较律疏》，第441页。但原文为"笞罪以下，死罪以上"，应为舛误。

避之规定、传唤和拘提等限制等审判程序中的细节规定，日本也一并吸收。①

二、合理主义

在公权主义之下，中国古代法律注重法律实施过程中的合理性，如疑罪从轻的思想、农忙止讼和顺天行刑的理念等，这些规定伴随着律令法典，也一并传到了日本。

（一）疑罪从轻（赎）

中国古代法律虽然尚未形成"疑罪从无"这一现代法律思想，但是在律典中已经有"疑罪从轻"的做法，其具体体现为"疑罪从赎"的条文，这在古代社会具有先进性，体现了古代法的合理主义。

《唐律疏议·断狱律》中有曰"诸疑罪，各依所犯，以赎论"，其下双行小注曰："疑，谓虚实之证等，是非之理均，或事涉疑似，傍无证见，或傍有闻证，事非疑似之类。"对疑罪采取从轻的处理这一思想早就可见于典籍中，《尚书·大禹谟》载："罪疑惟轻，功疑惟重。与其杀不辜，宁失不经。"围绕双行小注，疏议有详细分析。

围绕"疑，谓虚实之证等"，疏议曰："谓八品以下及庶人，一人证虚，一人证实，二人以上虚实之证其数各等；或七品以上，各据众证定罪，亦各虚实之数等。"即根据身份，其虚实之证的具体标准多有不同。八品以下官员和普通老百姓，是二人以上虚实之证数量相等的情况下为"疑"；而七品以上的官员要根据"众证"定罪，三人为众，因此，其证数量要求更多，在此基础上，叙述之证数量相等以"疑"。

对"是非之理均"者，疏议曰："谓有是处，亦有非处，其理各均。"也就是说，是非不一也为"疑"。"或事涉疑似"者，疏议曰："谓赃状涉于疑似，傍无证见之人；或傍有闻见之人，其事全非疑似。"也就是说，针对"疑似"之事，有物证而无人证，或者有人证，但犯罪事实不清晰，这也归于"疑"。

此外，疏议还强调"之类"，即"其他"条款。"称'之类'者，或行迹是，

---

① 杨鸿烈：《中国法律在东亚诸国之影响》，商务印书馆 2017 年版，第 214—216 页。

状验非；或闻证同，情理异。疑状既广，不可备论，故云'之类'。"也就是说，有些形迹可疑但经查验又没有真情实状；见证人的说法一致但从情理上推断又有差异，这些也是疑罪，其情况繁多，并非可一一列举。

围绕疑罪从赎的规定，《金玉掌中抄》中曰："断狱律云，疑罪各依所犯以赎论"，并且随后围绕"疑罪事"有如下说明："断狱律云疑罪各依所犯以赎论。注云疑谓虚实之证等，是非之理均，或涉疑似，旁无证见，或旁有闻证，事非疑似之类"，其行文与唐律一致，可见日本律全面沿袭唐律这一规定。

（二）农忙止讼

围绕刑事案件，虽然规定时限以迅速处理，但围绕"民间细故"，古代中国法律规定了农忙时节不受理诉讼，以避免妨害农时。唐令中曰："诉田宅、婚姻、债负，起十月一日，至三月三十日检校，以外不合。若先有文案，交相侵夺者，不在此例。"①

农忙止讼的规定是中国古代法律文化的重要内容，其具体体现了中国古代"以农为本"的国策、追求无讼的大同思想和"天人合一"的理念等，这是一种典型的既考虑人们的需要和意愿，又考虑客观事实和规律的做法。

古代中国的国家经济以农业为主要支柱，将田宅、婚姻和债负等不具备急迫性的案件放置于农忙后处理，体现了务农的优先地位；虽然有田宅、婚姻和债负等纷争，但长达 5 个月的冷静处理在一定程度上可以劝导百姓息讼；于农忙之时务农是顺应天道，在自然秩序中寻求和谐，此乃顺应天时之举。

围绕这一点，日本在《养老令》中原文吸收："凡诉讼，起十月一日至三月三十日检校，以外不合。若交相侵夺者，不在此例。"②虽然行文稍有不同，但对比前文，其内容几乎一样。

三、人本思想与明德慎罚的思想

区分老人、年幼之人、妇女和残疾者，分别予以一定的优待，这是古代君

---

① ［日］仁井田陞：《唐令拾遗·杂令》，"诉田宅婚姻债负"条。
② 《养老令·杂令》之"诉讼"条。

王"哀矜天下"的重要体现，是中国古代"仁政"的重要一环。《礼记》中有曰："使老有所终、壮有所用、幼有所长，矜、寡、孤、独、废、疾者皆有所养。"反映在刑罚制度中，则具体体现为：体恤无人赡养的老人的存留养亲制度、对老幼和废疾者的矜恤、保障囚犯权益的悯囚与录囚，以及对怀孕妇女的特别规定之中，而这些制度也一一被古代日本法所吸取。

（一）存留养亲

存留养亲简称"留养"，即被判刑罚的罪犯家中如果有祖父母、父母等年老或疾病而无其他男丁侍养者，停止刑罚的执行，命其返家侍养其亲。《唐律疏议·名例律》规定："诸犯死罪非十恶，而祖父母、父母老疾应侍，家无期亲成丁者，上请。诸犯流罪者，权留养亲。"根据疏议，"非十恶"应该指"非谋反以下、内乱以上死罪"，"祖父母、父母老疾"应解释为："祖父母、父母通曾高祖以来，年八十以上及笃疾者"，"家无期亲成丁者"，乃"无期亲年二十一以上、五十九以下者"。如或敕许允侍家，"有期亲进丁及亲终"，则需再次奏请。

死罪以外，流罪也适用存留养亲。至于徒刑罪犯的存留养亲，疏议曰："犯流罪者，虽是五流及十恶，亦得权留养亲。"并且，"权留者，省司判断不须上请"。"若家有进丁及亲终期年者，则从流，计程会赦者依常例"，"即至配所应侍合居作者，亦听亲终期年，然后居作"。

流刑之外，徒刑亦有类似考量。根据《唐律疏议·名例律》："诸犯徒应役，而家无兼丁者"条的规定，"徒一年，加杖一百二十，不居作；一等加二十"。一年以 360 日计，徒一年的话，需杖一百二十，所以每三十日应当杖十。如此，犯徒者亦得以养亲。

存留养亲制度是传统中国注重家庭伦理的重要体现，是出于对"老疾的祖父母、父母"的考量而实施的仁政，以实现"老有所终"。对此，日本律文中规定："凡犯死罪非八虐，而祖父母、父母老疾应侍，家无二等亲成丁者，上请。犯流者，权留养亲。"除了将唐律中的"十恶"换为日本律中的"八虐"，"期亲"换为"二等亲"以外，其律文规定一致。对"死罪非八虐"的解释为："谓非谋反以下不义以上死罪"，"二等亲成丁者"谓"年二十一以上、六十以下者"，凡符合此种情形，"皆申刑部，具状上请"。流刑的相关规定也如是，基本一致，如规定："若家有进丁及亲终三月者，即从流计程，会赦者依常例"；"即至配所应侍合居作者，亦听亲终三月，然后居作。"日本律除了将唐律中亲终的期年缩短为 3 个月（这与其五等亲的礼制普遍比中国五服制度轻相关），其内容与唐律无二。

（二）矜恤老幼

矜恤老幼是中国古代法制的重要原则之一。《周礼》中规定了三赦之法："一曰幼弱，二曰老耄，三曰蠢愚。"《礼记》中更是明确了："七十曰老而传，八十、九十曰耄，七年曰悼。悼与耄，虽有罪，不加刑焉。"可见，中国古代在先秦时期就已经出现了 70 岁以上、7 岁以下免除刑罚的规定，树立了矜恤老幼的原则。

这一原则在唐律中得到更为明确和详细的完善，《唐律疏议·名例律》规定："诸年七十以上、十五以下及废疾，犯流罪以下，收赎；八十以上、十岁以下及笃疾，犯反逆、杀人应死者，上请；盗及伤人者，亦收赎。余皆勿论；九十以上、七岁以下，虽死罪，不加刑。即有人教令，坐其教令者；若有赃应备受赃者备之。"也就是说，年纪越老和越小，其罪刑的处理越宽大，概而言之，90 岁以上、7 岁以下不承担刑事责任；80—89 岁和 8—10 岁及有重病者，犯死罪需要"具状上请"，请示皇帝裁决，死罪以外，收赎，即以缴纳财产的方式免除刑罚；70—79 岁和 11—15 岁及残疾者犯罪，除死刑以外，也都可以收赎。此乃对老、小、废、疾的怜悯抚恤之法。

日本《养老律》对这一条基本原文采用，只将其中流罪以下收赎的对象"十五以下"改为"十六以下"，扩大了该律文的适用范围，即："凡年七十以上，十六以下及废疾，犯流罪以下，收赎；八十以上，十岁以下及笃疾，犯反逆、杀人应死者，上请；盗及伤人亦收赎，余皆勿论；九十以上、七岁以下，虽有死罪，不加刑；即有人教令，坐其教令者。若有赃应备受赃者备之。"

（三）怀孕妇女的特别规定

此外，中国古代法律对于犯罪但怀有身孕的女性也有特殊规定。《唐律疏议·断狱律》中曰："诸妇人怀孕，犯罪应拷及决杖笞，若未产而拷、决者，杖一百，伤重者，依前人不合捶拷法。产后未满百日而拷、决者，减一等。失者各减二等。"也就是说，对于有身孕的女性，不得使用拷讯，也不得实施杖刑和笞刑；不仅是孕期之中，孕妇产后未满百日亦不可拷讯和实施杖刑和笞刑。对此，日本律依然是在减轻刑罚的基础上沿袭。《法曹至要抄》中有云："妇人怀孕犯罪，应拷及决杖笞，若未产而拷决者，杖八十，伤重者，依前人捶拷法。失者各减二等。产后未满百日而拷决者，减二等。"并且，还在后文中注明了"唐律'前人'下有不合二字"，即指"依前人（不合）捶拷法"的文字改动。此处日本律将唐律中"未产而拷决者"的处罚"杖一百"减等为"杖八十"，将"产后未满百日而拷决者"的"减一等"减轻为"减二等"。

紧随"拷及决笞杖"的法条后，唐律还规定了犯死罪的怀孕女性的特殊规定："诸妇人犯死罪，怀孕，当决者，听产后一百日乃行刑。"对于违反该规定的："若未产而决者，徒二年；产讫，限未满而决者，徒一年；失者，各减二等。"关于这一条，在现存的日本律的史料中虽然未寻见相关记载，但日本很可能也吸收了这一条。江户后期国学者石原正明根据古书记载，将残缺的律文集成《律逸》8卷，其中对这一条就以"唐律"注明而摘抄。

第五节　日本继受中华法律文化的特点与影响

纵观日本历史，和中华文化的接触让日本社会发生了巨大的变化，法律文化犹是如此。由统治者自上而下主动吸收中华法律文化的姿态一直持续到近代日本转向西方法之前，其继受过程是从最初的全面吸收（律令时代）再到武家法中的部分吸收，并在明治维新初期又短暂出现过一次律令的回归，这一过程与日本的国家特点和政治情势紧密相连，但毋庸置疑，迈向西方法之前的日本深刻地被中华法律文化影响，并呈现出了与其他东亚国家不同的特点。

一、日本对中华法律文化继受的特点

（一）日本继受中华法律文化的主动性

如果一个国家和民族对另一个国家和民族文化的吸收是被迫的，那我们不能称其为"继受"，因为继受这个词包含了主动吸收的含义，相反，移植容易让人产生文化殖民的联想。而日本对中国法律文化的吸收是典型的继受。在继受的开始、发展和深化过程中，并没有古代中国的侵略或占领，推动其继受的是统治阶级对中华文明的仰慕。

正如开篇所论，中华文明早期传入日本是经由朝鲜半岛的，这从地理上而言是说得通的，但遣隋史和遣唐使的派出表明了日本已经不满足于通过朝鲜半岛间接地接受中华文明，而是更为直接地到文化发源地去学习。这种势头在日本近代法律西化的过程中也可以看到，这种主动性也是日本能够继受中华法律文明精髓的根本原因之一。

如果说这种主动性仅限于统治者而没有普及到全国的有识之士之中的话，继受的结果就容易出现形式化的弊端。造就日本"律令时代"的除了站在统治顶端的统治者以外，还包括众多的有识之士的参与，包括了朝鲜人、日本人和中国人，既有文人雅士，也有宗教人士等。日本京都西边现今仍有一片区域叫"太秦"，从朝鲜半岛而来的秦河胜在这一带生活，其势力日渐强大，为圣德太子所重用。在京都最古老的寺庙——广隆寺中，现今仍然供奉着秦氏夫妇像。①从朝鲜半岛迁徙到日本的朝鲜人并不少见，这些"渡来人"不仅为日本带来了先进的生产技术，还带来了中国文化。除了朝鲜人以外，大批从日本到中国的留学生也发挥了重要的作用。以天皇为核心的统治阶级全力支持留学生（僧）渡海学习，并在其归国后重视其才能，中下级官员的子弟以此为契机成为天皇的左膀右臂。17岁的阿倍仲麻吕与吉备真备一同渡海到长安太学求学。阿倍通过科举考试成为唐朝的官员，改名为晁衡，在唐长达54年，历经三朝。吉备真备留学后带回《唐礼》《大衍历经》和《大衍历立成》，对日本的礼制和历法改革起到了重要的推动作用。此外还有诸多僧人，如日本僧人玄昉、最澄、空海等，中国僧人道荣、道明、道璿、鉴真等，僧人们除了推动佛法的传播外，还在文学、绘画等方面促进了中日文化的交流。

除了吸引外国人参与和派出本国人学习以外，日本在本国的教育中也全面

---

① 前文所举自《类聚国史》中引用的上诉案件的案例中，其当事人"妻秦净子"和"同郡人秦成吉"从姓氏上来看，应该也是渡来人。

推进对先进文化的学习。前面介绍的教育制度中对中国经典的传播教育就是最好的例证。

律令时代之后，日本国内政治权力分化，伴之而起的是法权的分化。虽然在室町幕府时期（1336—1573 年）再次开启了遣明使的派遣，但这时候遣明船的船主除了室町幕府以外，还有寺庙势力（如 1432 年使团的船主除了室町幕府以外，还有相国寺、三十三间堂等宗教势力的参与），此外，还有如细川氏、大内氏等武家氏族的参与。并且，比起文化的吸收，这个阶段的使团更加注重贸易，这个阶段以及后来的江户时代和维新初期，日本对中国文化的吸收虽然具有主动性，但由于缺乏全面的普及，所以没有再次出现"律令时代"的盛景。

（二）日本继受中华法律文化的全面性和系统性

正是因为日本对优秀文化继受的主动性，所以在继受中华法律文化，并成为中华法系成员之一的各个国家之中，日本的继受是最为彻底和完整的。

如本章开篇所论，笔者认为日本对中华法律文化的吸收不能以律令时代为起点，这不仅缩小了其内容，也会造成对该过程认识的不完整。我们仍然要将起点回溯到圣德太子时期，将焦点再次聚集在"冠位十二阶"和"宪法十七条"之上。关于二者内部逻辑的统一，前文已经多有着墨，此处不再赘述。总的说来，"冠位十二阶"是圣德太子以儒家思想为指导、重新构建官僚内部架构的一种政治改革的尝试，而"宪法十七条"是圣德太子以儒家思想重新构建天皇、官、民三者关系的政治性纲领。这是日本在吸收律令法典之前的政治基础准备，没有这一政治基础，律令法典的导入则会流于形式。①

圣德太子之后，以天皇和贵族为核心的统治阶级在其基础上，进一步推动对中华法律文化的学习，具备政治基础的法律文化吸收是全面的，具有系统性

---

① 在本章的执笔过程中，曾聆听清华大学东亚文化讲座之"圣德太子与《宪法十七条》"（2024 年 6 月 19 日举办），主讲人为日本立命馆大学教授本乡真绍，本乡先生在讲座中提出：在《日本书纪》中，其他如"冠位十二阶"的记载中并没有提及圣德太子，仅"宪法十七条"这一记录中明确说明了实施者是圣德太子。这是否与日本的神道教相关？这一视角非常有深意。笔者认为，作为另一种可能性，"宪法十七条"中所宣告的君臣关系对于当时的日本而言是革命性的，此处特意指出为圣德太子所作，亦可能是避免天皇与豪族矛盾的直接激化。无论如何，关于这一点，都有待相关研究的进一步推进。

和完整性。

在法律思想上，最为突出的表现就是全面吸收了将儒家伦理观念引入律法的做法：准五服以定罪、亲亲得相首匿等原则是典型的家秩序在律法中的体现；八议（六议）、官当是君臣秩序在律法中的体现；仪制是律法中积极遵从儒家伦理观念的体现；十恶则是对极端的不遵从儒家伦理观念的消极处罚。"礼法合一"是中华法律文化中重要的核心思想，其所包含的具体内容方方面面，显然，日本对此进行了全面的承袭。

在法律制度上，如前所述，从官僚制度、土地制度、军事制度、司法制度、家制度和教育制度，日本从国家制度到社会制度，再到家制度，去除和修改了与本国国情不符合的内容之后，进行了全面的吸收。

不过，以律令法为核心的律令时代在日本并没有一直延续下去。当以天皇为核心的中央集权受到威胁甚至被替代的时候，律令法在日本也就没有了实施的土壤，律令时代一去不返。在随后兴起的政权中，律令法的思想和制度虽然有所体现（幕府法与藩法中对中华法律文化的借鉴），但已经不再是系统且全面的吸收，与之前的律令时代有本质上的差别。到了 19 世纪，当天皇再次掌权，其最初意图是对律令时代的复古，但很快，伴随着西法东渐，日本的法律文化再次发生了巨变，并且在这一次巨变中，参与者仍然不仅限于统治者，下级武士、有识之士都活跃在其中。在统治者推动下，各方人士积极参与，这是日本法律发生两次巨变时都具有的特点，也是日本法得以全面吸收外国法律文化的重要原因之一。

此外，就日本古代吸收唐代律法而言，从本章中所论述的制度来看，涉及天皇权威和国家统治的部分，日本大多没有作过多的调整；而与家制度、教育制度等社会治理相关的部分，即便在成文的法律中，日本在内容上也多有调整，在刑罚上也多有减轻（司法实践中的"变形"更不待言）。这一方面是其本国的国情和民俗等所致，另一方面，也可以看出，统治者主导的对中华法律文化的吸收主要是以中央集权的国家统治的建立为最根本目的。

二、中华法律文化对日本的影响

中华法律文化深刻影响了日本的历史进程，法律文化的继受直接与日本社会阶段的跨越紧密相关。同时，中华法律文化对日本的影响又是广阔的，伴随着法律文化的继受，中华文明的烙印遍布其他文化领域。

（一）从奴隶社会到封建社会的跨越

日本与中国的历史起点并不一致，当中国已经进入奴隶社会（夏、商、周）并向封建社会过渡时，日本尚处于原始社会。代表先进生产力的水稻、青铜器和铁器从中国经由朝鲜半岛传入日本，使得日本从新石器时代晚期（绳文时代）跃入了金石并用时代（弥生时代），在这期间，出现了日本国家的雏形——邪马台国，也出现了本章开篇所见的"汉委奴国王金印"。

如果说早期所见的影响主要体现在经济方面的话，圣德太子的"冠位十二阶"和"宪法十七条"明确表明了日本在政治制度上模仿中国、建立以天皇为中心的中央集权体制这一决心。初步达成这一政治宏图的是中大兄皇子和中臣镰足的"大化改新"，经过改新，古代日本从政治、经济和文化等方面全方位地实现了"唐化"，建立了律令制国家。在这个过程中，日本从奴隶社会开始步入封建社会，在这一点上，中华法律文化功不可没。

（二）以法律文化继受为核心的中华文明的全面继受和开花

经历"国风文化"完成自身的封建化进程以后的日本虽然脱离了完全模仿唐代的律令制模式，但在法律继受过程中被吸收的中华文化的影响并未就此止步。以绘画、建筑、文学、宗教、音乐等为代表的各种中华文化在日本的生根、开花，是日本文化的重要组成部分。例如，日本绘画中，"唐绘"因唐朝的绘画而产生，"汉绘"（水墨画）受南宋绘画影响颇深；建筑方面，古代中国的对称文化传入了日本，唐风的建筑风格尤其体现在寺院建筑之中，为日本建筑的发展提供了借鉴。

在诸多文化的影响中，宗教所占的地位是显而易见的。正如本章开头所述，日本吸收中华文明自佛教始，因此，容易产生一种错觉，认为中华文明的传播是以宗教为核心的。事实上，佛教对日本的影响虽然极其深远，传播到日本的各宗派至今对日本社会还保持着深远的影响，但需要强调的是，这一影响产生的前提仍然是统治者的推广，如果没有以天皇为核心的统治集团的普遍信仰，佛教在面临本土神道教的阻力时，其传播会更加困难。而统治者推广佛教的根本目的还是在于维护和加强其统治，正如前述，在"宪法十七条"中，"崇佛"与"尊君"同义。因此，虽然佛教思想比起法律文化传入日本具有先行性，但与国家和政治制度紧密相关的法律文化的传播仍然是根本和核心。

（三）余论

中华法律文化为何能如此深刻并广阔地影响日本这个国家？一个国家的文化影响另一个国家的文化，不是以侵略式地、被动地、殖民地式的方式，而是被影响的国家积极主动地吸收，这在世界文明史中并非常见的路径。而日本对中华文化的吸收正是这种非常见路径的典型代表，这为文明地传播和吸收他国文化提供了重要参考。

这一路径实施的前提包含两个方面，缺一不可。首先，是作为被吸收方的中华文化的先进性及广阔的包容性。古代中华文化的先进性毋庸置疑，古代册封秩序形成背后的核心就是中华文化的繁盛。并且中华文化本身就是在多民族、多地域的背景下形成和发展的，其广阔的包容性是能够为其他文化学习的重要前提。以法律文化而言，日本的中国法制史学开创者之一仁井田陞称唐代的法律为"东方法制史的枢轴"，并如此评价唐代的法律："像唐律那样的刑法发达程度，可以说在当时世界上无有望其项背的。亦就是连欧洲划时代的加洛林纳法典，不但在时间上比唐律晚了900多年，其发达程度亦不及唐律。甚至和欧洲19世纪的刑法典相比，唐律亦毫不逊色。"①

其次，是作为继受方的日本的独特性。什么是日本文化？这个问题的答案在日本也是众说纷纭，未有统一之说法。一种看法是认为日本本身有固有文化，外来文化为固有文化的发展提供了冲击和营养。日本著名的社会学家中根

---

① 参见刘俊文主编：《日本学者研究中国史论著选译》（第8卷），中华书局1992年版，第102页。

千枝曾将日本文化比喻为海星，①海星通常有 5 条腕，其中任何一条腕都可以再生，其强大的再生能力与日本文化相通。可见，在海星比喻中，如同海星始终拥有五角星的外形不变一样，日本文化在历史的冲击下，不断再生，始终保持自己的基本构造。与这一比喻稍有不同，日本著名汉学家内藤湖南就曾说："日本民族未与中国文化接触以前是一锅豆浆，中国文化就像碱水一样，日本民族和中国文化一接触就成了豆腐。"豆浆变成豆腐，改变的不仅是形态，也是一种质的改变；中国文化是碱水，并不是豆腐本身。在内藤的这一比喻中，日本文化是在中国文化这一媒介下发生了质变。这里强调的不是日本单纯模仿（也不是再生），而是在混合的基础上的创新。可以说，这种创新性正是日本文化的特征。当强大的中国文化进入日本时，并不是以一种新进文化摧枯拉朽地破坏和肃清固有文化的方式展开，而是与固有文化交织，创造出一种新的混合文化。例如日本假名的发明，假名借鉴了中国汉字的偏旁部首，平假名借鉴草书，片假名借鉴楷书，但所创造的假名并不是中国文字。又如佛教的日本本土化，在佛教进入日本之前，日本有自己的宗教，即神道教，进入日本的佛教与神道教并不排斥，而是混合在了一起。佛教被赋予了镇护国家的作用，而作为统治者的天皇既是天照大神的子孙，同时又笃信佛教的镇护国家之信仰。佛寺与神社比邻而建，甚至佛寺在神社之中，神社在佛寺之中，二者并不互相排斥，这在今日也都可见。

回到日本的法律文化这个主题，应该如何看待日本法律历史中一以贯之的根本性原理？如果仅将中华法律文化视作日本文化的碱水，从前文的论述来看，似乎并不能恰如其分地表现出中华法律文化在内容和精神上对日本举足轻重的影响，略有将具体内容空洞化之感。相较之下，日本学者千叶正士曾经以阿米巴虫的情景主义来总结日本的同一性法原理，②笔者认为更有助于理解中华法律

① 参见中根千枝：《タテ社会の力学》，讲谈社 1978 年版，第 119—124 页。

② 关于"同一性法原理"（the Identity Postulate of a Legal Culture）这一概念，千叶正士在其著述中有明确的定义，作为法人类学术语，其意思是"根植于某一法律文化的文化同一性的最终原理"，"一个法主体的多元性法体制的比较性特征"。详情参考［日］千叶正士：《亚洲法的多元性构造》，赵晶、杨怡悦、魏敏译，中国政法大学出版社 2017 年版，第78 页。

文化和日本固有文化的关系。千叶正士以阿米巴虫来比喻日本法律文化中不变的部分："阿米巴虫虽然是独立的个体，其形状并不固定，而是按照周遭的情况灵活地变形，并通过不停地变形移动来摄取食物。它虽然没有稳定的形态，但作为一个独立的生物保持个体和个性而存续。日本法在应对各种各样的历史情况时还能将日本法一以贯之的情形，可以看作与自由变形的阿米巴虫的性质类似。"①

以没有固定形态的阿米巴虫来比喻日本的法律文化，非常生动和形象地体现了日本法律文化的变动性和灵活性。如果承认日本的法律文化是一个独立的个体，那不断改变外形的阿米巴虫确实与它契合。当这种本身就以改变为特性的法律文化遇见强大的中华法律文化时，其一方面摄取后者的营养，另一方面也一如既往地改变自己。在这个过程中，在日本法律这个空间中，外来的法律文化不是作为一个与固有文化截然不同的独立个体与之并存，而是相互糅合后形成新的形态。这与中华法律文化进入朝鲜半岛或越南后的发展有所不同，产生不同的根本原因就在于其固有文化本身肌理的不同。正是由于这一特性，日本在吸收中华法律文化之时，体现出了在其他成员国中并不得见的系统性和完整性。

---

① ［日］千叶正士：《亚洲法的多元性构造》，赵晶、杨怡悦、魏敏译，中国政法大学出版社2017年版，第89页。

附：中日法律大事记对照表

时　间	中　国	日　本
公元前—平安时代		
西周（公元前 1046—公元前 771）	西周做《九刑》、周公制礼、吕侯制《吕刑》	
公元前 536 年	子产"铸刑书于鼎"	
公元前 407 年	李悝著《法经》	
公元前 359 年	商鞅变法，"改法为律"	
公元前 201 年	萧何作《九章律》	
公元前 167 年	汉文帝改革，废除肉刑	
公元前 140 年	汉武帝创制年号纪年	
57 年	汉光武帝授"汉委奴国王"金印	
229 年	魏明帝制《新律》（《曹魏律》）	
239 年	魏明帝封卑弥呼为"亲魏倭王"	
267 年	晋武帝颁《晋律》（《泰始律》）	
405 年		百济人王仁携中国典籍入日本
495 年	律博士常景等撰成《北魏律》	
538 年（一说 552 年）		佛教经由朝鲜半岛传入日本
564 年	北齐颁布《北齐律》	
581 年	隋统一全国	
583 年	隋文帝颁布《开皇律》	
593 年		推古天皇即位
600 年		第 1 次遣隋史
603 年		制定"冠位十二阶"
604 年		圣德太子制定"宪法十七条"
607 年	隋炀帝颁布《大业律》	第 2 次遣隋史（小野妹子一行）
608 年	隋使裴世清（裴清）到日	第 3 次遣隋史（小野妹子再次赴隋）
610 年		第 4 次遣隋史
614 年		第 5 次遣隋史
618 年	唐王朝建立	
621 年		日本有年号可考

时　间	中　国	日　本
624 年	唐高祖颁《武德律》	
630 年		开始派出遣唐使
637 年	唐太宗颁《贞观律》	
645 年		乙巳之变
645—650 年		大化改新
651 年	唐高宗颁《永徽律》	
653 年	唐高宗颁《永徽律疏》(《唐律疏议》)	
660 年	唐联合新罗，攻破百济	
663 年		白江村之战
668 年		天智天皇即位，制定《近江令》
672 年		壬申之乱
689 年		天武天皇颁布《飞鸟净原令》
701 年		文武天皇颁布《大宝令》
702 年		文武天皇颁布《大宝律》
737 年	唐玄宗颁《开元律》	
738 年	唐玄宗颁《唐六典》	
755—763 年	安史之乱	
757 年		孝谦天皇颁布《养老律令》
762 年		淡海三船奉旨撰定历代天皇汉风谥号
820 年		编成《弘仁格式》
869 年		编成《贞观格》
871 年		编成《贞观式》
894 年		最后一次遣唐使
908 年		编成《延喜格》
967 年		编成《延喜式》
武家政权—明治维新		
1185 年 （另有 1192 年说）		武家政权镰仓幕府成立
1336 年		武家政权室町幕府成立
1368 年	朱元璋建立明朝	

时　间	中　国	日　本
1397 年	明太祖颁布《大明律》	
1401 年		第 1 次遣明使
1404 年	明朝向日本发勘合，开始勘合贸易	
1502 年	完成（弘治）《大明会典》的制定，但未颁行（后有明武宗、明世宗、明神宗三朝重修）	
1547 年		最后的遣明使
1603 年		德川家康在江户开设幕府
1615 年		幕府颁布《武家诸法度》《禁中并公家诸法度》
1632 年		幕府颁布《诸士法度》
1633 年		幕府
1644 年	清军入关	
1647 年	顺治四年完成《大清律集解附例》	
1690 年	康熙二十九年制定完成《康熙会典》（后经雍正、乾隆、嘉庆、光绪共 4 次修订，统称《大清会典》）	
1694 年		榊原篁洲完成《大明律例谚解》
1697 年		幕府颁布《自分仕置令》
1720 年		高濑喜朴完成《大明律例译义》
1723 年		荻生观的《官准刊行明律》刊行
1724 年		荻生徂徕完成《明律国字解》（推测最晚于 1724 年完成）
1725 年		深见玄岱、深见有邻父子完成《大清会典》的解读
1727 年	雍正五年颁布《大清律集解》	
1740 年	乾隆五年颁布《大清律例》	
1742 年		完成《公事方御定书》
1761 年		熊本藩编撰完成《刑法草书》
明治维新初期		
1868 年		拟定《暂行刑律》（未实施）
1870 年		颁布《新律纲领》

时　间	中　国	日　本
1871 年		废藩置县
1873 年		颁布《改定律例》
1875 年		设置大审院
1880 年		颁布近代意义上的刑法典（统称"旧刑法"）
1902 年	光绪二十八年，筹建修订法律馆	
1904 年	颁布《钦定大清商律》	
1905 年	发布"考察政治上谕"	
1906 年	发布《宣示预备立宪先行厘定官制谕》 颁布《大理院审判编制法》	
1908 年	颁布《钦定宪法大纲》	
1910 年	成立资政院 颁布《法院编制法》《大清现行刑律》	
1911 年	公布《大清新刑律》，完成《大清民律草案》(未颁布)	
1912 年	溥仪颁布退位诏书，清朝灭亡	

第二章　中华法律文化对朝鲜之影响

　　在华夏之外，朝鲜半岛是受中华文化影响最早且最为深远的地区。至 4 世纪初，儒家思想开始为朝鲜半岛政权所接受，朝鲜半岛的律法也自此开启了礼法结合的进程，此后随着朝代的更迭，新罗、高丽、朝鲜诸王朝均与中国保持着紧密的宗藩关系。自儒法东渐后，朝鲜以儒学为治国根基，以中国的典章律令为母法，积极将自身融入以中华礼制为核心的政治、法律秩序中。在这一过程中，朝鲜始终将中华文明视为正统并以"小中华"自居，其中尤以 14 世纪末立国的朝鲜王朝为典型。可以说，朝鲜半岛对中华法律文化的接受与认同，为"东亚法圈"的诞生奠定了基础。这一法圈的核心便是儒家法，其中中华法律文化处于领先和主导地位，并以此为中心，逐步辐射至朝鲜、日本、越南等周边国家。尽管对于中华法律文化的吸收与借鉴程度不尽相同，但以朝鲜为典型的这些东亚国家一起促进了中华法系的最终形成，并共同推动了中华法律文化的多元化发展。

第一节　中国古代法制理念对朝鲜之影响

　　在统一新罗时期之前，中华法律文化在朝鲜半岛已有一定传播，尽管这一时期的"礼"在法律内容上还显得较为分散、不成体系，但其为此后以"礼法结合"为特征的中国儒家法在朝鲜半岛的深入传播与辐射开辟了一条重要渠道。至高丽王朝时期，儒家思想在与佛教思想的斗争中逐步占据主导地位，法律制度中已呈现出了更多儒家礼治思想的内容。至朝鲜王朝时期，儒教已居于独尊之势，在礼治思想指导下儒家法典的最终诞生，标志着朝鲜半岛法律儒家化的全面完成。

一、儒法东渐之滥觞——统一新罗时期

668 年，朝鲜半岛进入统一新罗时期（668—935 年），略当于中国的唐朝、五代十国时期。

在结束连年战乱，完成了朝鲜半岛的统一大业之后，新罗以及同时期的中国、日本都处在了一个较为和平稳定的发展阶段，自此开启了一个长达两百余年的和平盛世，为相互之间政治、文化、法律、思想等方面的交流提供了良好的环境。统一新罗时期，花郎道精神的产生成为儒家思想与朝鲜本土文化相融合的典型表现，随着官办儒家教育的开展，儒学取士制度正式确立，同时，新罗的法律形式与法律制度中也逐步呈现出了更多儒家礼治思想的内容。

（一）花郎道精神——儒佛道与本土文化的杂糅

儒家思想在朝鲜的传播，必然会出现与其他思想、文化相互冲突与融合的问题。花郎道，又名风流道，便是儒、佛、道三家思想与新罗本土风流文化相结合的产物。

在新罗统一朝鲜半岛之前，花郎道既是一种精神信仰，也是一种国家对于人才的教育与选拔制度，旨在培养忠君报国、英勇无畏的文臣武将。花郎徒信奉"世俗五戒"的教义——即"事君以忠，事亲以孝，事友以信，临阵无退，杀身有择"，其中既有儒家的道德伦理，也有道教的处事准则以及佛教的修身戒律，久而久之，花郎的这种思想理念和行为规范便演绎成了"花郎道"。曾长期侍唐、深受儒学浸染的新罗著名学者崔致远便对花郎道作了如下精准的描述，"国有玄妙之道，曰风流……入则孝于家，出则忠于国，鲁司寇之旨也。处无为之事，行不言之教，周柱史之宗也。诸恶莫作，诸善奉行，竺乾太子之化也"。[①] 可见，花郎道将儒家的"忠孝"（鲁司寇之旨）、道家的"无为""不言"（周柱史

---

① ［高丽］金富轼撰：《三国史记·新罗本纪》。

之宗）以及佛教的"善恶"观（竺乾太子之化）糅杂在一起，① 并作为一种道德准则和行为规范逐步融入新罗人的思想以及本民族性格之中。

花郎徒们除了学习各种儒家典籍以培养其伦理道德与品行修养外，还需要进行各种军事技能训练，以塑造其报效国家、舍生取义的精神。通过这种人才教育选拔制度，花郎徒们得以进入朝廷，成为政治、文化、军事等领域的重臣。新罗统治阶级需要凝聚社会各阶层的力量来进行武力扩张，从而实现统一朝鲜半岛的愿望，因此花郎道精神被认为在新罗统一半岛的过程中起到了重要的作用。同时，这种精神也成为儒家思想融入其本民族特色文化的典型表现。

（二）读书三品出身法——儒学取士的诞生

新罗出于内外形势的考量，采取了积极的亲唐政策，两国在教育与思想领域也建立起了密切的关系。善德王九年（640 年），"王遣子弟于唐，请入国学"，② 自始，新罗开始大量派遣留学生入唐学习儒学和律令等盛唐文化。同时，唐朝也十分重视儒家思想在朝鲜半岛的传播，往往选派熟稔经书的使臣在出使新罗时演绎儒家经义，展现大唐的儒学鼎盛之风，并向新罗赏赐各类儒家典籍。③ 通过吸取唐朝先进的政治、文化理念，使儒学在新罗得到了迅速传播。

神文王二年（682 年），新罗在中央设立了官办儒学教育机构，"立国学，设卿一人"，④ 教授儒家经典。景德王六年（747 年），在国学中设置了相应的博士职位，"置国学诸业博士、助教"，景德王十七年（758 年）设置"律令博士"。⑤ 儒学通过完备的教育制度得以传播，从而使贵族子弟至平民百姓都尊奉并学习儒学。而新罗国王热衷儒学的倾向也极为明显，如惠恭王、景文王、宪康王等

① 鲁司寇指孔子，孔子曾任鲁国的大司寇；周柱史指老子，唐朝奉李耳为始祖，高宗时追尊老子为太上玄元皇帝，唐代李绅有诗云："忆昔我祖神仙主，玄元皇帝周柱史"；竺乾太子指佛陀，竺乾即天竺，为古印度之别称。
② ［高丽］金富轼撰：《三国史记·新罗本纪》。
③ 孝成王二年（738 年），"唐玄宗闻圣德王薨，悼惜久之，遣左赞善大夫邢璹……往吊祭……帝谓璹曰：'新罗号为君子之国，颇知书记，有类中国。以卿敦儒，故持节往，宜演经义，使知大国儒教之盛'"。景德王二年（743 年），"唐玄宗，遣赞善大夫魏曜来吊祭。仍册立王为新罗王……并赐御注《孝经》一部"。见［高丽］金富轼撰：《三国史记·新罗本纪》。
④ ［高丽］金富轼撰：《三国史记·新罗本纪》。
⑤ ［高丽］金富轼撰：《三国史记·新罗本纪》。

君王往往亲临国学，听博士讲论经义。①

在儒学逐步成为显学的背景下，新罗在官吏铨选方面也改变了原先所采用的"祗以弓箭选人"的花郎道制度。元圣王四年（788年），新罗参考唐代的科举取士制度，开始实行"读书三品出身法"，即"读《春秋左氏传》，若《礼记》，若《文选》，而能通其义，兼明《论语》《孝经》者为上；读《曲礼》《论语》《孝经》者为中；读《曲礼》《孝经》者为下。若博通五经、三史、诸子百家书者，超擢用之"。② 按儒生对各儒家典籍掌握程度的不同分为上、中、下三品，相应委任不同级别的官吏，从而将儒学与仕途正式捆绑在一起。这一在国家层面对于普及儒学所采取的积极举措，极大地促进了儒家思想在新罗的深入与普及。

（三）法律形式与制度——引礼入法

现存新罗法律史料极为有限，但从《三国史记》的片段记载可见，随着儒学的深入及其对法律的进一步渗透，新罗的法律形式与法律制度已呈现出更多"礼"的内容。

1. 法律形式

法律形式是立法内容的表现形式，法律形式的规范化与合理化不仅体现立法内容的变化，且对于法律体系的发展有着重要的影响。

中国的法律形式，经过了秦汉、魏晋时期的不断调整和优化，至唐代时发展为律、令、格、式、典五种形式。"律"是规定犯罪与刑罚的刑事法律，"令""格""式"则以国家制度、办事细则和公文程式为内容，"典"指的是唐朝的组织法典。五种形式之间有着明确的分工，违反了令、格和式，则一律按律科刑。其中，"律""令"在秦汉时期本无区分，自西晋始才开始有了明确的分野，究其原因之一，在于魏晋南北朝时期是礼法结合的重要时期，礼大量入律，在法律制度与定罪量刑中皆需体现"礼"的内容。发展至唐代，《唐律》最终完成了这一礼法结合的大业，礼与法完全融为一体。故而这一法律形式的变化也

---

① 参见惠恭王十二年春正月、景文王三年春二月、宪康王五年春二月，［高丽］金富轼撰：《三国史记·新罗本纪》。

② ［高丽］金富轼撰：《三国史记·新罗本纪》。

可视为法律儒家化的一种外在表现形式。

唐朝这一成熟的法律形式也为新罗所借鉴，从而使新罗的法律形式趋于规范。根据《三国史记》记载，武烈王元年（654年），"命理方府令良首等详酌律令，修定《理方府格》六十余条"。① 文武王二十一年（681年）命"律令格式，有不便者，即便改张"。哀庄王六年（805年）"颁示公式二十余条"。② 从以上立法记载可知，最迟至681年，新罗已效仿唐制，确立了律、令、格、式四种法律形式，因法律形式的变化往往与法律内容的发展具有契合性，从这一法律形式的完备程度可以推测出，新罗在该时期的法律体系应已具备一定的规模。理方府是新罗中央四部八府中专门负责刑律的机构，武烈王令人"详酌律令，修订《理方府格》"，可见"格"在新罗是一种国家机关的办事细则和公文程式，略有区别的是，在唐朝承担这一功能的法律形式则是"式"。故而，尽管囿于史料的缺失而无法展现新罗法律的全貌，但从以上记载可推测出，新罗法已在一定程度上具备了儒家法的外在表现形式。

2. 冠服制度

中国自古即是衣冠之邦，衣冠不止用来遮形蔽体，也是区别尊卑、反映赏罚的体现。根据儒家礼制，等级不同，礼数各异。这一"礼有等差"思想反映在服制上，便产生了以服饰体现尊卑贵贱等级差异的冠服制度。

自三国时期至统一新罗时期，新罗冠服制度的确立经历了一段漫长的发展过程。早在三国法兴王七年（520年），新罗曾颁布律令，根据官服颜色区分尊卑之制，然而服色虽已区分，服饰"犹是夷俗"；至真德王二年（648年），新罗使臣入唐，"请袭唐仪"，得到了唐太宗的许可，兼赐衣带，自此新罗开始施行以夷易华的服制改革；真德王三年（649年）"始服中朝衣冠"；③ 文武王四年（657年），"又革妇人之服，自此已后，衣冠同于中国"。④ 身份地位相对较低的妇女亦被纳入衣冠调整的范围，须穿着中朝的衣裳。可见，正是三国时期服制

---

① ［高丽］金富轼撰：《三国史记·新罗本纪》。
② ［高丽］金富轼撰：《三国史记·新罗本纪》。
③ ［高丽］一然撰：《三国遗事》卷四。
④ ［高丽］金富轼撰：《三国史记·杂志》。

的逐步改革为新罗衣冠之制的正式确立打下了坚实的基础。此后经过礼制化的逐步实践与儒家思想的进一步习染，至兴德王九年（834年），新罗冠服制度终于以法律的形式固定了下来，兴德王规定："人有上下，位有尊卑，名例不同，衣服亦异……苟或故犯，固有常刑。"其所制定的服制为：按照尊卑等级，对上至贵族、下至平民，从幞头（头巾）、表衣、半臂（汉服的一种形制）、内衣、腰带、靴、靴带、袜、履等各种服装形制的质地与布的密度，皆参考唐制作了细致而严格的规定。①

从以上各时期服饰的演变历程可以看到，"新罗之时，公卿百僚庶人，衣服鞋袜，各有品色"，新罗的冠服制度由简趋繁，已开始全面走向礼制化，如此便可达到"别贵贱，辨尊卑"②的目的。

统一新罗时期，随着儒学开始正式担负起教育与选官的重任后，其影响力开始迅速扩大。这一时期正值大唐的鼎盛期，两国的频繁交往以及对盛唐文化的不断吸收与学习，使新罗的国家面貌和社会风气焕然一新，以致唐朝多位帝王对此给予了很高的赞誉。③新罗对于中华文化的接受与认同，为此后"东亚文化圈"的诞生奠定了基础。这一文化圈的核心便是儒家思想，其中中华文化处于领先地位，并以此为中心，逐步辐射至朝鲜、日本等周边国家，朝鲜半岛的律法也自此开启了礼法结合的进程。

二、从佛教王朝到儒教王朝——高丽时期

统一新罗末期，新罗国势衰微，分裂出了后高句丽和后百济，出现了所谓的"后三国时代"。918年，后高句丽大将王建在众兵将的拥立下，推翻国君自立为王，改国号为高丽，是为高丽太祖大王。935年高丽合并新罗，次年攻灭后

---

① 参见［高丽］金富轼撰：《三国史记·杂志》。
② ［朝鲜］郑麟趾撰：《高丽史·刑法志·禁令》。
③ 如唐玄宗评价道，"三韩善邻，时称仁义之乡，世代著勋贤之业。文章礼乐，阐君子之风"。"新罗号为君子之国，颇知书记，有类中国。"唐德宗则赞誉新罗"俗敦信义，志秉贞纯，夙奉邦家，克遵声教，抚兹藩服，皆禀儒风"。见［高丽］金富轼撰：《三国史记·新罗本纪》。

百济，自此完成了朝鲜半岛的再次统一，定都开京（今朝鲜开城）。至1392年亡国止，高丽共历经34代君主，存续474年，略相当于中国的五代十国、宋元以及明代初期。

（一）礼制建设

高丽建国初期，太祖及前几任君主尚未着力于礼制建设，直至成宗时期这一情况开始有了根本转变，成宗参酌唐宋之制对高丽礼制进行了一系列改革，实施了各种建立在儒家基础上的政策，再经此后几代君王的努力，高丽礼制体系在总体上得以确立，与三国及统一新罗时期相比，已不可同日而语。

1. 政治架构

在中央机构建制上，太祖"略仿唐制"在中央建立起了三省六部的政治体制架构，"立三省、六尚书、九寺"，[①]"立三省"为内议省、广评省、内奉省，与唐代三省（中书省、门下省、尚书省）名称不同，其中，内奉省于太祖朝后不设。因唐代吏、户、礼、兵、刑、工六部尚书又统称为"六官"，故高丽"六尚书"亦取《周礼》"六官"之意，定为选官、兵官、民官、刑官、礼官、工官，尽管六官名称与排列位次与唐代略有差异，但六官职掌与唐宋六部基本相同。至成宗年间，"大新制作，定内外之官"，[②]改内议省为内史门下省，改广评省为尚书都省，并将六官改称为"六部"，高丽后期又定名为"六曹"。文宗十五年（1061年），改内史门下省为"中书门下省"（相当于唐代中书、门下二省），此制与唐宋两朝中央权力机关的分工与执掌基本类似。此外还设有负责具体事务的机关——七寺，其由唐朝的九寺演化而来，分别为典校寺、典仪寺、宗簿寺、卫尉寺、司仆寺、礼宾寺、内府寺，分掌经籍、祭祀、族谱、器物、马厩、宾客、财货等管理事项。

在地方建制上，成宗时期将全国划分为十道。道不仅是一种行政区划，同时也具有监察区划的性质，各道皆设有负责监察按劾的按察使。在十道下，再设府、郡、县三级行政区划。从这一中央权力机构至地方行政区划的设置，可看出高丽对于中华典制文化的参照与吸收。

---

① ［朝鲜］郑麟趾撰：《高丽史·百官志》。
② ［朝鲜］郑麟趾撰：《高丽史·百官志》。

2. 成宗制礼

成宗（982—997年在位）是高丽第六任君王，在位十六年。即位之初，成宗便令大臣上书言事，以求治国之道。儒臣崔承老上呈"时务策"二十八条，总结了高丽前五任君王在政化上的可鉴可戒之处，主张"华夏之制，不可不遵……礼乐诗书之教，君臣父子之道，宜法中华，以革卑陋"。① 成宗采纳了其建议，决定按照中原模式全面改造高丽的政治架构和典章制度，奉行"以儒治国"的政策，崔承老"时务策"中的大部分内容成了成宗后来治国理政的纲领。

成宗二年（983年）祈谷于圆丘，躬耕籍田，"祈谷籍田之礼始此"；② 四年（985年）初定"五服制度"；③ 七年（988年）始定五庙之制；八年（989年）营建太庙；十年（991年）"始立社稷"；④ 十一年（992年）太庙建成，与朝臣议定昭穆位次和禘袷仪礼。⑤ 在成宗的主持下，祈谷、社稷、太庙、五服等一系列重要礼制得以正式确立。祈谷籍田为祭天之典，定社稷为祀地之举，立太庙为祭拜祖先，这些对于天神、地祇、人鬼的祭祀典礼，皆属于儒家五礼中"吉礼"的范畴，且是吉礼中最首要和核心的内容，而"五服制度"属于五礼中"凶礼"的范畴，所以"成宗制礼"可谓基本完成了高丽王朝礼制体系的建设，"一代之制始大备"。⑥ 以五礼为核心的典礼仪式是儒家礼治思想的重要表现形式，意味着高丽王朝以儒家思想为政治理念的形成。

成宗制礼不仅是高丽王朝，更是朝鲜半岛礼制史上的重大事件，反映了随着儒学的深化，高丽的统治理念已悄然发生了变化，从立国之初的儒、释、道三教和合思想开始朝着儒家政治思想的方向逐步转变。尽管在崇佛势力的抵制下，高丽的礼制建设在儒、佛的矛盾与权力争夺中历经曲折与反复，礼制建设也在其后屡受挫折，但成宗制礼已为此后朝鲜半岛的全面儒家化打了下坚实的

---

① ［朝鲜］郑麟趾撰：《高丽史·崔承老列传》。
② ［朝鲜］郑麟趾撰：《高丽史·成宗世家》。
③ ［朝鲜］郑麟趾撰：《高丽史·礼志·凶礼》。
④ ［朝鲜］郑麟趾撰：《高丽史·成宗世家》。
⑤ 昭穆位次是宗法制度下对宗庙神主的排列次序，始祖居中，二世、四世、六世位于始祖左方，称"昭"，三世、五世、七世位于始祖右方，称"穆"；禘袷礼，古代吉礼之一，是对天神、地祇、祖先的祭祀典礼。天子于太庙中合祭远近祖先神主，以示追远孝敬之意。
⑥ ［朝鲜］郑麟趾撰：《高丽史·百官志》。

思想与制度基础。

3. 官私教育

经过三国及统一新罗时期太学教育的发展，儒家思想在朝鲜半岛已经达到了一定的传播水平。高丽建国初期，太祖已十分重视儒学教育，兴办学校，设博士教授六部生徒，不过这一时期的官学教育还并不十分完备。至成宗时期，开始大力加强官学教育，深化官学改革，成宗十一年（992年）在开京创立了全国最高学府——国子监，开设国子学、太学、四门学，并置博士、助教，律学、书学、算学专业则附于国子学，六学科目均以儒家经典为主。国子监的设立，是高丽教育史上的大事，其对高丽王朝官吏的培养以及儒学思想的传播与承续发挥了重要作用。此后忠烈王又改"国子监"为"成均监"，忠宣王时又改名为"成均馆"，取《周礼》中"掌成均之法，以治建国之学政，而合国之子弟焉"之意。自此以后，成均馆一直沿用至李朝政权末年。

除官学外，高丽的私学教育也极为发达，其声名及成效甚至在官学国子监之上。最早开办私学的是名儒崔冲（984—1068年），官至宰相之位，其退官后开办"九斋学堂"，招收后进，教诲不倦，时人尊称其为"海东孔子"。[①]崔冲之后，又有其他十一位儒臣也相继在退官后开办私学，故有"十二徒"之谓。以教授儒学为主要内容的私学教育就此声名远播，办私学的风气一直延续到高丽王朝末期，其间培养出了诸如金仁存、尹彦颐、金富轼等高级文臣和有成就的儒者。私学的兴盛，也从一个侧面反映出高丽儒学教育的蓬勃发展。

光宗九年（958年），根据后周官员双冀的建议，高丽效法唐制正式实行"科举选士"制度，自此文风始兴。据《高丽史·选举志》记载，"其科举有制述、明经二业，而医、卜、地理、律、书、算、三礼、三传、何论等杂业，各以其业试之，而赐出身"。上述科举考试种类中，主要分制述、明经、杂业三种。考试科目为经义、诗赋及时务策，考试合格者便可以授官。科举制度的实行促进了高丽对以儒学为核心的中华文化的学习、传播和认同，也推动了高丽官私学教育制度的发展。科举制度自高丽时期实行后便沿用不废，直至19世纪

---

① ［朝鲜］郑麟趾撰：《高丽史·崔冲列传》。

末在日本势力的介入下才宣布废止，前后延续九百余年之久。

（二）高丽律中的儒佛思想

郑麟趾所撰《高丽史》中并没有关于高丽律制定情况的记载，但学界一般认为其制定于成宗初期。① 据《高丽史·刑法志》记载，"高丽一代之制，大抵皆仿乎唐。至于刑法，亦采唐律，参酌时宜而用之"。《高丽律》是高丽王朝最重要的成文律法，② 从形式体例到立法精神皆效法唐宋。这一时期，儒家思想开始大量入律，成为高丽法制思想的主流，同时，因高丽时期的国教为佛教，故而佛教的慈悲观、宽刑观也渗透于当时的法律思想与法律制度之中。

1. 礼刑并用思想

《高丽律》借鉴了儒家的礼刑观，《高丽史·刑法志》开篇即宣告，"刑以惩其已然，法以防其未然。惩其已然而使人知畏，不若防其未然而使人知避也。然非刑则法无以行。此先王所以立用而不能偏废者也"。这里的意思是，"刑"是事后的惩戒，"法"为事先的预防，两者并立而不能偏废。显然，此处的"法"应理解为"礼法"，即由儒家伦理教化而形成的礼仪法度。在高丽统治者看来，"礼（法）"和"刑"都具有社会调节功能，是治理国家的两种手段，两者都为维护国家政权和社会秩序服务，从而体现出礼刑并用的思想。

这一思想最早可追溯至孔子提出的主张——"导之以政，齐之以刑，民免而无耻。导之以德，齐之以礼，有耻且格"。在治理百姓方面，孔子无疑非常重视德、礼的教化和引导作用，在总结西周"明德慎罚"思想的基础上，孔子认为用政令和刑罚来治理百姓，百姓虽能避免犯罪，却没有廉耻之心；如用道德和礼制来引导百姓，百姓则会自我约束且有羞耻之心。两汉时期，随着中国古代正统法律思想的形成，礼、刑作为治国的两种手段，两者的关系得到了更为明确的阐释，"礼者禁于将然之前，而法者禁于已然之后"③ "礼之所去，刑之所取，失礼则入刑，相为表里者也"。④ 董仲舒还进一步将"礼"的精神融于审判

---

① 参见张春海：《高丽律、唐律关系研究评述》，载《韩国学论文集》2009 年刊。
② 《高丽律》在《高丽史·刑法志》中以"志"的形式予以记载，其并不具备完整的法典形态。
③ （汉）班固撰：《汉书·贾谊传》。
④ （南朝宋）范晔撰：《后汉书·陈宠列传》。

案件的司法实践中，史称"春秋决狱"。此后，礼、刑关系通过与历代政治实践相结合而不断演化。至唐宋时期，统治者在《唐律疏议·名例律》中开宗明义指出，"德礼为政教之本，刑罚为政教之用，犹昏晓阳秋相须而成者也"，认为礼与法各有侧重，礼是治国的主要手段，同时法的作用也很重要，两者必须相互结合，缺一不可。

高丽与唐宋一样是家国合一的宗法社会，这一礼刑并用思想全方位渗透于《高丽律》的规定中，如《高丽律》依照服制来定罪量刑。对于卑幼谋杀尊长的行为，根据服制亲疏而实行同罪异罚，服制越近则处罚越重，"谋杀周亲尊长、外祖父母、夫妇之父母，虽未伤，斩"。而谋杀大功尊长，则处罚相对较轻，"流二千里，已伤，绞；已杀，斩"。① 又如，高丽仁宗元年（1123 年），清州有人因救父而杀人，仁宗考虑到罪犯的杀人动机有合理因素，在处刑时便由重改轻，"判云：'事理可恕，除入岛，只移乡'"。② 此外，由于高丽还深受佛教思想的影响而普遍崇尚轻刑，但对违礼行为却量刑很重，"刑无惨酷之科，唯恶逆及骂父母者斩，余皆杖肋"。③ 可见《高丽律》中的"礼刑并用"思想与唐宋王朝可谓一脉相承。

2. 孝道思想

孝道思想在中国五千多年传统文化中有着巨大的影响力，也是儒家思想的核心内容之一。《周礼》将"不孝"列为"八刑"之首；孔子认为"孝弟（悌）也者，其为仁之本与""弟子入则孝，出则弟（悌）"，将孝悌视为德行之根本；而全面阐述孝道思想的《孝经》则主张"五刑之属三千，而罪莫大于不孝"。在此影响下，孝道思想开始跨越家庭伦理的界限，延伸至政治与法律领域。汉魏以降，历代统治者皆大力宣扬"以孝治天下"的治国理念，制定并推行了种种维护孝道的举措。在政治上，统治者认为忠臣必求于孝门，汉代确立了"举孝廉"的选官制度，将"孝"作为选人、用人的标准之一。在法律上，"一准乎礼"的《唐律》更是把"不孝"列为"十恶"中的重罪，对不孝之人要严厉惩治，从而完成了孝道与法律的紧密结合。

---

① ［朝鲜］郑麟趾撰：《高丽史·刑法志》。

② ［朝鲜］郑麟趾撰：《高丽史·刑法志·恤刑》。

③ （元）脱脱等撰：《宋史·外国列传·高丽》。

在君权（父权、夫权）制的社会背景下，高丽同样深受中原伦理文化的影响，大力推崇孝道，使之成为一种在道德上具有普适意义的社会风气。统治者认为，孝道不仅是"三纲五常"伦理的重要支撑，也是治国安邦的基本准则。体现在《高丽律》中则对罪犯的尽孝与守丧作出了详细规定，这一思想具体表现为存留养亲和守丧制度。

（1）存留养亲。存留养亲制度起源于北魏，该制度为了维护以血缘为纽带的亲属关系，允许符合一定条件的罪犯，在须履行照顾直系亲属这一义务的前提下，暂缓刑罚的执行，这一规定符合儒家思想对维护亲情伦理关系的追求。为此，《高丽律》规定"年七十以上父母无守护，其子犯罪应配岛者，存留孝养"。又如，文宗二年（1048 年）规定，"犯罪配乡人，若有老亲权留侍养，亲没，还配"。① 即待直系亲属去世之后再对流配之人执行刑罚。存留养亲的法律规定体现了养亲、侍亲的孝道伦理。

（2）守丧制度。自古"礼莫重于丧"，成宗四年（985 年），高丽借鉴了中原王朝的五服制度，将丧服分为"斩衰、齐衰、大功、小功、缌麻"五等服制。② 按照亲属关系的亲疏远近，每等服制的服丧期限及丧服质地均不相同，亲者服重，疏者服轻，并对每等服制的给暇（假）时间予以规定。丧服制度亦源于儒家所强调的"事死如事生"的观念，孝道并不因父母的去世而结束，侍奉逝世的父母应如同侍奉其生前一样，故而服制越是粗陋，越能表达内心的哀恸。此外，若服刑中的罪犯遭遇发哀，《高丽律》亦确保其履行守丧的义务，"诸流移人未达前所，而祖父母、父母在乡丧者，给暇七日发哀，周丧承重亦同"。"诸犯死罪在禁，非恶逆以上，遭父母丧、夫丧、祖父母丧，承重者给暇七日发哀，流、徒罪三十日，责保乃出。"③ 可见，高丽以法律的形式对服丧举哀加以规定，以求达到儒家慎终、追远的真切目的。

儒家孝道思想要求子孙必须践行孝道，尽到为长辈养老送终的义务，《高丽律》为此作了存留养亲与守丧制度的相关规定。当法律与孝道发生冲突时，统

---

① ［朝鲜］郑麟趾撰：《高丽史·刑法志·恤刑》。
② ［朝鲜］郑麟趾撰：《高丽史·礼志·凶礼》。
③ ［朝鲜］郑麟趾撰：《高丽史·刑法志·恤刑》。

治者不惜屈法律以全孝道，这可以说是儒家思想对于法律的巨大冲击，也是法律儒家化的典型表现。

3. 恤刑思想

恤刑思想最早出现于《尚书·舜典》，"惟刑之恤哉"，意为司法官在量刑时要有怜悯之意，以体现仁恕之道。因儒家的德治仁政思想对于巩固王权统治、维系社会伦理和教化民众方面具有一定的政治功能，且在佛教慈悲观的影响下，司法往往对犯罪者采取宽恕审慎的态度，故历朝法律制度中均有不同程度的恤刑内容。受此影响，高丽王朝在定罪量刑时也针对特殊人群和特殊情形予以宽免规定，以标榜统治者的仁恕之心。恤刑思想在《高丽律》中有着丰富而生动的体现，其由多项内容组成，包括矜老恤幼、秋冬行刑及轻刑慎刑。

（1）矜老恤幼。"矜老恤幼"是对于老幼笃疾、妇女等特殊群体给予刑罚上一定程度的宽大处理，这一思想是儒家法的典型体现。《高丽律》规定："诸妇人在禁临产月者，责保听出。死罪产后满二十日、流罪以下满三十日。""诸流移囚在途，有妇人产者，并家口给暇二十日，家女及婢给暇七日。"又如，仁宗十六年（1138 年），判决规定"八十以上及笃疾人，虽犯杀人，除杖刑配岛"。① 这些规定便是对于孕妇、年老、笃疾者的宽宥处理。

（2）秋冬行刑。"秋冬行刑"是阴阳五行观及"天人感应"思想影响司法实践的具体表现。春夏季节，万物生长，是适合播种的农耕季节，而秋冬萧瑟，万物肃杀，此时行刑则顺应天意。在这一思想的影响下，汉代法律规定，一般死刑在立春后不能执行，须待秋后才能处决，此后逐渐成为定制。《唐律疏议·断狱律》就明确规定立春以后、秋分以前不决死刑，违者要追究有司的责任。高丽显宗九年（1018 年），显宗听从了门下侍中刘瑨的建议，按照《礼记·月令》实行"从立春至秋分不得奏决死刑"，规定"今后内外所司皆依《月令》施行"。② 这一规定可谓"天人感应"思想在法律实施上的生动体现。

（3）轻刑慎刑。高丽德宗三年（1034 年），德宗在审核刑部上呈的斩绞奏文时下教，"法在必诛，然罪疑惟轻，惟刑之恤"。德宗认为对待死刑犯应采取

---

① ［朝鲜］郑麟趾撰：《高丽史·刑法志·恤刑》。
② ［朝鲜］郑麟趾撰：《高丽史·刑法志·恤刑》。

"罪疑惟轻"的原则。文宗元年（1047年），尚书刑部覆奏死刑，文宗说道："人命至重，死者不可再生。寡人每听死囚，必待三覆，尚虑失其情实，有冤枉欲诉无路，饮恨吞声，可不痛哉，其审慎之！"显然，文宗认为对待死囚应采取审慎的态度，故仿《唐律》对死刑案件采取了"三覆奏"的原则，即死刑案件需奏请君王批准三次。文宗十六年（1062年）下制，"刑政者，民命攸系，古先哲王惟刑是恤。朕追古训，慎选刑官，犹惧不得其人，以致冤枉。自今，必备三员以上，然后讯鞫囚徒，以为定制"。在慎刑思想的影响下，文宗规定必须司法官三人以上才能进行审案，以防冤屈，这一规定在今天看来是很大的进步，已类似于现今的合议庭制。辛禑也表达了对于轻刑的追求，辛禑元年（1375年）下教，"刑法，圣人所恤，三代以上，罪不相及，刑简而民不犯，秦用峻法，反不胜理"。同时，要求各法司"详究情法，毋用律外之刑"。可见，辛禑主张刑法应当轻简，反对严刑峻法及法外用刑。辛禑二年（1376年），一位叫金义的人"杀使奔元"，[①]巡军欲杀其母亲与妻子，宪司认为，金义虽犯叛逆之罪，但罪不相及，不应株连家中妇女，最后其母、妻免于处死，没为官奴婢。以上罪疑惟轻、死刑覆奏、审讯合议、罪不相及等种种审判措施，都是轻刑、慎刑思想在律法中的具体表现，这些规定对于死刑的适用以及刑罚的滥用起到了一定的限制和监督作用。

恤刑思想体现出了明德慎罚、宽猛相济、仁政爱民、天人感应等儒、佛思想，通过这些制度的实施，能有效地维护社会伦理秩序及缓和家庭矛盾。这些内容也反映了随着儒、佛思想的深入，体现恤刑、仁政理念的儒家学说和佛教理念，最终得以法律化，成为《高丽律》中的重要制度。

（三）朱子学的传入与佛教的式微

朝鲜半岛在接受佛教之初，便实行了儒、佛并行的政策。儒学治世，佛教治心，两者各有功用。至元朝时期，朱子学由中国传入高丽后，在朝鲜半岛得到了很大的发展，崇儒排佛逐渐成为高丽末期儒者的普遍倾向。

1. 儒、佛并行

佛教最早产生于印度，后经中国东传朝鲜，得到迅速发展并获得了王室的

---

① ［朝鲜］郑麟趾撰：《高丽史·刑法志·恤刑》。

大力支持。不仅崇信佛教的君主不断增多，国家对佛教也逐步采取支持和保护的政策。百济阿莘王元年（392 年）下教"崇信佛法求福"，后至法王时期发展到禁止全国杀生，释放家养鹰鹞之类并焚毁渔猎工具。① 新罗则于法兴王十五年（528 年）肇行佛法，并于次年下令禁杀生。此后即位的真兴王更是一心奉佛，晚年削发出家为僧，自号法云，以终其身。其王妃亦效之为尼，住永兴寺。②

至统一新罗时期，佛教的护国性质更为明显，广建佛寺，佛法盛行，名僧辈出，派往唐朝的留学僧也日益增多。随着中国六朝以来文物的大量输入，新罗的佛教信仰也达到了顶点，上至国君，下至平民百姓，无不崇信。其中最具代表性的便是在庆州（新罗都城）建造的石窟庵和佛国寺，寺庙的繁荣也从一个侧面反映了佛教的盛行。

因唐宋两朝皆实行儒、释、道并行政策，且佛教在唐朝发展到了顶峰，高丽也深受此影响。高丽建国之初便尊奉佛教为国教，成为佛教王朝，佛教受到王权的特别保护，高僧往往还被奉为国师。太祖王建为确保高丽江山永固，制定了十条"训要"，要求传诸后代，永为龟鉴。该训要的内容充分体现了其诸教融合的治国思想：既主张创立寺院，护卫国业，又强调文物礼乐，悉遵唐制，从而达到祈愿国家强盛、永保社稷的目的。③ 在王室的支持下，佛教迎来了其在朝鲜半岛史上最为辉煌的发展时期，国家出资建立佛寺，实行僧侣免税，佛寺可分得田地和奴婢，寺院经济也得到了迅猛发展。入元以后，佛法更盛，祈佛祀神风靡。佛像、佛塔遍布，燃灯会、八关会等佛事庆典盛行，丧葬之仪通行佛教的火葬等。

在高丽前、中期，儒、佛在不同层面发挥着各自的作用，共同为政权统治服务。统治者认为两者都是关切人类社会的学问，儒家观照现实，主张修身齐家治国平天下，其所倡导的政治思想便于培养和选拔人才，并作为治理国家的手段；佛家则超越现实，注重对人的心灵慰藉和终极关怀，有利于安定民心。故而高丽君主中既有尊奉儒学者（如成宗），也有笃信佛教者（如毅宗），亦有

① ［高丽］一然撰：《三国遗事》卷三。
② ［高丽］金富轼撰：《三国史记·新罗本纪》。
③ 参见［朝鲜］郑麟趾撰：《高丽史·太祖世家》。

儒佛兼奉者（如太祖王建）。同时，高丽既有众多儒者敬奉佛教，亦有不少高僧兼通儒学。

儒、佛并行政策下，两者的交互影响遍及各领域。如在高丽王朝十分重视的修史领域，朝鲜半岛现存最早的两部史籍《三国史记》和《三国遗事》便撰于高丽时期，其中《三国史记》出自著名儒臣金富轼，其纪传体体例仿照中国史籍分为本纪、年表、志、传，体现出了儒家的历史观；而另一部《三国遗事》的作者为高僧一然禅师，其中收录的古代神话传说则充斥着佛教色彩。又如，肃宗时期实行的科举考试共取士三十三人，便是为了与佛教的三十三天相呼应。

佛教之所以在高丽盛行不衰，一方面是因为统治者的支持，统治者在佛教问题上大多采取灵活的政策，当佛教学说符合君主利益时便会采取支持的态度。如佛教宣扬的因果报应观，可以教育人们安分守己，与世无争，这非常有利于统治者用来巩固其政权统治。另一方面，佛教之所以能成为一国安身立命之教，还在于其能够在高丽实现民族化与本土化，只有适应了高丽统治者和社会民众的心理需要才能获得长足发展。如佛教宣扬的灵魂不灭和轮回转世，使百姓相信只要虔诚地信仰佛教就能消灾弭祸，获得身心的庇护，从而增添了其生活的希望和信心。

2. 朱子学的传入

朱子学，又称程朱理学、性理学、新儒学，是由先秦的孔孟儒学经北宋程颢、程颐融合佛、道二教的思想，并最终由朱熹集为大成的思想理论体系。元朝之前，传入朝鲜半岛的儒学主要为汉唐儒学。元代以后，程朱理学逐步取代汉唐儒学，成为对朝鲜后世影响最大的思想流派。高丽前中期，儒、佛之间互为表里，相安无事，但随着朱子学的传入，接受朱子学并将儒、佛划清界限的高丽士人开始越来越多。

高丽中后期的名儒安珦（1243—1306 年）是最早将朱子学思想引入高丽的人，被誉为朝鲜半岛的"理学之宗"。1289 年，安珦随团出使元大都时，接触到朱学著作并将其抄录，次年归国后即大力推广传播，开朝鲜朱子学风气之始。为了普及朱子学，安珦致力于人才培养，费尽毕生精力。晚年常挂朱子画像，并根据朱子的号"晦庵"而自号"晦轩"，足见其对朱子的景仰之情。安珦去世后被尊为绍修书院（朝鲜半岛最早的赐额书院）的祭祀先师，书院内至今仍供奉着其牌位与画像。

安珦的门人白颐正（1249—1323年）也是朱子学在高丽的早期传播者。他于1298年赴元朝生活长达十余年，其间潜心研究程朱理学，归国后授徒讲学，授业于李齐贤、朴忠佐等门人，其中大多成了此后的高丽名儒。

李穑（1328—1396年）为高丽末期宣传和发展朱子学的主要代表人物之一，师承李齐贤。早年赴元朝国子监求学，其间深受程朱理学熏陶。李穑出任成均馆大司成期间，力求将成均馆建成为朱子学的研究与传播中心，推荐经术之士金九容、郑梦周、朴尚衷等新兴士大夫出任教官，讲授程朱理学，从而培养了一大批信奉理学的新兴人士，自此高丽"程朱性理之学始兴"。① 李穑在"气化"和"修养"等方面阐释与发展了朱子学，对理学在高丽的广泛传播起到了重要作用，成为高丽末期的一代儒宗。

郑梦周（1337—1392年）主要是在性理学方面继承与发展了朱子学，其朱子学造诣极为深厚。在成均馆期间，郑梦周致力于将程朱理学发扬光大，研习并讲授当时唯一引入高丽的理学著作《四书集注》。在李穑的众多弟子之中，郑梦周的悟性最高且成就最大，被推为"东方理学之祖"，其思想脉络后被朝鲜王朝众儒传承，并形成士林派，影响极为深远。

郑道传（1337—1398年）亦是李穑著名弟子之一，在成均馆期间，与李穑、郑梦周、李崇仁等新兴士大夫共同钻研探讨理学，大力推动了朱子学在高丽的发展。在同佛教的论战中，他系统发挥了朱子学的观点，正是通过他对佛教系统而全面的批判，朱子学才逐步获得了官学的地位。

权近（1352—1409年），与郑道传同为李穑著名弟子，丽末鲜初朱子学的重要代表人物，为朱子学在朝鲜半岛的深入发展作出了重要贡献，尤其是权近关于"四端七情之辨"的论述对朝鲜后世的思想理论发展有着重大影响。郑道传、权近等人不仅在学术领域有精深造诣，在政治领域也发挥了重要作用。

朱子学在安珦、白颐正等儒者传入之初，尚未对高丽社会产生太大的影响

---

① ［朝鲜］郑麟趾撰：《高丽史·李穑传》。

力，但经过李穑、郑梦周、郑道传、权近等几代学者的传承与演绎，高丽末期已逐渐形成了革弊立新的新兴士大夫阶层，此时的朱子学犹如一道思想的曙光，成了这一阶层此后攻击佛教以及社会各种弊端的思想武器，他们试图从朱子学中找出解决社会问题并拯救国家的答案。一场伴随着改朝换代而进行的思想变革运动即将在朝鲜半岛展开。

3. 崇儒排佛的兴起

较早在政治上提出排除佛教影响的是成宗时期的名臣崔承老，他上疏条陈，针对佛教盛行、寺院林立而导致耕地减少及经济衰败的现象，对统治者过分倡导佛教的行为提出了批评，建议成宗少做佛事，光大儒学，"崇信佛法，虽非不善，然帝王士庶之为功德，事实不同。若庶民所劳者，自身之力，所费者，自己之财，害不及他。帝王则劳民之力，费民之财……行释教者，修身之本，行儒教者，理国之源。修身是来生之资，理国乃今日之务。今日至近，来生至远，舍近求远，不亦谬乎？"成宗采纳了其建议，对佛事活动有所限制，取消了燃灯和八关两项佛事。不过崔承老并不否定佛教本身，而是在肯定其"修身之本"的基础上，反对君主过分倡导佛事，只有"事皆酌中"，才能"弊不及于臣民"。[1]

随着朱子学的传入，儒林局面渐开，崇儒排佛逐渐成为高丽末期儒者的普遍倾向。尽管儒、佛在对人性的约束和道德的追求方面存在某些共性，但在制度构建与习俗礼仪上存在诸多相互抵牾之处。儒学的核心思想是维护和加强伦理等级制度，佛教众生平等的观念则有悖于儒家的三纲五常，其无君无父的理念也与儒家正统的亲亲尊尊思想相冲突，为儒家伦理观所难容。佛教徒需卸下一切家庭与社会责任，专注于修行，而这在恪尽忠孝、奉行礼义的儒家士人看来，是极度悖逆人伦之举。所以佛教的蓬勃发展必然会压缩儒学的生存空间，导致礼制的衰退。此外，高丽末期，佛界日益腐败，寺刹的增加加剧了土地兼并，兴建寺院耗费大量国库财力，僧侣乱政专权，佛教内部出现的腐败和堕落现象，也使其丧失了在意识形态上的主导地位，民心涣散，佛教已无法在精神

---

① ［朝鲜］郑麟趾撰：《高丽史·崔承老传》。

层面继续笼络人心。

在此背景下，作为国家最高学府的太学便成了抵制佛教的思想舆论阵地。初时，李穑、金九容、朴尚衷等士大夫阶层的力量还十分有限，他们并未对佛教进行正面攻击，仅对佛教伦理观的堕落性以及佛界对社会的危害性进行抨击。而随着崇儒排佛之风愈刮愈烈，儒者与佛徒逐渐形成两大阵营，互相攻讦，势同水火。儒生们皆谨言慎行，互相监督，生怕稍有不慎就陷于佞佛的嫌疑。其中崇儒排佛最激烈且最具代表性的人物有郑梦周、郑道传和权近等。

郑梦周试图以儒家的伦理道德驳斥佛教有悖伦常的出世思想，他认为，"儒者之道，皆日用平常之事，饮食男女，人所同也，至理存焉，尧舜之道亦不外此。动静语默之得其正，即是尧舜之道，初非甚高难行。彼佛氏之教则不然，辞亲戚，绝男女，独坐岩穴，草衣木食，观空寂灭为宗，岂是平常之道"。[1] 郑道传则除了直陈佛教所带来的社会危害之外，还著书立说撰写斥佛著作《佛氏杂辨》，从理论上对佛教教义和学说进行了系统而彻底的批判，斥责佛教昧于道器、毁弃人伦，要求国君禁止除祀典之外的所有淫祀。[2] 权近亦是一位坚定而彻底的排佛论者，注重正面阐发朱子学理论，他极力宣扬儒家思想，对道教、佛教均持否定态度，主张摒弃并灭绝佛、老之学。权近认为只有在朱子学的指导下树立起儒家伦理观念和法制，才能巩固国家的政权统治。

可以说，正是高丽末期的这场儒、佛之争，奠定了程朱理学成为李朝统治理念的基础。14 世纪末高丽、朝鲜两大王朝的更替，以程朱理学思想战胜佛教伦理思想为特征，使得从三国至高丽近千年期间在朝鲜半岛占据主导地位的佛教思想退出了官方历史舞台。

三、儒教政治国家的确立——朝鲜时期

14 世纪末，曾经一统半岛的高丽王朝逐步走向衰败，大将李成桂在一次军事行动中发动政变，并在逐步掌握实权后于 1392 年废帝自立，正式建立朝鲜王

---

① ［朝鲜］郑麟趾撰：《高丽史·郑梦周传》。
② 参见［朝鲜］郑麟趾撰：《高丽史·郑道传传》。

朝，史称李朝或李氏朝鲜。李朝统治延续了五百余年，跨越了明、清两朝，直至 1910 年被日本侵占后终结，是朝鲜半岛历史上最后一个统一的专制主义中央集权王朝。

（一）儒教王朝的确立

朝鲜开国后，太祖李成桂接受了以开国功勋郑道传为代表的儒者们主张的崇儒排佛建议，对佛教进行全方位的打压，同时推行了一系列崇儒政策，将儒学尊奉为国教，朱子学开始作为治国的官方思想，广泛且深远地影响了朝鲜社会生活的各个方面。由此确立起了以儒家思想为统治理念的"儒教政治国家"。

1. 确立中朝宗藩关系

开创朝鲜王朝后，李成桂随即遣使向明朝俯首称臣，为确立自身政权的合法性而积极融入以明朝为核心的宗藩体系。明太祖朱元璋除钦赐"朝鲜"国号外，亦在政治与军事上实行睦邻友好政策，将朝鲜为首的 15 个周边国家列为"不征之国"。建文年间，明政府正式承认朝鲜国王，并对其进行册封。自永乐以后，两国关系渐趋和睦稳定，双方频繁互遣使臣，交往密切。在明朝与周边国家的宗藩关系中，朝鲜侍奉中国最为恭谨，是中国最为重要的藩属国。同时，中国亦给予朝鲜"异于他蕃"[①]的优厚待遇。

朝鲜在政治上尊奉明朝为"天朝上国"，视明朝为先进、为文明、为典范，衣冠礼乐皆遵华制，从典章制度至学术思想处处加以模仿，力求与明朝"车同轨、书同文、行同伦"。在思想上将明朝视为儒学正统，并在程朱理学思想的熏陶下，以"小中华"自居，认为"我国素以礼义闻天下，称之以小中华"。[②]在外交上则对明朝实行"事大主义"，一切以中国为本位。这种在政治上的臣服、贸易上的朝贡、文化上的认同、思想上的皈依，使朝鲜将"事大尊明"的观念发展到了极致。

2. 开展儒学官私教育

朝鲜的官学机构是培养儒生与普及国家统治理念的重要场所，包括中央的成均馆、四部学堂以及地方上的乡校。太祖元年（1392 年），朝鲜仿高丽沿用

---

① （明）严从简撰：《殊域周咨录》卷 1《朝鲜》。
② 《朝鲜王朝实录》，仁祖卷 32，仁祖十四年二月二十一日（丙申条）。

《周礼》中的"成均"一词，设成均馆为国家最高学府，"掌学校、肄业等事"。①另设中、东、南、西四部学堂作为成均馆的附属教育机构，以"教育人材，务得致治之利器"。②

在各州、郡、县则设置乡校培养地方贵族子弟，以达到在地方上也普及与确立儒家政治理念的目的。至世宗二年（1420年），在距离中央政权最为偏远的西南海域——济州建立起乡校，③可见统治者以教化来管辖僻远地区老百姓的意图，陆续在全国设立的乡校数量多达三百余所。

除官学教育外，各地也设立了书堂等私塾机构，讲授内容同样以儒家经典为主。完成了书堂的初等教育后，可进入汉城的四学或地方的乡校，毕业后便可参加科举考试，中试者得以进入成均馆。朝鲜还引入了中国的书院制度，中宗三十八年（1543年），丰基郡守周世鹏建立了朝鲜最早的书院——白云洞书院，此后各地名儒也纷纷创办书院。书院教育呈现出极为繁盛的局面，成为教授儒学的又一重要场所。

无论是中央成均馆、四部学堂，还是各地乡校、书堂或书院，皆是国家储养儒学人才的重要场所。同样，朝鲜王室为加强儒学教育，设有专门的经筵、书筵制度。将四书五经、《朱子集注》等儒家经典设为经筵教材，挑选德行、学养深厚的大臣为君王、世子讲授儒家经史，用儒家思想塑造国君的品格，以便继位后成为圣君从而更好地治国理政，因此朝鲜历代君王大多具有极高的儒学造诣，如朝鲜第二十二代君主李祘（正祖，1776—1800年在位）便是朝鲜历史上有名的"学者型"君主，一生好读朱子著作，儒学涵养极为深厚。

3. 修建孔庙行释奠礼

孔庙，又称文庙、夫子庙，是确立和体现儒教国家理念最为重要的场所。随着朝鲜王朝以儒治国方针的确立，孔子至圣先师的地位得到了空前提升，作为尊孔崇儒的象征，孔庙的修建也随之步入全盛时期。中央的成均馆与遍及各地的乡校之内皆设有孔庙，是官私教育中极为重要的一部分。孔庙中，祭祀孔

① 《朝鲜王朝实录》，太祖卷1，太祖元年七月二十八日（丁未条）。

② 《朝鲜王朝实录》，世祖卷4，世祖二年六月二十四日（壬戌条）。

③ 《朝鲜王朝实录》，世宗卷10，世宗二年十一月十五日（己卯条）。

子等儒家先圣的场所是大成殿，讲授儒学的课堂则是明伦堂，大成殿和明伦堂分别是"庙"和"学"的核心建筑，前庙后学的建筑形制代表着祭祀与教育两大功能的合一。

除建筑形制及奉祀人物之制外，作为李朝时期最为重要的官方建筑之一，孔庙还制定了包括祭祀仪注、乐曲、乐器、祭品等一系列祭祀规定。历代国君往往亲临孔庙行释奠之礼，设置酒食奠祭孔子，以表尊崇。释奠礼不仅代表着入学的仪式，也是孔庙祭礼中规格最高的一种。朝鲜王朝册立世子时也需先行释奠孔子，并将此确立为定制，足见孔庙已发展成为彰显儒教政治的重要场所。通过祭祀仪式本身的庄严与神圣，儒家的伦理规范及其背后所蕴含的思想理念，得以潜移默化地向受众进行灌输与渗透。

4. 实行科举选官制度

朝鲜王朝的科举制度是在承继高丽科举制的基础上发展起来的，科举的种类和考试的方式又仿照了明朝的科举制度，故较之高丽时期更为完备。朝鲜科举制分为文科（选拔文官）、武科（选拔武官）和杂科（选拔具有特殊技能的官吏，如医科、律科、阴阳科等），其中文科占据了重要地位，考核内容以经学、诗赋及时政为重点。

因儒家学说是朝鲜王朝的官方意识形态，故而教育与科举是朝鲜贯彻儒教政治的两大手段，儒家学说通过科举的实行得以传播与弘扬，统治阶层又通过科举制来确立儒家思想在意识形态与价值体系中的正统地位。一方面，儒生为适应以儒家经典的阐释为主要内容的科举考试，必须熟习儒家经义，因而儒学的不断传承与延续在一定程度上得益于历代科举考试的制度支撑，通过学校教育与科举考试的合流，使儒学深入社会的各个层面，从而获得了广泛而坚实的社会基础。另一方面，作为国家最为重要的选官渠道，科举制的实行对儒学的传播起到了极大的推动作用，一大批饱受儒学教育的知识分子进入朝鲜统治阶层，使两班官僚队伍全面实现儒家化，故而正是科举制度的实施有效地将儒家思想和政权统治紧密地联结起来。由这些受儒学熏陶至深的士人阶层推动朝鲜的国家治理，从而坚实地奠定与巩固了以士大夫为根基的儒学王国。

5. 构建儒教礼治社会

为自上而下确立儒教等级制度与礼治社会，朝鲜王朝将朱子学说确立为官学，以《朱子家礼》为依据，制定家庭与社会秩序规范，以大力宣扬"忠""孝"理念。太宗时期制定了实施《家礼》的若干具体措施，并将其纳入科举考试的范畴，此后《家礼》被不断翻刻印刷，在全国广为流传。《家礼》中所涉及的冠、婚、丧、祭之礼，是适于在全社会推行的儒家礼仪，为便于百姓理解和践行，世宗即位后，参照中国礼制典籍，编纂颁行了《三纲行实图》《国朝五礼仪》。其中《三纲行实图》收集了中朝两国110名忠臣、孝子、烈女的典型事迹，用通俗的图文形式宣传君臣、父子、夫妻之间的三纲伦理关系，使儒家伦理深入百姓的道德观念中。《国朝五礼仪》则着力强调五礼（吉礼、凶礼、宾礼、军礼、嘉礼）对于人们言行的指导，使社会上下形成了崇礼、尚礼的习俗。

（二）朱熹法律思想的继受

朱子学东传朝鲜后，对朝鲜社会的全面儒家化起到了极为重要的作用。五百余年中，朱熹在朝鲜享有崇高的声望，其所主张的德本刑末、严本宽济、纲常等级等法律思想亦具有至上的权威。

1. 德本刑末思想

朱熹继承并发展了传统儒家主张的"德主刑辅"理论，进而提出了"愚谓政者，为治之具。刑者，辅治之法。德礼则所以出治之本，而德又礼之本也。此其相为终始，虽不可以偏废，然政刑能使民远罪而已，德礼之效，则有以使民日迁善而不自知。故治民者不可徒恃其末，又当深探其本也"。[1]朱熹在此提出"德""礼""政""刑"四个概念，并进一步阐释道："政者，法度也。法度非刑不立，故欲以政道民者，必以刑齐民。德者，义理也。义理非礼不行，故欲以德道民者，必以礼齐民。"[2]

朱熹认为，"德"为道德，"礼"指三纲五常之礼义，因内心的道德是礼义的根本，故"德"为"礼"之本；"政"为法令，"刑"为刑罚，如不遵从法令，便要受到刑罚的惩处。其中，德礼为本，是治国的根本；政刑为末，为治国的

---

① （宋）朱熹撰：《四书章句集注·论语集注·为政第二》。
② （宋）朱熹撰：《晦庵先生朱文公文集》卷41《答程允夫》。

工具，两者相辅相成，不可偏废，相为始终。朱熹提出的这一德、礼、政、刑思想，将传统的德刑关系理论进一步细化，极大丰富并发展了以往的"德主刑辅"学说。

传统儒家以及朱熹对于德刑关系理论的阐释也深深影响着朝鲜王朝的司法理念。如朝鲜成宗在教旨中便明确指出，"德礼以导民，刑政以示惩，刑非圣人之得已也"。① 这一思想很好地诠释了儒家所主张的"德主刑辅"理论。

成宗十九年（1488年），司宪府大司宪李则针对当时"陵上告讦之风日长，小官不敬大官而陵侮之"的严重现象，认为"德礼在所当先，而刑政亦不可后也……儒风士习当以德礼导之，渐以变之，不可以一朝刑政而遽革也。若庶民陵上者，则德礼虽不可无，刑政亦不可不急。请今后庶民之陵辱慢侮长官者，限其风俗归厚，勿论罪之轻重，全家徙边，以补风化之万一"。李则面对当时风俗日敝的严重现象，借用了朱熹"德礼刑政"关系论的主张，明确提出"德礼虽不可无，刑政亦不可不急"。②

中宗二十九年（1534年），侍读官金遂性在一次朝讲中，提到罪、刑之间的关系时说道："大抵刑罚，天讨有罪之具。不得已用之，有罪者，不可赦也，无罪者，不可刑也。是以帝王当存钦恤之心，而亦不可轻宥也……大抵德礼为本，刑政为末也。"③ 侍读官在阐释刑当其罪的问题时，亦引用了朱熹所谓的"德本刑末"思想。

朝鲜孝宗即位（1649年）之初，执义宋浚吉便言辞恳切地于榻前上疏道：

> 今殿下，当天命眷顾之新，值人心蕲向之切……不独殿下不可失之机，抑国家盛衰、治乱之分，庙社安危、荣辱之兆，皆决于此矣。呜呼！可不惧哉，可不慎哉？臣于榻前，敢以刑乱国用重典之语为启者，诚以随时救弊之义，有不得不然，亦司马公所谓胥轻胥重，朱子所谓宽猛互济之义，非欲导殿下以严刑法，尚刻迫也。孔子曰："道之以政，齐之以刑，民免而

---

① 《朝鲜王朝实录》，成宗卷58，成宗六年八月二十六日（壬寅条）。
② 《朝鲜王朝实录》，成宗卷222，成宗十九年十一月二日（辛酉条）。
③ 《朝鲜王朝实录》，中宗卷76，中宗二十九年二月二十八日（乙未条）。

无耻；道之以德，齐之以礼，有耻且格。"朱夫子释之曰："政者为治之具，刑者辅治之法。德、礼所以出治之本，而德又礼之本也。"圣贤所论，可行之万世而无弊。惟殿下，深留圣意而知所缓急焉……①

孝宗新帝登基，执义宋浚吉劝诫孝宗要根据治乱形势而灵活掌握刑罚的世轻世重原则。宋浚吉在此引用了孔子著名的"德刑"理论，并以朱熹对之阐释的"政者为治之具，刑者辅治之法"的政刑思想，提醒孝宗应重视"政刑"的作用，以做到"宽猛互济"。唯有如此，才"可行之万世而无弊"。这也从侧面反映出朝鲜王朝时期，朱子思想占有独尊的地位，凡四书五经皆以朱子的注释为标准。

2. 严本宽济思想

传统儒家始终坚持"宽刑慎罚"的主张，朱熹却认为"古人为政，一本于宽，今必须反之以严"。提出了"以严为本，而以宽济之"的刑罚思想。②

针对南宋时期司法领域重罪轻罚而带来诸多弊害的现象，朱熹认为不应一味怜悯犯罪者，对其施以宽刑，"今人说轻刑者，只见所犯之人为可悯，而不知被伤之人尤可念也"。③若不站在受害人的立场，只会姑息养奸、纵容犯罪，"刑愈轻而愈不足以厚民之俗，往往反以长其悖逆作乱之心，而使狱讼之愈繁"。④故必须"以严为本"才能禁奸止乱，只有做到杀人者死、伤人者刑，帝王才能治于天下。朱熹并非一味地主张"严刑重罚"，而是要求罚当其罪，反对重罪轻刑。同时，在坚持"以严为本"的基础上，朱熹亦倡导慎刑、恤刑，且反对滥刑，"罪之疑者从轻，功之疑者从重，所谓疑者，非法令之所能决，则罪从轻而功从重"。"所谓钦恤者，欲其详审曲直，令有罪者不得免，而无罪者不得滥刑也。"⑤可见朱熹明确主张罪疑惟轻，在罪情有怀疑，法令无法决断的情况下应从轻处理，避免出现冤抑，做到以宽济严。

---

① 《朝鲜王朝实录》，孝宗卷2，孝宗即位年十一月十六日（辛未条）。
② （宋）黎靖德编：《朱子语类·朱子五·论治道》。
③ （宋）黎靖德编：《朱子语类·朱子七·论兵·论刑》。
④ （宋）朱熹撰：《晦庵先生朱文公文集》卷14《戊申延和奏札一》。
⑤ （宋）黎靖德编：《朱子语类·朱子七·论兵·论刑》。

朱熹这一"严本宽济"的刑罚思想亦为朝鲜王朝所吸收，英祖元年（1725年），右议政闵镇远便在上疏中针对英祖重罪轻罚的做法提出了劝谏：

> 殿下务宽平之教，即臣平生所自勉，而第未知殿下，于宽平二字，作如何看耶？《中庸》曰："宽裕温柔，足以有容；发强刚毅，足以有执。"宽属乎仁，刚属乎义，二者相须而成德。非刚毅，则所谓宽裕者，妇人之仁也；非宽裕，则所谓刚毅者，非义之义也。故《书》曰："宽而栗。"孔子曰："刚毅近仁。"朱子答或人问政曰："以严为本，而以宽济之。"至于平则……朱子曰："不问是非曲直，以此为平，是乃所以大不平。"臣窃以为，今日急务，必先严于是非邪正之卞，而及其勘罪也……然后方可合于宽平之道矣。向来诸人，以建储为废立，代理为篡逆，固难逭于王法，而亦多有迷惑胁从之类，则岂可尽置于重辟乎？只宜先明各人之罪，然后酌量首从，差等论断，以行天讨，而常使恻隐、不忍之心，行乎其中可也。窃闻殿下，于此辈，常有掩覆顾藉之念，又以以德报怨，避远嫌疑之意，参错于其间，虽至重之罪，而亦靳至轻之律，宗社之大罪，国家之大体，有不暇顾焉。以是而为宽平，则窃恐有违于上所陈圣贤之训也。①

在此份上疏中，右议政闵镇远对于英祖"务宽平之教"的司法举措提出了质疑。针对英祖因心怀恻隐而对有伤宗社、国家的大罪采取重罪轻罚的做法，闵镇远先后引用先秦儒家典籍中的各观点与朱熹"严本宽济"的思想，认为"宽仁"和"刚义"须相辅相成，只有严正是非，辨别正邪，并给予相应的罪罚，才符合真正的"宽平之道"。而在"以严为本"的同时，也应"以宽济之"，对于犯罪中的胁从犯不可一概而论，须明确"各人之罪，然后酌量首从，差等论断"，才可"行乎其中"。只有做到宽严相济，才不至于违背"圣贤之训"。英祖对于闵镇远提出"刚""严"之劝勉显然也十分体念，批阅道："……上下自修，只守天理之刚而勿失，则岂非国家之幸耶？体卿'刚'字，为自服之铭，

---

① 《朝鲜王朝实录》，英祖卷4，英祖元年三月七日（乙巳条）。

仍反言而勉砺群工，须体此意。"英祖勉励道，只有上下皆守护好"天理之刚"才是"国家之幸"。

3. 纲常等级思想

朱熹极力维护传统三纲五常的等级秩序和家族伦理，凡是遵守纲常秩序的便是符合"天理"，反之则为违背"天理"，并主张将其运用于司法领域。"凡听五刑之讼，必原父子之亲，立君臣之义以权之。盖必如此，然后轻重之序可得而论，浅深之量可得而测。"① 朱熹认为，听讼的首要原则便是"原父子之亲，立君臣之义"，君君臣臣、父父子子的等级秩序是判断是非曲直、罪刑轻重的基础。朱熹还进一步阐释道："凡有狱讼，必先论其尊卑上下、长幼亲疏之分，而后听其曲直之辞。凡以下犯上，以卑凌尊者，虽直不右。"② 可见，朱熹极力反对卑幼控告尊长的"干名犯义"行为，凡是违背了尊卑长幼秩序的行为"虽直不右"。

儒家这一典型的纲常思想亦为朝鲜王朝在法律领域所继受，成为指导立法与司法的基本原则。世宗二年（1420 年），礼曹判书许稠等人启奏：

"窃谓，天下国家人伦所在，莫不各有君臣上下之分，不可少有陵犯之心也。近来以下伺上，得一小衅，则罗织告诉，以逞陵上之心者，比比有之。此等之俗，渐不可长也。古人有言曰：'一星之火，至于燎原。'若此不禁，其流之弊，至于君不得畜臣、父不得畜子，故谨以防禁一二浅计，条列于后……一，朱文公言于孝宗朝（指宋孝宗——笔者注）曰：'愿陛下深诏司政、典狱之官，凡有狱讼，必先论其尊卑上下、长幼亲疏之分，然后听其曲直之辞。凡以下犯上、以卑陵尊者，虽直不右，其不直罪加凡人之坐。'前朝之俗，缘此义，民有陵犯守令者，必斥逐之，至潴其宅而后已。愿自今如有府史、胥徒告其官吏、品官，吏民告其守令与监司者，虽实，若不关系宗社安危及非法杀人，则在上者置而勿论，如或不实，则在

---

① （宋）朱熹撰：《晦庵先生朱文公文集》卷 14《戊申延和奏札一》。
② （宋）朱熹撰：《晦庵先生朱文公文集》卷 14《戊申延和奏札一》。

下者加凡人之坐论罪。"从之。①

针对当时严重的卑幼陵犯尊长的行为，礼曹判书许稠等人引用了朱熹的主张（即在狱讼中，先论尊卑秩序，后论是非曲直），奏请世宗此后若非涉及威胁国家政权或非法杀人的重案，则民告官、下告上的行为不予受理。世宗"从之"。

此外，世宗二十一年（1439年）的相关案例，也循此例予以处理：

> 议政府启："《续》《刑典》云：'朱文公言于孝宗曰："愿陛下深诏中外司政典狱之官，凡有狱讼，必先论其尊卑上下长幼亲疏之分，然后听其曲直之辞，凡以下犯上，以卑陵尊，虽直不右。其不直，罪加凡人之坐。"高丽缘此义，民有陵犯守令者，共斥逐之，至潴其宅而后已。近年全罗道茂珍人卢兴俊、平安道'江东人郭万兴，皆以部民，陵犯守令。破家黜乡，已有成规，请自今陵辱监司守令，败坏纲常者，一依高丽故事，申明举行。"从之。②

此案中议政府亦引用朱熹"以下犯上，以卑陵尊，虽直不右"的思想主张，将这些状告地方守令的部民视为严重的败坏纲常者，并处以流放之刑。③

（三）儒家法的正式形成

朝鲜立国后便着手以儒家经典为依据制定新王朝的典章律令，礼法结合成为朝鲜律法的主流。太祖三年（1394年），郑道传仿《周礼·六官》《大明律》之制编撰《朝鲜经国典》，成为一部贯穿儒家治国理念的行政法大全，此后各部法典的修订和颁布均以此为基础增删损益。成宗十六年（1485年），朝鲜正式

---

① 《朝鲜王朝实录》，世宗卷9，世宗二年九月十三日（戊寅条）。
② 《朝鲜王朝实录》，世宗卷84，世宗二十一年二月二十一日（庚午条）。
③ "破家潴泽"之刑见于朝鲜《续大典·刑典》"推断"条："纲常罪人（弑父、母、夫，奴弑主，官奴弑官长者）结案正法后，妻、子、女为奴，破家潴泽，降其邑号，罢其守令。"《朝鲜王朝实录》中早期被施以破家潴泽的案件均为部民陵犯当邑守令，此类案件中，罪犯本人往往被处以流放。

颁行了国家根本大法——《经国大典》，使儒家法的理念在此后四百余年中继续得到贯彻执行。这些典章律令对朝鲜国家法典的儒家化起到了极为关键的作用，并奠定了朝鲜王朝政治的基石。

1. 名分等级制度

儒家礼教极为强调名分等级，"名分"是一个人在社会中的身份与地位，通过对名分的设定作出伦理上的等级区分，从而达到确立尊卑有别、长幼有序之等级秩序的目的。朝鲜王朝亦深谙此道，"自王公而下，各有等级，不相僭逾，盖所以辨上下、定民志也"。[①] 在这一思想的影响下，朝鲜的律法处处以维护等级礼教为己任。

确立冠服等级之制。人有上下，衣分贵贱，上自天子卿士，下及庶民百姓，服制各有等差。中国自古就将冠服之制纳入礼治的范畴，朝鲜王朝亦将这一"礼有等差"的思想用法典的形式固定下来。《经国大典·礼典》"仪章"条分别上对一品至九品官员，下至录事、各学生徒、吏等的"冠、服、带、笏、佩玉、袜、靴鞋、鞍具"作了极为详尽的规定。冠服实为等级秩序的外衣，教导人们须恪守本分，不能僭越礼数。

确立丧葬坟墓等级。除了生前礼仪用度有严格的等级外，死后丧葬亦有不同的规格。《经国大典·礼典》"丧葬"条规定："坟墓，定限禁耕牧。宗亲，则一品四面各限一百步，二品九十步，三品八十步，四品七十步，五品六十步，六品五十步。文、武官，则递减一十步，七品以下及生员、进士、有荫子弟同六品。女从夫职……"这亦是朝鲜继受儒家"事死如事生，事亡如事存"丧葬观念的表现之一。

禁止卑幼控告尊长。《经国大典·刑典》"告尊长"条规定："子孙、妻妾、奴婢告父母、家长，除谋叛、逆、反外，绞。奴妻、婢夫告家长者，杖一百流三千里。"《续大典·刑典》[②] "告尊长"条规定："以亲母或亲兄弟诬罔陈告为他人奴婢者，依子孙诬告祖父母、父母之律，不待时绞。""凡子孙告诉其祖父母、

[①] 《朝鲜王朝实录》，太祖卷 7，太祖四年四月二十五日（戊子条）。

[②] 《续大典》为朝鲜英祖二十二年（1746 年）颁行的法典，修订、增补了《经国大典》中的部分内容。

父母者，勿辨曲直，依法论罪以明彝伦。"朝鲜效仿了明律中的"干名犯义"之条，将卑幼控告尊长的行为视为严重的大逆不道，处罚极为严厉。这一做法的最终目的还是维护宗法制下的纲常礼教秩序，故而对于此类涉及伦常的犯罪，需在一定程度上以情屈法、以孝屈法。

2. 慎刑恤囚制度

慎刑恤囚是儒家所提倡的重要司法理念，其要求司法官在处理罪犯时要用刑审慎，避免滥用刑罚，这一思想体现的是对生命的尊重与体恤。朝鲜王朝亦尊奉此道，提出"培养国脉，在于重民命，重民命在于慎刑辟"，[①] 并将"慎刑罚、恤民生"作为地方官员的重要职责之一。慎刑恤民制度在朝鲜王朝的律法中有诸多体现。

慎刑制度。慎刑要求司法官审慎用刑、不滥用刑罚，《经国大典·刑典》"推断"条规定："死罪，三覆启。""三日内，毋得再行拷讯。"该条规定了死刑覆启制度以及拷讯的限制条件，充分考虑了犯罪者的身体和心理承受能力，从而对拷讯时间作出间隔。《经国大典》还对司法官的滥刑行为予以惩罚，"滥刑"条规定："官吏滥刑，杖一百徒三年。致死者，杖一百，永不叙用。"

恤囚制度。恤囚要求司法官对狱囚怀有矜恤怜悯之心，《经国大典·刑典》"恤囚"条规定："当该官吏不能救恤，多致物故者，重论。虽非监禁人，拷讯后物故者，亦启。刑死人，无人收葬者，官为埋瘗。如有不牢、不修、漏通、侵虐等事，则杖一百。"该条是针对官吏对狱囚未尽救恤或因故致死而加以惩处的规定。而《续大典·刑典》"恤囚"条对此作了更为人道化的规定："狱者，所以惩有罪，本非致人于死。而祁寒盛暑，冻饿疾病，间有非命致死。其令中、外官吏，净扫图圄，疗治疾病。无家人护养者，官给衣粮。如有懈缓不奉行者，严加纠理。"此条对严寒酷暑、饥饿疾病以及无家人者的情况都予以了充分的关怀。

3. 孝亲伦理制度

朝鲜王朝与中原王朝一样，皆倡导"以孝治天下"，移孝于忠，认为"人君

---

① 《朝鲜王朝实录》，世宗卷52，世宗十三年六月十三日（乙巳条）。

以孝治国，有孝行者未有不忠于君。所谓'求忠臣于孝子之门者也'"。① 故而朝鲜不仅对明律中"存留养亲""十恶""容隐"等体现孝亲思想的制度全盘吸收，其本国法典中亦体现出诸多的孝亲理念，并规定了违背这一理念所要受到的严厉惩处。

有关尊老扶弱的规定。《经国大典·礼典》"惠恤"条规定："……饥寒丐乞无族亲者、老人无扶护者，量给衣料。"《续大典·礼典》"奖劝"条规定："忠臣、孝子、顺孙、烈女、有贫寒丐乞者，每岁米五石、四节衣一领，内则本曹，外则观察使，启闻题给。"国家对于饥寒无亲的人或无人照护的老人，出资给予粮食与衣料，对于忠、孝、顺、烈等遵行礼教之人，也给予一定的物质奖励。

有关家族伦常的规定。对于违背家族伦理纲常的犯罪通常被视为大逆不道，须施以严惩，甚至加等论罪。除前述对卑幼告发尊长的行为要进行惩罚外，对于杀害尊亲属的行为，《续大典·刑典》"狱杀"条规定："杀妻父母者，以谋杀缌麻亲律论。""杀妻上典者，不待时斩。"而出于为尊长复仇目的的杀伤行为，则可在一定程度上减轻处罚，如《续大典·刑典》"狱杀"条规定："其父被人殴打伤重，而其子殴打其人致死者，减死定配。"

有关丧中禁宴乐嫁娶的规定。《经国大典·礼典》"五服"条规定，服丧期间，"在家衰服，三年内，勿与宴乐、娶妻妾"。《续大典·礼典》"婚嫁"条规定："身在丧中，子之朞服未尽，而径行婚礼者，以不谨居丧律论。"因居丧不婚是礼制的要求，故而对于在守孝期内径自嫁娶的行为，要以"不谨居丧律论"。

有关丧服与丧假的规定。《经国大典·礼典》"五服"条将血缘关系分为本宗、外亲、妻亲、夫族四类，以本宗为例，上至高祖父母，下至玄孙，按直系、旁系的亲属等差，将丧服分为五等服制，本宗亲属为父斩衰三年，为母齐衰三年，为祖父母齐衰不杖期，为曾祖父母齐衰五月，为高祖父母齐衰三月，等等。与丧服制度匹配的是丧假制度，为确保服丧的施行，规定"期年，给假三十日，大功九月，二十日，小功五月，十五日，缌麻三月，七日"。国家对于罪囚的服

---

① 《朝鲜王朝实录》，燕山君卷29，燕山君四年二月二十五日（辛卯条）。

丧也予以保障，如《续大典·刑典》"恤囚"条规定："死囚外，遭亲丧者，限成服，启禀保放。定配罪人遭亲丧及承重丧者，给暇归葬，过三月后，还发配所。"本应服刑的死罪、流罪罪犯，若遭遇亲丧，亦须归家为逝者服丧，并于期满后继续服刑。

可见，朝鲜王朝将纲常礼教思想和儒家价值理念全面贯彻于国家立法之中，使其在国家统治中承载着道德教化和秩序构建的重要作用。以《经国大典》为代表的朝鲜王朝国家大典的出台，标志着朝鲜半岛法律儒家化的正式实现。

第二节　中国古代法律制度对朝鲜之影响

中国古代法律制度史是法律儒家化的历史，由儒家学说倡导的伦理思想不仅内化为历代的立法思想与司法原则，同时也不断外化为各项具体的法律条文与法律制度。其中，容隐制度、死刑覆奏制度与存留养亲制度均为中华法系最具代表性的司法制度，在中国古代延续了数千年之久，同时也深深影响了朝鲜半岛的法制。

一、容隐制度

容隐制度是指亲属之间相互隐匿犯罪行为，不予告发和作证，并免于刑事处罚的制度。该制度与儒家思想互为表里，自秦汉确立后一直延续至明清，是法律儒家化的重要表现形式之一。

（一）容隐的缘起与沿革

春秋时期，孔子吸收了周礼中以"亲亲""尊尊"为核心的宗法思想，提出"父为子隐，子为父隐，直在其中"，认为父子之间相互隐瞒错误行为，才是符合人之常情的"直"，这一"父子相隐"原则为后世容隐之法的制定提供了最早的理论依据。

秦代为维护宗法制度下父权家长制的权威，在秦简《法律答问》中已明确规定子告父、奴告主的行为不予受理。汉代标榜"以孝治天下"，随着汉武帝"罢黜百家，独尊儒术"国策的实施，儒家思想中一些体现和维护礼的内容开始影响法律。宣帝地节四年（公元前66年）诏曰，"自今，子首匿父母，妻匿夫，孙匿大父母（祖父母），皆勿坐。其父母匿子，夫匿妻，大父母匿孙，罪殊死，皆上请廷尉以闻"。① 此诏令宣告了"亲亲得相守匿"——即容隐制度的正式确立，明确了父子之间、夫妻之间与祖孙之间互相隐匿犯罪行为均不论罪，但卑幼犯死罪者除外。

及至唐代，"一准乎礼"的《唐律》集前代各律之所长，将礼、法完全结合，达到了中国古代立法成就之顶峰。《唐律疏议》不仅于总则《名例律》中确立了"同居相为隐"的基本原则，又分别在《斗讼律》《捕亡律》《断狱律》各分则中对容隐的各种情形予以细化。在《名例律》中，《唐律疏议》将容隐范围从直系亲属扩展到同居人，并增加了部曲、奴婢须为主人隐匿犯罪的规定。② 为容隐范围内的罪犯进行通风报信的亦不论罪，但犯有"十恶"中谋反、谋大逆、谋叛三种重罪的除外。《斗讼律》对于告发尊长的行为予以严厉制裁，《捕亡律》对亲属藏匿罪犯的行为给予一定程度的刑事宽免，《断狱律》则对强迫亲属作证的行为予以禁止。可见，唐代对容隐制度的范围、适用方式、例外情形及违反规定之处罚等皆作了明确的规定，使之形成了一个完备的制度体系。

明清两代的容隐制度在承袭唐代"同居相为隐"的基础上略加损益。明代的容隐制度被称为"亲属相为容隐"，在唐律同居人的基础上，《大明律·名例律》将容隐范围进一步扩大到不同居的"妻之父母、女婿"等姻亲。除谋反、谋大逆、谋叛这三种重罪外，明代规定"窝藏奸细"这种严重危害国家统治秩序的犯罪也不得容隐。此外，《大明律·刑律》中的"干名犯义""犯罪自首"及"老幼不拷讯"等条文也涉及容隐制度的相关问题。

---

① （汉）班固撰：《汉书·宣帝纪》。

② 《唐律疏议·名例律》："诸同居，若大功以上亲，及外祖父母、外孙，若孙之妇、夫之兄弟及兄弟妻，有罪相为隐；部曲、奴婢为主隐，皆勿论。即泄露其事及擿语消息，亦不坐。其小功以下，减凡人三等。若犯谋叛以上者，不用此律。"

中国古代社会是以血缘关系为纽带、遵循伦理等级秩序的宗法制社会，涉及伦常的犯罪，需在一定程度上以情屈法，以起到维护纲常礼教、缓和家族矛盾的作用。故而容隐制度不仅是权利，也是义务性规定，国家不止鼓励亲属相隐，告发者还须受到严厉处罚。从秦代禁止卑幼控告尊长，到汉代卑幼与尊长之间的互相隐匿，再到唐代进一步扩展到同居人相为隐以及奴为主隐，容隐的范围不断扩大。单向的容隐体现的是长幼尊卑之间严格的身份等级秩序，而双向容隐则更多是出于维护血缘亲情和家族和睦的考虑，这也在一定程度上体现了对于人性的尊重。

（二）中朝容隐立法比较

自高丽王朝起，高丽法制便从形式体例到立法精神皆效法《唐律》，《高丽律》对于体现儒家精神的容隐制度全盘吸收，其"告周亲尊长"条即与《唐律》中的"告期亲尊长"条基本相似，只不过在处刑上相对《唐律》更为宽缓。

朝鲜王朝时期，太祖李成桂甫一即位便宣布将《大明律》作为朝鲜王朝法源加以适用，在教旨中明确"自今京外刑决官，凡公私罪犯，必该《大明律》"。① 作为以儒治国的王朝，朝鲜对于容隐制度极为称道，认为父子相隐，乃本于天理，顺于人情之事。故世宗朝以许稠之案为契机正式确立了"相为容隐之法"。②《大明律》中有关容隐制度的规定皆适用于朝鲜王朝，但朝鲜亦考虑到其自身的特殊性，对《大明律》中的相关条文另作补充，对告尊长、自首、作证等方面加以规定，这些立法主要体现于 1485 年颁布的《经国大典》与 1746 年颁布的《续大典》之中，兹将相关条文罗列如下，并与唐律、明律的相应条文作一参考对照。

---

① 见《朝鲜王朝实录》，太祖卷 1，太祖元年七月二十八日（丁未条）。此后，随着根本大法《经国大典》《续大典》等法典的陆续颁行，朝鲜逐步建立起了以"大典"为根本法，兼采唐律、明律及本朝"受教"作为补充的法律体系。但在《大明律》中的相关规定不符合朝鲜国情的情况下，朝鲜将优先适用《经国大典》。故而，当两者发生冲突时，《经国大典》的效力往往高于《大明律》，两者是特别法与一般法的关系。

② "相为容隐之法，自世宗朝立焉……有臣名许稠之弟犯罪在逃，命下稠义禁府推鞫，当雨雪之日，被鞫于虎头阁，不对所问而垂泣叹息。禁府怪以问之，稠答以：'我则虽在缧绁之中，尚免雨雪之苦，吾弟犯罪在逃，如此雨雪之日，在何处而怕寒乎？以是泣也。'府官皆感动堕泪，遂将其事以启，世宗亦为之悲怆，遂立相为容隐之法。"见《朝鲜王朝实录》，成宗卷 221，成宗十九年十月二十八日（戊午条）。

表 2-1　有关卑幼告尊长的规定

《唐律疏议·斗讼律》	《大明律·刑律》	《经国大典·刑典》
"告祖父母父母绞"： 诸告祖父母、父母者，绞。谓非缘坐之罪及谋叛以上而故告者…… "部曲奴婢告主"： 诸部曲、奴婢告主，非谋反、逆、叛者，皆绞。被告者，同首法……	"干名犯义"： 凡子孙告祖父母、父母，妻、妾告夫及夫之祖父母、父母者，杖一百，徒三年。但诬告者，绞…… 若奴婢告家长及家长缌麻以上亲者，与子孙卑幼罪同……	"告尊长"： 子孙、妻妾、奴婢告父母、家长，除谋叛、逆、反外，绞。奴妻、婢夫告家长者，杖一百流三千里。旧奴婢、雇工殴骂告旧家长者，各减殴骂告家长律二等论……

　　明律将卑幼告发尊长的行为统称为"干名犯义"，通过比照可见，《唐律》对于此类行为的处罚最为严厉，不管诬告或实告，皆处以绞刑；明律则相对宽缓，为杖一百、徒三年，只有在诬告的情况下才处以绞刑；而《经国大典》则效仿《唐律》，对告尊长的行为同样处以绞刑，奴告主的行为则轻于《唐律》，但仍重于明律，为杖一百并流刑。

表 2-2　有关亲属代为自首的规定

《唐律疏议·名例律》	《大明律·名例律》	《续大典·刑典》
"犯罪未发自首"： 诸犯罪未发而自首者，原其罪，正赃犹征如法……即遣人代首，若于法得相容隐者为首及相告言者，各听如罪人身自首法……若于法得相容隐者……同居及大功以上亲等，若部曲、奴婢为主首及相告言者，此还据得容隐者。纵经官司告言，皆同罪人身首之法。其小功、缌麻相隐，既减凡人三等，若其为首，亦得减三等。	"犯罪自首"： 凡犯罪未发而自首者，免其罪，犹征正赃……其遣人代首，若于法得相容隐者为首及相告言者，各听如罪人身自首法……若于法得相容隐者为首，谓同居及大功以上亲，若奴婢、雇工人为家长首及相告言者，皆与罪人自首同，得免罪。其小功、缌麻亲首告，得减凡人三等。无服之亲，亦得减一等。	"赃盗"： 御厨物偷窃者，以盗大祀神御物律论。内医院银器偷窃者，同律……凡偷窃应死者，小功亲自首，则罪人减死定配。

　　此条涉及容隐范围内的亲属代为自首的行为性质及效力问题，故也属于容隐制度的间接规定。唐律与明律皆规定，如犯罪人请容隐者代为自首的，其效力等同于犯罪人亲自自首，双方皆可免罪。同时还对亲疏尊卑关系不同的容隐者代为自首的情况作了区别，若是同居及大功以上亲代为自首的，才得以免罪，若是小功、缌麻亲代为自首的，则犯罪人并不免罪，而是减三等处罚。朝鲜王

朝亦适用《大明律》关于亲属代为自首的规定，① 在涉及偷窃御厨物而犯死罪时，《续大典》另行规定了若小功亲代为自首，则犯罪人可减死定配（定配为朝鲜流刑中的一种），可谓一定程度上借鉴了明律的规定。

表 2-3　有关亲属不得为证的规定

《唐律疏议·断狱律》	《大明律·刑律》	《续大典·刑典》
"八议请减老小"： 其于律得相容隐，即年八十以上、十岁以下及笃疾，皆不得令其为证，违者，减罪人罪三等。疏议曰，其于律得相容隐，谓同居，若大功以上亲，及外祖父母、外孙，若孙之妇，夫之兄弟，及兄弟妻，及部曲、奴婢得为主隐……	"老幼不拷讯"： 凡应八议之人，及年七十以上、十五以下，若废疾者，并不合拷讯，皆据众证定罪。违者，以故失人人罪论。其于律得相容隐之人及年八十以上、十岁以下，若笃疾，皆不得令其为证。违者，笞五十。	"推断"： 凡狱讼，子之于父，弟之于兄，妻、妾之于夫，奴之于主，设有可问事，勿为证质。祖孙同。

　　禁止逼迫亲属作证是容隐制度的重要组成部分，通过比照可知，唐律与明律皆规定容隐范围之人可免于作证，相比之下，朝鲜《续大典》仅规定卑幼对于尊长之事不得作证。该规定来自仁祖四年（1626 年）的国王受教（即教旨，指朝鲜历代国王发布的命令），② 并在此后上升为正式法律而收录于肃宗二十四年（1698 年）汇编成辑的《受教辑录》之中。可见，朝鲜王朝禁止逼迫亲属作证的范围要小于其容隐的范围。而实际上，朝鲜自确立相为容隐之法后，前期始终恪守该制度所确立的容隐规则。尽管在审讯犯罪人时，一方面认为对容隐之亲进行审问"伤恩败伦，实为未便"，但另一方面，案情事实却"亦拘容隐之禁，未得推问，以致淹延，亦为未便"。③ 此外，奴婢因避役而逃亡隐匿于家，但官府又拘于容隐之法而无法推考其亲属，致使"其父母兄弟，公然容接，反辱其

---

① 如世宗二十四年（1442 年），对于擅行削发出家者，本僧及父母族亲中相为容隐者首告则免罪的规定就援引了《大明律》。参见《朝鲜王朝实录》，世宗卷 95，世宗二十四年二月十五日（丙午条）。

② "国之所以维持者，亦在名分。以奴告主，以子诉父，则伤风败俗，莫此为甚，何以为国乎？……今后凡子之于父，奴之于主，弟之于兄，设有可问之事，勿以为证，勿以为质，以敦风俗，以明教化。"见《承政院日记》第 16 册，仁祖四年十月十三日。

③ 《朝鲜王朝实录》，世宗卷 58，世宗十四年十一月十二日（丁丑条）。

主"的现象越来越多，①以致朝堂一度有姑除容隐之法的呼声，但经过权衡，朝鲜终究认为非关国家、宗社大事，相为容隐之法不可毁。故而《续大典》的这一规定或为朝鲜王朝后期统治者对于情与法之间折中考量的结果。

（三）朝鲜容隐案例评析

容隐制度是朝鲜王朝在司法实践中广为遵循的重要制度，通过案例举隅，可更好地把握和理解容隐制度以及《大明律》在朝鲜的适用情况。以下案件发生于世宗十二年（1430年），为母子之间违背容隐之制的干名犯义案，兹将案件原文抄录如下：

> 命放义禁府所囚金氏。上谓代言金宗瑞曰："奇尚廉断继母发，反接之，告刑曹，刑曹受而推劾。予意以为母子之间不当如是，故移义禁府，汝与义禁府提调及委官许稠等考诸律文，熟议以启。《大明律》干名犯义条云：'子孙告父母者，杖一百、流三千里，诬告者绞。'唐律云：'子孙告父母者绞。'"许稠曰："母子之间，虽有过失，相为容隐，义也。今尚廉告母者，欲害其母与弟，贪取财物奴婢耳。不除如此大恶，则人道灭矣。请依唐律论断。"提调等皆曰："稠议是。"上曰："唐律虽非当时所用，据唐律定制，然后施行可也。"遂立法云："今后子孙告父母者，依唐律论断。"乃放金氏。②
>
> 义禁府启："奇尚廉诬指异母弟尚质，奸继母金氏，合结两人，断其发告官，金则已依律文干名犯义条放之。今考《吏学指南》云：'撮挽鬐发，擒领扼喉，亦同殴打。'《大明律》云：'继母与亲母同。'又云：'殴父母者斩。'请将尚廉处斩。婢万月乃金役使之婢，而与尚廉同谋致害，本朝受教：'奴婢告主者处绞。'请万月处绞。奴石伊，尚质之奴也。其妻都多只，与尚廉、万月同谋，知而不禁，又不告主，律云：'家长为人所杀，而奴婢雇工人私和者，杖一百、徒三年。'请杖石伊一百，赎其徒罪。又本朝受

---

① 《朝鲜王朝实录》，世宗卷57，世宗十四年七月二十一日（丁丑条）；世宗卷85，世宗二十一年五月三日（庚戌条）。

② 《朝鲜王朝实录》，世宗卷47，世宗十二年二月二十八日（己亥条）。

教：'婢夫奴妻告主者，勿受，杖一百流三千里。'请杖都多只一百，赎其流罪……尚质于父丧三年内，妆女形戏谑，律云：'丧制未终，释服从吉，忘哀作乐者，杖八十。'请杖尚质八十。"从之。①

研读本案，可先将案情作如下总结：

当事人：奇尚廉、奇尚质（奇尚廉异母弟）、金氏（奇尚廉继母）、万月（金氏之婢）、石伊（奇尚质之奴）及其妻都多只。

案由：奇尚廉伙同万月、石伊及其妻都多只，状告奇尚质奸继母金氏，并断金氏之发后将二人告之刑曹。

审理情况：本案先后审理了两次。首次审理时，国王世宗认为母子之间不应如此，令刑曹与义禁府共同商议本案所应适用法条。义禁府认为，母子之间虽有过失，相为容隐乃大义所在。而奇尚廉为贪取财物竟伙同奴婢诬害其母与弟，此乃人道泯灭的大恶之举。对子孙告父母者，《大明律》"干名犯义条"规定处杖刑并流刑，《唐律》规定处绞刑，故应依《唐律》从重论断，判处奇尚廉绞刑。世宗同意按《唐律》施行，并令"今后子孙告父母者，依唐律论断"。

再次审理时，义禁府又认为，奇尚廉断继母金氏头发的行为等同于殴打亲母，故更改了前次审理时适用的法条，即不按《唐律》子孙告父母者绞，而改依《大明律》子孙殴父母者斩的规定，判处奇尚廉斩刑。世宗"从之"。

判决结果：

其一，依《大明律·刑律》"干名犯义条"，释放金氏；

其二，依《吏学指南》"撮挽鬏发，擒领扼喉，亦同殴打"；《大明律·刑律》："屏去人服食条"："……继母与亲母同"；《大明律·刑律》"殴祖父母、父母条"："凡子孙，殴祖父母、父母……皆斩"，判处奇尚廉斩刑；

其三，依世宗朝受教，"奴婢告主者处绞"，判处万月绞刑；

其四，依《大明律·刑律》"尊长为人杀私和条"："若家长为人所杀，而……奴婢、雇工人私和者，杖一百，徒三年。"判处石伊杖一百，赎其徒罪；

其五，依世宗朝受教，"婢夫奴妻告主者，勿受，杖一百流三千里"。判处

---

① 《朝鲜王朝实录》，世宗卷47，世宗十二年三月五日（乙巳条）。

石伊之妻（奴妻）都多只杖一百，赎其流罪；

其六，依《大明律·礼律》"匿父母夫丧条"："若丧制未终，释服从吉，忘哀作乐……者，杖八十。"判处奇尚质杖八十。

综上可见，本案是一起典型的子孙控告父母的干名犯义案。从案件审理过程来看，无论是国王世宗还是义禁府的司法官，皆认为这是一起性质极为恶劣的卑幼控告尊长案件，该行为已严重触犯了儒教所提倡的道德秩序和伦理纲常，甚至到了"不除如此大恶，则人道灭矣"的地步，故在适用《大明律》（处杖刑并流刑）还是《唐律》（处绞刑）的问题上，君臣皆毫不犹豫地选择了处刑更为严厉的后者。世宗更是以此案为契机，将"今后子孙告父母者，依唐律论断"作为定制予以施行。更甚者，义禁府在第二次审理时，认为判处"绞刑"尤轻，而后引用了元代刊行的一部私人著述《吏学指南》中的相关解释，将"断继母发"的行为成功附会为殴打亲母，如此便可依照《大明律》"子孙殴父母者斩"的规定，顺理成章地将"绞刑"升级为"斩刑"。这一行云流水般的操作让人不得不感叹朝鲜王朝对于侵犯纲常礼教重罪的打击力度之强悍，而本案中奇尚廉为此付出的代价亦不可谓不沉重！

另从案件的判决依据来看，朝鲜在司法实践中除直接适用《大明律》外，《唐律疏议》作为明律的补充，也是朝鲜王朝的重要法源之一。在本案中援用的还有元代徐元瑞编撰的《吏学指南》，① 该书是一本收录了吏学、经济、法律等方面词目并引经据典加以解释的公文辞书，尽管其在元代并非由官方编修或刊行，更非律令典章，但朝鲜王朝援引此类私人著作为判决依据的现象却并非个案，此举背后的目的也颇值得玩味。此外，国王受教也是本案的主要判决依据之一，正式颁行后的受教即成为司法断案的依据，亦是朝鲜王朝法律体系的重要组成部分。

二、死刑覆奏制度

死刑覆奏是中国古代一项重要的司法制度，"覆"为调查、审理之意，死刑

---

① 朝鲜王朝对《吏学指南》的援引可谓相当常见，如在编纂《经国大典注解》时也频繁引用了此书。

覆奏即为奏请皇帝或中央对死刑案件进行审查、覆核。这一制度的确立既是古代慎刑思想的具体体现，也是专制主义中央集权的切实需要。

（一）死刑覆奏的缘起与沿革

死刑覆奏制度起源于慎刑恤杀的法律思想。西周时期，周公最早提出了"明德慎罚"的思想，要求以德治人，慎重刑罚，不滥杀无辜，这一主张成为后世司法制度的指导思想。

汉代时，绣衣御史对于一定级别官员（官秩两千石者）的诛杀实行奏报，[①]但并未形成定制。三国曹魏时期，"诸应死罪者，皆当先表须报"。[②]青龙四年（236年）魏明帝下诏，"其令廷尉及天下狱官，诸有死罪具狱以定，非谋反及手杀人，亟语其亲治，有乞恩者，使与奏当文书俱上，朕将思所以全之"。[③]此诏令一改秦汉时期地方守令的擅杀之权，明确了死刑案件的定案权归皇帝所有。北魏时期，太武帝拓跋焘规定，"当死者，部案奏闻。以死不可复生，惧监官不能平，狱成皆呈，帝亲临问，无异辞怨言，乃绝之。诸州国之大辟，皆先谳报乃施行"。[④]明令各地死刑案件皆须奏报皇帝核准后才可施行。可见自魏晋南北朝始，死刑奏报制度已逐步形成。

及至隋代，开皇十五年（595年）颁诏，"死罪者三奏而后决"。[⑤]开皇十六年（596年）"诏决死罪者，三奏而后行刑"。[⑥]隋文帝创立了三覆奏，意味着死刑覆奏制度的正式确立。唐承隋制，唐前期对死刑案件亦实行"三覆奏"。至贞观五年（631年），唐太宗因错杀大臣张蕴古而一度将"三覆奏"改为"五覆奏"，"凡决大辟罪，在京者，行决之司五覆奏；在外者，刑部三覆奏。在京者，决前一日二覆奏，决日三覆奏；在外者，初日一覆奏，后日再覆奏。纵临时有敕不许覆奏，亦准此覆奏。若犯恶逆已上，及部曲、奴婢杀主者，唯一覆奏"。[⑦]

---

① "它部御史暴胜之等奏杀二千石，诛千石以下。"见（汉）班固撰：《汉书·元后传》。
② （晋）陈寿撰：《三国志·魏书·司马芝传》。
③ （晋）陈寿撰：《三国志·魏书·明帝纪》。
④ （北齐）魏收撰：《魏书·刑罚志》。
⑤ （唐）魏徵撰：《隋书·刑法志》。
⑥ （唐）魏徵撰：《隋书·高祖帝纪》。
⑦ （唐）张九龄撰：《唐六典》卷6。

即京内死刑案件须在二日内实行五覆奏，地方死刑案件在二日内实行三覆奏，但恶逆等严重威胁统治政权和伦理纲常的死刑案件则实行一覆奏。此外，《唐律疏议·断狱律》还规定了违反覆奏的刑事责任，"诸死罪囚，不待覆奏报下而决者，流二千里。即奏报应决者，听三日乃行刑，若限未满而行刑者，徒一年；即过限，违一日杖一百，二日加一等"。可见死刑覆奏制度在唐代已发展成熟，并形成了一整套完善的制度体系。

明清两代承袭隋唐，规定各地死刑案件皆在上报中央三覆奏后才可行刑。[①] 而与《唐律》相比，明清律对于司法官吏违反该制度的刑事处罚已大为减轻，从流刑减至杖刑。《大明律》"死囚覆奏待报"条规定，"凡死罪囚，不待覆奏回报而辄处决者，杖八十。若已覆奏回报，应决者听三日乃行刑。若限未满而行刑及过限不行刑者，各杖六十"。《大清律例》"死囚覆奏待报"条的内容与明律相同。

死刑覆奏制度自魏晋南北朝形成后，于隋唐正式确立，并延续至明清。之所以将全国死刑案件的最终决定权收为皇帝或中央机关拥有，一方面是司法慎刑恤杀思想的体现，通过将死刑案件复杂化来尽可能避免冤抑的发生，同时可加强中央对死刑适用的监督，使司法官吏在审判案件时更为谨慎，从而对死刑适用起到限制与监督的作用；另一方面，皇帝拥有死刑的最高审判权则是专制主义中央集权的需要，通过对司法权的最终控制，使皇权得到进一步巩固和加强，同时也有利于专制法制的统一贯彻实施。

（二）朝鲜死刑覆奏制度的确立

死刑覆奏制度在朝鲜半岛亦有着悠久的历史，自高丽王朝起，统治者对待死刑的态度就已相当审慎。早在高丽文宗元年（1047年）已有尚书刑部向国王覆奏死刑的记载，文宗认为："人命至重，死者不可再生，寡人每听死囚，必待三覆……"[②] 在实践中，"在京五覆启，在外三覆启，方许断罪，事干军机及叛逆，不在此限"。[③] 可见，高丽有关京内、外分别五覆启与三覆启，以及威胁皇

---

① "自今，在外诸司死罪，咸送京师审录。三覆奏，然后行刑。"见（清）张廷玉撰：《明史·成祖本纪》。

② ［朝鲜］郑麟趾撰：《高丽史·刑法志·恤刑》。

③ ［朝鲜］郑麟趾撰：《高丽史·刑法志·恤刑》。

权与纲常重罪不适用覆奏制度的规定，完全参考与借鉴了《唐律》。

深受儒家慎刑恤杀思想的影响，朝鲜王朝对于死刑案件的适用亦相当重视，认为王政之中，刑政为大，如不审慎对待刑罚，则死者不可复生，断者不可复续，故而对于死罪者，即使罪该至死，也应当经过覆奏程序后再予决断。

朝鲜于朝鲜王朝最早编制的成文法典——1397年的《经济六典》中已正式设立死刑覆奏制度。[①] 该制度的执行则借由太宗元年（1401年）一个死刑案件的契机而引发。检校汉城尹卞南龙父子因诬告谋叛而被处以弃市，但由于该案的审判与处决皆在一日之内进行，故而翌日门下府郎舍便向国王上疏道：

> 刑者，圣人之所重，用刑之际，不可不慎，故古者大辟之罪，必须三覆奏五覆奏以决之，其法载在刑典，颁示中外，盖所以重人命也。唐太宗言："人命一失，亦无再生。"其好生之德，直与天地生物之心，上下同流，诚古今之格言也。近日卞南龙父子，妄发大言，眩惑众听。讯其情状，究其罪名，置之极刑无疑矣。然其鞫问处决，皆在一日之间，有乖古者覆奏之例。愿自今，中外所奏大辟之罪，必下议政府更议，以求至当之论。殿下亦宜虚心精思，减膳彻乐，然后乃令行刑，使大小人民，晓然知其人之罪决不可宥，则钦恤之意，行乎其间，覆奏之典，不为虚文，而无滥刑之失矣。[②]

此份上疏将死刑覆奏制度的思想基础、历史渊源、设立依据及终极目的皆阐释得十分到位。疏文以圣人所看重的慎刑思想、唐太宗关于人命不可再生的名言，以及自古大辟案件皆经由三覆奏五覆奏的历史经验为依据，劝诫国王设立死刑覆奏之制。卞南龙之案虽然处以极刑无疑，但却有悖于死刑覆奏的惯例，故而此后京内外死刑案件皆应由议政府审议，以求（程序与实体）正义。这样

---

① "巡禁司兼判事朴訔，请申大辟三覆之法，从之。启曰：'臣考《经济六典》，死罪则令三覆。今刑曹巡禁司未尝行之，请依《六典》。'上曰：'然。自今刑官宜举行。'"见《朝鲜王朝实录》，太宗卷26，太宗十三年八月三十日（丙子条）。

② 《朝鲜王朝实录》，太宗卷1，太宗元年二月十日（己亥条）。

百姓既能知晓罪犯的罪无可恕，也可感知国王的恤刑之意，从而减少滥杀，使死刑覆奏之法不会成为一纸具文。看了这份有理有据的上疏，国王太宗显然深受触动，"悔而允之"。

自太宗朝设立死刑覆奏之制后，该制于成宗十六年（1485年）颁布的《经国大典·刑典》中正式得到确认，其"死罪三覆启"条规定：

> 死罪，三覆启。外，则观察使定差使员，同其邑守令推问，又定差使二员考覆，又亲问乃启。济州三邑，则节制使亲问，报观察使，启闻。

可见，死刑覆奏制度在朝鲜被更名为"三覆启"，而三覆启制度除了在国家根本大法《经国大典》中予以确认外，此后于正祖九年（1785年）颁布的《大典通编》及高宗二年（1865年）颁布的《大典会通》中，该条文皆被承袭延续。直至高宗三十四年（1897年）颁布的诏令中依然有司法实践须遵循三覆奏之制的规定，"人命至重，历代皆有三覆奏之条，而失出之罚，轻于失入。凡问刑官员，毋执己见，毋循贿嘱，务在得情"。① 可见，该制度从立国初期被设立以后，一直延续适用至王朝末期，是朝鲜王朝慎刑恤杀的典型体现。

从条文规定来看，朝鲜的死刑三覆启之制由多个司法部门参与。根据"死罪三覆启"及"京、外死罪"② 的规定，在京外死刑案件中，案件由观察史派遣差使与地方守令共同审讯后，再由差使二人考覆，然后经刑曹、议政府向国王覆奏；济州三邑则由节制使审讯后报观察使考覆，最后经刑曹、议政府向国王覆奏；而京内死刑案件的覆奏程序，由刑曹、议政府向国王覆奏。

（三）朝鲜死刑覆奏案例评析

纵观《朝鲜王朝实录》的记载，死刑三覆启之制自太宗朝确立之后，紧随其后的世宗朝就已在司法实践中予以适用，而历朝中要数成宗朝（1469—1495年在位）对于三覆启案件的记载最为丰富，数量多达368次。以下撷取三则相关案例予以评述。

---

① 《朝鲜王朝实录》，高宗卷36，高宗三十四年十月十三日（阳历）。
② 《经国大典·刑典·推断》"京、外死罪，本曹报议政府详覆"。

案例一：此案例为世宗八年（1426 年），司法机关未遵循三覆奏制度而被予以纠正的情形：

> 丙戌／义禁府启："侍女水清，盗御库白纱及彩线，律该处斩，家产没官。"从之。知司谏高若海启曰："臣以为杀人不可轻也。古之圣人，虽左右诸大夫，国人皆曰可杀，必审其可杀，而后杀之，且凡死囚，法必三覆奏。今宫人盗财帛，下义禁府斩之，刑曹三覆奏，而义禁府不一奏何耶？后世中主，脱有任其私怒，藉此为口实，便下诏狱，轻行死刑，非所以垂法也。"上嘉纳之，即命义禁府，亦三覆奏。①

本案为宫女偷盗财帛案件，义禁府审理认为应依律处斩刑并家产没官，世宗"从之"。但司谏官却认为凡死囚必须经过三覆奏，刑曹施行了三覆奏制度，但义禁府却未执行，后世君主将以此为口实，轻行死刑，无法垂法后世。世宗显然对谏官所言甚为满意，赞许并采纳了其建议，命义禁府亦实行三覆奏。自此，刑曹、义禁府皆对死刑案件予以三覆奏。而在朝鲜王朝史上，国王世宗也因其审慎刑狱而被后世誉为"海东尧舜""治法政谟"。②

案例二：此案例为成宗六年（1475 年），因罪犯的犯罪行为恶劣而不适用三覆奏的情形：

> 义禁府再覆启："金蔚山杀母罪，律该凌迟处死。"传于承政院曰："如此之罪，亦三覆乎？"都承旨申澄启曰："凡反逆者，不三覆，蔚山之罪，与反逆何异？三覆启者，虑失中而求生道也，若蔚山事状，无可疑也。"传曰："其勿更覆。今日聚都人广示，辗之，传尸诸道。"③

本案为罪犯金蔚山杀母的恶逆案件，义禁府于第二次覆奏时，国王成宗对

---

① 《朝鲜王朝实录》，世宗卷 32，世宗八年六月二十四日（丙戌条）。
② 《承政院日记》第 2446 册，宪宗十二年一月十七日。
③ 《朝鲜王朝实录》，成宗卷 55，成宗六年五月二日（庚戌条）。

于此案是否适用三覆奏制度提出了异议。都承旨认为，反逆者不覆奏，三覆奏是为顾虑判决失当而于死中求生的制度，而金蔚山弑母的犯罪行为与反逆无任何差别，不应适用覆奏制度。于是成宗下令此案不适用覆奏，并令当日即刻将金蔚山分尸行刑示众。显然，朝鲜三覆启制度亦继承了前代《高丽律》所仿效的《唐律》，对于严重威胁统治政权和伦理纲常的死刑案件不适用死刑覆奏制度。

案例三：此案例为显宗元年（1660 年），国王三覆奏时根据案情认为罪犯情有可恕而予以减刑的情形：

> 丰川人金八立之兄六立为长连水军朴进所杀，进逃走。八立伴与之私和，诱致进刺杀，即自因于丰川府。监司亲问曰："汝兄弟三人，汝独复兄仇，杀人者死，自是常法，汝知其应死而杀之乎？以其为兄复仇之故，侥幸得生而为之乎？"对曰："四岁母死，五岁父死，长养于兄六立家，名虽兄弟，恩同父母。挺身复仇，固知应死。"监司启："以八立欲为兄报仇，伴为和论，诱致仇人，而手刃之，即奔告于官，自就刑戮，其复仇事状，明白如此，不可与无端相杀者一例论罪。"事下刑曹，以为："该曹惟当报法，不可以法外之事，有所低昂。八立以斩待时奏当。"凡三覆奏，上教以："情理有可恕，特令减死定配。"八立时年二十三。①

在本案中，年仅 23 岁的金八立，因兄长金六立被人杀害，故为报兄仇，八立以私了的名义诱导杀兄之人，并将其刺死后向丰川府自首。在审讯时，八立供述其自幼父母双亡，在兄长六立家中被抚养长大，两人虽名为兄弟，但六立对其恩同父母，所以八立明知犯下死罪仍要为兄复仇。监司初审后将此案上报刑曹，认为八立是为兄报仇，且在复仇后便报官伏罪，案件事实清楚，故不可与故意杀人者相同论罪。但刑曹受理此案后认为不应为情屈法，应依法判处八立斩刑。而后此案在向国王显宗三覆奏时得到了改判，显宗认为八立于情于理皆有可恕之处，故而特令改死刑为流刑。

---

① 《朝鲜王朝实录》，显宗卷 3，显宗元年七月八日（辛酉条）。

三、存留养亲制度

存留养亲制度是指徒刑以上罪犯，因其家中直系尊亲属年老或疾病无人侍养，得以暂缓执行刑罚，允许其归家侍亲的制度，亦称"留养制度"。这一制度可谓"以孝治天下"理念在法律领域的重要体现，也是中国古代引礼入律、礼法结合的重要标志。

（一）存留养亲的缘起与沿革

随着汉代引礼入律的开启，东晋时期已出现存留养亲的司法实践，成帝咸和二年（327年），孔恢因"自陷刑纲"本应弃市，但皇帝"以其父年老而有一子，以为恻然，可特原之"。① 至北魏太和十二年（488年），深受汉化影响的孝文帝正式下诏，"犯死罪，若父母、祖父母年老，更无成人子孙，又无期亲者，仰案后列奏以待报，著之令格"。② 该诏令标志着存留养亲制度的形成。正始元年（504年），宣武帝将此修订正式入律，"诸犯死罪，若祖父母、父母年七十已上，无成人子孙，旁无期亲者，具状上请。流者鞭笞，留养其亲，终则从流。不在原赦之例"。③ 即犯死罪者，若家中尊亲属年过七十且无成年子孙，可上请留养；犯流罪者鞭笞，准许其侍奉亲人至终后服刑。自此，存留养亲正式定制，成为法律儒家化的又一标志。

唐代对存留养亲的适用条件和程序作了进一步细化，使该制度更为完善。《唐律疏议·名例律》规定："诸犯死罪非十恶，而祖父母、父母老疾应侍，家无期亲成丁者，上请。犯流罪者，权留养亲，谓非会赦犹流者，不在赦例，仍准同季流人未上道，限内会赦者，从赦原……"④ 律文确定了适用存留养亲的条

---

① （宋）李昉等撰：《太平御览·刑部·弃市》。
② （北齐）魏收撰：《魏书·刑罚志》。
③ （北齐）魏收撰：《魏书·刑罚志》。
④ 疏议对"非十恶"以及尊亲属"老疾"与"期亲成丁"的年龄加以补充："非谓谋反以下、内乱以上死罪，而祖父母、父母，通曾、高祖以来，年八十以上及笃疾，据令应侍，户内无期亲年二十一以上、五十九以下者，皆申刑部，具状上请，听勅处分。"见（唐）长孙无忌等撰：《唐律疏议·名例律》"犯死罪非十恶条"。

件：第一，死罪非"十恶"，流罪非"会赦犹流"；第二，家中尊亲属年老（年八十以上）或笃疾；第三，家中无期亲成丁（年二十一以上）。满足以上三项条件的死刑犯可上请皇帝裁决，流刑犯则由有司根据律文进行裁决。

宋元时期基本因袭唐律，元代适当扩大了留养亲属的年龄范围，"诸犯死罪，有亲年七十以上，无兼丁侍养者，许陈请奏裁"。① 即将留养亲属的年龄从唐宋两代的八十岁放宽至七十岁，这一年龄放宽条件被后世以及朝鲜予以承袭。

明清两代对存留养亲制度作了进一步改革。《大明律·名例律》规定，"凡犯死罪，非常赦所不原者，而祖父母、父母老疾应侍，家无以次成丁者，开具所犯罪名奏闻，取自上裁。若犯徒流者，止杖一百，余罪收赎，存留养亲"。因其中"常赦所不原"涉及的犯罪要比"十恶"所涵盖的重罪范围更为宽泛，② 故相比于唐律，明律明显缩小了该制的适用范围。而对于徒、流罪犯，则处以杖刑一百，余罪收赎后予以存留养亲。由于限制过严，"犯罪存留养亲条"在明代几近形同虚设。

清代前期承袭了明律的规定，在制度上未作实质改进，但随着统治力量的日益巩固，清王朝通过以例改律的方式开始逐步拓宽留养条件，如出于对守节寡母的矜恤以及犯罪者家族延续的考虑，陆续增加了孀妇独子、存留承祀等情况的适用，并使这项制度得以广为施行。

存留养亲之制形成于北魏，完善于盛唐，并延续至清末，尽管留养的适用范围与条件随着朝代的更迭不断变化，但其始终是统治者兼顾情法所实施的"仁政"之一。该制度的着力点在于维护儒家思想所倡导的"孝"，使年迈与笃疾者能老有所依、老有所养、老有所终，从而达到维护亲情伦理、教化大众的目的。

（二）朝鲜存留养亲制度的确立

早在高丽王朝时期，在儒家孝道思想的影响下，统治者已认识到维护亲情

---

① （明）宋濂等撰：《元史·刑法志》。

② "凡犯十恶、杀人、盗系官财物，及强盗、窃盗、放火、发塚、受枉法不枉法赃、诈伪、犯奸、略人略卖、和诱人口、若奸党，及逸言左使杀人，故出入人罪，若知情故纵、听行藏匿引送，说事过钱之类，一应实犯，虽会赦并不原宥。"见（明）刘惟谦等撰：《大明律·名例律》"常赦所不原条"。

伦理关系对于巩固政权统治的重要性，故而《高丽律》已效仿《唐律》开始实行存留养亲制度，"年七十以上父母无守护，其子犯罪应配岛者，存留孝养"。文宗二年（1048年）规定，"犯罪配乡人，若有老亲权留侍养，亲没，还配"。①以上条文皆为高丽王朝维护孝道所实施的法律举措。

及至朝鲜王朝，统治阶层对于存留养亲的适用更为普遍，最早的相关案例出现于太宗十五年（1415年）（参见以下案例一），最晚的案例则在高宗三十一年（1894年），②可见对于该制度的适用几乎伴随了朝鲜王朝的始终。相关司法实践中皆直接援引《大明律》"犯罪存留养亲条"作为断案依据。

除了直接适用《大明律》外，作为对《大明律》的补充，朝鲜还根据自身需要另于成宗十六年（1485年）颁布的《经国大典》中对这一制度作了阐发性的规定。《经国大典·兵典·行巡》规定："本曹差定宫城四门外直宿各上大护军、护军中一人（不足则以行职人差之），正兵五人……直宿，唯老、疾、寡妇无侍养者，免直。"可见，朝鲜还创造性地将用于死刑、流刑犯人的存留养亲制度也适用于当值的军官，规定家中有老、疾、寡妇无侍养者，可免于当值。而在中国直至清代才因出于对守节寡母的矜怜，首次将寡妇列入可适用存留养亲的范畴，且还需满足守节二十年且年逾五十的苛刻条件。相较之下，尽管朝鲜王朝这一规定所适用的对象并非罪犯，但其擅于举一反三的特点可见一斑。另外，在中宗三十八年（1543年）颁行的《大典后续录》中还规定了不适用存留养亲制度的情形，《大典后续录·兵典·禁制》规定，"犯罪全家徙边人，勿许存留养亲"。

（三）朝鲜存留养亲案例评析

以儒教立国的朝鲜王朝，将仁孝之义刻进了民族的血液之中，无论对于国家统治还是政务管理皆以孝行作为重要的衡量标准，故而对于存留养亲制度的适用亦不遗余力，兹举案例三则。

案例一：此案例为朝鲜初期，死刑罪犯之母以独子为由乞求宽免，朝鲜王朝对此适用《大明律》"犯罪存留养亲条"的情形：

---

① ［朝鲜］郑麟趾撰：《高丽史·刑法志·恤刑》。
② 见《承政院日记》第3051册，高宗三十一年十月十六日。

申独子存留养亲之律。东部司吏张德生盗使其部印信，刑曹启："律当处斩，德生之母申呈以为独子，乞贷其死。"上曰："杀人强盗，于律亦有存留养亲之文，是岂轻于盗印乎？今欲存留德生养亲如何？"朴訔、朴信等曰："上意然矣。"上曰："此三覆奏，故得生也。"乃命曰："德生真是独子，则存留，减一等施行。自今常赦所不原外，犯死罪之人若独子，则每当论报之时，其留养律文，并录启闻，以为恒式。"①

本案发生于太宗十五年（1415年），刑曹认为张德生因盗印依律当处斩，但张母以张德生乃独子为由乞求宽恕其死罪。此案在三覆奏时，国王太宗举重以明轻，认为律文规定杀人强盗者可适用存留养亲，更何况比杀人强盗行为更为轻微的盗印罪，故太宗念其为独子，准许其存留养亲，并减一等刑罚施行。此外太宗还规定，今后除"常赦所不原"之犯罪外，犯死罪者若为独子的情况，有司须将其留养律文与案情一并呈报。显然，本案中"律亦有存留养亲之文"中所指的"律"便是《大明律》，且朝鲜对于《大明律》"犯罪存留养亲条"中所规定"常赦所不原"的适用限制也一并遵守，并"以为恒式"。这也是《朝鲜王朝实录》中最早对存留养亲制度予以适用的案例。在适用时，有司还需对留养亲属的户籍年龄（是否年满七十以上）以及独子入籍的情况进行查核。②

案例二：此案例为世宗十二年（1430年），刑曹为使犯罪者能适用存留养亲制度而特意将罪行排除在"常赦所不原"之外的情形：

议政府据刑曹呈启："斫木监役官护军申通礼，强奸官婢古音德，请依律绞。古音德初拒而哭，宜不坐罪，然其后自来相奸，当以和奸论，杖九十。但以一奸事而男强女和，治罪各异，于法可疑，伏取上裁。"上曰："通礼初使人执来，古音德哭而不从，强之乃通，通礼当论以强奸。然古音德亦有夫，而后日自来，亦岂无罪？其减通礼一等，余依所启。"刑曹更

① 《朝鲜王朝实录》，太宗卷30，太宗十五年八月十八日（壬午条）。
② 参见《承政院日记》第631册，英祖三年一月二十七日。

启："通礼之母，年今七十七岁，且有口喝疾，然强奸，常赦所不原，不在存留养亲之例。请决杖流之。"命决杖赎流。①

在本案中，官军申通礼因强奸官婢古音德，本该依律当绞，但由于申通礼之母年迈有疾，故如需适用存留养亲，便在于对申通礼的强奸罪该如何量刑的问题。按《大明律》"犯罪存留养亲条"规定，将犯罪存留养亲分为犯死罪和犯徒、流罪两种情况，犯死罪，律文明确规定"非常赦所不原者"才可适用留养，而犯徒、流罪，从律文字面上来看并未作任何适用限制，即不论是否为"非常赦所不原"罪，任何徒、流犯罪皆可适用留养。② 故而，刑曹在奏报国王时明确表达了这一层含义，"……然强奸，常赦所不原，不在存留养亲之例。请决杖流之"。其话外之音即为，申通礼若因强奸依律处绞刑的话便属于"常赦所不原"之罪，无法适用存留养亲之例，而流刑没有任何适用上的限制，故宜判决杖流之刑。世宗显然心领神会，判其"决杖赎流"。从这一案例中也可看出，对于这起强奸案究竟处以绞刑还是流刑，往往在于裁决者的一念之间，而在礼与法的诸番抉择中，朝鲜统治者通常会屈法而伸礼，因其价值理念中更为看重的还是儒家伦理。

案例三：此案例为成宗十一年（1480 年）流刑犯在服刑期间发生了存留养亲事由而予以适用的情形：

庆尚道　东莱付处人柳子光上疏略曰：

臣今年四十二，母年七十一。母生三子，而去癸巳年，子烔病死，自臣配罪东莱，独子晶在母侧，家祸未殄，去年子晶，又病死。母过哀成病，几至死域。今又天寒风冷，咳嗽转剧，呻吟孤苦，日迫西山，无以为怀。

---

① 《朝鲜王朝实录》，世宗卷 50，世宗十二年十月二十五日（壬辰条）。
② 对于犯徒、流罪者，尽管律文并未明言"非常赦不原者"才可适用留养，但《大明律集解附例》"纂注"规定："若犯徒、流，非常赦所不原者，皆决杖收赎，存留侍养。"故实际上犯徒、流罪和犯死罪一样，皆为"非常赦所不原者"才可留养。但考虑到《大明律集解附例》编纂于万历年间（1573—1620 年），故而朝鲜王朝于 1430 年根据《大明律》判决的此则案例并无不当之处。

伏惟殿下，以孝为治，臣罪虽重，臣母之病可哀，不知其子之恶，而必切慈爱之情。伏望殿下，特下鸿恩，量移臣母乡，得奉余日之养，以终其年，母子之情，生死无憾矣。俯伏天涯，瞻望宸极，魂神飞去，不胜恳迫之至。

命示大臣。郑昌孙议："柳子光之罪，固重，然今流配已经三年，岂无悔过自新哉？况子光之功，重矣，所犯非系关宗社，自己狂妄而已。今为母上言，情志恳笃，请量移母乡，俟母永愈，发还配所。"沈浍、尹士昕、尹弼商、洪应、尹壕议："柳子光作重罪远配，固当杜门晦迹，悔罪不暇。乃至上言，烦渎天聪，今又上书，自愿量移，狂悖之心，今犹未悛。功虽重矣，不可轻贳。"金国光议："柳子光罪犯甚重，不宜轻论，然其七十老母得病，且二弟俱亡，子光，乃独子也。虽应死者，独子则尚许存留养亲，况不至死者乎？病母近处量移，庶合情理。"卢思慎议："南怡等，逆谋已成，赖宗社之灵，泄谋于子光，子光上变，旋即捕诛，子光功在社稷。虽有大罪，犹当宥之，况此坐罪，非关宗社乎？老母病卧，无子存养，迫切之情，亦为可哀，且其远配，今经三年，岁月已久，虽令量移，未为失法。"李克培议："子光之罪，非干系宗社，而功臣削籍，远逐边方，今二弟俱亡，七十一岁之母，病且深重，情理可矜。请量移母乡近邑。"御书曰："功在于社稷，情迫于至亲，罪虽关乎朋党，心则嘉于孝养，特从情愿，以示宽恩，量移母侧，使终天年。"①

本案为因交结朋党罪而流配至庆尚道东莱的罪臣柳子光，因服刑期间胞弟亡故，特而恳请国王成宗允其返乡赡养病母。柳子光的此份疏文写得情真意切，读之令人恻然。而朝堂之上对于是否允许其发还配所的争论亦十分激烈，有的认为柳子光罪重不宜轻论，须闭门悔罪，不应烦扰天聪，但更多的观点站在了礼教的一面，认为"虽应死者，独子则尚许存留养亲，况不至死者乎？病母近处量移，庶合情理"。"今二弟俱亡，七十一岁之母，病且深重，情理可矜。"最

---

① 《朝鲜王朝实录》，成宗卷 122，成宗十一年十月二十八日（甲戌条）。

终，成宗准许了柳子光的请求，"特从情愿，以示宽恩，量移母侧，使终天年"。而对于此类流刑犯在服刑之中发生了存留养亲事由该如何处理的问题，早在《唐律疏议》中就已规定得十分详尽，《名例律》规定"即至配所应侍，合居作者，亦听亲终期年，然后居作"。疏议又进一步解释道，"流人至配所，亲老疾应侍者，并依侍法。合居作者，亦听亲终期年，然后居作"。亦即流刑犯到达配所后发生了留养事由，亦给予留养，待亲属终期年，再予以服刑。故而成宗与大臣对于此案的商议与处理于法有据、于理应当、于情相容。

第三节　中国古代司法机构与设施对朝鲜之影响

几千年的中华文明赋予了法律极其生动而丰富的内涵，并借由司法机构与设施使之具象化。中国古代的司法机构与设施不仅承载着丰厚的中华法律文化，蕴含着特有的国家治理智慧，而且影响了包括朝鲜在内的周边国家。

一、司法机构

司法机构作为一种重要的国家机器，用于承载案件审判、司法监察与刑狱管理的各种需要。高丽、朝鲜两大王朝的司法机构深受中国古代相关机构的影响，在机构名称、职能、官制设置等方面皆作了较多借鉴与效仿。

（一）刑曹——审判机构的继受

1. 机构名称

刑曹为高丽王朝与朝鲜王朝的中央审判机构，"六曹"之一，又称秋官或秋曹。

中国古代自汉代始，尚书即分"六曹"治国理政。[1] 魏晋以后，"或五或六，

---

① "尚书六人，六百石。本注曰：成帝初置尚书四人，分为四曹：常侍曹尚书主公卿事；二千石曹尚书主郡国二千石事；民曹尚书主凡吏上书事；客曹尚书主外国夷狄事。世祖承遵，后分二千石曹，又分客曹为南主客曹、北主客曹，凡六曹。"见（南朝宋）范晔撰：《后汉书·百官志》。

亦随宜施制，无有常典。自宋齐以来，多定为六曹，稍似周礼。至隋六部，其制益明"。① 而六曹之中"刑曹"之设，最早可追溯至《周礼》秋官"大司寇"一职；汉晋时期，刑狱官从"三公曹"发展为"三公尚书"；南北朝时期，各政权多置"都官尚书"职掌刑狱。隋初官制改革，在中央确立了三省六部制，开皇三年（583 年）改"都官尚书"为"刑部尚书"，为尚书省"六部"之一，唐宋因之。②

高丽开国之初，效仿唐代"立三省、六尚书、九寺、六卫"，③ 亦确立起了三省六部的官制结构，同时又承周代"六官"之制，将唐代的刑部称为"刑官"。成宗十四年（995 年）改"刑官"为"刑部"，忠烈王二十四年（1298 年）改为"刑曹"，后经"谳部""典法司""刑部""理部"等多次易名，于恭让王元年（1389 年）效法明代，最终定名为"刑曹"。从高丽"刑曹"这一机构名称在历朝的演变已足见其慕华、遵华之倾向。

朝鲜王朝建立后，李成桂甫一即位便颁布教旨，宣称"仪章法制，一依前朝故事……自今刑曹，掌刑法、听讼、鞫诘"。④ 朝鲜依照高丽旧制，同时又效仿大明，在中央设立吏、户、礼、兵、刑、工六曹，各司其职，其中刑曹即相当于明代的刑部，"我朝之刑曹，即皇朝之刑部也"。⑤

2. 机构职能

唐代刑部主掌复核，"掌天下刑法及徒隶、句覆、关禁之政令"。⑥ 具体职能主要为复核大理寺及各州、县上报的徒刑以上案件。刑部之下设四司：刑部司（掌刑法）、都官司（掌徒隶）、比部司（掌句覆）、司门司（掌关禁）。及至明代，刑部在职掌上发生了较大变化，由唐代的复核机构转变为审判机构，⑦ 具体职能为审理中央百官及京师地区案件，以及审核地方徒刑以上案件。

---

① （唐）杜佑撰：《通典·职官五》。
② 参见（唐）张九龄撰：《唐六典》卷 6。
③ ［朝鲜］郑麟趾撰：《高丽史·百官志》。
④ 《朝鲜王朝实录》，太祖卷 1，太祖元年七月二十八日（丁未条）。
⑤ 《秋官志》卷 1《官制》。
⑥ （唐）张九龄撰：《唐六典》卷 6。
⑦ 洪武十五年（1382 年），"令吏、户、礼、兵、工五部，凡有应问罪人，不许自理，俱付刑部鞫问"。见（明）李东阳、申时行撰：《大明会典》卷 177《问拟刑名》。

刑曹在高丽时期是主掌审判的司法机构，"掌法律、词讼、详谳之政"。① 其虽然仿效唐制使用"刑曹"作为审判机构名称，但其职能与唐代刑部有较大差异。朝鲜时期，刑曹职能在承袭高丽的基础上略有拓展，"掌法律、详谳、词讼、奴隶之政"，② 并下辖四司：详覆司（掌详覆大辟）、考律司（掌律令按覆）、掌禁司（掌刑狱禁令）、掌隶司（掌奴隶簿籍及俘囚）。可见，朝鲜刑曹在职能上与明代刑部更为接近，两者皆为主掌审判的机构，而朝鲜刑曹之下四司的设置则与唐代刑部下设四司之制十分接近。

3. 官制设置

朝鲜王朝的设官分职亦取法大明王朝。明代刑部正官设尚书一人（正二品），左右侍郎各一人（正三品），十三清吏司各设郎中一人（正五品），员外郎一人（从五品），主事二人（正六品）。

根据《经国大典·吏典》的规定，朝鲜刑曹为正二品衙门，设判书一人（正二品），参判一人（从二品），参议一人（正三品），正郎四人（正五品）等。可见，明代的刑部与朝鲜的刑曹皆为正二品衙门，前者长官称为"尚书"，后者长官称为"判书"，之所以如此称谓，乃朝鲜恪守宗藩礼制而避称之故。

4. 法司会审

唐代时，审判形式中已确立了"三司推事"的会审制度，遇有重大疑难案件时，由刑部、大理寺与御史台的长官会同审理，"其事有大者，则诏下尚书刑部、御史台、大理寺同按之，亦谓此为'三司推事'"。③ 明代则由刑部、大理寺与都察院合称为"三法司"，遇有重大疑难案件由三法司长官实行"三司会审"。

朝鲜王朝效仿唐、明之制，刑曹与义禁府、汉城府共同构成朝鲜"三法司"。刑曹往往与义禁府、议政府、司宪府和司谏院等机构共同参与卑幼杀害尊长、通奸、殴打父母等纲常类重罪案件的审理，这一审判制度又称为"省鞫"。朝鲜初期，由刑曹、司宪府和司谏院交坐审判的方式被称为"三省杂治"或"三省推鞫"，此后随着义禁府职权的加重，刑曹逐渐被排除在"三省"之外。

---

① ［朝鲜］郑麟趾撰：《高丽史·百官志》。

② 《经国大典·吏典·京官职》。

③ （唐）杜佑撰：《通典·职官六》。

（二）司宪府——监察机构的继受

1. 机构名称

司宪府为高丽王朝与朝鲜王朝中央监察机构，又称霜台、乌台、柏府。

朝鲜"司宪府"之谓，与中国古代监察机构的名称有着千丝万缕的联系。秦汉时期，御史大夫负责监察事务，御史所居官署被称为"宪台"，魏晋南北朝在承袭汉制的基础上，将中央监察机关确立为"御史台"，隋唐因之。唐高宗龙朔二年（662年）曾"改御史台曰'宪台'，大夫曰'大司宪'，中丞曰'司宪大夫'"，①后又复称为"御史台"。明初承袭元制，仍置御史台，但为强化监察在国家政务中的地位，朱元璋裁撤御史台并于洪武十五年（1382年）更置"都察院"充当天子耳目之司，而都察院正由唐宋时期负责纠劾与监察的御史台演变而来。

正因汉、唐之际，监察机构一度被称为"宪台"，故高丽王朝初期，效仿唐宋御史台而设立的监察机构被命名为"司宪台"。成宗十四年（995年）官制改革时一度改称为"御史台"，后名称又几经变更，不过职权上并未有实质变化，最终于恭愍王十八年（1369年）定名为"司宪府"。朝鲜王朝立国后，承高丽末期之制，亦设"司宪府"为国家监察机构。

朝鲜王朝之所以在官制机构的名称上与皇明有所差异，除因循本国前代旧制以外，为维护等级制度而产生的避讳也是其中重要原因之一。如宣祖三十年（1597年），君臣之间对于中、朝两国机构名称的讨论便很能说明问题：

> 上曰："……我国避尚书为判书者，其意有在矣。"卢稷曰："杨方亨言：'汝国最知礼义，至于官制，亦不敢僭拟'云。"上曰："司宪府，谓都察院乎？"成龙曰："监察家，亦如是言之矣。"②

从以上君臣对话中可见，正因朝鲜"最知礼义"，故设官分职不敢僭越中国。明代六部"尚书"在朝鲜避称为"判书"，而明代的监察机构称"都察院"，在朝鲜则称为"司宪府"，两者的相似性显而易见。

---

① （宋）欧阳修等撰：《新唐书·百官志》。
② 《朝鲜王朝实录》，宣祖卷89，宣祖三十年六月八日（丁卯条）。

2. 机构职能

御史台为唐代中央监察机构，"大夫、中丞之职，掌持邦国刑宪典章，以肃正朝廷"。① 下设台院纠察百官，殿院纠察朝仪，察院则监察各级地方官吏。在司法方面，主要负责监察大理寺与刑部的司法审判活动，并参与重大疑难案件的审判。明代都御使 "职专纠劾百司，辩明冤枉，提督各道，为天子耳目风纪之司……大狱重囚会鞫于外朝，偕刑部、大理谳平之"。② 十三道监察御史 "各理本布政司及带管内府监局、在京各衙门、直隶府州卫所刑名等事"。③ 可见，无论是唐代的御史台还是明代的都察院，其职责主要为纠劾与监察，同时也拥有一定范围内的司法审判权。

高丽司宪府的职责为 "掌论执时政、矫正风俗、纠察弹劾之任"。④ 其中 "论执时政、矫正风俗" 的职能为高丽自有，与唐代御史台有较大不同，为唐制所无。根据《经国大典·吏典》的规定，朝鲜司宪府 "掌论执时政、纠察百官、正风俗、伸冤抑、禁滥伪等事"。其职能与高丽时期有很大的传承性，其中最为主要的职能便是履行言论职责，包括谏诤国王言行、弹劾百官、针砭时政、提议人事任免。司宪府与同样履行言论职责的司谏院合称为 "言论两司" 或 "台谏"。作为法司之一，司宪府还具有重要的司法职责，包括执行禁令（包括禁酒、禁猎、禁淫祀、禁奔竞、禁伪造印信、禁松、禁贱隶骑马、禁滥伪等）、鞫问犯罪官员、参与案件决讼等。通过对中、朝两国监察机构的职能进行比较可以发现，无论是唐代御史台还是明代都察院，其职能偏重于纠察、监察，充当皇帝的耳目心腹，而朝鲜司宪府的主要任务是由其监察之责衍生出的谏诤与论政职能，该机构的存在更多的是对于王权的制约。

3. 官制设置

明代都察院为正二品中央监察机构，职官体系分为都御史与监察御史。其中，都御史体系包括左右都御史（正二品）、左右副都御史（正三品）、左右佥

---

① （后晋）刘昫等撰：《旧唐书·职官志》。
② （清）张廷玉撰：《明史·职官志》。
③ （明）李东阳、申时行撰：《大明会典》卷 209《都察院》。
④ ［朝鲜］郑麟趾撰：《高丽史·百官志》。

都御史（正四品）。监察御史体系包括十三道监察御史（正七品），该设置与刑部下设十三清吏司相对应，专掌各道之监察事务。

朝鲜《经国大典·吏典》确立司宪府为从二品衙门，官制亦大致沿袭高丽末恭愍王时期的职官制度，设大司宪一人（从二品），执义一人（从三品），掌令二人（正四品），持平二人（正五品），监察二十四人（正六品）。

（三）典狱署——刑狱机构的继受

1. 机构名称

典狱署为高丽王朝与朝鲜王朝负责刑狱相关工作的机构。

典狱署初设于高丽王朝初期，该机构的设置借鉴了唐代中央刑狱机构——大理寺狱。成宗十四年（995 年）高丽效仿唐制将典狱署改称为"大理寺"，文宗年间又复称"典狱署"。朝鲜王朝时期，太祖在制定官制时，刑狱机构的名称沿袭了高丽王朝时期的"典狱署"。

2. 机构职能

唐代在三省六部制外设有"九寺"，其中的大理寺不仅掌有审判职能，还置有监狱，负责刑狱事务。"凡京都大理寺、京兆、河南府、长安、万年、河南、洛阳县咸置狱。其余台、省、寺、监、卫、府皆不置狱。"[①] 可知，唐代刑狱机构附属于审判机构之下，并非独立的司法行政机构，而大理寺是唐代中央唯一正式置狱的机构，御史台如有羁押囚犯的需要，也须移送至大理寺，"旧，台中无狱，未尝禁人，有须留问，寄禁大理。李乾佑为大夫，奏请于台置狱，虽则按问为便，而增鞫狱之弊。至开元十四年，御史大夫崔隐甫奏，罢之，须留问者，依前寄禁大理"。[②] 御史大夫曾两次奏请在御史台置狱皆未获准，如有囚犯须留问，还须羁押于大理寺。

高丽王朝时期，典狱署职责为"掌狱囚"。[③] 朝鲜王朝因袭高丽，典狱署职责亦为"掌狱囚"，负责掌管朝鲜的监狱与囚犯。根据《经国大典·吏典》的规定，典狱署为刑曹下设机构。可见，典狱署在朝鲜也并非独立的司法行政机构，

---

① （唐）张九龄撰：《唐六典》卷 6。

② （唐）张九龄撰：《唐六典》卷 13。

③ ［朝鲜］郑麟趾撰：《高丽史·百官志》。

与唐代一样归属于审判机构之下。

3. 官制设置

唐代大理寺狱设狱丞四人，从九品下，"掌率狱吏，检校囚徒，及枷杖之事"。① 另设狱史六人、亭长四人、掌固八人、问事一百四十八人，掌决罪人。唐代对于报囚、分押管理、械具使用、安全措施、衣粮医药、劳役居作、虑囚等狱政管理方面皆有详细的规定。

高丽典狱署设令一人（正八品）、丞二人（正九品）。可见，无论是唐大理寺狱丞，还是高丽典狱署令，其官职都不高。朝鲜典狱署设主簿一人（从六品）、奉事一人（从八品）、参奉一人（从九品）。因典狱署为刑狱机构，为标榜仁爱，朝鲜国王亦常常派遣官员前往典狱署检查囚犯的居处洒扫、铺陈、汲水等设施，以及衣服铺盖的厚薄情况，以免囚犯在寒冬或暑热时得病。与此同时，典狱署亦实行报囚制度，典狱署主簿及刑曹月令郎官须每日对囚犯进行枷锁佩戴等方面的检查。睿宗时期便发生了囚犯刑具解脱而使相关官员因玩忽职守而被义禁府收监受审的情况。②

二、法律器物

登闻鼓，是设于古代朝堂之外的一面大鼓，有冤屈的百姓可以通过击鼓的方式向皇帝或中央陈诉冤抑，以达到平反冤假错案的目的。作为一种古老的法律设施，登闻鼓在实现自身特有功能的同时也传达着丰富的法律文化内涵。

（一）登闻鼓的缘起与沿革

鼓作为一种乐器，在古代被广泛应用于祭祀、宴会、战事等各种场合。至迟不晚于西晋，登闻鼓已进入司法领域，在古代直诉制度中承担着重要的作用。经过后世的传承与发展，击鼓鸣冤成为中国古代最为典型的一种直诉方式。③

登闻鼓肇始于西周时期在周王寝殿外为理政而设置的"路鼓"；及至西晋，

---

① （后晋）刘昫等撰：《旧唐书·职官志》。
② 《朝鲜王朝实录》，睿宗卷 8，睿宗元年十月七日（丁巳条）。
③ 直诉是指蒙受重大冤屈之人直接向皇帝申诉的制度，俗称"告御状"。

"登闻鼓"之名已正式出现；①北魏时期，明确规定有冤屈之人可通过击打悬于宫阙外的登闻鼓呈奏诉求。②经过魏晋南北朝以来的实践，登闻鼓已发展为一项长期而稳定的制度。

自隋代起，对登闻鼓的受理开始作出程序上的限制，规定只有在经县、郡、州、省逐级申诉均未被受理的情况下，方可挝鼓。③唐代在长安、洛阳两都城皆设有登闻鼓，并对逐级申诉的机构作了更为明确的阐述，申诉必须遵循从地方本管衙门或长官开始，直至中央尚书省、三司，最后挝登闻鼓以寻求救济的先后次序。④同时，挝鼓申诉的内容必须属实，《唐律》规定对"诉而不实者杖八十"。对不及时受理申诉案件的官吏，也须处以杖刑。⑤唐宋两代对于申诉程序、申诉受理以及对申诉不实的处罚等方面予以规范，使登闻鼓的管理和运行逐步走向制度化。

宋代对登闻鼓之制进一步完善，在中央设立了专门的申诉受理机构——登闻鼓院、登闻检院和理检院，百姓在经地方至中央等各机构依次受理均未果后，方可至登闻鼓院申诉，若鼓院不受理，可再往登闻检院，最后为理检院，前后须衔接。⑥同时规定申诉的事项包括"朝政得失、公私利害、军期机密、陈乞恩赏、理雪冤滥，及奇方异术、改换文资、改正过名，无例通进"等，⑦可见当时登闻鼓案件的受理范围之广。元代延续了宋代登闻鼓院的设置，对于"理决不平者，许诣登闻鼓院击鼓以闻"。但在受案范围上却大为收紧，规

---

① "西平人麹路伐登闻鼓，言多祅谤，有司奏弃市。"见（唐）房玄龄撰：《晋书·武帝纪》。

② "阙左悬登闻鼓，人有穷冤则挝鼓，公车上奏其表。"见（北齐）魏收撰：《魏书·刑罚志》。

③ "有枉屈县不理者，令以次经郡及州，至省仍不理，乃诣阙申诉。有所未惬，听挝登闻鼓，有司录状奏之。"见（唐）魏徵撰：《隋书·刑法志》。

④ "凡有冤滞不伸，欲诉理者，先由本司本贯；或路远而踬碍者，随近官司断决之。即不伏，当请给不理状，至尚书省左、右丞为申详之。又不伏，复给不理状，经三司陈诉。又不伏者，上表，受表者又不达听，挝登闻鼓。"见（唐）张九龄撰：《唐六典》卷6。

⑤ "即邀车驾及挝登闻鼓，若上表诉，而主司不即受者，加罪一等。"见（唐）长孙无忌等撰：《唐律疏议·斗讼律》。

⑥ "诸州吏民诣鼓司、登闻院诉事者，须经本属州县、转运司，不为理者乃得受。"见（清）徐松辑：《宋会要辑稿·职官三》；"先所属寺、监，次尚书省本曹，次御史台，次尚书都省，次登闻鼓院。"见（宋）李焘撰：《续资治通鉴长编》卷326。

⑦ （元）脱脱等撰：《宋史·职官志》。

定击鼓必须"为人杀其父母兄弟夫妇，冤无所诉"，如若以"细事唐突者，论如法"。①

明初，"国家设登闻鼓，以伸冤抑，通达幽滞"，登闻鼓初置于南京午门外，后又移置于长安右门外，由六科给事中与锦衣卫官各一员，轮流值鼓。规定凡词讼案件须自下而上逐级进行，依次经府、州、县、省官及地方按察使、巡按监察御史、通政司、都察院审理后，仍觉不公不法，才可击鼓申诉。为防止滥诉，明代对受案范围也作了严格限制，须有冤抑、机密重情者才可击鼓，一般的户婚、田土、斗殴等纠纷则不许击鼓，守鼓官也不准受理。②此外，相比于《唐律》，《大明律》对于申诉不实的处罚更为严厉，规定"击登闻鼓申诉，而不实者，杖一百；事重者，从重论；得实者，免罪"。清代登闻鼓初设于都察院，后置于长安门外，而后又在中央通政使司下设立了专门受理申诉案件的登闻鼓厅，而刑部于鼓厅前刊刻的木榜上规定："状内事情必关系军国重务、大贪大恶、奇冤异惨，方许击鼓。"③可见登闻鼓的适用规定已非常严苛，只限于此三类案件。

自西晋至明清，登闻鼓在申诉程序、受理机构、受案范围、申诉不实的处罚方面已形成了完善的管理和运行机制。这不仅是上位者重视下情、彰显仁政的重要方式，也是司法救济的主要途径，承载着中华法律文化对于公平、正义理念的追求。但与此同时，可以看到明清时期登闻鼓的申诉门槛越来越高，受案范围愈发狭窄，这也从侧面反映出随着帝制晚期专制程度的加剧，登闻鼓的设置实际上已象征意义大过于实质意义。

（二）申闻鼓在朝鲜的设立与应用

登闻鼓传入朝鲜半岛后，朝鲜王朝将其更名为"申闻鼓"，并在申诉机构、申诉程序、申诉赏罚等方面制定了完善的规则，使申闻鼓在实践中得到了广泛的应用，并成为承载朝鲜法律文化的重要器物。

---

① （明）宋濂等撰：《元史·世祖本纪》。
② 参见（明）李东阳、申时行撰：《大明会典》卷178《刑部二十·伸冤》，卷209《都察院一·风宪总例》。
③ （清）慧中等撰：《钦定台规》。

1. 制度设立

早在高丽宣宗五年（1088 年），北宋的登闻鼓就已传入高丽王朝，① 但该制度真正得以确立还是在朝鲜王朝时期。朝鲜太宗元年（1401 年）七月，因国王常虑下情未获上达，耳目有所不及，故效仿宋制正式设立登闻鼓，以伸冤抑，除壅蔽之患。翌月又更名为"申闻鼓"，以表申诉上闻之义。世宗十六年（1434 年），因认为申闻鼓中的"申"字"非启达君上之辞也"，② 故改申闻鼓为"升闻鼓"，但很快又复称为"申闻鼓"，直至朝鲜王朝末期。

在漫长的发展历程中，申闻鼓在朝鲜经历了几番兴废。世祖时期（1455—1468 年在位），因有百姓误击漏鼓（报时鼓）导致申闻鼓被禁用，后于成宗二年（1471 年）恢复使用，并于朝鲜《经国大典》中对申闻鼓的运行作了明文规定。明宗十五年（1560 年）至孝宗九年（1658 年）期间申闻鼓被再次废行，转而实行击铮制，③ 代行申闻鼓的功能。在英祖二十二年（1746 年）颁布的《续大典》中亦载明，"申闻鼓，今无之。诉冤者，许击金于差备门外，谓之击铮"。英祖四十七年（1771 年），朝鲜再次依国初之制，复设申闻鼓于昌德宫进善门及庆熙宫建明门。在此后正祖九年（1785 年）颁行的《大典通编》中，新增了"申闻鼓，依原典复置"的说明，并对申闻鼓的受理重新加以规定，但受案范围只限于"刑戮及身、父子分拣、嫡妾分拣、良贱分拣等项四件事"，即只有关系到刑戮涉及自身、父子之间的区分、嫡妻和妾之间的区分、良人和贱人之间的区分这四件事才可击鼓。

2. 申诉机构

朝鲜于太宗十四年（1414 年）于申闻鼓所在宫门附近设立当直厅，专门受理申闻鼓及其相应事务。当直厅隶属于义禁府，由义禁府官吏轮流当值负责申诉事务，但其并非司法机构，只负责接收和转呈书状，再根据申诉内容将案件分配给刑曹、司宪府、议政府、兵曹等相关机构进行议决。某些情况下，国王

---

① "昔者投匦上书，万姓悉通于穷告，叫阍挝鼓，四聪勿阂于登闻。"见［朝鲜］郑麟趾撰：《高丽史·宣宗世家》。

② 《朝鲜王朝实录》，世宗卷 63，世宗十六年一月二十四日（壬寅条）。

③ 击铮制是有冤抑之人在国王途经之地敲锣向国王陈诉冤情的制度。

也亲自过问并处理案件。

3. 申诉程序

与中国古代要求自下而上申告的程序相仿，朝鲜对百姓词讼案件也要求逐级申诉，禁止越诉。根据申诉事项的不同，申诉程序也有所差异。

第一，申诉冤抑者。在汉城府内，冤抑者须先向主掌官申诉，主掌官不予受理的，再向司宪府申诉，司宪府给予退状（即退回不予受理）后才可击申闻鼓，直厅官吏在审核其退状无误后，方可将其申诉上报处理，并须于五日内作出回复，即：主掌官→司宪府→申闻鼓；在京外各地，冤抑者须先向当地守令申诉，如守令判决不公则向该道观察使申诉，如观察使仍然不公则再向汉城司宪府申诉，司宪府若不予受理，给予退状后，方可击鼓，即：守令→观察使→司宪府→申闻鼓。

第二，申诉政治得失及民生休戚相关事项者。须向议政府申诉，议政府不予受理方可击申闻鼓，对于可用建议予以采纳，对于不合情理的事项则给予宽容。即：议政府→申闻鼓。

第三，申诉危害社稷或谋害宗亲大臣事项者，应立即击申闻鼓，没有任何前置程序。

4. 申诉赏罚

根据《经国大典·刑典》关于申闻鼓的相关规定，申诉危害社稷或谋害宗亲大臣的事项，在案件查核属实后，将给予告发者丰厚奖励：赏田二百结、奴婢二十口以及罪犯的所有财产，此外有官职者还给予超资三等录用，无官职的良人则授官六品，如为贱民，则转为良人后授官七品，而诬告者则反坐；若违背申诉程序，申诉者将以越诉罪论；若申诉者以细微之事、他人冤屈或虚构事实申诉，则以申诉不实律论断。诬告者，杖一百、流三千里。

5. 受理实践

根据《朝鲜王朝实录》中记载的申闻鼓受理实践，其案件大致可分为以下几类：

第一，争夺奴婢所有权。如太宗四年（1404 年），前朝判三司事全普门之妻宋氏无后而死，奴婢甚多。前典医少监许愔等以收养为名传得役使，宋氏内外族人等遂讼至辨定都监，欲争夺奴婢。于是许情击申闻鼓诉冤。国王审阅了两边文券，命台谏于三日内辨其是非，而台谏以许情伪造文字，而宋氏族人非四寸，① 且宋氏无传系为由，判奴婢皆属于公婢。②

第二，控诉判刑过重。如世宗五年（1423 年），庆源府节制使田时贵因御敌不力，人马多被杀掳匿不实报，而被处以大辟，庆源人为其击鼓求情，世宗受理后减一等处罚，杖田时贵一百，流放固城；③ 世宗六年（1424 年），德川郡事崔世温因贪污而被处斩，崔世温之子击鼓诉冤，控告行台监察对其父罗织成罪，世宗遂令有司辨识赃物；④ 文宗二年（1452 年），忠户卫镇抚郑兴孙因接待使臣不力，文宗怒命决杖一百，郑兴孙之母击申闻鼓哀乞，文宗遂改令决杖八十。⑤

第三，请求叙用或颁禄。太宗八年（1408 年），各道节制使、道色掌 139 人击申闻鼓乞求叙用，太宗遂令兵曹详定各道军营色掌迁转之法，详定额数及职品高下迁转品次。⑥ 太宗十年（1410 年），三军队长击申闻鼓呈请与副职颁禄有差，"古例，队长，于队副受禄，加米豆各一石、正布一匹。今岁颁禄，与队副无差，乞依前例"。太宗允之。⑦

第四，控告禁人击鼓。太宗十七年（1417 年），申诉者欲击鼓控诉相关官吏对其奴婢案件拖延不决，但遭到义禁府副镇抚崔宣阻止，国王令司宪府查实后命崔宣罢任；⑧ 世宗十年（1428 年），义禁府当直员金仲诚、柳渼因阻止一私婢击鼓陈冤而遭罢职。⑨

第五，控诉刑官拖延狱讼。肃宗三十六年（1710 年），一儒生击鼓，称其妹被丈夫李万运杀害并投尸江中，而刑判官俞得一却拖延狱讼致使逾月而不得尸体，肃宗亲自过问此案，下教曰："殴妻至死者，是一罪也。况李万运杀妻匿

① 朝鲜的亲属关系使用的是"寸数法"，父子之间为一等亲，叫"一寸"，每隔一代加一寸，以此类推，寸数越多则关系越远。
② 《朝鲜王朝实录》，太宗卷 7，太宗四年一月十二日（甲寅条）。
③ 《朝鲜王朝实录》，世宗卷 21，世宗五年九月十三日（辛卯条）。
④ 《朝鲜王朝实录》，世宗卷 24，世宗六年六月十三日（丙辰条）。
⑤ 《朝鲜王朝实录》，文宗卷 13，文宗二年四月二十三日（丁亥条）。
⑥ 《朝鲜王朝实录》，太宗卷 15，太宗八年三月一日（庚戌条）。
⑦ 《朝鲜王朝实录》，太宗卷 19，太宗十年四月三日（己亥条）。
⑧ 《朝鲜王朝实录》，太宗卷 34，太宗十七年七月十九日（壬申条）。
⑨ 《朝鲜王朝实录》，世宗卷 40，世宗十年五月二十四日（乙亥条）。

尸，情节凶惨，万万绝痛，而身为刑官，迁延时月，终不严覆，当该刑官，姑先罢职。"此案中，刑官俞得一因拖延狱讼而被罢职。①

通过受理实践可知，尽管法律规定无论身份高低，只要与政治得失、民生休戚或冤抑相关的事项皆可击鼓，但实际上，击鼓者中官吏占比居多，申闻鼓对于平民与奴隶来说仍缺乏实际效用，这与朝鲜严格的身份制度不无关系，两班阶层在国家资源的占有和控制上始终具有绝对的优势。从实录的记载来看，该制度主要活跃于 15 世纪的太宗至文宗年间，此后便随着击铮制的施行而形同虚设。但无论怎样，登闻鼓的设立是朝鲜统治者为便于下情上达以及百姓表达诉求，而仿效中国宋明之制开辟的一种诉冤方式，其目的也在于尽可能地维护国家所希望的公平与正义。

（三）申闻鼓在当代韩国的发展与影响

时至今日，申闻鼓之制在韩国仍具有强大的生命力，并随着时代的发展而不断传承与创新，其在韩国的影响力可谓家喻户晓，妇孺皆知。

1. 青瓦台申闻鼓

青瓦台原为韩国总统官邸，实际上其并未真正设立申闻鼓，"青瓦台申闻鼓"的提法仅作为一种引喻出现在了韩国前总统朴槿惠的自传中。由于朴槿惠的母亲每天帮助其丈夫——韩国第三任总统朴正熙处理大量民众来信，并走访视察，因此被誉为"青瓦台申闻鼓"，这也从一个侧面反映了申闻鼓在韩国的深入人心。朴槿惠在其自传中记述道："母亲为了当好称职的青瓦台女主人，工作量几乎和父亲差不多，每天都过得相当忙碌，青瓦台的人们甚至为母亲取了一个'申闻鼓'的绰号，因为她会亲自检查每一封信件，而且还会悄悄地到处走访视察。"②而在关于朴槿惠的另一本传记著作中，也有类似的说法："母亲活着的时候，每天都要处理大量的民众来信，给父亲提出建议，母亲担当的角色被人称为'青瓦台内的在野党'，'青瓦台内的申闻鼓'。"③这种协助统治者处理下

---

① 《朝鲜王朝实录》，肃宗卷 48，肃宗三十六年七月二十二日（乙酉条）。
② ［韩］朴槿惠：《绝望锻炼了我：朴槿惠自传》，蓝青荣等译，译林出版社 2013 年版，第 31—32 页。
③ 宋嘉军：《朴槿惠全传——生来注定不平凡》，华中科技大学出版社 2014 年版，第 42 页。

情，并予以建议的做法，与古代申闻鼓之制可谓有着异曲同工之妙。

2. 宗教申闻鼓

为了保障公民宗教信仰自由的权利，韩国不仅制定了较为完善的宗教事务管理政策与法规，韩国文化体育观光部（当时为文化体育部）宗务宗教室还于1994年4月施行了"宗教申闻鼓"制度，对"问题宗教"实行举报。自成立起至2002年12月，"共受理各种民怨事件608起，宗教教理和与税金有关的事件297起，宗教内部纠纷33件，宗教违反公共道德事件189起，提供宗教资料36种，接受各种建议53项"。① 从而起到引导和协调宗教事务、保护国民免遭宗教侵害的作用。

3. 企业申闻鼓

企业申闻鼓制度由韩国三星集团设立。三星集团成立于1938年，是世界著名的跨国企业，业务涉及电子、金融、机械、化学等众多领域。李健熙在任会长期间，三星集团在其企业文化中曾有一项很令人瞩目的措施便是"申闻鼓"。为了听取意见和建议，不仅三星系列公司社长团和会长团的传真机必须24小时开启，连会长李健熙家中的传真机亦如此。这一企业申闻鼓制度，不仅面向三星集团的全体员工，也面向三星下属公司和代理商。对于任何企业腐败问题或遭受的不公正待遇皆可申告，以保证所有的民意都能以下情上达的方式到达上级管理层。

受三星集团企业文化的影响，申闻鼓制度很快在企业界推广开来。鲜京集团设立了"交流板"，任何人都可向时任会长崔钟贤直接提案；汉拿集团的"语音信箱"向生产一线职员开放；斗山集团在公司内部网络中设立了类似"申闻鼓"的报告制度等，不一而足。三星集团实施的这一"申闻鼓"措施可谓影响了整个企业界。②

4. 国民申闻鼓

2005年，为了强化国民与政府间的沟通，韩国国民权益委员会整合多个

---

① 国家宗教事务局宗教研究中心编写：《当代世界宗教问题》，宗教文化出版社2007年版，第449页。

② 参见［韩］洪夏祥：《三星总裁李健熙》，［韩］李浩栽译，华夏出版社2004年版，第142—143页。

中央行政机关的民愿处理系统，运营了一个名为"国民申闻鼓"（www.epeople.go.kr）的综合民愿网站。该网站是卢武铉政府为完善民愿制度而实施的重要措施之一，① 这一措施不仅是韩国民众行使表达权和监督权的重要渠道，也是解决社会不公事件的有效途径。任何受到行政行为侵害的公民皆可登录网站要求政府调查该行政行为的正当性，对公职人员的不当行为也可进行举报。这一机制"确保了有确凿事实根据的信访很难被忽略……例如，如果小区的物业费不合理了，居民会一个个地去'击鼓'，直到物业认错为止。自从设置'国民申闻鼓'以来，韩国人的参与意识逐步增强了"。②

和朝鲜时期一样，这一当代版的"申闻鼓"对受理的申诉事项有着严格的期限限制，其规定所有民愿皆须在七日内给予回复。"2009 年，'国民申闻鼓'共受理了 69 万件信访，97.4% 的信访在 7 天内得到了处理，平均处理时间为 6.1 天。可见，公务员的工作压力不小。"③ 韩国的这一"国民申闻鼓"系统因此获得了很大的成功，国民对于政府服务的满意率"从 2005 年的 30% 提高到了 2013 年的 63.9%，在国际上也获得了很高的评价。在全世界最为权威、每两年评价一次的公共行政领域评价报告——《联合国电子政务调查报告》的'电子政务指数'部分，韩国以此系统实现了 2010 年、2012 年、2014 年评价的三连冠"。④ 直至今日，这一"国民申闻鼓"系统仍然稳定地发挥着效用。

三、刑狱之具

刑狱之具是对罪犯实行刑讯、拘禁或执行刑罚时所使用的械具。伴随着中国古代监狱以及刑罚的诞生，刑狱之具作为重要的司法设施，在刑狱管理中发挥着重要的作用，其种类、形制、材质亦为朝鲜半岛所模仿与借鉴，并应用于

---

① 韩国民愿制度类似于中国的信访制度，是一种公民个人或群体以适当的方式向国家相关机构反映意见或情况的制度。

② ［韩］金宰贤：《中国，我能对你说不吗？》，新星出版社 2012 年版，第 140—141 页。

③ ［韩］金宰贤：《中国，我能对你说不吗？》，新星出版社 2012 年版，第 141 页。

④ 何赞国：《以国民权益委员会为中心的韩国类信访处理体制》，《信访与社会矛盾问题研究》2015 年第 6 期。

司法实践中。

（一）高丽王朝的刑狱之具

早在三国时期，朝鲜半岛就有关于"笞""杖""枷锁"等零星记载，其中，"笞""杖"为刑具，"枷锁"为狱具。① 至高丽王朝时期，国家建制多仿唐制，连刑狱之具亦不例外，唐代的系囚之具，"凡枷、杖、杻、锁之制，各有差等"。② 高丽效法之，在司法实践中对枷、杖、杻、锁皆多有运用。

1. 枷

"枷"为古代最为常用的一种刑狱之具，用来拘禁罪犯的颈项以限制其行动。晋代始称"枷"，③ 有"两胡一枷"之说，即两人共用一枷。北魏对"枷"的尺寸与适用情况作了明确规定，使之成为正式的法定刑具，④ 据大枷"一丈三尺"的长度判断，北魏所使用的是一种长枷。唐代对"枷"的尺寸与适用作了更为细致性的规定，⑤ 其由"五尺以上、六尺以下"的长木片和"二尺五寸以上、六寸以下"的短木片共同组成，两头并不齐平。而作为刑具的"枷"也较早传至朝鲜半岛，根据《高丽史》的记载，"如有饰诈求免者，着枷立市，决杖七十七，下配岛"。"以知杆城郡事田光富，贪墨害民，枷市三日，杖流之。"史料中虽未提及"枷"的形制与尺寸情况，但从"着枷立市""枷市三日"的描写来看，高丽所使用的"枷"在限制囚犯人身的同时，也具有戴枷示众的惩罚性。

2. 杻

"杻"肇始于商周之际的刑具"桎梏"中的"梏"，因"在足曰桎，在手曰梏"，⑥ 故而"杻"是用来拘禁罪犯双手的刑具，类似于现今的手铐。据沈家本考

---

① "决笞放之。""刑一百杖，入岛。""图圄之中，不被泣辜之恩，枷锁之苦。"见［高丽］金富轼撰：《三国史记》。

② （唐）张九龄撰：《唐六典》卷6。

③ "张隆房群胡将诣冀州，两胡一枷。"见（唐）房玄龄撰：《晋书·石勒载记》。

④ "大枷，长一丈三尺，喉下长一丈，通颊木各方五寸。"见（北齐）魏收撰：《魏书·刑罚志》。

⑤ "诸流、徒罪居作者皆著钳，若无钳者著盘枷，病及有保者听脱……枷杖五尺已上，六尺已下，颊长二尺五寸已上、六寸已下，共阔一尺四寸已上，六寸已下，径头三寸已上，四寸已下。"见（唐）张九龄撰：《唐六典》卷6。"禁囚、死罪枷、杻，妇人及流以下去杻，其杖罪散禁。"见（唐）长孙无忌等撰：《唐律疏议·断狱律》。

⑥ （清）孙诒让撰：《周礼正义》卷66。

证，"桎梏"之名在"隋以后则鲜见矣"，①并被"杻"逐渐取代。在《梁律》中该刑具已称为"杻"，其轻重大小亦有定制，"囚有械、杻、斗械及钳，并立轻重大小之差，而为定制"。②及至唐代，《唐律》规定禁囚与死罪用枷、杻，妇人与流罪以下则不用杻，其尺寸为"杻长一尺六寸已上、二尺已下，广三寸，厚一寸"。③高丽王朝亦使用"杻"，"……捕送平州，平州人，恐其逋逸，略加锁杻，申覆朝廷"。④从"恐其逋逸，略加锁杻"的记载来看，高丽所用"杻"的功能与中国相同，皆是为了限制罪犯行动而佩戴的一种刑具。

3. 锁

"锁"，即为铁锁链，"汉之铁锒铛也"。⑤主要用于犯轻罪的囚犯。《汉书·王莽传》中便有"其男子槛车，儿女子步，以铁锁琅当其颈，传诣钟官"的记载。唐代的锁"长八尺已上，一丈二尺已下"。⑥高丽时期，作为刑具的"锁"也已广泛应用于司法中，据《高丽史》记载，"帝察其诬，锁项以送。王命许珙等鞫，流远岛"。"知事朴纯亮不出迎，王怒锁其颈。""阿鲁等坐行省，欲讯浩，锁项而来。"从其中"锁项""锁其颈"的描述来看，多将铁锁链用于罪犯的颈项以限制其行动。

4. 杖

与以上"枷""杻""锁"不同，高丽对于"杖"的规定已然制度化，其于《刑杖式》中对三种刑杖的尺寸作了细致规定：

> 尺，用金尺。脊杖，长五尺，大头围九分，小头围七分。臀杖，长五尺，大头围七分，小头围五分。笞杖，长五尺，大头围五分，小头围三分。⑦

---

① （清）沈家本撰：《历代刑法考·刑具考》。
② （唐）魏徵撰：《隋书·刑法志》。
③ （唐）张九龄撰：《唐六典》卷 6。
④ ［朝鲜］郑麟趾撰：《高丽史·高宗世家》。
⑤ （元）徐元瑞撰：《吏学指南》。
⑥ （唐）张九龄撰：《唐六典》卷 6。
⑦ ［朝鲜］郑麟趾撰：《高丽史·刑法志》。

高丽的这一规定主要参考的是唐代《狱官令》刑杖的尺寸与规格，《唐律疏议·断狱律》引《狱官令》：

> 杖，皆削去节目，长三尺五寸。讯囚杖，大头径三分二厘，小头二分二厘。常行杖，大头二分七厘，小头一分七厘。笞杖，大头二分，小头一分五厘。

"杖"主要是用于拷讯的刑具，其由早期的笞刑演变而来。汉代时作"棰令"，[1] 此"棰"即为后来的杖刑。南朝时，《梁律》对于杖的材质、尺寸与种类皆有定制："杖皆用生荆，长六尺。有大杖、法杖、小杖三等之差……"[2] 可见南朝的杖已分为三种。及至唐代，杖亦分为三种：讯囚杖、常行杖、笞杖，皆长三尺五寸，区别在于大、小头径的尺寸不一。高丽的杖则分为脊杖、臀杖、笞杖，皆长五尺。相比之下，高丽的刑杖显然更长，同时，大、小两头的尺寸也更小、更细。可见，高丽在效仿唐制时，结合本国崇尚轻刑的需要对刑杖的尺寸与规格有所变动，"高丽在笞、杖规格上对唐制变异的显著特点是：笞、杖在略微加长的同时大幅变细，这意味着刑罚的大幅减轻，与高丽的轻刑传统相符"。[3]

（二）朝鲜王朝的刑狱之具

经过前代的发展与沿革，并随着社会文明的不断进步，刑狱之具的使用已逐步规范化与制度化。及至明代，统治者将狱具制成了"狱具之图"附于《大明律》中。根据规定，明朝法定的刑狱之具有笞、杖、讯杖、枷、杻、铁索、镣共七种，并对其种类、尺寸、材质、适用条件以及用刑部位皆作了详细规定。朝鲜王朝广为吸收明制，成宗十六年（1485年）《经国大典·刑典》"用律"条下，注有"用大明律"字样，故其刑狱之具与明朝大致相仿。不过，朝鲜亦根

---

[1] "笞者，棰长五尺，其本大一寸，其竹也，末薄半寸，皆平其节。"见（汉）班固撰：《汉书·刑法志》。

[2] （唐）魏徵撰：《隋书·刑法志》。

[3] 张春海：《论高丽对唐式的移植与变异》，《延边大学学报（社会科学版）》2022年第4期。

据自身需要，在《经国大典》中对"讯杖"的形制、尺寸另作了规定，略异于明朝。英祖二十二年（1746 年）颁行的《续大典》中又增加了"推鞫讯杖""三省讯杖"两种讯杖的尺寸与规格。此后《钦恤典则》的诞生，则是朝鲜王朝的刑狱之具实现规范化与制度化的典型标志。

《钦恤典则》是朝鲜后期编撰的关于刑具规格与形制的法典汇编。正祖元年（1777 年），因有感于当时"京外刑具，有司者，断以己意，各自不同，大小长短，咸乖其制"，① 为规范刑狱之具使用的随意性与不规范性，正祖"命诸臣，参互《大明律》《经国大典》《续大典》诸书，着定刑具品制，编为一部典则"。② 都承旨洪国荣等大臣对《大明律》《经国大典》及《续大典》进行相互比堪后，确定了各刑具的规格、形制、轻重，编成《钦恤典则》，并于次年（1778 年）正月正式颁行。

《钦恤典则》不仅对各刑具的尺寸、材质、适用、模型图等一一列陈，还将作为实定法的《大明律》与作为祖宗成宪的《经国大典》《续大典》中相关条款的关系和变化予以比照说明。故而《钦恤典则》的编纂体现了编者参考旧法而非制定新法的意图。不过根据本国需要，典则中亦有新的补充内容，如新增的《棍》篇中，有重棍、大棍、中棍、小棍、治盗棍等新增刑具，这些棍具主要适用于军务及宫阙警卫事务。③ 为更好地说明两国刑具之间的承继关系，以下将《大明律》与《钦恤典则》中的相关条款一一比对予以说明：

表 2-4　笞、杖

	《大明律》	《钦恤典则》
笞	大头径二分七厘，小头径一分七厘，长三尺五寸。以小荆条为之。须削去节目，用官降较板，如法较勘。毋令筋胶诸物装钉。应决者，用小头臀受。	长三尺五寸，大头径二分七厘，小头径一分七厘，用营造尺。以小荆条为之，须削去节目，用官降较板，如法较勘，毋令筋胶诸物装钉。应决者，用小头臀受。
杖	大头径三分二厘，小头径二分二厘，长三尺五寸。以大荆条为之。亦须削去节目，用官降较板，如法较勘。毋令筋胶诸物装钉。应决者，用小头臀受。	长三尺五寸，大头径三分二厘，小头径二分二厘，用营造尺。以大荆条为之，须削去节目，用官降较板，如法较勘，毋令筋胶诸物装钉。应决者，用小头臀受。

---

① ［朝鲜］洪国荣等：《钦恤典则跋》。

② 《朝鲜王朝实录》，正祖卷 5，正祖二年一月十二日（癸西条）。

③ "军务事及阙门阑入人外，毋得用棍。"见《大典通编·兵典·用刑》。

笞、杖分别为执行笞刑、杖刑等轻罪时所用的刑具，亦可用于拷讯。材质上用荆条制成，且须削去节目，节目是指竹节，树木枝干交接的地方称之为"节"，树木纹理纠结不顺的地方称之为"目"，刑具上若留有节目则必将增加受刑者的痛楚。比照中、朝两国的规定可见，无论笞、杖的长度、尺寸、材质还是行刑部位皆完全相同，区别仅为朝鲜在条文中增加了"用营造尺"的描述。古代以"尺""寸""分""厘"为基本单位，而营造尺亦是源自中国的一种度量衡工具，是唐以来历代营造工程中所使用的尺，[1] 俗称鲁班尺。一营造尺合为 0.32米。营造尺传入朝鲜后，被广泛应用于刑狱之具的测量与司法检验等领域。

表 2-5　讯杖

	《大明律》	《钦恤典则》
讯杖	大头径四分五厘，小头径三分五厘，长三尺五寸。以荆杖为之，其犯重罪，赃证明白，不服招承，明立文案，依法拷讯。臀腿受。	行用长三尺五寸，上一尺五寸，则圆径七分，下二尺，则广八分，厚二分。推鞫，则广九分，厚四分，三省，则广八分，厚三分，并用营造尺。以荆杖为之。其犯重罪，赃证明白，不服招承，明立文案，以下端打膝下，不至胻胕。一次，毋过三十度。

朝鲜王朝并未原封不动地采用《大明律》规定的讯杖规格，其在《钦恤典则》中明确载明了"此法，我朝不用"。但两相比较可知，朝鲜仍然承袭了《大明律》讯杖的长度、材质以及适用条件，即两国讯杖皆"长三尺五寸"，[2] 且材质皆"以荆杖为之"，并皆在"其犯重罪，赃证明白，不服招承，明立文案"的情况下适用。但朝鲜亦根据本国需要对讯杖的规制加以创新：首先，形制、尺寸不同，明代的讯杖两头径长由大至小，而朝鲜的讯杖则上宽下窄；其次，用途不同，明代的讯杖用于拷讯，朝鲜的讯杖则有三种，分别用于拷讯、推鞫及三省推鞫，而三省推鞫的讯杖尺寸是最大的；再次，行刑部位不同，明代的讯杖以臀、腿分受，朝鲜的讯杖则"打膝下，不至胻胕"，[3] 且有杖打次数的明文限制。

---

[1] "商尺者，即今木匠所用曲尺。盖自鲁般传至于唐，唐人谓之大尺。由唐至今用之，名曰今尺，又名营造尺，古所谓车工尺。"见（清）三通馆撰：《钦定续文献通考》卷 108《乐考·度量衡》。

[2] 《经国大典·刑典》"推断"条对于"讯杖"的长度规定原为"长三尺三寸"。

[3] 《经国大典注解》对于"胻胕"的注解为："在膝下，即脚之梁也。"

表 2-6　枷、杻

	《大明律》	《钦恤典则》
枷	长五尺五寸。头阔一尺五寸。以干木为之。死罪重二十五斤，徒流重二十斤，杖罪重一十五斤，长短轻重，刻志其上。	长五尺五寸，头阔一尺二寸，用营造尺。以干木为之。死罪重二十二斤，徒、流重十八斤，杖罪重十四斤，轻重刻志其上。
杻	长一尺六寸。厚一寸。以干木为之，男子犯死罪者用杻，犯流罪以下及妇人犯死罪者不用。	长一尺六寸，厚一寸，用营造尺。以干木为之。男子犯死罪者，用。

与唐代的长枷相比，明代的"枷"在尺寸形制上有所变化，主要为方枷，分为两半，中间开一圆孔，两半合拢后套于罪犯颈项上。不同罪刑规定佩戴不同分量的枷。尽管朝鲜《经国大典》以及《续大典》中并未对"枷"的尺寸作区别于《大明律》的另行规定，但在正祖年间编撰《钦恤典则》时，朝鲜考虑到"今若依大明律施行，则大有掣碍，禀旨酌量轻重，别为定式"。于是在"枷"的头阔尺寸上缩小了三寸，又在各种罪刑所用"枷"的分量上分别予以减轻。朝鲜认为重枷是对身体与精神皆超负荷的双重体罚，故而此举在一定程度上减轻了罪囚的痛苦，体现了统治者的"钦恤"之意。

"杻"在明代规定只用于"男子犯死罪者"，朝鲜在《钦恤典则》中阐明"我朝，近例流以下，不用"，可见两国的规定基本一致。"杻"的作用主要是防止囚犯逃逸或反抗，故往往与"枷""镣"等一起使用。

表 2-7　铁索、镣

	《大明律》	《钦恤典则》
铁索（锁项铁索）	长一丈。以铁为之，犯轻罪人用。	长四尺，用营造尺。以铁为之。议亲、功臣及堂上官、士族妇女，犯死罪，用。堂下官、庶人妇女，犯杖罪以上，亦用。
镣（锁足铁索）	连环，共重三斤。以铁为之，犯徒罪者带镣工作。	长五尺，用营造尺。以铁为之。犯死罪者，用。堂下官、庶人妇女犯死罪者，亦用。

明代的"铁索"即为唐代时的"锁"，用于限制颈项；"镣"又多称为"脚镣"，用于限制双足。从明代《大明律》与朝鲜《钦恤典则》的条文来看，两国对"铁索"与"镣"的规定有所差异：首先，名称不同，朝鲜《钦恤典则》称："我朝不用铁索、镣。经国大典，有项锁、足锁之文，而不言尺数。"但该狱具仅是名称上与明朝有所区别，朝鲜将明朝的"铁索"称之为"锁项铁索"，将明

代的"镣"称之为"锁足铁索",在功能上却完全一致,均为限制手、足的戒具;其次,尺寸不同,因铁索与镣使用方便,既可单独使用,也可与枷、杻共同使用,故而朝鲜完全可以根据本国刑狱的实际需要确定尺寸;再次,适用范围不同,明代的铁索适用于轻罪犯人,镣适用于徒罪居作者,相比之下,朝鲜对这两种狱具的适用范围更为宽泛。

结合各刑狱之具的功能来看,其中,笞、杖、讯杖是用于行刑或拷讯的刑具,而枷、杻、铁索(锁)、镣则为限制人身的狱具。总体而言,高丽王朝的刑狱之具借鉴了唐代的《狱官令》,朝鲜王朝的刑狱之具则沿用了明代的《大明律》。

第四节　中国古代法律艺术对朝鲜之影响

法律艺术,是法律领域中相关技艺与方法的创作和表达,亦是传统法律文化的外在表现形式之一。但凡一门技艺只要技进乎道,艺通乎神,便就成了艺术,且该技艺的创造性越强,艺术性便越高。法律艺术的表现形式可谓多种多样,其既可以表现为法律的艺术象征,也可以是法律作品(如法典、著作等)的高水平创作。

一、法律象征艺术

獬豸是中华法律文化的典型象征物,其既是法律严明的标志,也是执法官清廉公正的化身。作为一种符号化的艺术表达,獬豸与法律相伴相生,互为表里,传递出法律威严、神圣、公正的深刻艺术内涵。

(一)獬豸的法律意涵

獬豸,又作獬廌、解廌,是中国古代传说中一种能辨是非、定曲直的神兽,其体形或如牛或如羊或如鹿,历来莫衷一是,因其额上顶有一角,故又被称为独角兽。獬豸见人争斗时,会以额上独角顶向理亏之人,甚至会将罪大恶极之人直接顶死,故犯罪者见之往往不寒而栗。《异物志》曰:"北荒之中,有兽名獬豸，一角，性别曲直。见人斗，触不直者。闻人争，咋不正者。"①

　　正因獬豸这一"触不直者"的特性，使其与法律结下了不解之缘。"法"的古体字"灋"(fǎ)，是一个极富意象的象形文字，东汉许慎在《说文解字》中阐释："灋，刑也。平之如水，从水；廌，所以触不直者，去之，从去。"该字结构中的"廌"(zhì)指的就是獬豸，取其正直、公正之意。

　　相传，皋陶被虞舜任命为司法官后，审判疑案多用獬豸，以明是非。"皋陶治狱，其罪疑者，令羊触之，有罪则触，无罪则不触。斯盖天生一角圣兽，助狱为验，故皋陶敬羊，起坐事之。此则神奇瑞应之类也。"②汉魏时期的石刻艺术——《皋陶治狱图》画像石上，就描绘了皋陶借助獬豸断狱的情形。画像石中的獬豸身形似鹿像羊，头部低垂、前足弓起作抵触之状。站在獬豸身后的皋陶头戴獬豸冠，轻抚獬豸。而被獬豸顶触之人，则呈仓皇后退之态。

　　随着人们对神异思想的尊崇和敬畏，獬豸决讼的神判观念在两汉之际得到了确立与巩固。伴随着法律文化的世代传承与积淀，獬豸公平正义、刚正不阿的形象逐步深入人心，历代随之留下了"苍鹰下狱吏，獬豸饰刑官"，③"邪同獬廌触，乐伴凤凰听"，④"昂藏獬豸兽，出自太平年"⑤等诸多歌颂獬豸刚正品格的名诗佳句。此外，苏轼在《艾子杂说》中也讲述了一则关于"獬豸辨好"的寓言故事：

　　　　齐宣王问艾子曰："吾闻古有獬豸，何物也？"艾子对曰："尧之时，有神兽曰'獬豸'，处廷中，辨群臣之邪僻者，触而食之。"艾子对已，复进曰："使今有此兽，料不乞食矣。"

　　苏轼在此借用艾子之口，将辨恶触邪的獬豸引申到了官场，借以讽刺当时官场中奸臣和贪官之多，并发出了"如果今天朝廷里还有这种神兽的话，我想

---

① （唐）房玄龄撰：《晋书·舆服志》，引（东汉）杨孚《异物志》。

② （东汉）王充撰：《论衡·是应》。

③ （北周）庾信：《正旦上司宪府诗》。

④ （唐）李商隐：《寄太原卢司空三十韵》。

⑤ （唐）李华：《咏史》。

它就不用再寻找其他食物了"的感叹！

经过各种文艺作品的渲染，獬豸的形象更富于神秘与传奇色彩，并化身成了中华法律文化的图腾与法律艺术的象征。而这一关于獬豸的传说也流传到了朝鲜半岛。在古朝鲜，指佞触邪的獬豸同样被推崇为守护正义的司法神兽，执法官被人们称为"獬豸官"，作为朝鲜王朝"三法司"之一的司宪府则须履行"指便佞而效獬豸之触"的职责。[①]

（二）獬豸在冠服上的应用

作为法律与艺术、神话相结合的产物，獬豸被赋予了深刻的法律文化内涵，并在古代帽冠形制和官服纹饰上均有丰富的体现。

相传春秋时期楚王曾获獬豸，依其形象制成"獬豸冠"并在楚国渐趋流行。秦灭楚后，始皇将"獬豸冠"赐予执法的御史，汉承秦制，獬豸的形象开始引申用于执法者的职责与权力，"獬豸冠"成了执法者佩戴的专用发冠，故又称为"法冠"。两晋时期，"獬豸冠……侍御史、廷尉正监平，凡执法官皆服之"。[②] 及至隋代，獬豸冠"铁为柱，其上施珠两枚，为獬豸角形，法官服之"。[③] 唐代规定，御史须戴上獬豸冠方可行弹劾之事，"御史台欲弹事，不须进状，仍服豸冠"。[④] 可见，自秦汉至隋唐，"獬豸冠"始终是执法官的标准配置，以希冀执法者具有獬豸一般明察秋毫、刚正不阿的品格。

自宋代起，獬豸的艺术表现形式更加丰富，獬豸的形象从帽冠延伸至了官服，御史在"冠有獬豸角"的同时，在官服上开始绣有獬豸图案，"其绣衣文……御史大夫以獬豸"。[⑤] 明清时期，獬豸通常以补子的形式出现在补服中，补服是官服中的一种，其前胸与后背各缀有用金线和彩丝绣成的图案，即补子，

---

① 《承政院日记》第 2947 册，高宗二十三年四月二十一日。

② "法冠，一名柱后，或谓之'獬豸冠'。高五寸，以縰为展筒。铁为柱卷，取其不曲挠也。侍御史、廷尉正监平，凡执法官皆服之。或谓獬豸神羊，能触邪佞。《异物志》云：'北荒之中，有兽名獬豸，一角，性别曲直。见人斗，触不直者。闻人争，咋不正者。楚王尝获此兽，因象其形以制衣冠。'……秦灭楚，以其冠服赐执法臣也。"见（唐）房玄龄撰：《晋书·舆服志》。

③ （唐）魏徵撰：《隋书·礼仪志》。

④ （后晋）刘昫等撰：《旧唐书·肃宗纪》。

⑤ （元）脱脱等撰：《宋史·仪卫志》。

具有标示身份品级高低的作用。明洪武二十六年（1393 年）确立文武官朝服、梁冠规格，在朝服上文官绣禽、武官绣兽、风宪官绣獬豸，梁冠"六品七品冠、二梁，御史加獬鹰"。① 至清代，御史和按察使补服的前胸与后背皆绣有獬豸图案，以示执法威仪，"文一品朝冠……惟都御史绣獬豸……文三品朝冠……惟副都御史及按察使前后绣獬豸"。②

可见，无论是"獬豸冠"或"獬豸服"，背后无不渗透出浓厚的法文化理念，其如同中国的法袍，彰显着法律的严明与执法的公正。古人还留下了不少有关獬豸冠服的诗词，如"头戴獬豸急晨趋，明光殿前见天子，今日应弹佞幸夫"，③"闻欲朝龙阙，应须拂豸冠"，④"别后故人冠獬豸，病来知己赏鹡鸰"，⑤"生前不惧獬豸冠，死来图画麒麟像"⑥；等等，这些诗词塑造了身著獬豸冠服的御史大夫疾恶如仇、勇谏奸佞的无畏形象，也是对獬豸内涵所作的生动诠释。

在儒家传统文化中，"衣冠"向来被视为文明的象征，朝鲜作为明朝最为亲近的藩属国，衣冠法度皆从华制。⑦ 故而负执法之责的大司宪（司宪府从二品官职）也必须穿戴贴有獬豸的冠服。

朝鲜端宗二年（1454 年），礼曹呈启按照明朝的《皇明礼制》确定官员冠服的规格，"文武官常服，不可无章。谨稽《皇明礼制》，文武官员常服胸背方花样，已有定式……各照品级穿着……文官一品孔雀，⑧ 二品云雁，三品白鹇，武官一二品虎豹，三品熊豹，大司宪獬豸……"，⑨《经国大典》正式规定了一至九品官员的冠服规格，其中二品官员的梁冠及朝服的胸背规定为：文官云雁、武

---

① （明）朱元璋撰：《诸司职掌》。
② （民国）赵尔巽撰：《清史稿·舆服志二》。
③ （唐）丁仙芝：《戏赠姚侍御》。
④ （唐）岑参：《送韦侍御先归京》。
⑤ （唐）罗隐：《广陵春日忆池阳有寄》。
⑥ （元）关汉卿：《温太真玉镜台》。
⑦ "中国朝士时服，不拘品秩，皆用胸褙。我国凡制度，皆从华制。"见《燕山君日记》卷60，燕山十一年十一月二十三日（甲辰）。
⑧ 明代官员的胸背补子分为一至九等，朝鲜则降二级使用，即明代文官三品用孔雀，四品用云雁，朝鲜文官一品才用孔雀，二品用云雁。
⑨ 《朝鲜王朝实录》，端宗卷 12，端宗二年十二月十日（丙戌条）。

官虎豹，大司宪贴獬豸。①在明宗九年（1554 年）出版的《经国大典注解》中，将"贴獬豸"注解为"豸，似羊一角，性忠能触邪。御史之职亦然，故戴獬豸冠。贴，依附也，粘置也"。此外，正祖九年（1785 年）颁行的《大典通编》及高宗二年（1865 年）颁行的《大典会通》中关于大司宪冠服的规定亦同。从以上各法典的规定中，不仅可以窥见朝鲜王朝的冠服制度深受大明衣冠的影响，也足见獬豸形象对于朝鲜法律文化的渗透。

由于司宪府"台臣朝服冠之必戴獬豸"被认为是"法意有在"，所以未按规定佩戴獬豸冠服的官员将会受到处罚。正祖二十年（1796 年），持平（司宪府正五品官职）李始源因"不戴獬豸而登筵"，正祖以"身在执法之列，冠不戴豸，所失非细，势难例批"为由对其进行"推考警责"。②可见獬豸的象征意义已渗透于朝服礼制并在国家朝仪中发挥着重要的作用。

（三）獬豸在建筑中的应用

獬豸执法如山、刚正不阿的形象，在法律艺术与民俗艺术中皆扮演着重要的角色，故被广泛应用于中朝两国的墓葬、陵寝、宫殿、司法机构、民宅等各种建筑中。

应用于墓葬。根据汉代"事死如事生"的观念，人们将獬豸形象刻画于墓葬入口，希冀其能分辨善恶，抵御恶鬼入侵墓室，以发挥镇墓辟邪的作用。在汉晋时期的北方墓葬中还出土有大量的独角兽器物，獬豸因其抵御邪佞的特性而被放置于墓室充当镇墓兽，以抵御邪魅的侵扰，保护墓主的清净与安宁。可见，从人间"触恶"到地府"驱鬼"，獬豸独有的神判功能在汉代的墓葬习俗中得到了进一步延伸。

应用于陵寝。位于今陕西省蒲城县丰山的桥陵，为唐睿宗李旦之帝陵。陵之东西各有一尊保存完好的獬豸，身高约 3 米，体形壮硕，怒目圆睁，满口獠牙，身有双翼，如此威严雄壮的獬豸石雕，在唐陵石刻艺术中实属罕见。据说，獬豸的法兽形象很吻合唐睿宗李旦"睿智明辨"的性格，孰是孰非，心中自有权衡。此外，位于江苏省南京市紫金山南麓的明孝陵，为明太祖朱元璋与其皇

---

① 《经国大典·礼典·仪章》。
② 《承政院日记》第 1759 册，正祖二十年二月九日。

后马氏的合葬陵墓，其神道两侧亦伫立着威武庄严的獬豸石雕。

应用于宫殿。獬豸形象还是皇家所谓"正大光明""清平公正"的象征，故在北京故宫太和殿的屋脊以及乾清宫内，均置有獬豸的雕塑。而朝鲜的獬豸在景福宫、昌德宫等朝鲜王朝宫阙内亦有一席之地。无论是景福宫的光化门前、勤政殿的屋脊之上，还是昌德宫的禁川桥，都有獬豸雕塑的身影。獬豸持正不阿的特性不仅被用以祈求殿阁内的朝鲜国王能够公平无私地处理政事，其驱恶触邪的功能还被寄寓能消灾弭祸、剪除邪佞，并进一步引申为防火防灾。正因古代宫殿建筑以木结构为主，最为担心的便是失火。象征着无上王权的宫殿一旦失火，不仅会造成生命和经济的重大损失，还会危及王权统治，被认为是不祥之兆。故而宫殿内包括獬豸在内的神兽雕塑背后，蕴含着深层次的政治需求与文化因素。迄今为止，韩国景福宫的獬豸依然昂首矗立在光化门广场前，充当着宫阙的守护神，被认为具有防火防灾的作用，而其神明裁判的功能在当今反而被弱化了，可见古老的神兽在岁月的演化中已被赋予了别样的艺术内涵。

应用于司法机构。自古至今，獬豸成为历代司法机构象征的习俗一直延续了下来。东汉时期，衙门内便供奉有皋陶像与獬豸图。[①] 朝鲜王朝时期，作为司法机构的司宪府内同样挂有"獬豸图，而獬豸一角而长矣"。[②] 时至今日，獬豸的图案与雕塑仍然频繁出现在中国各级人民法院、律师事务所、法学院校等各种与法律相关的机构场所。这些獬豸形象在显示法律威严与神圣的同时，也传递出对传统法律文化的坚守与弘扬。

应用于民宅。作为中华传统文化的图腾之一，獬豸还常常以脊兽的方式装饰于传统古民居。如地处南阳盆地的河南省方城县域，早在夏代即有族群在此繁衍生息，民居历史悠久，底蕴深厚。据考证，獬豸脊兽的造型在方城地区出现最多，其往往被用于民宅正脊两端。獬豸因其擅辨善恶的"神性"而被赋予了镇宅、驱凶、辟邪的功能，从而亦体现出浓厚的儒家伦理和家国情怀。[③] 同样，

① "犹今府廷画皋陶、觟𧣾也。儒者说云：觟𧣾者、一角之羊也，性知有罪。"见（东汉）王充撰：《论衡·是应》。"觟𧣾"，古同"獬豸"。

② 《承政院日记》第 1128 册，英祖三十二年二月二十五日。

③ 参见王峰：《河南方城民居脊兽造型溯源及其文化寓意探析》，《中国民族美术》2022 年第 3 期。

古朝鲜人民也特别钟爱獬豸的形象，认为它是镇宅护院的吉祥瑞物，故朝鲜民间常用獬豸来镇宅化煞，不仅把獬豸造型的石像置于大门两侧驱灾辟邪，还将其纹饰雕刻于大门之上，"大门上的獬豸纹样口中衔环，两侧纹样通常并不完全对称，从造型上来说也有很大的区别，下端一般有云纹雕饰"，① 以借獬豸造型的瑞兽祥纹来寄予家宅平安的美好祈盼。

值得一提的是，朝鲜王朝早期獬豸形象的特点为嘴形突出，头顶犄角，全身长有鳞片，而朝鲜后期的獬豸形象已逐渐发生变化，以景福宫正门前的獬豸石雕为例，其额头上并没有角，且头身圆润，鼻形硕大，身上饰以圈状花纹，与朝鲜早期的獬豸形象已截然不同，从而形成了独具特色的朝鲜獬豸。如今，能辨别是非、维护正义的獬豸更成为韩国首都首尔的象征，2008 年 5 月，獬豸被宣布成为首尔的吉祥物，从而使这一传统法律象征在漫长的历史演变中亘古常新，在当代依然焕发着蓬勃的生命力和独特的魅力。

二、法典编纂技术

在法典编纂中，无论是对体例结构的谋篇布局，还是对编纂技巧的创造应用，皆是一种立法技艺的呈现与表达。中国古代的法典编纂技术一直走在世界的前列，取得了极为瞩目的立法成就，其中，唐律在中国法制史上具有里程碑式的重要价值，明律则在法典编纂史上具有革故鼎新的重要意义，两者皆为中华法系的典型代表，故而为朝鲜等国所积极效法。在法律形式上朝鲜效仿了中国法典的体例结构，在法律方法上则借鉴了比附的立法技术。

（一）法典体例结构

中国古代法典的篇目结构与编纂体例，自《法经》至《唐律》一脉相承，是历朝历代立法经验与编纂技巧的传承与沿袭。朝鲜半岛在律典编纂时全面吸收了中国精湛的立法技艺，故两国的律典在篇目结构与编纂体例上皆十分相似，存在着明显的承继关系。

---

① 张诗航、徐井福：《朝鲜民族风格装饰纹样在建筑环境中的表达——以首尔景福宫为例》，《工业设计》2023 年第 5 期。

1.《高丽律》——仿《唐律》十二篇

《高丽律》是朝鲜半岛上第一部保存较为完整的成文法，但其并非高丽时期以法典形式制定的律法，而是在《高丽史·刑法志》中以"志"的形式予以记载的，故《高丽律》并不具备完整的法典形态。

据《高丽史·刑法志》记载："高丽一代之制，大抵皆仿乎唐。至于刑法，亦采唐律，参酌时宜而用之，曰狱官令二条，名例十二条，卫禁四条，职制十四条，户婚四条，厩库三条，擅兴三条，盗贼六条，斗讼七条，诈伪二条，杂律二条，捕亡八条，断狱四条，总七十一条。删烦取简，行之一时，亦不可谓无据。"可见，作为高丽王朝成文律法的主体，《高丽律》在篇目结构上是以《唐律》为蓝本而制定的。

《唐律》在篇目结构上沿袭了前代法典的体例，同时汲取以往法典编纂的丰富经验，将篇目与条文拨冗去繁，最终确定为12篇，502条。在篇目结构上，《名例律》冠于篇首，其余11篇分别为卫禁、职制、户婚、厩库、擅兴、贼盗、斗讼、诈伪、杂律、捕亡、断狱。从而形成了总则在前，分则在后，以刑为主，诸法合体的法典结构。这一逻辑分明的编排体例不仅为后世《宋刑统》等法典的制定所继受，也对高丽在内的东亚各国影响深远。

依《高丽史·刑法志》的记载，《高丽律》的篇目结构与《唐律》基本一致，仅在律前增加了唐代关于狱政管理的法令——《狱官令》二条，同时改《唐律》篇目中的"贼盗"为"盗贼"，其余篇目名称与排列顺序皆相同。由此，《高丽律》的编纂体例委实"大抵皆仿乎唐"。

2.《经国大典》——采周礼与明律以六部为纲

《经国大典》为朝鲜半岛现存第一部成文法典，亦是朝鲜王朝的根本大法，在体例结构上结合了周礼六官与明朝六部之制编纂而成，体现了朝鲜尊周崇明的理念。

朝鲜开国之初，便欲法以周官，创制一部与《周礼》比肩的建邦六典。太祖三年（1394年），开国功臣郑道传编纂完成了《朝鲜经国典》，在编制体例上依《周礼》六官之设分为治典、赋典、礼典、政典、宪典、工典，共六典。随后，太祖六年（1397年）颁布了朝鲜王朝最早的成文法典——《经济六典》，该典虽已失传，但从《朝鲜王朝实录》直接或间接引用的内容来看，其体例结构亦仿六官体系分为吏、户、礼、兵、刑、工六典，作为代表了朝鲜开国君主法治理念的祖宗成宪，《经济六典》对此后《经国大典》的编纂产生了较大影响。此后世祖年间先后完成了《户典》《刑典》《吏典》《礼典》《兵典》《工典》的编纂和修订工作，合为《经国大典》，又经成宗朝的几次颁行和校订，最终于成宗十六年（1485 年）正式定型。此版《经国大典》即为流传至今的《乙巳大典》，被确定为永世不变的祖宗成宪，此后不再重修。

朝鲜王朝对《周礼》这部儒家经典的极致推崇，可在这部《经国大典》卷首所载"序"中略见一斑：

> ……自古制作之隆，莫如成周。周官以六卿，配之天地、四时，六卿之职，阙一不可也……其曰六典，即周之六卿。其良法美意，即周之关雎、麟趾，文质损益之宜，彬彬郁郁，孰谓大典之作，不与周官周礼而相为表里乎。建诸天地、四时而不悖，考诸前圣而不谬，百世以俟圣人而不惑者，可知矣。继自今，圣子神孙，率由成宪，不愆不忘，则我国家文明之治，岂唯比隆于成周而已乎。亿万世无疆之业，当益悠久而悠长矣……

该序文盛赞《周礼》，并将《经国大典》比照《周礼》进行定位，使大典承袭了以周礼六官为纲设官分职的编纂之法。

此外，由于朝鲜与明朝特殊的宗藩关系，朝鲜在编纂经国之典时，在形式与内容上主要参酌的还有《大明律》。早在高丽时期，高丽王朝便仿唐制建立起了三省六部制的官制结构。朝鲜王朝建立后，依高丽旧制，同时又效仿大明，在中央设立吏、户、礼、兵、刑、工六曹，各司其职。此时，制定一部与本国官制机构相契合的行政大典成了朝鲜王朝的当务之急，于是在"一遵明制"的背景下，《经国大典》全面借鉴了《大明律》的结构体例。

《大明律》是明代最主要的法典，亦是中华法系最具代表性的法典之一。该律充分吸收了唐宋元以来历代法典编撰的经验，篇目结构一改《北齐律》以来刑律十二篇的旧有传统，在首篇《名例律》下仿《元典章》以中央行政六部——吏、户、礼、兵、刑、工分篇，合为七篇。这一体例与三省六部的中央官制相对应，"使得因事制律的罪名能够很快找到对应的六部机构，避免了出现分合无统的情况。这是《大明律》在立法技术上的重大创新，也是较前代法典的一个显著进步"。①

《大明律》以六部为纲的编纂结构也为朝鲜王朝在编纂《经济六典》《经国大典》时所承袭。《经国大典》按照《大明律》以中央行政六曹命名，由此分为吏、户、礼、兵、刑、工六典。同时，在六典下分列目录，以各典所调整的社会关系的不同，作了层次分明的排列，相当清晰实用。

《经国大典》所确立的这一六典体例与儒家所推崇的周制以及国家设立的行政官制皆相互契合，如此不但奠定了朝鲜职官典制的框架，使法典具有了行政法的性质以及根本法的地位，也为朝鲜王朝后世诸法典架构的确立打下了基础。②

（二）比附立法

比附是指基于一定的相似性而将某行为比照律文的规定进行定罪量刑的一种立法方法。

比附是一项历史悠久的司法制度，也是法典编纂中一项重要的立法技术。早在西周时期就有了"上下比罪"③的原则性规定，秦汉两代比附已出现于律法之中，④同时也广泛应用于司法实践。⑤隋唐时期，比附在法典中得以正式确

---

① 钟子龙：《〈大明律〉体例变化原因辩证》，《南大法学》2020 年第 3 期。

② 在《经国大典》之后，朝鲜王朝又陆续颁行了多部国家大典及法令集：包括成宗二十三年（1492 年）颁行的《大典续录》、中宗三十八年（1543 年）颁行的《大典后续录》、肃宗二十四年（1698 年）颁行的《受教辑录》、英祖二十二年（1746 年）颁行的《续大典》、正祖九年（1785 年）颁行的《大典通编》、高宗二年（1865 年）颁行的朝鲜时代最后一部国家大典——《大典会通》等，以上全部承袭了吏、户、礼、兵、刑、工六典分篇的结构，可见，这一法典编纂体例几乎伴随着朝鲜王朝国法之始终。直至 1905 年，朝鲜以西方近代法典编纂方式制定并颁行了《刑法大全》，该刑律终结了以往国典编纂体例上以六曹所管事项为标准而分类的六分主义，将内容分为法例、罪例、刑例及律例（上、下）共 5 篇，每篇又细分为章、节。

③ 《尚书·吕刑》。

④ 如"臣强与主奸，可（何）论？比殴主。斗折脊项骨，可（何）论？比折支（肢）"。见《睡虎地秦简·法律答问》；又，"高皇帝七年，制诏御史：'……廷尉所不能决，谨具为奏，傅所当比律令以闻'"。见（汉）班固撰：《汉书·刑法志》。

⑤ 汉代的"比"是与律、令、科并称的一种法律形式。司法中，在法律没有明文规定的情况下，将援用作为司法审判依据的典型案例称作"比"或"决事比"。

立，《唐律疏议》对于比附的规定散见于各篇律文中，如"在律殊无节文，比附刑名"（《名例律》）、"五刑之属，条有三千，犯状既多，故通比附"（《贼盗律》），等等。通过对其中典型的比附形式加以研究，能发现"《唐律疏议》中的比附形态多样，类型丰富：既包括'律条之比''事类之比'等显性形式，又包括'以……论'和'准……论'这两种隐性形式，还包括'轻重之比'这种半隐半显形式"。① 可见，比附技术的应用在唐代立法中已十分娴熟。及至明清，比附进一步以"断罪无正条"的形式于《大明律·名例律》中被作了阐释性的规定，"凡律令该载不尽事理，若断罪而无正条者，引律比附。应加应减，定拟罪名，转达刑部，议定奏闻。若辄断决，致罪有出入者，以故失论"。此条不仅确立了"断罪而无正条"与"引律比附"的关系，且对比附程序的要求也更趋严格。《大清律例》基本沿袭了明律的规定。

可见，比附作为一项成熟的立法技术，从秦汉至明清，可谓贯穿了帝制时期律法之始终。比附的形成深植于中国传统法律文化的根基与土壤，其之所以具有如此强大的生命力，在于传统的农耕文明造就了人们擅长运用主观的记忆及经验的关联去认识与解释这个世界，故而立法者亦长于运用类比与归类的思维方式去诠释与延伸法律的外延，通过寻找关联点的方式来找到合适的法源。

一向以中华典制为纲的朝鲜王朝亦深知，法典所固有的局限性与滞后性必须求诸以有限应对无穷之技法，世宗提出"律文所载有限，而人之所犯无穷。所以刑书：'有律无正条，引律比附'之文"。② 同时，朝鲜的立法者皆来自熟读中华典籍、践行儒家文化的传统士人，故在法典编纂时亦深谙比附之道，自然而然地效法唐明律典之道，将比附的方法运用于立法实践之中。在朝鲜诸法典中多次强调了对比附方法的运用，如《大典通编》"凡例"载，"两典条目中冗琐处，或类聚省烦，或比附合录，以便考览"。③《典律通补》"凡例"载，"凡六典中，依某律、以某律论之类，欲考其勘律，则散见而难寻，今于刑典之末，一

---

① 陈锐：《〈唐律疏议〉中的"比附"探究》，《华东政法大学学报》2020 年第 3 期。
② 《朝鲜王朝实录》，世宗卷 29，世宗七年七月十九日（丙戌条）。
③ 《大典通编》为正祖九年（1785 年）颁行的法典，其由《经国大典》《续大典》以及此后新发布的受教、法令合编而成。

通条列，名曰律名"。①

在对比附的具体适用上，《典律通补·刑典》"推断"条明确规定："断罪，须具引律令，违者笞三十。断罪而无正条者，引律比附，加减，定罪名。"该条允许在法律没有明文规定的情况下，比照最为类似的法律规定定罪量刑，该条文基本沿袭了明律的表述。而明律中关于"引律比附，应加应减，定拟罪名，转达刑部，议定奏闻"的比附程序，世宗时期亦依样效法，规定"今京外死罪，情涉疑似，律无正条者，不报议政府，刑曹直启取旨未便，今后律无正条，关系死生重罪，须报议政府施行"。②

除以上原则性的规定外，比附在朝鲜诸部大典中大量存在，并散见于六部各篇。按比附的性质，在比附类型上可大致分为：身份比附、定罪比附及量刑比附三种。其中，身份比附，是指将法典中规定的身份关系适用于其他犯罪人的比附。例如：

> 《经国大典·刑典》"推断"条：议亲有服之女，虽出嫁，请罪时，依本服论。乡吏、驿吏、公、私贱犯徒、流者，依律、天文生例论。强盗妻子外，公、私贱犯永属徙边者同。
>
> 《大典续录·刑典》"推断"条：奸妻母者，比雇工奸家长妻、女律论。
>
> 《受教定例·附录》"附例比律"条：奸乞养男妇，比依奸妻前夫之女律，杖一百徒三年。奴婢诽谤家长，比依子孙骂祖父母、父母律，并绞。

定罪比附，是指用法典中规定的罪名适用于没有规定的行为的比附。例如：

> 《经国大典·礼典》"度僧"条：度牒借者、与者，依悬带关防牌面律论。

---

① 《典律通补》为正祖十年（1786年）由辅国崇禄大夫具允明编纂的一部综合律书，该律书将《经国大典》《续大典》《大典通编》《大明律》中的现行法律进行分类、整合，并经正祖批准后刊行。

② 《朝鲜王朝实录》，世宗卷75，世宗十八年十一月二十八日（己未条）。

《大典后续录·户典》"杂令"条：进献布子内、外面各异，粗造者及纳布人，以制书有违律论，其监纳官吏，推考罢黜，监纳后潜换者，比盗未进神御之物律，决杖一百徒三年。

《受教定例·附录》"附例比律"条：见城门未下锁，盗开而出者，比依越城律。

《受教辑录·刑典》"贼盗"条：御厨之物偷窃者，比盗大祀神御之物律论。

量刑比附，是指将法典中对某罪使用的法定刑参照适用于其他行为的比附。例如：

《经国大典·兵典》"厩牧"条：司仆寺禄官、兼官及马医、养马等，不勤喂养马、牛，生病或死者，比牺牲主司，喂养不如法律，加一等论。诸邑分养马、牛同。骗马，三七日内死者，并论作骗者。

《续大典·户典》"杂令"条：各司贡物、各道驿马三名日进上马，私自防纳者，论以赃律。京外该官员许施者，并减一等论。

《受教辑录·刑典》"伪造"条：伪造假银之罪，比诸私铸铜钱，尤重，论以不待时处斩。

《受教辑录·刑典》"禁制"条：商贾中，择其优者，定为行首六名，各率四名，以为检察，而率下罪犯现露，则行首比犯人，减一等论罪。

《大典会通·刑典》"推断"条：常贱骂有品杂歧官及无品士族者，杖六十，事理重者，杖六十徒一年，构捏诬诉者，比犯人加等论。

综上三种比附类型可见，在朝鲜诸大典中，比附立法在文字形式上多表述为："依……论""以……论""比……论""并论""……同""依……科罪""比依……""比……尤重""比……论罪"；等等，其在功能上皆起到了比附的作用。

朝鲜在法典编纂中对比附技术的熟稔运用，有效地弥补了成文法典自身"法有尽而事无穷"的不足，从而拓宽了法律的适用范围，同时也很好地将法典化繁为简，以达到情罪相当、同罪同罚的目的。

三、法医检验著作

法医检验著作是法律艺术的重要载体之一，中国不仅诞生了世界上最早的法医检验著作，相关著作还被译介、传播至世界各国，成为广为传诵的艺术经典。法医检验人员将其丰富的检验理论、检验技能与方法付诸成书，这一撰写过程本身就是一种法律艺术的创作，具有很强的艺术性和科学性。中国古代的法医检验著作先后传播至朝鲜半岛，经译注后指导并应用于朝鲜的司法检验实践中，为其破案以及司法审判提供了重要的理论与技术支持。

（一）中国法医检验著作的传播

中国自古重视检验，在睡虎地云梦秦简中已有勘验现场、检验死伤的相关记载，但此时尚未产生专门的检验专书。至宋元时期，"法家检验三录"的问世代表了我国法医检验发展的高峰，相关著作不仅在国内广为流传，还经由使臣或商人传播至朝鲜半岛，受到了朝鲜官府的高度重视，并先后有朝鲜刻本刊行。

1.《疑狱集》

五代后晋时期，和凝父子撰写的《疑狱集》是我国最早带有法医检验性质的案例选编，全书共四卷，辑录了前朝各代争讼难决的疑难案例，其中包括司法检验、辨诬释冤方面的经验介绍，对于听讼断狱的司法官吏具有重要的指导和借鉴意义。

《疑狱集》问世后不久，高丽文宗十三年（1059 年），"安西都护府使都官员外郎异善贞等，进《新雕肘后方》七十三板，《疑狱集》一十一板……"，[①] 由此可知，《疑狱集》至迟于 1059 年就已传入高丽，并保存在碑刻中，这是我国法医检验著作最早传入朝鲜半岛的历史记载。朝鲜时期，官府多次将《疑狱集》刊刻发行。太宗十八年（1418 年）将《疑狱集》刊行于世；成宗十四年（1483

---

① ［朝鲜］郑麟趾撰：《高丽史·世家·文宗》。

年）令《疑狱集》刊行于各州县；① 宣祖十八年（1585 年）朝鲜刊刻的《考事撮要》中载《疑狱集》永川板。②

2.《棠阴比事》

《棠阴比事》由宋代桂万荣所撰，是一部记载司法折狱的判案集，刊于 1213 年，该书选取了历代决疑断狱的 144 个典型案件，每个案例均取四字标题，两句合为一韵，共七十二韵，便于记诵，其中一些案例涉及法医鉴定的经验总结，成为后世决狱办案的参考书。

《棠阴比事》因受到南宋理宗（1224—1264 年在位）的褒奖而被多次重刊，不仅在中国国内广为流传，也传播到了朝鲜、日本等国。朝鲜成宗十四年（1483 年），国王下令刊行《棠阴比事》《疑狱集》于各州县守令；中宗三十四年（1539 年），国王下令刊印《棠阴比事》以用于指导刑官折狱；③ 此外，朝鲜前期文臣李贤辅（1467—1555 年）的宗家文籍于 1994 年 7 月被确定为韩国的国宝，其中的典籍类宝物即包括了初铸甲寅字版的《棠阴比事》，为中宗三十五年（1540 年）赠予时任刑曹参判李贤辅的宣赐本，可见《棠阴比事》被倡导应用于当时刑曹等司法机构的断案实践中。

3.《无冤录》

宋元时期中国的法医检验取得了辉煌的成就，先后诞生了三大法医检验著作，分别为：宋慈的《洗冤集录》（1247 年）、赵逸斋的《平冤录》（宋末元初）以及王与的《无冤录》（1308 年），这三本著作被称为"法家检验三录"。而其中对朝鲜影响最为深远的便是《无冤录》，作者王与以《洗冤集录》《平冤录》《儒

---

① "如《棠阴比事》《疑狱集》等书，刊布州县，使守令常观之，则或长其恻怛之心，不但以威刑加之矣。上曰：'……然若颁行，庶或有补，其刊行之。'"《朝鲜王朝实录》，成宗卷 157，成宗十四年八月二十四日（甲申条）。

② 崔秀汉编著：《朝鲜医籍通考》，中国中医药出版社 1996 年版，第 267 页。

③ "《棠阴比事》，折狱之事，无不详载。请印出颁赐，使之熟读，则折狱之际，庶有所补。上曰：'为刑官者，以钦恤为心，则不至于滥刑矣。今之刑官，每遇推鞫之事，期于得情，而每致伤于杖下。其间岂无冤枉之事乎？《棠阴比事》，斯速印出，而颁布中外，使知决讼首尾，则庶无此弊也。'"《朝鲜王朝实录》，中宗卷 92，中宗三十四年十月七日（辛未条）。

吏考试程式》①为蓝本，参照元代司法检验制度，并结合自身多年的检验经验编纂而成，该书不仅在体例上更为有序，在检验方式上也更加辨正、科学。

《无冤录》于1308年成书后，明洪武十七年（1384年）刊行了羊角山叟重刊本，重刊后不久，朝鲜使臣李朝臣便将其带回朝鲜。太宗十二年（1412年），《无冤录》在朝鲜颁行；世宗元年（1419年），刑曹奏请依照《无冤录》进行检尸状式的书写，②说明该书已运用于当时的司法实践中。宣祖十八年（1585年）《考事撮要》八道册板中，《无冤录》分别有南原版、原州版、庆州版、晋州版；英祖二十四年（1748年），重刊《无冤录》，颁布八道，据实录记载："初各道、各邑皆有《无冤录》，凭考于杀狱检验……"③在朝鲜八道的各州、府、郡、县都以《无冤录》进行死伤检验，可见该书在朝鲜流传甚广。④

（二）《无冤录》在朝鲜的本土化

与中国古代司法检验领域主要采用《洗冤集录》的情况有所不同，朝鲜王朝自始至终采用的都是王与的《无冤录》。《无冤录》自传入后，不仅在朝鲜全境广为流传，出现朝鲜刊本、抄本等，官府还多次组织朝臣对《无冤录》进行注释、增修与翻译，使之顺利实现本土化。

1. 注音释义——《新注无冤录》

与《洗冤集录》《平冤录》相比，《无冤录》拥有与法医学相似的知识体系，内容也更加完备，但因其文字颇为艰深晦涩，在实际运用中多有不便，以致法医检验难以据此开展。故朝鲜世宗二十年（1438年），国王命吏曹参议崔致云等人将王与的《无冤录》加以注音与释义，取名为《新注无冤录》。该书除了对《无冤录》加以"新注"外，对原书的目录及原文均未增删，并于世宗二十二年（1440年）在江原道原州初版刊行。

《新注无冤录》在进行注释时并未根据1308年王与编纂的原刊本，而是以1384年临川羊角山叟的重刊本为底本，故卷首有柳义孙、王与、羊角山叟的序

---

① 《儒吏考试程式》，又称《结案式》，颁行于元元贞三年（1297年），该书是官府用以招考儒吏上报民刑案件结论的通式，其中约一半的内容与法医检验相关。

② 《朝鲜王朝实录》，世宗卷3，世宗元年二月二十三日（戊戌条）。

③ 《朝鲜王朝实录》，英祖卷68，英祖二十四年九月九日（庚申条）。

④ 崔秀汉编著：《朝鲜医籍通考》，中国中医药出版社1996年版，第267页。

言，卷末有江原道观察使崔万里写的跋文。内容分为上、下两卷，上卷介绍检验法令与公文程式，包括"尸账式""尸账例"等十七项；下卷详述各种死伤检验方法，包括"检覆总说""验法"等四十三项，详细列举了勒死、自缢死、投河死、刺死、毒死、烧死、冻死、饿死等各种死因的辨别。

《新注无冤录》初刊面世后，因主要流传于朝鲜半岛北部，"然刊板邈在退方，肆以岭南诸郡未易得见，使检官而不得领其要，讼民而不得蒙其泽，是可恨已"。① 于是，世宗二十九年（1447 年）该书又于岭南再版，使其也能广泛运用于朝鲜岭南诸郡的死伤检验之中。

《新注无冤录》一书不仅是中国法医检验著作最早的外译本，也是朝鲜法医检验领域的重要著作与办案指南。此外，《新注无冤录》还流传至日本，1768 年日本以此书为蓝本翻译刊行了日本最早的法医检验书籍——《无冤录述》，此后又多次重刊，使《无冤录》成为中华法系国家通用的法医检验著作，在东亚法医检验文献交流史上产生了积极影响。

2. 增补修订——《增修无冤录》与《增修无冤录大全》

由于《无冤录》存在用语模糊与错误之处，朝鲜英祖二十年（1744 年），国王命刑曹参判具宅奎等人在《新注无冤录》的基础上进行增删与训注，此次修订对王与《无冤录》的原书目录作了较大改动，在内容上删芜去繁，修正了讹误之处，同时吸收了清康熙三十三年（1694 年）官修刊行的《律例馆校正洗冤录》中的内容，并注明"补""附"字样，由此形成了《增修无冤录》，于英祖二十四年（1748 年）正式刊行，此版为《增修无冤录》的旧版。

此后，由于旧版中使用汉字，且方言过多，术语过于简洁，朝鲜人在实际运用中依然难以全部理解，具宅奎之子、辅国崇禄大夫具允明，律学教授金就夏二人受命在保留旧版体例、内容的基础上进行补充注释，并阴刻"补""附""增"字样，使内容更加符合朝鲜实际，从而形成了《增修无冤录》的新版《增修无冤录大全》，于正祖二十年（1796 年）刊行。其中，"补"代表补入《洗冤录》《平冤录》《未信编》等书中与《无冤录》内容紧密相关者；"附"

---

① 《新注无冤录》，孙肇瑞跋。

代表补入上述三书之外的相关内容；"增"代表具允明、金就夏的字词注解等新增内容，使得增修脉络清晰明了。《增修无冤录大全》分为上、下二卷，上卷为"检覆"，下卷为"条例""杂录"。卷首有凡例、字训、目录，卷末有具允明写的跋文。

无论是具宅奎增补的旧版，还是具允明增补的新版，均又被称为《无冤录》或《增修无冤录》。

3. 谚文翻译——《增修无冤录谚解》

《新注无冤录》和《增修无冤录》虽几经修订及注音，但由于二书均用汉字书写，普通官民在适用上仍有障碍。为了将司法检验知识准确地传达给刑官，正祖十四年（1790 年），刑曹判书徐有邻等受命将《增修无冤录》翻译为谚文（朝鲜文），即《增修无冤录谚解》，于正祖十六年（1792 年）刊行，共三卷。因其官修性质，此谚解本成为朝鲜末期刑事案件的办案指南，具有很强的实用性和权威性，与现行法律无异。

4. 朝鲜法医检验著作的价值

一方面，朝鲜法医检验著作的陆续刊行是中国古代法医理论与实践在朝鲜实现本土化的重要标志。从原样照搬王与《无冤录》加以注音与释义（《新注无冤录》），到根据本国实情对原书目录与内容进行较大增删修改（《增修无冤录》），再到为了便于朝鲜人理解应用而进行全书翻译（《增修无冤录谚解》），这一法医检验著作在朝鲜走向本土化与通俗化的过程中，演变脉络清晰有序，结构体例渐次改进，对朝鲜法医检验的形成与发展产生了重要影响，具有重要的理论价值与应用价值。

另一方面，因《平冤录》自元代后就已失传，《无冤录》成了唯一载有其内容的书籍，但《无冤录》元刻本也已亡佚，幸而由朝鲜译注的《新注无冤录》保留了明代《无冤录》羊角山叟重刊本的原貌，并详细记载了该书的序跋、版本和流传情况。这一朝鲜刻本此后又传播至日本成为《无冤录述》的母本，并回流至中国，于清末被沈家本收入于《沈碧楼丛书》中（该版本为现存较为完善的《无冤录》版本）。这一由朝鲜译注成书的法医检验著作在很大程度上弥补了中国古书缺失或亡佚的遗憾，具有重要的文献价值与学术价值，也在中朝法医文献交流史上发挥了重要的作用。

（三）中国法医检验著作的应用

由于刑狱之事关系国祚兴衰，法医检验又是其中关键的一环，所以朝鲜官府十分重视检验工作在刑事案件中的重要作用。有鉴于此，中国法医检验著作中的内容被广泛应用于朝鲜的教育考试和司法检验领域，极大地促进了朝鲜刑狱检验工作的发展。

1. 应用于律学考试

《洗冤集录》等法医检验著作在中国只是司法检验的参考书籍，但在朝鲜王朝时期却不仅仅是检验参考指南，王与的《无冤录》还是朝鲜律学教育与考试的重要科目。世宗十二年（1430 年），详定所（礼曹下设机构）在议定各科取才科目时，将律学的考试科目定为《大明律》《唐律疏议》《无冤录》三科。① 其中，《唐律疏议》与《大明律》分别为唐代与明代的国家法典，而法医检验著作《无冤录》也被一同列为考试范围，原因有二：一是考虑到检尸关系人命，不能失之毫厘，若检尸不明，则将导致冤屈；二来相较于儒学、武学、阴阳学、医学、乐学、算学等其他诸学，律学的考试科目最少，故将《无冤录》也一并列入考试计分。②

随着此后朝鲜国家法典的陆续制定与颁行，律学考试科目中便相应增加了本国的法典。朝鲜成宗十六年（1485 年）颁布《经国大典》，其《礼典》中规定律科初试、复试的科目有：《大明律》《唐律疏议》《无冤录》《律学解颐》《律学辨疑》《经国大典》六科。英祖二十二年（1746 年）颁布《续大典》时，律科初试、复试的科目调整为：《大明律》《无冤录》《经国大典》三科。而后至高宗二年（1865 年）制定的《大典会通》中，律学取才又重新规定为：《大明律》《唐律》《辨疑》《解颐》《无冤录》《经国大典》六科。可见在朝鲜历代国家法典中，《无冤录》始终被列为律学的必考科目之一，③ 直至隆熙元年（1908 年）颁行的

---

① 《朝鲜王朝实录》，世宗卷 47，世宗十二年三月十八日（戊午条）。

② 《朝鲜王朝实录》，世宗卷 68，世宗十七年六月八日（戊申条）。

③ 随着朝鲜政府对《无冤录》进行译注与增修，律学取才的用书也会随之调整。如正祖二十年，《增修无冤录大全》刊行后，《无冤录》一书便以《增修无冤录大全》为准。参见《朝鲜王朝实录》，正祖卷 46，正祖二十一年四月十六日（丙戌条）。

《新旧刑事法规大全》中，始将《无冤录》列入了失效法令。自15世纪上半叶传播至朝鲜至20世纪初被宣告失效，《无冤录》在朝鲜司法检验领域的影响持续近五百年之久。

2. 应用于刑狱检验

"刑狱之重，莫大于杀人，狱情之初，必先于检验。"在刑狱案件中，为避免冤假错案的发生，朝鲜官府不仅广泛接受并大量引用《无冤录》中的法医检验知识，并根据《无冤录》建立了一套系统、完整的司法检验制度。

（1）验尸官。世宗二十四年（1442年），要求所有验尸程序都需遵守《无冤录》中的相关规定，验尸官按《无冤录》"正官检尸及受理人命词讼"条规定为：

初检官，中央由汉城府五部（东、西、南、北、中共五部）官吏，地方上由各州、府、郡、县所在地守令担任；复检官，中央抽调汉城府郎官，地方上由接到文牒的相邻地守令担任；三检官，中央由刑曹派遣郎官，地方上则由观察使派遣差员担任。①

（2）验尸对象。验尸对象除遇害者外，还包括已决犯、未决犯，以及在狱中、审讯中或在流放地的死者。同时，考虑到贵族阶层的礼数，英祖二十八年（1752年）下教，士族妇女、宗亲、文武官员、大夫以上以及国王的侍从官员等，非犯大逆罪者不验尸。②该条教旨还被收录于正祖九年（1785年）颁行的《大典通编》中。③

（3）验尸程序。当发生人命案件后，需参照《无冤录》实行三检制度：

第一，初检。命案发生后，由验尸官率医员、律官、仵作等对尸体进行检查，并逮捕、拘留正犯和干犯，初检后需按照《无冤录》尸账的规定制作检尸状式（即验尸报告）并提交上级汉城府或各道观察使。

第二，复检。复检官用初检的方法进行验尸后，将检尸状式提交至汉城府，汉城府再提交至刑曹。在地方上，复检官将检尸状式报告至观察使，观察使审查

---

① 参见《朝鲜王朝实录》，世宗卷95，世宗二十四年二月二十七日（戊午条）。

② 参见《朝鲜王朝实录》，英祖卷77，英祖二十八年六月十七日（丙午条）；英祖二十八年六月十九日（戊申条）。

③ 《大典通编·刑典·检验》"启下罪人物故"条。

后报告至中央刑曹，并附上由其撰写的题辞。在复检中，初检官不得向复检官透露任何初检信息，复检官需独立制作检尸报告。刑曹对初检和复检报告进行对照，如死亡原因没有争议，将依此为据作出判决，并移交尸体给家属，准许埋葬。若两次检验意见不一致或对该检验结果仍存有疑虑时，刑曹将下令进行三检。

第三，三检。三检官重新检验后将检尸状式报告至刑曹，刑曹在参考初检、复检报告后作出最终判决。三检意见若仍不一致，则将根据案情进行四检或向国王直诉。在审判程序上，进行三检、四检时，可以附上初检、复检的检尸状式及其他文件作为参考。

（4）检验工具。检验工具或材料，也称法物。成宗十四年（1483年）十月，汉城府判尹李克均向国王奏请，地方官在检验尸伤时，"或用周尺，或用营造尺，考《无冤录》，皆非合度尺也"。《无冤录》中规定的"官尺"，比古周尺，计一尺六寸六分有余，为古今道行之尺度，毫厘之差，长短无准，宜令有司改正后，分送朝鲜诸道，以革旧弊。该奏请得到了成宗的采纳。① 同年十一月，工曹用铜铁精做检验官尺，分送于刑曹、汉城府及诸道各邑。②

银钗也是重要法物之一。成宗十四年（1483年）十月，汉城府判尹李克均又提出奏请，根据《无冤录》"毒药死"的记载，以银钗探入死尸喉中，取出后银钗是否变黑，是判断是否中毒致命的关键。但若为三分银七分铜的假伪银钗，才触秽气，即变其色。只有用足色花银，才可称为法物。无此法物，难以辨明，便会导致冤情。故宜令汉城府用花银造钗，试验凿记封藏，专门用以检尸。此项奏请也得到了成宗的采纳。此后，中宗十一年（1516年）亦有以银钗检验毒药致死的记录，"依《无冤录》，造银钗，以验毒药致死者"。③

验尸时使用的法物除官尺和银簪外，还有酒、醋、盐、梅子、鸡等。

（5）检尸状式。在朝鲜王朝的官方文件中，记载死因的验尸报告被称为"检尸状式"，这是一种格式化的验尸文书，在宋代称为"检验格目"，在元代称为"检尸法式"，在《无冤录》中则称为"尸账式"。元代的司法检验总结了前

---

① 《朝鲜王朝实录》，成宗卷159，成宗十四年十月十四日（癸酉条）。
② 《朝鲜王朝实录》，成宗卷160，成宗十四年十一月七日（丙申条）。
③ 《朝鲜王朝实录》，中宗卷26，中宗十一年十一月九日（丙戌条）。

朝的经验，在检验文书的制作方面，简化了宋代繁琐的检验文件，使检验程式固定化，并成为朝鲜检验文书的样板。

世宗二十一年（1439 年），汉城府根据《无冤录》的"尸账式"刊行《检尸状式》，传旨各道观察使及济州安抚使，刊板模印，颁诸道内各官。① 按照《新注无冤录》的记载，朝鲜官府制作检尸状式的样本如下：

> 某路某州某县某处，某年月日某时，检验到某人尸形。用某字几号勘合书填，定执生前致命根因，标注于后。
>
> 仰面（图略，共 49 处身体部位）
>
> 合面（图略，共 26 处身体部位）
>
> 对众定验得，某人委因 　　 致命。
>
> 验尸人等。
>
> 正犯人某。
>
> 干犯人某。
>
> 干证人某。
>
> 地邻人某。
>
> 主首某。
>
> 尸亲某。
>
> 仵作·行人某。
>
> 右件前项，致命根因，中间但有脱漏不实、符同捏合、增减尸伤，检尸官吏人等情愿甘伏罪责无词，保结是实。
>
> 某年某月某日，司吏某押。
>
> 首领官某押。
>
> 检尸官某押。

以上朝鲜的检尸状式主要由五部分构成：第一，案发具体地点、检验时间、

---

① 《朝鲜王朝实录》，世宗卷 84，世宗二十一年二月六日（乙卯条）。

致命死因；① 第二，仰面、合面尸形图（又称为"正背人形图"），检验并填写仰合两面共 75 个身体部位的检验情况；第三，得出致命原因；第四，记录主犯、从犯、证人、尸亲等参与验尸人员，并令其对检验无误进行确认；第五，参与检验的全体官吏在文书上署名、押字。检尸状式完成后，共一式三副。一副呈送上级官吏，一副交予死者家属，一副粘连入卷宗。

可见，朝鲜官府的检尸状式继承了元代验尸报告文书的制作方式、格式与内容，从而建立起了科学、合理的司法检验制度。

第五节　朝鲜继受中华法律文化的特点与影响

中华法律文化在古代朝鲜半岛的广泛传播和重要影响，是朝鲜法律史中的重要主题和内容之一，也是古代中朝法律文化交流史中不可或缺的一部分，同时也是东亚法律圈中的重要一环。

一、朝鲜继受中华法律文化的特点

朝鲜自主选择并继受中华法律文化，使朝鲜法不仅具有礼法合一、德主刑辅、诸法合体等中华法系国家法律的共性，也因其继受中华法律文化的范围之广和程度之深而具有以下若干特性。

（一）与中华法律文化的发展保持同步的特点

古代朝鲜半岛的法律文化受到中华传统法律文化的巨大影响，从而呈现出亦步亦趋的特点。

第一，在法律制度方面。从新罗王朝对唐代法制的借鉴，到高丽王朝"一代之制，大抵皆仿乎唐"，再到朝鲜王朝"一遵华制"，中华法律文化对朝鲜的影响从未间断，并随着朝代的更迭而日渐加深。尽管在历史的长期发展过程中，

---

① 世宗元年（1419 年）规定，检验时间应明确注明某年某月某日，而不得写"去年、今年、前月、今月、当日、此日"等模糊用语。参见《朝鲜王朝实录》，世宗卷 3，世宗元年二月二十三日（戊戌条）。

朝鲜半岛的法律文化亦形成了其自身的特点，但始终无法否认中国对其法制广泛而深刻的影响。

第二，在法律思想方面。儒家思想在朝鲜半岛的传播已久，与其在中国本土的发展是形影相随的，朝鲜半岛自古使用汉字并深受传统儒家思想浸润，元代以后，朝鲜又接受了以程朱理学为代表的新儒学。故而两国在儒家思想的统治之下，在礼仪文化、法制理念等方面皆有着诸多相似之处。朝鲜始终对中国法制理念的发展与变化予以密切关注，并及时引进、学习与吸收。

正因朝鲜在法律文化的发展上与中国几乎保持同步的特点，使得两国的法律理念与法律制度有着高度的趋同性。朝鲜对儒家法文化的认可度与接受度，皆远远高于其他地区，从而"朝鲜半岛是中国本土之外儒家化最为彻底的地区"。[①]

（二）在宗藩秩序框架内继受中华法制的特点

在古代东亚世界中，以中国为宗主、四夷为藩属的宗藩关系自先秦发轫后，历经汉唐宋元各代的不断深化，到明代发展至鼎盛时期。宗藩关系以宗主国与藩属国之间确立的上下等级关系为前提，而这一等级关系正是建立在儒家等级观念的基础之上。儒家最为注重和强调的便是君臣、尊卑、上下的等级差异，这种明确的等级秩序正是儒家思想在处理对外关系时的体现与延伸。故而在宗藩体制的框架内，中国与各藩属国之间君臣有别、上下有差、尊卑有序。

朝鲜王朝建立后，便与明朝建立并保持着十分亲密的宗藩关系。这种宗藩关系在实质上等同于君臣关系，即处于一种臣服、顺从、"以小事大"的不对等地位。此后二百余年间，朝鲜始终"至诚事大"于明朝，"仰天朝如赤子之仰父母"。[②]故而朝鲜对宗藩关系的开展与典章制度的建设皆遵循与恪守等级秩序，并在宗藩等级秩序的框架内进行，其中也包括了对中国法律的继受。试以如下三个方面为例：

第一，法律名称上的差异。中国的君主称为"皇帝"，皇帝发布的命令通常被称为"诏""敕"等。如宋代的"编敕"便是对皇帝发布的"散敕"的汇编，是使"敕"上升为一般法律形式的程序。而朝鲜的君主则称为"国王"，国王发

---

① 彭林：《中国礼学在古代朝鲜的播迁》，广西师范大学出版社2020年版，导读第3页。
② 《朝鲜王朝实录》，宣祖卷28，宣祖二十五年七月二十日（丁丑条）。

布的命令只能称为"教"（或"受教""教旨"），该"教"亦是一种法律形式。朝鲜肃宗二十四年（1698年），国王命人将历代先王的受教加以整理，并按吏、户、礼、兵、刑、工六典体例汇编成辑，取名为《受教辑录》。正式颁行后的受教即成为司法断案的依据，是朝鲜王朝法律体系的重要组成部分。这亦是一种基于避讳而产生的等级差异。

第二，礼制上的等级差异。如服制上的等级差异，明代的冠服分为朝服、祭服、公服、常服四种，并规定了各自的形制、尺寸以及使用场合等。根据《经国大典·礼典》"仪章"条的规定，朝鲜的冠服制度亦分为朝服、祭服、公服和常服四种，其基本承袭了明代的服制，但在等级上皆递减二级。例如朝服，明代三品官用五梁冠、云鹤、金绶环，与朝鲜一品官同；明代四品官的朝服用四梁冠、云鹤、金环绶，与朝鲜二品官同，依此类推。再如常服，明代官员的胸背补子分九等，朝鲜亦降二级使用，即明代文官三品用孔雀，四品用云雁，朝鲜文官一品才用孔雀，二品用云雁。又如宗庙制度的等级差异，按照周礼"天子七庙，诸侯五庙"之制，新罗王朝、高丽王朝以及朝鲜王朝皆谨守法度，以诸侯之礼设立五庙祭祀祖先，不逾矩。

第三，司法机构名称上的差异。朝鲜王朝时期的审判、监察与刑狱机构的名称皆直接或间接渊源于中国。其之所以在官制机构的名称上与皇明有所差异，其中的重要原因之一便是为维护等级制度而产生的避讳，故朝鲜设官分职从不僭越中国。明代六部"尚书"在朝鲜避称为"判书"，明代的"都察院"在朝鲜称为"司宪府"，而明代的"刑部"在朝鲜则为"刑曹"；等等，但两者的相似性显而易见。

正因朝鲜"事天朝最恭谨"，恪守宗藩尊卑等级之道，故而明朝亦给予朝鲜"异于他蕃"① 的优厚待遇。无论是在朝贡时诸藩的列队次序上，② 还是在史

① （明）严从简：《殊域周咨录》卷1《东夷》。

② 朝鲜王朝时期，燕行使在燕行日记中对朝贡时诸藩属国的站位顺序多有描述，如："四更，赴朝。适皇帝视朝于奉天门。入候左腋门……夏序班拉余趋入，跪于尚书之后，一行之人皆随之。琉球人，又入跪于后。"［朝］苏世让：《阳谷赴京日记》，载弘华文主编：《燕行录全编》（第一辑），广西师范大学出版社2010年版，第284页。又如："朝会时，我国使臣为首立于前行，安南使臣次于后行。"［朝］李晬光：《安南使臣唱和问答录》，载弘华文主编：《燕行录全编》（第一辑），广西师范大学出版社2010年版，第353页。

册记载的诸藩排序上，明清两朝总是自然而然地把朝鲜放在首位，正如"乾隆五十五年（1790）也就是在乾隆皇帝庆贺八十寿辰的仪式上，朝廷安排来朝觐的各国使者，就把朝鲜当作在文化血脉和政治关系上最亲近的藩属之国，说'朝鲜于事大之节，敬谨如此，宜作他藩之仪式'。这至少是从唐宋到明代照例沿袭下来的礼宾制度，尽管朝代更迭，已经从明到清，帝国统治者仍然沿袭着传统的观念，把朝鲜当作最接近的藩属，位置放在琉球、安南、缅甸之前"。①

同样，在百余年前，当杨鸿烈在撰写《中国法律在东亚诸国之影响》这一经典著作时，亦认为在朝鲜、日本、琉球、安南诸国中，以朝鲜与中国之关系最为深长，故而先述朝鲜，将其论述排于日本、琉球、安南之前。

（三）对中华法律文化顺利实现本土化的特点

朝鲜对中华法律文化的继受由最初的全盘吸收到逐步注重本土化、地方化，最终确立起了深具本国特色的朝鲜本土法律文化。这一继受过程的特点从其儒家思想的本土化、法律文本的本土化，以及法医检验著作的本土化方面得到了生动呈现。

第一，儒家思想的本土化。儒家思想之所以成为朝鲜的统治哲学，并被尊奉为国教，根本原因还在于其能在朝鲜顺利实现本土化，任何理念只有适应了本国的实际需求才能获得长远的发展。在继受朱子学的过程中，朝鲜的儒士进一步发扬了中国的理学思想，并逐步确立了具有朝鲜特色的性理学，使以性理学为主干的儒家思想在国家意识形态中占据绝对主导地位。李朝前期，朱子学派的代表性人物有金宗直、赵光祖、李彦迪等人，至16世纪中叶，更是迎来了朝鲜朱子学发展的"黄金时代"，出现了以李滉（号退溪，1501—1570年）、李珥（号栗谷，1536—1584年）为代表的一批杰出理学家，朱子学研究达到了炉火纯青的地步，其学术造诣与影响力甚至超过了同时期的中国学者，从而形成了与中国不同而深具朝鲜特色的性理学思想。

第二，法律文本的本土化。朝鲜王朝立国之初便宣布将《大明律》作为朝鲜王朝的法源加以适用，为使《大明律》顺利实现本土化，太祖四年（1395年）

---

① 葛兆光：《想象异域：读李朝朝鲜汉文燕行文献札记》，中华书局2014年版，第29—30页。

朝鲜以《大明律》为底本翻译刊行了《大明律直解》，该官方译作采用了朝鲜的吏读法（用汉字的音义来标记朝鲜语的词尾和助词的一种书写方法）对律文进行译注，并结合本国实际予以增删修订，从而使《大明律》的条文更符合朝鲜的语言习惯与国情。尽管《大明律直解》并非司法实践中直接适用的法源，但该译本的颁行使执法官吏与平民百姓能更好地掌握和理解《大明律》，并奠定了《大明律》在朝鲜传播与本土化的基础。在仿效明律的同时，朝鲜也并非生搬硬套，而是注重结合国情，因地制宜，通过将外来法与自身情况相结合实现对法律继受的有效运用。比如，《大明律》五刑中的"流刑"有"流三千里"的规定，朝鲜因国土狭小而无法适用该里数，世宗十二年（1430年）便制定了"配所详定法"，按其本国情况酌定流罪人的配所。正因朝鲜在继受法律时擅于结合本国实际予以取舍，且在继承的基础上有更多的发展、突破和创新，从而得以顺利地完成法律制度的改造与本土化，同时也有效地避免了法律继受中南橘北枳的情况。

第三，法医检验著作的本土化。元代王与的法医检验著作《无冤录》自传入朝鲜后，不仅在朝鲜全境广为流传，出现朝鲜刊本、抄本等，官府还多次组织朝臣对《无冤录》进行注释、增修、翻译、重刊、汇编，使之顺利实现本土化，从而使其成为朝鲜法医检验领域的重要著作与办案指南。世宗二十年（1438年），国王命人将王与的《无冤录》加以注音与释义，形成《新注无冤录》，使其广泛运用于死伤检验之中。英祖与正祖年间，朝鲜分别在《新注无冤录》的基础上进行增删与训注，删芜去繁，改进原书中难以理解的方言和术语，使内容更加符合朝鲜实际，从而撰成《增修无冤录》。正祖十六年（1792年），为方便普通官民适用，朝鲜又将《增修无冤录》翻译为谚文（朝鲜文），即《增修无冤录谚解》，使其成为朝鲜末期刑事案件的办案指南，具有很强的实用性和权威性，与现行法律无异。《无冤录》在朝鲜顺利本土化的历史过程也充分说明了法医检验技术的传播不仅仅是技术的传递，更是一种法律文化的交流与融合，对朝鲜半岛的法律发展有着深远的影响。

二、朝鲜继受中华法律文化的影响

经过几千年的传播与发展，儒家文化已经深深扎根于朝鲜社会的方方面面，成为整个民族的精神基石，且一直延续至今。中华法律文化无论对于古代的朝鲜，抑或当今的韩国都产生了广泛而深刻的影响，并多维度体现在法制理念、法律制度、司法机构与设施、法律艺术、法律文本等各方面，这种年深日久的影响也使朝鲜半岛的律法打上了儒家法的深刻烙印。

（一）对古代朝鲜的影响

古代朝鲜法深受中华法律文化的影响，在法制理念、法律制度、司法机构与设施、法律艺术等各个维度皆以模仿中国为能事，从而使其跻身为中华法系中的重要一员。

在法制理念方面，朝鲜是儒家思想在中国本土以外最先传入的国家，儒家思想的核心是"礼治"，法律儒家化的过程首先表现为法制理念的儒家化。统一新罗时期，儒家思想深入朝鲜半岛并向法律进行渗透，"礼有等差"思想开始体现于服制上。高丽时期，礼刑并用、孝道、恤刑等儒家思想大量入律，成为高丽法制思想的主流。朝鲜王朝时期，礼律结合成为朝鲜法的主要特征，以《经国大典》为代表的儒家化法典的诞生标志着儒家法律思想主流地位的正式确立。

在法律制度方面，朝鲜擅于采中国历朝法典之长以成就其一王之法，其历代成文法典的制定，皆借鉴与吸收中国历代法典的内容，其中尤以唐律与明律为最。新罗与高丽时期基本借鉴唐律，朝鲜时期则在效法明律的基础上集唐、宋、明之制于一炉。在儒家思想的指导下，与之配套的法律制度与法律内容进而呈现出"礼"的内容。如民事法律方面的宗法制度、六礼制度、七出与三不去制度等，刑事法律方面的十恶制度、八议制度、矜老恤幼制度等，司法方面的容隐制度、死刑覆奏制度、存留养亲制度等，皆在朝鲜半岛历代的成文法典中有不同程度的体现。

在司法机构与设施方面，朝鲜各司法机构的名称、职能、官制设置，以及刑狱之具的种类、形制、材质，皆是在继受中国相关司法机构与设施的基础之上逐步发展起来的。朝鲜的申闻鼓之制亦深受中国古代登闻鼓的影响，并在申诉机构、申诉程序、申诉赏罚等方面制定了完善的规则，使其在实践中得到了广泛的应用。

在法律艺术方面，中华法律文化的典型象征物獬豸深受朝鲜人民的喜爱，不仅被应用于朝鲜古代的帽冠形制与官服纹饰上，也被装饰于宫殿、民宅等建筑上。中国古代法典编纂技术亦为朝鲜所积极效法，在法律形式上承袭了中国法典的体例结构，在法律方法上则借鉴了比附的立法技术。此外，中国古代法医检验著作先后传播至朝鲜半岛，经译注后指导并应用于朝鲜的司法检验实践中，为其破案以及司法审判提供了重要的理论与技术支持。

正因两国在传统法律文化上的高度趋同性，使得明万历十九年（1591年）以质正官身份前往燕京的朝鲜使臣柳梦寅，在考察了中原文化制度后不由得发出了"余尝观东方效中国，如东施之于西施"①的由衷感叹。而此话对于中国来说亦然，对中国来说，考察朝鲜古代法律史的过程便犹如揽镜自照，"朝鲜半岛法制史是中国法制文明的域外延伸，又是域外文明取法中国，深度认同中华文明，进而主动向中华制度文明靠拢的内在体现。历时五百年的朝鲜王朝在其制度和习俗上，始终以与中国古典制度的趋同为荣，书写朝鲜半岛的法律史，就如同在写一部域外的中华文明史"。②故而以比较法的视野考察朝鲜法律史，有助于我们反观自身的特色，从而在自鉴的过程中更好地理解和把握中华法律文化的优良传统。

（二）对当今韩国的影响

20世纪上半叶，伴随着"西法东渐"的大势，以儒家思想为代表的中华法律文化受到了西方文化的强烈挑战与冲击，面对延续了千余年的中华法系濒临解体的局面，朝鲜半岛也随之经历了一系列剧烈的思想阵痛与社会变革。

1910年朝鲜半岛沦为日本殖民地，在日本的控制下，朝鲜的法律改革通过日本学习大陆法系，虽然法律内容可以移植，但作为一种惯性的延续，朝鲜半

---

① ［朝鲜］柳梦寅：《朝天录》，载弘华文主编：《燕行录全编》（第一辑），广西师范大学出版社2010年版，第132页。朝鲜因其地理位置在中国之东，故常常以"东方"自居。

② 张钧波：《朝鲜王朝法律史研究》，中国社会科学出版社2021年版，第615—616页。

岛根深蒂固的儒家思想却未能断然切割，"自前清光绪甲午一战，中国势力完全退出朝鲜，朝鲜法制亦自是焕然改观，但民族之亲族、婚姻、继承等方面，犹保留甚多之中国法系之遗物"。[①] 此后，韩国在大陆法系的基础上参考英美法，编纂了以宪法、民法、刑法、民事诉讼法、刑事诉讼法、商法为主体的六法体系。尽管在探索与改革法律近代化的过程中，韩国大量移植了西方的法律制度，但同时也保留了诸多儒家法的传统，从而形成了韩国特有的法律体系。这主要表现在以下几个方面：

第一，国家以根本法的形式确立了韩国法的传统文化基础。于 1948 年通过的《大韩民国宪法》第一章《总纲》第 9 条明确规定："国家应致力于继承和发展传统文化，弘扬民族文化。"这一"继承和发展传统文化"的规定在此后韩国的立法与司法领域起到了重要的引导作用。

第二，刑事法中保留了典型的儒家法特色。如于 1953 年实施的《韩国刑法典》第 151 条关于"窝藏犯人和亲属之间的特例"规定："①窝藏或帮助犯罚款以上刑罚的人逃逸的，处 3 年以下有期徒刑或 500 万韩元以下罚款。②亲属或同居家属为本人犯前款罪时，不予处罚。"又如，《韩国刑法典》第 155 条关于"毁灭证据等与亲属之间的特例"规定："①毁灭、隐匿、伪造或变造他人刑事案件或惩戒案件相关证据，使用伪造或变造证据的，处 5 年以下有期徒刑或 700 万韩元以下罚款；②窝藏或逃避有关他人刑事案件或惩戒案件证人者，也与第一款的刑罚相同；③以谋害被告人、嫌疑人或惩戒嫌疑人为目的犯前二项罪的，处十年以下有期徒刑；④亲属或同居家属为本人犯本条罪时，不予处罚。"以上两条"亲属之间的特例"是儒家容隐制度在韩国现代法中的典型体现。此外，《韩国刑法典》第 241 条对于通奸者的刑事处罚也充满了浓厚的儒家法色彩，其规定"有配偶而通奸者，及其通奸对象，处以两年以下有期徒刑。"这是儒家价值观对于婚姻所作的高道德标准的体现，此后随着观念的解放，该条于 2016 年 1 月以宪法法院判定为违宪而被删除。

第三，民事法中体现了诸多儒家法印记。如于 1960 年实施的《韩国民法

---

① 杨鸿烈：《中国法律在东亚诸国之影响》，商务印书馆 2017 年版，第 182 页。

典》沿用了朝鲜时代为衡量家属之间亲疏关系而使用的"寸数法","寸数"是中国古代尊卑等级制度与礼仪制度在朝鲜礼制中的特有呈现。又如，因深受传统理学对妇女贞操与守节思想的影响，《韩国民法典》第811条对妇女再婚条件曾作出限制，"妇女婚姻关系解除以后六个月内，不得再婚。"但此后由于时代的发展与妇女地位的提升，该条文于2005年3月被删除。

第四，传统法律设施在当今政务中依然发挥着积极效用。如韩国政府为完善民愿制度而法古推出的"国民申闻鼓"系统，不仅强化了国民与政府间的沟通，使国民对政府服务的满意率逐年上升，在国际上也获得了很高的评价。这便是韩国善于在传统法中挖掘价值的典型例证，万物皆可为我所用，将蕴藏着古老智慧的法律设施变为当代的治国利器，从而使其在时代的变迁中不断焕发出崭新的活力与生命力。

第五，传统法律象征在当代的价值延续。2008年5月，獬豸被宣布成为韩国首尔的吉祥物。经过岁月和时代的变迁，在中华法律文化中能辨别是非、维护正义的獬豸在韩国被赋予了新的内涵，其寄托着民众对于国泰民安的美好祈愿，成为宫阙与家宅的守护神。这既代表了韩国与古为新，对传统历史文化不断传承与创新，也是对公平、正义这一古老法律理念的价值坚守与延续。

可见，在走向法治现代化的过程中，尽管儒家法律文化由盛转衰，已丧失了原先的崇高地位，但儒家法思想在当今韩国仍有着相当纯粹而深厚的根基。这一儒家法传统已深深根植在当代韩国民众的思想理念中，同时又切合现实需求并延续至今，成为本国的国粹。韩国也因此成了"目前世界上儒教传统保留得最多的一个国家"，[①]并因儒家化程度最为彻底而被誉为"儒教国家的活化石"。今天，我们更应该维护与坚守传统法律文化中的智慧与精髓，实现优秀文明成果的交流互鉴，唯有如此，儒学才能继续开创出富有魅力的文化传播之路，从而推动中华法律文化走向更为广阔的世界。

---

① 楼宇烈：《儒学在现代韩国》，《传统文化与现代化》1998年第1期。

附：中朝法律大事记对照表

时　间	中　国	朝　鲜
653 年	唐高宗颁行《永徽律疏》(即《唐律疏议》)	
654 年		新罗武烈王元年修定《理方府格》
667 年		新罗文武王七年设"右理方府"，掌管刑律和司法
668 年		新罗统一朝鲜半岛，进入统一新罗时期
738 年	唐玄宗颁行《唐六典》	
758 年		新罗景德王十七年设置"律令博士"
805 年		新罗哀庄王六年"颁示公式二十余条"
834 年		新罗兴德王九年确立冠服制度
918 年		大将王建推翻国君，自立为王，正式建立高丽王朝
919 年		高丽太祖二年设立三省、六尚书、九寺
963 年	宋太祖颁行《宋刑统》	
985 年		高丽成宗四年制定五服制度
995 年		高丽成宗十四年各司法机构分别定名为"刑部""御史台""大理寺"
1018 年		高丽显宗九年实行秋冬行刑制
1047 年		高丽文宗元年实行死刑三覆奏制
1048 年		高丽文宗二年实行存留养亲制
1225 年	元代成吉思汗颁行《大札撒》	
1247 年	南宋湖南提刑宋慈著《洗冤集录》	
1308 年	元代王与著《无冤录》	
1323 年	元英宗颁行《大元通制》	
1368 年	明太祖颁行《大明令》	
1369 年		高丽恭愍王十八年中央监察机构定名为"司宪府"
1385—1387 年	明太祖陆续颁行四编《大诰》	
1389 年		高丽恭让王元年中央审判机构定名为"刑曹"
1392 年		李成桂发动政变，废帝自立，正式建立朝鲜王朝

时　间	中　国	朝　鲜
1394 年		朝鲜太祖三年编撰《朝鲜经国典》
1395 年		朝鲜太祖四年刊行《大明律直解》
1397 年	明太祖颁行《大明律》(即"洪武三十年律")	朝鲜太祖六年颁行《经济六典》
1401 年		朝鲜太宗元年设立申闻鼓
1440 年		朝鲜世宗二十二年初版刊行《新注无冤录》
1447 年		朝鲜世宗二十九年再版刊行《新注无冤录》
1485 年		朝鲜成宗十六年颁行《经国大典》
1493 年		朝鲜成宗二十四年颁行《大典续录》
1511 年	明武宗颁行《大明会典》(即"正德会典")	
1543 年		朝鲜中宗三十八年颁行《大典后续录》
1555 年		朝鲜明宗十年刊行《经国大典注解》
1585 年		朝鲜宣祖十八年刊行《词讼类聚》
1587 年	明神宗重修颁行《大明会典》(即"万历重修会典")	
1690 年	清圣祖颁行《康熙会典》	
1698 年		朝鲜肃宗二十四年撰成《受教辑录》
1707 年		朝鲜肃宗三十三年刊行《典录通考》
1732 年	清世宗颁行《雍正会典》	
1740 年	清高宗颁行《大清律例》	
1746 年		朝鲜英祖二十二年颁行《续大典》
1747 年	清高宗编成《乾隆会典》	
1748 年		朝鲜英祖二十四年刊行《增修无冤录》
1778 年		朝鲜正祖二年颁行《钦恤典则》
1785 年		朝鲜正祖九年颁行《大典通编》
1792 年		朝鲜正祖十六年刊行《增修无冤录谚解》
1796 年		朝鲜正祖二十年刊行《增修无冤录大全》
1818 年	清仁宗颁行《嘉庆会典》	
1844 年		朝鲜宪宗十年刊行《儒胥必知》
1865 年		朝鲜高宗二年颁行《大典会通》
1897 年		朝鲜高宗李熙称帝,改国号为"大韩帝国"

时 间	中 国	朝 鲜
1904 年	清德宗颁行《光绪会典》	
1905 年		大韩帝国光武九年颁行《刑法大全》
1908 年	清廷颁布《钦定宪法大纲》	
1910 年	清廷颁布《大清现行刑律》	大韩帝国沦为日本殖民地，进入日据时期
1911 年	清廷颁布《大清新刑律》	
1912 年	南京临时政府颁布《中华民国临时约法》	
1914 年	北洋政府颁布《中华民国约法》	
1931 年	中华苏维埃共和国通过《中华苏维埃共和国宪法大纲》	
1945 年		朝鲜半岛从日本殖民统治下光复取得独立
1946 年	南京国民政府颁布《中华民国宪法》	
1948 年		朝鲜半岛南部成立大韩民国、北部成立朝鲜民主主义人民共和国

以上朝鲜大事记据《三国史记》《三国遗事》《高丽史》《朝鲜王朝实录》、韩国国史编纂委员会"朝鲜时代法令资料"、韩国民族文化大百科辞典、《中朝日越四国历史纪年表》①等。

---

① 陈久金编著：《中朝日越四国历史纪年表（公元前二〇七〇年—公元一九四九年）》（第 2 版），群言出版社 2020 年版。

第三章　中华传统法律文化对越南之影响

　　中越两国山水相连，自古以来就关系密切，文化同源。实际上，今天我们看到的越南是受两种文化——北面的中国文化和南面的印度文化——影响而成的。越南北部，古称安南，从939年始从中国独立出来，在此之前都是处于中国的统治之下；越南中部，古称林邑、占婆，尽管在汉朝时是交州的日南郡，但很快就从中国独立出去。所以实际上，只有今天越南北部，即安南，是属于中华法系的一部分，在法国殖民以前，受中华法律文化的影响较深，属于汉文化圈法律世界的一员。

　　越南这片土地的名字经历了多次的变化。随着朝代更迭、外来文化影响，这个国家的称谓也在不断演化。在秦汉时期，其名为"交趾"①；在唐代，其名为"安南"；独立之后，在后黎朝时期其自称为"大越"；在阮朝初期，开国皇帝嘉隆欲自名为"南越"，但该名字与秦汉时期的地方政权"南越国"重名，清帝认为其名有觊觎中国领地之嫌，遂将名字颠倒过来，于是就称为"越南"。但该名字虽然为阮朝所接受，其使用频率却不是很多，阮朝第二任皇帝明命帝更是抛弃了该名字，改称"大南"。法属时期则北部称为"东京"，南部称为"西贡"，直到1945年胡志明以"越南"为国号宣布国家独立以后，"越南"这个名称才渐渐流行起来并逐渐固化。由此可见，越南的国名在不同历史时期不尽相同，另外，其地域范围也有所不同。本章为用词统一，除非引用文献，其余将一律使用"越南"一词。

---

① "交趾"和"交阯"本质上指的是同一地区，只是在不同历史时期使用的字形有所不同。

既往关于中国传统法律对越南之影响的论著不多，近年来国内有了第一部关于越南法律史的专著，是伍光红所著《越南法律史》（商务印书馆 2022 年版），该书梳理了越南从传说中的文郎国时期到现代的法律发展情况，填补了国内关于越南法律史研究的空白。另外则是 1937 年杨鸿烈著《中国法律在东亚诸国之影响》，该书将中国法律在安南的影响分为三个阶段，分别是：模仿唐宋律时代—李陈两朝、模仿唐宋元明律时代—后黎朝、模仿明清律时代—阮朝。其中，在李朝时期谈到法典、法院、刑法问题；在陈朝谈到法典、法院、刑法问题；在后黎朝时期谈到法典、法院、刑法问题；在阮朝时期谈到法典、法院、诉讼程序、刑法问题。总体来看，大概是涉及法律制度与法律设施两方面的问题。

至于越南接受中国法律的情况，杨鸿烈认为，"安南自秦、汉至唐入于中国版图，其法制与中国无大出入，自为意中事"。[1] 无独有偶，吕士朋《北属时期的越南》之观点亦同于杨鸿烈，其曰"汉武帝平南越，设九郡，合九郡为交趾部，置刺史监督之，自是越南与中国内郡无异"。[2]

然而，本书所持之观点则不同。笔者认为，越南在北属时期受中国法律文化影响有限，而在独立建国以后才开始进行大规模地模仿中国法律的工作。越南对中国传统法律的接受，呈现出一种从小范围而慢速的被动接受，到大规模而迅速的主动学习的变化。为全面阐述中国传统法律文化对越南的深远影响，本书将从四个关键维度展开详细论述：法律思想、法律制度、法律设施与法律艺术。通过这四个维度，我们将能够更加系统、深入地探讨中越两国在法律文化交流中的复杂互动，揭示其中蕴含的历史演变、文化碰撞和创新融合。

第一节　中国传统法律思想对越南之影响

交往是思想交流的途径。中越之间法律思想的交流也必然是通过长期、深入的交往而发生的。越南古称"交趾"，这在中越史籍中都早有记载，比如《史记》载颛顼"北至于幽陵，南至于交趾，西至于流沙，东至于蟠木。动静之物，

---

① 杨鸿烈：《中国法律在东亚诸国之影响》，商务印书馆 2017 年版，第 494 页。
② 吕士朋：《北属时期的越南》，华世出版社 1977 年版，第 47 页。

大小之神，日月所照，莫不砥属"。①《淮南子》曰："昔者神农之治天下也……
其地南至交阯，北至幽都，东至旸谷，西至三危，莫不听从。"②《墨子》云："古
者尧治天下，南抚交阯，北降幽都，东西至日所出入，莫不宾服。"③

越南官方编纂的编年体史书《大越史记全书》亦载："黄帝建万国，以交阯
界于西南，远在百粤之表。尧命羲氏宅南交，定南方交阯之地。禹别九州，百
粤为扬州域，交阯属焉。成周时始称越裳氏，越之名肇于此云。"④《安南志略》
也云："安南自古交通中国。颛顼时，北至幽陵，南至交阯。尧命羲和宅南交，
舜命禹南抚交阯。"⑤

由此可见，交阯早在上古时期就处于中国人的认知范围里了。《后汉书》中
记载了最早的中越交往，是西周时期越裳氏与周公的来往：

交阯之南有越裳国。周公居摄六年，制礼作乐，天下和平，越裳以三
象重译而献白雉，曰："道路悠远，山川阻深，音使不通，故重译而朝。"
成王以归周公。公曰："德不加焉，则君子不飨其质；政不施焉，则君子不
臣其人。吾何以获此赐也！"其使请曰："吾受命吾国之黄耇曰：'久矣，天
之无烈风雷雨，意者中国有圣人乎？有则盍往朝之。'"周公乃归之于王，
称先王之神致，以荐于宗庙。⑥

越南史书《大越史记全书》也同样记载了越裳氏献白雉的故事："周成王
时，我越始聘于周，（未详第几世。）称越裳氏，献白雉。周公曰：'政令不施，
君子不臣其人。'"⑦

① 《史记·五帝本纪》。
② 《淮南子·主术训》。
③ 《墨子·节用中》。
④ 《大越史记·外纪全书》卷之一。［越］吴士连等：《大越史记全书》（第一册），孙晓主编，
西南师范大学出版社、人民出版社2015年版，第39页。
⑤ ［越］黎崱：《安南志略》，武尚清点校，中华书局1995年版，第12页。
⑥ （南朝宋）范晔撰：《后汉书·南蛮西南夷列传》第76。（南朝宋）范晔撰，（唐）李贤注：
《后汉书》（十），中华书局2012年版。
⑦ 《大越史记·外纪全书》卷之一。［越］吴士连等：《大越史记全书》（第一册），孙晓主编，
西南师范大学出版社、人民出版社2015年版，第41—42页。

可见，至少在西周时期，中越之间就已经出现使者往来了，这也是中越之间思想交流的开端。通过这些古籍文献的记载，我们可以推断早在上古时期，中原文化包括其法律思想，就已经开始向交趾地区传播。这种传播并非单向的强制灌输，而是在长期的交往中自然而然地发生的文化交流过程。然而就帝制时代法律思想的交流而言，越南对中国传统法律思想的吸收经历了一个从被动接受到主动学习的过程。这一过程的实现依赖于几个关键因素的共同作用：两国之间通达的交往通道为思想交流提供了必要的物质基础；往返两国的使节、商人、学者等各类群体成了思想传播的重要载体；诸如书籍、演歌等多样化的文化载体则在法律思想的传播中发挥了不可或缺的作用。

一、中国传统法律思想的南传

纵观中越法律交流的历史，我们可以发现，北属时期中国对于越南的统治方针和民族政策是贯穿始终的。从秦设典属邦到南越国以越治越的政策，从汉朝的初郡政策到唐朝的羁縻政策，无不是尊重越族本俗而进行统治，再慢慢将中原文化漫入越族地区，此时是越族对中国法律的被动接受时期，所以这种思想和制度等层面的渗入是少量而缓慢的；到了独立建国以后，越南虽然获得了民族独立，然而其"宗庙未立，学校未建，设鼎养虎以为刑狱之具，遗犀纳象徒为贡献之劳，礼乐刑政之不修"。[①] 越南没有足够成熟的上层建筑来完成统治国家的事业，于是开始对中国法律进行大量的学习与模仿，此时是越南对中国法律的主动学习阶段，对中国法律的吸纳是规模庞大且极为迅速的。而且从后黎朝到阮朝，呈现一种与中国法律越来越相像的发展趋势。

（一）秦与南越国时期

公元前 221 年，秦始皇统一六国，建立中国历史上第一个统一王朝。公元前 214 年，秦始皇的势力范围扩张到岭南，随即设置桂林郡、南海郡和象郡。然而，秦朝国祚短暂、二世而亡，中原再度陷入战乱之中。当时的代理南海郡

---

① ［越］黎嵩：《越鉴通考总论》。［越］吴士连等：《大越史记全书》（第一册），孙晓主编，西南师范大学出版社、人民出版社 2015 年版，第 20 页。

尉赵佗趁战乱在岭南了建立地方政权，称为南越国。南越国全盛时，疆域包括今广东、海南、香港、澳门，以及广西、福建和越南的部分地区。由于赵佗原先是秦朝将领以及官吏，所以在建立南越国后，其施政几乎一同于秦制，这也是包括中国传统法律文化在内的中原文化首次长时间、持续性地在今越南北部地区传播的时期。

1. 和辑百粤的政策导向

秦初伐岭南时，以屠睢为统帅。由于屠睢等人照搬以严苛而著名的秦制用于越族，遭到了越人各部的强烈反抗，他们即使躲入丛林中与禽兽共处，也不肯投降于秦。最后，越人大败秦军，并杀了统帅屠睢。

任嚣（？—公元前206年）是继屠睢任的将帅，他上任后，吸取了屠睢失败的教训，没有强制将秦法施于岭南越族，而代以"和辑越众"的方针，由此使得岭南越族皆信服而依附，这才使得南海等三郡真正为秦所掌握。

屠睢的苛法钳越与任嚣的抚绥安越，收到了迥然相异的结果：前者兵败身死，百越骚动；后者民夷安揖，恩洽扬越。这给赵佗提供了失败与成功两个截然相反的史例。正因为如此，赵佗在中原战乱时割据一方，建南越国后，即吸收了任嚣成功的经验，戒以屠睢失败的教训，在南越国实施了比较切时的民族政策，获得了极大的成功。①

赵佗的和辑百越政策主要有两个关键措施，一为以越治越；二为入乡随俗。

以越治越，就是选任越族信任的人来统治民族地区，诸如原来的部族首领，或者是影响力较大的人物。

分封部落首领为王，赵佗分象郡为交趾、九真二郡，并在交趾分封了一位西瓯王，他是秦军平岭南时所杀的西瓯君的后代。由于在西瓯族聚居地区，部族势力相当强大，不便于直接统治，赵佗于是封西瓯君之后裔为王，借助西瓯君在当地越族中的威望而治之。② 任用影响力较大之越人为相是南越国时期的统治策略，《安南志略》记载赵佗任用了越人信任的吕嘉为相，来辅助统治。"吕嘉，越人也。为赵佗相，辅政三世，嘉年已老。男尚王女，女嫁王子，兄弟居

---

① 参见张荣芳等：《南越国史》，广东人民出版社2008年版，第169—170页。
② 张荣芳等：《南越国史》，广东人民出版社2008年版，第118—119页。

国中甚重；越人信之，得众心愈于王。"①

入乡随俗，就是赵佗本人带头积极遵从越族的风俗，以身作则，以此来积极融入越族，取得越族的信任，由此实现了南越国内部的稳定统治。

越族风俗习惯是由地理环境以及长期的实践形成的，体现了越族的民族特色，也代表着其民族感情。越族风俗习惯的特点有：饮食上，喜食蛇蚌；服饰上，断发文身；生活上，干栏而居，水处舟行；宗教上，巫祝盛行，使用鸡卜等。对于越俗，如果轻蔑地加以否定，无疑会伤害广大越族人民的民族感情，其结果只能是加深汉越之间的民族隔阂，不利于统治；但如果遵从之，则会有助于汉越人民的相互了解与和睦相处，有利于统治。②

《史记》中记载一次有趣的会面，赵佗在这次会面中的穿着打扮、言行举止，体现了其从越族风俗的态度：

> 及高祖时，中国初定，尉他平南越，因王之。高祖使陆贾赐尉他印为南越王。陆生至，尉他魋结箕倨见陆生。③

《史记索隐》中载："谓夷人本被发左衽，今他（赵佗）同其风俗，但魋其发而结之。"④赵佗会见陆贾的时候，是"魋结箕倨"的形象和姿态。"魋结"是"汉时一种简便发式。撮发为髻似椎，故名，又作'椎结''椎髻'"。⑤这是越族在发式方面的习惯；"箕倨"即"伸足而坐，两足如箕，故名"。⑥这是越族在坐姿方面的习惯。可见，久居越地，作为国王的赵佗主动融入当地风俗，体现了对越族风俗的尊重，赢得了越族的支持。

赵佗入乡随俗以谐和异族的策略获得了成功，历史的巧合是，千年后已经独立建国的陈朝，也是通过此种方式来使异族臣服的。《大越史记全书》记载陈

---

① ［越］黎崱：《安南志略》，武尚清点校，中华书局 1995 年版，第 341 页。
② 参见张荣芳等：《南越国史》，广东人民出版社 2008 年版，第 172 页。
③ 《史记·郦生陆贾传》卷 97，列传第 37。
④ 《史记·郦生陆贾传》卷 97，列传第 37。
⑤ 林剑鸣、吴永琪主编：《秦汉文化史大辞典》，汉语大词典出版社 2002 年版，第 834 页。
⑥ 林剑鸣、吴永琪主编：《秦汉文化史大辞典》，汉语大词典出版社 2002 年版，第 809 页。

仁宗时期：

> 沱江道郑角密叛，命昭文王日燏谕降之。时日燏领沱江道，密及所属军至，郑角密使人诣营致款，曰："密不敢违命，倘恩主以单骑来，则密降矣。"日燏从之，以五六小童同行。军士止之。日燏曰："彼若背我，则朝廷犹有他王来。"及至砦，蛮人列围数十重，并持刀枪内向。日燏直入登砦，密延坐。日燏通诸国语，各诣其俗，与密手食鼻饮，蛮人大喜。日燏还营，密率家属诣营降，众皆悦服。不遗一镞，而沱江平。①

2. 行政设置与法律优待

在行政设置方面，秦朝在中央和地方层面都设置有管理少数民族地区的行政机构。

在中央层面，有"典客"和"典属邦"②这两个管理少数民族地区的行政单位。"典客，秦官，掌诸归义蛮夷，有丞。"③"典属国，秦官，掌蛮夷降者……属官有九译令，后省并为大鸿胪。"④两者的区别在于，典客管理的是"归义"蛮夷，具有友好和平的性质；而"典属国"管理的是征降的蛮夷，一般而言这些少数民族或部落仍具有很大的势力。

在地方层面，秦朝时首次在民族地区设置"道"这一地方行政单位，主要负责管理民族事务。"道"和"县"属于同一等级的行政单位，是县的特殊形态。《后汉书·百官志》有载："凡县主蛮夷曰道。"⑤《云梦秦简·语书》中记载有"廿年四月丙戌朔丁亥，南郡守腾谓县、道啬夫"。⑥

在法律方面，秦代对于少数民族地区的法律规定为何，传世文献中没有记

---

① 《大越史记·本纪全书》卷之五《陈纪》。[越]吴士连等：《大越史记全书》（第一册），孙晓主编，西南师范大学出版社、人民出版社 2015 年版，第 288 页。
② 秦时称"典属邦"，汉时因避刘邦讳，则改称为"典属国"。
③ （汉）班固撰：《汉书·百官公卿表第七上》卷十九上。
④ （汉）班固撰：《汉书·百官公卿表第七上》卷十九上。
⑤ （南朝宋）范晔撰：《后汉书·百官志五》。
⑥ 睡虎地秦墓竹简整理小组编：《睡虎地秦墓竹简》，文物出版社 1990 年版，语书释文注释，第 13 页。

载。直到 1975 年 12 月，于中国湖北省孝感市云梦县城关镇睡虎地十一号墓出土的秦代竹简中，发现了"属邦律"，秦代的少数民族法律才为世人所知晓，从其中可以看出有许多给予少数民族优待的法律规定，如以下两条规定了拥有纯粹少数民族血统的人犯罪可以以钱赎罪：

> 臣邦真戎君长，爵当上造以上，有罪当赎者，其为群盗，令赎鬼薪鋈足；其有腐罪，赎宫。其它罪比群盗者亦如此。①

该条的意思是：臣邦真戎君长，相当于上造以上的爵位，有罪应准赎免，如果共同犯盗罪，则可以以钱赎鬼薪鋈足刑；如有应处宫刑的罪，则可以以钱赎宫刑。其他与共同犯盗罪同样的罪也照此处理。

> 真臣邦君公有罪，致耐罪以上，令赎。②

该条的意思是：真臣邦君公有罪，应判处耐刑以上，可以钱赎罪。这条的"真臣邦君公"与上条的"真戎君长"一样，指的是有纯粹少数民族血统的人，即父母双方都是臣属于秦的少数民族的人；如果父亲为臣属于秦的少数民族之人，母亲是秦人，则不属于纯粹少数民族血统，不能享受少数民族政策的优待。

秦和南越国时期没有强制推行中国之法律，而是以尊重本民族风俗与法律的方式，使其自治。在秦朝，颁布了给予少数民族优待的法律。在南越国，赵佗的民族方针成功赢得了越族人民的支持，越南史籍对赵佗评价很高，如《越鉴通考总论》记载赵佗道：

> 赵武帝乘秦之乱，奄有领表，都于番禺，与汉高祖各帝一方，有爱民

---

① 睡虎地秦墓竹简整理小组编：《睡虎地秦墓竹简》，文物出版社 1990 年版，法律答问释文注释，第 120 页。
② 睡虎地秦墓竹简整理小组编：《睡虎地秦墓竹简》，文物出版社 1990 年版，法律答问释文注释，第 135 页。

之仁，有保邦之智。武功慑乎蚕丛，文教振乎象郡。以诗书而化训国俗，以仁义而固结人心。教民耕种，国富兵强。至于遣使一节，词极谦逊，南北交欢，天下无事，享国百有余年，真英雄才略之主也。①

需要注意的是，这种以民族政策为核心的统治也不是所有的民族风俗习惯都尊重，一些过于野蛮残暴的做法，统治者还是会加以教化的，比如《安南志略》记载"除其墨劓刑，用汉法"。② 这就是一改以往的奴隶制五刑，转向更为文明的奴隶制五刑的体现。

（二）北属时期

越南历史上共有三次北属时期，其中，第一次北属和第二次北属相隔时间较短，中途由于汉朝派遣到当地的官员苏定强制推行汉法，用汉法处决了一名越人，引起其妻子征侧的不满，从而一石激起千层浪，触发了越族人的起义，导致越南北属的中断。这次起义是越南北属的一次插曲，从公元40年开始，到公元43年由马援平定越南而结束。越南的第二次北属从西汉一直维持到唐朝末年，不可谓时间不长。第三次北属则是越南独立建国后，从1414年开始，至1427年越南黎太祖黎利建立后黎朝而结束。

1. 第一次北属时期

在汉朝前期，由于南越国宽松的民族政策，交趾地区基本上还是保留其原始风俗。《后汉书》记载："凡交趾所统，虽置郡县，而言语各异，重译乃通。人如禽兽，长幼无别。项髻徒跣，以布贯头而著之。"③ 公元前113年，汉武帝趁南越国内乱，派伏波将军路博德率军灭南越国。公元前111年，南越国亡，西汉在岭南设置了南海、苍梧、郁林、合浦、交趾、九真、日南、珠崖、儋耳九郡，其中交趾、九真、日南3郡在今越南境内。此九郡由中央委派刺史直接掌管。④

对交趾地区的管理，中原王朝采取循序渐进的方式，从一开始的"以越治

---

① ［越］黎嵩：《越鉴通考总论》。［越］吴士连等：《大越史记全书》（第一册），孙晓主编，西南师范大学出版社、人民出版社2015年版，第16—17页。

② ［越］黎崱：《安南志略》，武尚清点校，中华书局1995年版，第341页。

③ （南朝宋）范晔撰：《后汉书·南蛮西南夷列传》卷86，列传第76。

④ 古小松等：《越汉关系研究》，社会科学文献出版社2015年版，第14页。

越"到后来派遣循吏到交趾地区，逐渐将中原的法律等文化推行到岭南地区。

由于南越国的民族政策是以越治越，所以到了西汉统治时期，越族地区的发展仍然属于比较原始的状态。西汉时期，锡光担任交趾（今越南北部）太守，任延担任九真（今越南中部）太守，积极传播汉文化，《后汉书·循吏列传》中把锡光和任延改变边境的习俗视为政绩最为显著的部分之一。

关于锡光的功绩，《后汉书》记载"初，平帝时，汉中锡光为交趾太守，教导民夷，渐以礼义"。①关于任延的功绩，《后汉书》记载：

> 九真俗以射猎为业，不知牛耕，民常告籴交阯，每致困乏。延乃令铸作田器，教之垦辟。田畴岁岁开广，百姓充给。又骆越之民无嫁娶礼法，各因淫好，无适对匹，不识父子之性，夫妇之道。延乃移书属县，各使男年二十至五十，女年十五至四十，皆以年齿相配。其贫无礼娉，令长吏以下各省奉禄以赈助之。同时相娶者二千余人。是岁风雨顺节，谷稼丰衍。其产子者，始知种姓。咸曰："使我有是子者，任君也。"多名子属"任"。②

黎崱也在《安南志略》中记载任延：

> 字长孙，年十二，明《诗》《易》《春秋》，显名太学中，号曰"任圣童"。建武初，守九真。俗以渔猎为业，不事耕种。乃教垦辟，岁租开广，百姓充给。贫民无礼聘者，延令长吏以下，省俸禄以赈助之；同时娶者二千人。是岁风雨顺节，禾稼丰衍。其产子者名为"任"。视事四年召还。九真人生祠之。③

任延在九真任职的时候，不仅教会九真百姓耕作，还教予他们婚姻制度，

---

① （南朝宋）范晔撰：《后汉书》卷76，《循吏列传》第66《任延》。
② （南朝宋）范晔撰：《后汉书》卷76，《循吏列传》第66《任延》。
③ ［越］黎崱：《安南志略》，武尚清点校，中华书局1995年版，第159—160页。

让他们在适当的年龄结婚，同时也遵行中原的聘礼制度。这样一来，九真的百姓生下小孩之后，就知道小孩的父亲是谁了。为感恩任延推广的婚姻制度，当时很多出生的小孩都随任延姓。任延为九真郡作的贡献得到当地百姓的认同，于是当地百姓为他建立了祠堂。

薛综总结："昔帝舜南巡，卒于苍梧。秦置桂林、南海、象郡，然则四国之内属也，有自来矣。赵佗起番禺，怀服百越之君，珠官之南是也。汉武帝诛吕嘉，开九郡，设交阯刺史以镇监之。山川长远，习俗不齐，言语同异，重译乃通，民如禽兽，长幼无别，椎结徒跣，贯头左衽，长吏之设，虽有若无。自斯以来，颇徙中国罪人杂居其间，稍使学书，粗知言语，使驿往来，观见礼化。及后锡光为交阯，任延为九真太守，乃教其耕犁，使之冠履；为设媒官，始知聘娶；建立学校，导之经义。由此已降，四百余年，颇有似类。"①

锡光与任延积极传播汉文化，功绩深入人心。《大越史记全书》亦评价道："岭南文风始二守焉。"②

2. 第二次北属时期

第二次北属时期，即从东汉到五代十国时期，中原一直延续民族政策的方针来治理越南地区。值得留意的是，在越南第二次北属时期，中原经历了从战乱纷扰到稳定繁荣，在这两种不同的时期，中原与越南的文化交流呈现不一样的特点。在战乱纷繁的三国、两晋、南北朝时期，中原文化的传播多依赖南下避战乱的中原士人；而在政治稳定昌盛的隋唐时期，中原文化的传播则多依赖朝廷的政策方针。

（1）隋唐以前——避难士人，诗书教化。有鉴于民族政策在越南的有效实施，自马援平越南后，越南一直稳定处于中原王朝的统治之下。到了中原战乱的时候，越南由于地理位置远离中原政治中心，所以没有受到战乱的干扰，仍然是一副和平的景象，对于中原百姓来说，这里简直就是世外桃源、避难胜地。于是，在三国两晋南北朝时期，不少中原士人南下避难，利用这个契机，中原

---

① （西晋）陈寿撰：《三国志·吴书八》。

② 《大越史记·外纪全书》卷之三《属西汉纪》。［越］吴士连等：《大越史记全书》（第一册），孙晓主编，西南师范大学出版社、人民出版社 2015 年版，第 65 页。

文化也借由这些士人在越南传播，促进了中原与越南的文化交流。

尽管处于战乱时期，但每一个管理越南的中原政权无不是延续民族政策的方针来治理越南。如"西晋时，在岭南民族地区，设置广州、交州与护越中郎将，后又设平越中郎将。广州，晋仍其旧名，太康（280—289 年）中以荆州始安、始兴、临贺三郡来属，合统十郡，驻地在番禺县。交州，晋仍其旧名，驻地在龙编县（今越南北宁省仙游东）。广州、交州居住着众多越人，晋武帝置护越中郎将。平越中郎将。《晋书》载：'武帝又置平越中郎将，居广州，主护南越。'平越中郎将其职能为镇抚'南越'的俚人、乌浒、僚和黎人等"。①

（2）隋唐时期——怀柔远人，义在羁縻。隋唐时期比之前朝代更进一步的是，"在安南推行的文教制度和选拔人才的政策与内地同，实施文教制度，在岭南山区开办学校，培养当地儒生，推行科举制度，选拔人才，使安南成为'北属'历史上文化最灿烂的时期"。②尽管在文化方面，唐朝大力推行文教制度于岭南地区，但在管理制度上还是奉行民族政策。唐高祖于武德二年（619 年）闰二月下诏说：

> 画野分疆，山川限其内外；遐荒绝域，刑政殊于函夏。是以昔王御世，怀柔远人，义在羁縻，无取臣属。渠搜即叙，表夏后之成功；越裳重译，美周邦之长算……追革前弊……就申和睦。静乱息民，于是乎在。布告天下，明知朕意。③

由此可见，隋唐时期，对越南的管理方针仍然是以民族政策为核心，即所谓"怀柔远人，义在羁縻，无取臣属"。

隋王朝管理岭南地区少数民族事务的机构，中央层面主要有尚书省所辖的礼部以及办理具体事务的鸿胪寺；地方层面则先后设置了南海郡、龙川郡等

---

① 龚荫：《中国历代民族政策概要》，民族出版社 2008 年版，第 182—183 页。

② 陈玉龙等：《汉文化论纲　兼述中朝中日中越文化交流》，北京大学出版社 1993 年版，第362 页。

③ 《册府元龟》卷 170《帝王部二·来远》。

二十余郡。其中，在今越南境内的有交趾郡，治所在宋平县（今越南河内市），领有宋平、龙编、朱载等九县；九真郡，治所在九真县（今越南清化省），领有九真、移风、胥浦等七县；日南郡，治所在九德县（今越南义安省荣市），领有九德、咸骦、浦阳等八县；比景郡，治所在比景县（今越南广平省宋河下游高牢下村），领有比景、朱吾等四县；海阴郡，治所在新容县（今越南承天省广田县东香江与浦江合流处），领有新容、真龙等四县；林邑郡，治所在象浦县（今越南广南省维川县南茶轿），领有象浦、金山等四县。①

这些郡守和县令多以当地少数民族首领充任。《隋书》记载：隋初裴矩奉诏巡抚岭南，平定叛乱后，"所绥集者二十余州，又承制署其渠帅为刺史、县令"。②

唐朝管理岭南地区少数民族事务的机构，中央层面主要有尚书省、门下省、中书省以及典客署。这些机关如何负责少数民族的各种事宜，《新唐书》都有记载。其中，尚书省负责少数民族事务的主要是礼部和主客，礼部主要负责"出蕃册授"事宜。"出蕃册授"，即由朝廷派遣使者到受册授者面前，宣读所授封爵位号的册文，将册文连同印绶一齐授给被册授的人；主客掌"诸蕃朝见之事"，具体工作为给边疆少数民族朝见者，按照人数颁发通行证，安排驿站食宿，按入见者的品级给予相应待遇。

门下省负责少数民族事务的主要是门下省侍中。门下省侍中的职责是"掌出纳帝命，相礼仪"。当边疆少数民族使者入京朝见时，要"承诏劳问"。

中书省负责少数民族事务的主要是中书省侍郎、通事舍人以及属官蕃书译语。对边疆少数民族使者，中书省侍郎要"受其表疏而奏之；献赞币，则受以付有司"。中书省通事舍人的职责是对少数民族的纳贡"受而进之"。③需翻译时，中书省的属官蕃书译语负责做好翻译事宜。典客署的职责之一是"四夷归化在藩者，朝贡、宴享、送迎皆预焉。酋渠首领朝见者，给廪食。病，则遣医给汤药。丧，则给以所须。还蕃赐物，则佐其受领，教拜谢之节"。

---

① 参见龚荫：《中国历代民族政策概要》，民族出版社 2008 年版，第 235—236 页。

② （唐）魏徵撰：《隋书·裴矩传》卷 67。

③ （北宋）宋祁等撰：《新唐书·百官志一》卷 46。

在地方层面，唐朝统治者总结历代经验，在岭南少数民族地区实行"羁縻制度"，即在少数民族地区设置羁縻都护府、羁縻都督府、羁縻州、羁縻县。《新唐书》载：

> 唐兴，初未暇于四夷，自太宗平突厥，西北诸蕃及蛮夷稍稍内属，即其部落列置州县，其大者为都督府。以其首领为都督、刺史，皆得世袭。虽贡赋版籍，多不上户部，然声教所暨，皆边州都督、都护所领，著于令式。①

622年，唐朝在交州设总管府，624年改为交州都督府。为了加强对交州的统治，唐高宗于679年把交州都督府改为安南都护府（治所在宋平县，今越南河内市）。"唐王朝在边疆少数民族地区设置管理机构，在咽喉要地设立都护府，在其他地区设立都督府。"②从"都督府"改为"都护府"，体现了唐朝对越南的重视。

唐代对少数民族地区以本地风俗管理的思想，从《唐律疏议》中也可见一斑，《唐律疏议》规定："诸化外人同类自相犯者，各依本俗法，异类相犯者，以法律论。"③"化外"，即统治者所倡导的礼义、制定的法令未能贯彻实施的地方，"化外人"则是居住在化外地方的人。④根据这条规定，如果是少数民族地区内部的人相互犯罪的案件，那么会依照他们本土的法律或风俗来作为裁判依据；但若是民族地区的人与别的地区的人（可能与中原人，也可能与另一少数民族的人）相互犯罪，那么会依照《唐律》的规定来进行裁判。

唐代在越南推行文教制度，会昌五年（845年）明确规定，安南和岭南、桂府、福建等地一样，每年可选送进士和明经入仕中央，同时在安南开办学校，

① （北宋）宋祁等撰：《新唐书·地理志七》卷43下。
② 龚荫：《中国历代民族政策概要》，民族出版社2008年版，第275页。
③ 刘俊文：《唐律疏议笺解》（上），中华书局1996年版，第478页。
④ 参见苏钦：《唐明律"化外人"条辨析——兼论中国古代各民族法律文化的冲突和融合》，《法学研究》1996年第5期。

发展文化教育；为遴选人才，专设南选使，遴选安南人在当地或入朝做官。① 唐朝在越南推行的文教措施取得不错的效果，当时入仕唐朝的比较有名的越南人就有姜公辅、姜公复、廖有方等。

越南的第三次北属发生在明朝，前后历时十余年。虽然明朝重视在越南普及中国的文化，但客观上没有取得很好的效果。根据《皇明实录》记载，明朝派去越南的官员，一部分是在科举考试中未能及格的军官子弟，另一部分是因犯罪或过失被贬谪到安南任职的官员。② 由这些官员来管理越南，可想而知这个时期中原文化在越南的普及程度。

（三）独立时期

尽管越南长时间处于中原王朝的统治之下，但是根据史籍记载可知，中原王朝对越南地区的统治政策大多都是以越治越，尊重当地的习俗，《汉书》记载的淮南王刘安给汉武帝的奏章中写到，自三代圣治以来，胡人、越人不遵循中国的正统礼法……进而表述了不能够完全用汉律来统治越人之主张。《后汉书·马援列传》记载："条奏越律与汉律驳者十余事，与越人申明旧制以约束之。"③ 从各史书可以看出，从赵佗（南越武王，公元前240—公元前137年）到汉、隋、唐各都护政权都要用越族人的俗律以管理和统治越人。④ 所以中国法律文化之于越南的影响，在北属时期存在一定限度。

中国传统法律思想真正在越南立足，是在越南独立建国以后，是越南统治者主动学习的结果。从独立建国开始，越南就学习中原王朝的政治体制与法律来治理国家。

在法律思想方面，后黎朝以前的越南，佛教、道教、儒教都在社会上占主导地位，李朝开国皇帝李公蕴（974—1028年）小时候在六祖寺跟万行禅师学习，长大后涉猎经史，精通三教。李公蕴称帝后，广度人民为僧，大造佛寺，

---

① 陈玉龙等：《汉文化论纲 兼述中朝中日中越文化交流》，北京大学出版社1993年版，第362页。
② 参见［日］山本达郎：《安南史研究Ⅰ：元明两朝的安南征略》，毕世鸿、瞿亮、李秋艳译，毕世鸿校，商务印书馆2020年版，第474—475页。
③ （南朝宋）范晔撰，（唐）李贤等注：《后汉书》卷24。
④ 参见何勤华、廖晓颖：《中华法系之法典化范式研究——以古代中国和越南为中心》，《世界社会科学》2023年第1期。

重用僧官。其后诸帝竞相效法，奉佛为有国常典，几乎尊佛教为国教。当然，道教也受到尊重和鼓励。李朝统治者从政治生活中认识到，佛、道理论虽然高超，但往往不能解决巩固和发展封建专制制度的实际问题。

而儒家的思想学说，特别是其中的三纲五常理论，对维护皇权更为切实有效。同时，奉行积极用世精神的儒士，比佛僧和道士更符合封建人才的标准；任命他们为各级官吏，更有利于巩固国家政权，推行各项典章制度。因此，李朝逐步抬高儒士的地位，鼓励发展和传播儒学。他们积极兴办学校，推行科举，越来越重视使用儒生。① 后黎朝成立后，确立了儒教的正统地位，法律制度背后的诸如天人合一、尊卑有别、以孝治国、缘法而治等思想得以体现在越南的律典之中。

1. 天人合一

"和"的思想在指导中国帝制时代的法律运作方面，主要有两个层面：第一，在天人关系的问题上，主张天人合一，由此衍生出诸如秋冬行刑等顺应时节变化的制度；第二，在人人关系的问题上，主张以和为贵。

天人合一即是强调天人和谐，中国自古以来就奉行祖先崇拜、天地崇拜，每逢大事，如祭祀、结婚，都会有拜天地的仪式。古人认为，自然主宰着天地的一切，如天有四季寒暑的变化，所以人能感觉春湿、夏炎、秋燥、冬寒，能欣赏春兰、夏荷、秋菊、冬梅。人只有敬天、顺天才能立于天地之间。五行"金、木、水、火、土"则是地的五种元素，其又引申出五常"仁、义、礼、智、信"这个内涵。人居于天地之间，戴天履地，顺天者生，逆天者亡，皇帝则是通天地之心的天选之子。所以中国帝制时代的法律是在这样顺应天时的理念下发展起来的，完备的思想体系在唐代达到完全，这一理念在具体法律制度的表现上有秋冬行刑、务限制度、秋审制度等。②

上文提到，越裳氏献白雉于周公，其送礼的说辞是"天上很久没有暴风和雷雨了，大概是中国出现了圣人吧？如果中国出现了圣人，那么就应该要去朝见"。越氏把天下和平、天无烈风雷雨归功于周公制礼作乐，施行仁政，这就是

① 参见何成轩：《儒学南传史》，北京大学出版社 2000 年版，第 336—337 页。
② 何勤华等：《中华法系之精神》，上海人民出版社 2022 年版，第 97 页。

天人合一思想的体现。

《大越史记全书》中还记载许多越南统治者信奉天人合一的事件，如李朝的李英宗曾道："然憸邪莫辨，刑罚不明，所以天灾示警，寇盗并兴，纪纲紊舛，可胜言哉。"当人世间不安和谐，上天就会对应作出警示。后黎朝的黎圣宗"大赦，以自秋徂冬，天久不雨故也。"①其赦文写道：

> 上谕公侯、文武官员、百姓等，朕以否德，君临兆姓。欲咸底阜康，以丕臻盛治。去年自秋徂冬，天久不雨，人缺豊之望，民有艰食之忧。朕为民父母，第疾于怀。苟不推在宥之宽恩，何以见及民之实惠。②

黎圣宗把天不下雨归责于自身的德行不足，而上天有好生之德，所以大赦天下。同样，后黎朝的黎仁宗也曾下诏曰：

> 比岁以来，旱蝗将仍，灾沴荐至。今年方春，雨雹又作。抑政事缺失，而未能修举与？将调燮失宜，而致伤和气与？或刑狱冤滥，而未能伸雪欤？将赋役繁重，而下民咨怨与？静思厥咎，盖有其由。苟不施实惠以慰民心，将何以答上天而弭灾变？其宥条有饶诸税，逃从征、逃军、逃民许出首，在狱诸讼沉滞，听具由奏呈等事。③

这是将天灾视为上天对人间的警示，面对一系列的自然灾害，黎仁宗不禁反省是否政事缺失、刑狱冤滥。

2. 尊卑有别

《唐律疏议》开篇即说："夫三才肇位，万象斯分。"在中国传统的世界

---

① 《大越史记·本纪全书》卷之四《李纪》。[越]吴士连等：《大越史记全书》（第一册），孙晓主编，西南师范大学出版社、人民出版社2015年版，第221页。

② 《大越史记·本纪全书》卷之十二《黎纪》。[越]吴士连等：《大越史记全书》（第三册），孙晓主编，西南师范大学出版社、人民出版社2015年版，第614页。

③ 《大越史记·本纪实录》卷之十一《黎纪》。[越]吴士连等：《大越史记全书》（第二册），孙晓主编，西南师范大学出版社、人民出版社2015年版，第583页。

观看来，在自然界是天地定位而后万物纷呈，在人间道上就是人人各有其位，各司其职，社会得以运行起来。人间的位置是怎么设定的？儒家给出的回答是：长幼有序，尊卑有别。"位置"是理解中国传统社会秩序的关键。基于对位置的认知，所以形成了中国帝制时代这样一个长幼有序、尊卑有别的社会，那么中国帝制时代的法律当然也就是为维持这种社会秩序而服务的。

尊卑有别的其中一个标准就是三纲，即夫为妻纲，夫为子纲，君为臣纲。越南沿用了中国关于三纲的理念，他们认为"三纲五常，人之大伦"。①"三纲之道，万世常经，不可一日紊。"②而国家或政权衰亡的原因，是没有贯彻三纲五常，"盖丁氏之兴，虽出于天数，及其衰也，由三纲之不正焉"。或君臣之道丧，"先皇废嫡立少，而父子之恩暌；五后并立，而夫妇之伦紊；宠任杜释，以成篡弑之祸，而君臣之道丧"。③或夫妇之道、父子之恩及君臣之义丧，"盖黎大行之兴，虽出于众心，及其亡也，亦由三纲之不正焉。大行废丁皇之子，而降为卫王，则无君臣之义；生子有九，而不早定皇储，则无父子之恩；立后有五，而上蒸丁后，则无夫妇之道"。④

后黎朝时期，黎玄宗（1663—1671 年在位）刚登基，立即申明教化四十七条，其略曰："为臣尽忠，为子止孝，兄弟相和睦，夫妻相爱敬，朋友止信以辅仁，父母修身以教子，师生以道相待，家长以礼立教，子弟恪敬父兄，妇人无违夫子。妇人亡夫无子，不得私运货财。居乡党者，长幼相敬爱，便害相兴除。毋以强而凌弱，毋唱讼而行私。豪强不得勘讼事，男女不得肆淫风……凡若干条，颁布天下。各处承宪府县州等衙门，各抄一本，排于视事堂。仍转送所属各社民，各书于匾，留排亭中。许官员、监生、生徒、社长，以乡饮日，会集

① 《大越史记·本纪全书》卷之三《陈纪》。［越］吴士连等：《大越史记全书》（第一册），孙晓主编，西南师范大学出版社、人民出版社 2015 年版，第 261 页。
② 《大越史记·本纪全书》卷之三《黎纪》。［越］吴士连等：《大越史记全书》（第一册），孙晓主编，西南师范大学出版社、人民出版社 2015 年版，第 130 页。
③ ［越］黎嵩：《越鉴通考总论》。［越］吴士连等：《大越史记全书》（第一册），孙晓主编，西南师范大学出版社、人民出版社 2015 年版，第 20 页。
④ ［越］黎嵩：《越鉴通考总论》。［越］吴士连等：《大越史记全书》（第一册），孙晓主编，西南师范大学出版社、人民出版社 2015 年版，第 21 页。

男女长幼，讲解晓示，使之耳濡目染，知所劝惩。"①四十七条教化所定，详细全面，儒家的伦理观念和道德规范是以皇帝的诏令强制推行的，并化为全国遵奉的乡规民约。据记载，教化的效果是显著的，自是人心渐归善俗矣。②

3. 以孝治国

以孝治国也是越南统治者奉行的一项法律准则，从子须为父母服丧三年这项要求就可以看出越南统治者及士人对于孝的重视。有意思的是，《大越史记全书》中记载了李朝"子不为父母服丧三年"（被后世批评）以及后黎朝严格要求"子为父母服丧三年"的历史事件，两则事件一致反映了越南重视孝的传统。

《大越史记全书》记载李朝的时候，李仁宗在去世之前下了一道遗诏，曰：

> 朕闻生物之动，无有不死。死者，天地之大数，物理当然。而举世之人，莫不荣生而恶死，厚葬以弃业，重服以损性，朕甚不取焉。予既寡德，无以安百姓，及至殂落，又使元元衰麻在身，晨昏临哭，减其饮食，绝其祭祀，以重予过，天下其谓予何。朕悼早岁而嗣膺大宝，居王侯上，严恭寅畏，五十有六年，赖祖宗之灵，皇天孚佑，四海无虞，边陲微警，死得列于先君之后，幸矣，何可兴哀。朕自省敛以来，忽婴弗豫，病既弥留，恐不及警誓言嗣。而太子阳焕，年已周纪，多有大度，明允笃诚，忠肃恭懿，可依朕之旧典，即皇帝位。肆尔童孺，诞受厥命，继体传业，多大前功。仍仰尔臣庶，一心弼亮，咨尔伯玉，实丈人器，饬尔戈矛，预备不虞，毋替厥命，朕之瞑目，无遗恨矣。丧则三日释服，宜止哀伤。葬则依汉文俭约为务，无别起坟陵，宜侍先帝之侧。呜呼，桑榆欲逝，寸晷难停，盖世气辞，千年永诀。尔宜诚意，祗听朕言，明告王公，敷陈中外。③

大意是说，生死是自然规律，只要是人就都会死的，没有必要大肆操办他

---

① 《大越史记·本纪续编》卷之十九《黎纪》。［越］吴士连等：《大越史记全书》（第四册），孙晓主编，西南师范大学出版社、人民出版社 2015 年版，第 954 页。
② 参见何成轩：《儒学南传史》，北京大学出版社 2000 年版，第 352 页。
③ 《大越史记·本纪全书》卷之三《李纪》。［越］吴士连等：《大越史记全书》（第一册），孙晓主编，西南师范大学出版社、人民出版社 2015 年版，第 203 页。

的丧礼。活着的时候没有为百姓做什么事情，死了之后也不想让百姓为他披麻戴孝。等他死之后，大家简单操办他的丧礼就可以了，守丧也不用三年，三天就可以。

子为父母守三年之丧是礼的一贯要求，孔子云："子生三年，然后免于父母之怀。夫三年之丧，天下之通丧也。"[1]孩子出生之后的前三年，几乎不能离开父母的怀抱，因此父母去世后，子女为之守丧三年，是为了报答父母的养育之恩，这是合乎情理与人性的。李仁宗下遗诏说丧事从简，守孝三天，这个想法体现了李仁宗体恤后人，但李仁宗的继任者李神宗听从其遗诏，让群臣服丧三日，没有按照礼的规定去办事，此举受到了越南后世史家的批评，其中，陈朝的史家黎文休批评道：

> 人子生三年，然后出于怀抱，而免于父母。故自天子至于庶人，虽贵贱不同，而三年哀慕之情则一，盖所以报其劬劳也。矧神宗之于仁宗，鞠在宫中，恩莫厚矣？义当慎终追远，其报可也。今未阅月，而遽命群臣除服。未卒哭，而迎两妃后入宫。不知当时将何以仪刑四海，表率百官哉。神宗虽幼弱，而在朝之臣，亦幸其短丧，无一言及之者，可谓朝无人矣。

后黎朝的吴士连也同样批评道：

> 仁宗圣学高明，深识死生之故，如昼夜之必然。遗诏所言，言造乎理，足以觉夫不皷缶歌而为大耋之嗟者，其为教远矣。虽然，在仁宗言之，则为明道之言。在神宗行之，则为失孝之举。文休论之当也。[2]

到了后黎朝时期，黎圣宗大力提倡礼义，嘉奖"忠信孝悌之人"。在位期间参照隋唐律令，编条律，颁《二十四训条》，将儒家的伦理道德、封建的等级观

---

① 《论语·阳货第十七》。
② 《大越史记·本纪全书》卷之三《李纪》。［越］吴士连等：《大越史记全书》（第一册），孙晓主编，西南师范大学出版社、人民出版社 2015 年版，第 205 页。

念、尊卑秩序，具体化为法律法令条文，予以严格规范，并且固定下来。凭借这种强制性的行政法规，儒家思想迅速而有效地推广到人际关系与社会生活的一切方面。这些法律法令条文内容广泛，规定具体而详细，操作性很强。总的要求是按"忠信孝悌节义"的原则去行事，如有违反，则处以相应的惩罚。黎圣宗遵照孔子关于"三年之丧"的遗训，实行三年丧礼之制。1470 年，圣宗特颁诏谕：

> 子居父母丧，妻居夫丧，当遵三年通制，不得徇情直行，悖礼逆法。子居父母丧，而妻妾怀孕，以流罪罪之。妻居夫丧，而肆行淫乱，或丧未满，释服从吉。并先通嫁信及娶之者，并以死罪罪之。若居丧服，出现戏场，纵观不避，以流罪论。如有贪财好色，而娶恶逆之妻妾，及蛮人烝亡兄弟妻妾，并为官吏而受赂，抵罪。[①]

可见，圣宗朝对于违犯三年之丧礼制的人，惩罚是极其严厉的。整个后黎朝时代，都强调"三年之丧"，以重孝道。[②]

4. 缘法而治

缘法而治是先秦法家最重要的政治思想之一。法家的缘法而治，并不区分是良法还是恶法，而且还强调严刑峻法。法家提倡缘法而治，由此推动了封建的法典化运动，从战国时期李悝编纂的《法经》到唐代的《唐律疏议》，中国帝制时代的法典化运动颇有成效。随着隋唐法律文化的传播，越南也汲取了中国帝制时代法家的缘法而治的观念，大兴法典编纂，如越南后黎朝的《国朝刑律》、阮朝的《皇越律例》等，这些法典化的成果都是法家缘法而治思想落实到实践的体现。

后黎朝的太祖高皇帝黎利还是平定王时，就通过制定法律来治理军民。平定王谕禁左道：以邪术假话骗人者罪之。至于战乱流散各地的人民，听还原籍耕种如故。那些降敌任伪官者之妻子家眷，可以依例纳钱赎罪。投降的明军士

---

① 《大越史记·本纪实录》卷之十二《黎纪》。[越] 吴士连等：《大越史记全书》(第三册)，孙晓主编，西南师范大学出版社、人民出版社 2015 年版，第 637 页。
② 参见何成轩：《儒学南传史》，北京大学出版社 2000 年版，第 350—351 页。

兵则送往天长、建昌、莅仁、新兴等地安置收养。另外，平定王以三条诫文武百官：一为，勿无情；二为，勿欺慢；三为，勿奸贪。此外，在治军方面还向将士提出军宪 10 条，违军宪者斩。①

开国后，黎利即命令将校百官说道：

> 自古至今，治国必有其法，人无法则乱。是以师古立法，以教列校庶官、下民百姓，使知善恶所在。善则为之，不善则避之，勿至犯法。②

《大越史记全书》中还记载了后黎朝黎太宗时期一则有趣的辩论：

> 有再犯盗七人，俱年穉，刑官据律当斩。大司徒黎察等见其多杀，心难之。帝以问承旨阮廌，廌对曰："法令不如仁义亦明矣。今一旦杀七人，恐非盛德之举。"《书》曰："安汝止。"《传》曰："知止而后有定。"臣请述止之义，使陛下闻之。夫止者，安所止之谓。如宫中，陛下所安也。时或出幸他所，不可常安，反归宫中，然后安其所止。人君于仁义亦然，以之存心，而安所止。时或威怒，终无可久。愿陛下留心臣言。于是察、银等曰："卿有仁义，能化恶为善，烦以付之。"遂使廌与天爵等各保受其囚。廌曰："彼顽猾群童，朝廷法制所不能惩。况廌等德薄，安能化之。"久乃判斩二人，余以流论。③

当时有七名年轻人犯了再次盗窃罪，刑官刚正不阿，依律判处他们斩刑。斩刑是剥夺人生命的刑罚，需要先上报给上级批准，才可以执行。于是案件的裁决结果上报到大司徒黎察手里，黎察认为一下子处死七个人，有点于心不忍，于是去请示皇帝黎太宗的意见。黎太宗则去问心腹承旨阮廌的意见，阮廌向黎

---

① 参见［越］陈重金：《越南通史》，戴可来译，商务印书馆 2020 年版，第 176—177 页。
② 《大越史记·本纪全书》卷之十《黎纪》。［越］吴士连等：《大越史记全书》（第二册），孙晓主编，西南师范大学出版社、人民出版社 2015 年版，第 499 页。
③ 《大越史记·本纪全书》卷之十《黎纪》。［越］吴士连等：《大越史记全书》（第二册），孙晓主编，西南师范大学出版社、人民出版社 2015 年版，第 535 页。

太宗宣讲儒家的"知止而后有定"之道、仁义之道，意思是希望皇帝能秉持仁义之心，放过这些人。大司徒黎察等听了这个意见，对阮廌说：您这么有德行、讲仁义，能化邪恶为善良，不如您去担保他们出来，用你的德行去感化他们吧。阮廌听了马上打退堂鼓，说：国家的法律都不能让他们不去犯罪，我的德行不够，不能感化他们啊。这个案件最后的裁决是斩二人（估计是罪行最严重的或年纪最大的），其他五人则改判为流刑。

从上面这个案件可以看出，越南后黎朝时期的刑官是依法断案的，面对需要判处斩杀七位年轻人的案子，初审的刑官完全按照律之指引来断罪。只是到了最高审级复核后执行的阶段，议事者就"依法律还是依仁义"有了一场辩论，不过最后结果也基本是依照法律来判处以及执行了。

从中国帝制时代的立法以及司法实践中可以看出，司法官员都是依照法律的规定来裁判案件的（见第二节之诉讼审判制度），作为中华法系成员国的越南也是遵循了缘法而治的法律思想。越南独立建国后，立法活动丰富，一代有一代之章，为中华法系的发展贡献了其独特的智慧。

二、中国传统法律思想南传途径

中国传统法律文化能够传播到越南，主要有三个要件：第一，传播的客观要件为道路的通畅，包括水路和陆路；第二，传播的主体为在中越之间往返的人，包括迁徙的平民、被贬谪的官员以及北使等；第三，传播的客体有许多，包括书籍，这方面又得益于印刷术的传播，另外就是越南特色的演歌。

（一）交往的通道

交往离不开道路的通畅。中华法系的基本构成要素之一就是交往的通道，"中国的法律要输出至中华法系的成员国，中华法系成员国要输入中国的法律，都需要有通道。这种通道要持久发挥作用，利于人员与交通器具的来往，联通中国与中华法系的成员国"。① 在帝制时代，中原与越南的交往有水路和陆路两

---

① 王立民：《论中华法系及其复兴》，《澳门法学》2024 年第 2 期。

种方式。古小松总结"安南与中国的交通有三个要道：一由广西，一由广东，一由云南。由广东则用水道，伏波以来皆行之；广西道宋行之，云南道元及明朝始开，历朝中越人民往来沿袭广西、广东、云南这三条主要交通线路"。①

早在秦征越南后，就"开辟了第一条越岭运河——灵渠，把长江与西江两大水系联系一起，自此之后，广东与广西的内河航船只要溯漓水上行，进入灵渠，越湘江浮洞庭，再顺流至长江，转大运河、淮河及黄河等水系，即可到达京师。中央对地方的联系与控制不但因是加强，中原文化的传入与当地经济开发，也从此迈入一个新的时代"。②

唐朝时，由于越南到广东的海路有不少礁石横阻，通行甚是艰难，于是当时的安南都护高骈做了疏通该条海路的工作，史载："以广州馈运艰涩，骈视其水路，自交至广，多有巨石梗途，乃购募工徒作法去之，由是舟楫无滞，安南储备不乏，至今赖之。"③从此以后，越南与中原的交往更加便利了。

（二）往来的人口

中越之间往来的人口，主要有因各种原因而迁徙的移民、被贬谪到越南的中国官员以及越南派遣北上的使者。

1. 北人南迁

杨鸿烈先生曾感叹："安南与中国之关系，亦垂千年矣！其人民之血液中盖含有不少汉族之血液。"④早在秦汉时期，中原与越南之间就有人员的流动往来了。

秦朝时期，有明确记载的以谪徙民就有五次。⑤汉朝末年，中原陷入战乱。战乱时期，也正是大规模移民和迁徙的时期，远离政治中心的交趾地区成了迁徙的理想目的地。在这个时期，"中国士人往依避难者以百数"。⑥

---

① 古小松等：《越汉关系研究》，社会科学文献出版社 2015 年版，第 37 页。
② 廖幼华：《唐宋时代鬼门关及瘴江水路》，载氏著：《深入南荒 唐宋时期岭南西部史地论集》，文津出版社 2013 年版，第 39 页。
③ （晋）刘昫撰：《旧唐书·高骈传》卷 182。
④ 杨鸿烈：《中国法律在东亚诸国之影响》，商务印书馆 2017 年版，第 491 页。
⑤ 参见高凯：《汉魏史探微》，大象出版社 2014 年版，第 148 页。
⑥ 宇汝松：《道教南传越南研究》，齐鲁书社 2017 年版，第 63 页。

越南著名史家吴甲豆总结道：

> 秦汉行植民计于岭南，赵陀领谪徙民五十万戍五岭，武帝徙中国人杂处九郡，汉末士夫多避难南投，晋、宋、隋、唐历代都护北来，官吏兵民多岁久成家，明末杨彦迪、陈胜才与其党三千人来居东浦，郑玖招集唐人居于安江、河仙、清河、明香随处而有，广信、士燮、朱鸢、杜瑗、太平、李贲、即墨、陈承其先皆从北来，年干攸宁，易世遂成南人。①

另外，"1986 年，在越南北方河东省清威县清梅乡发掘出土了 8 世纪时的一个铜钟，上面刻有'随喜社'等字样，越南考据称，'随喜社'是内地移民群体，在当时越南境内的 5 州、5 县、7 府均有'随喜社'。钟上刻着当地妇女的姓名，这表明当时内地移民已经和当地妇女通婚"。② 这不仅证实了内地移民与当地人通婚融合的事实，也暗示了法律观念在日常生活中的渗透与传播。

正是由于移民、避乱、通婚等，两地之间有着悠久的人口迁移的历史关联。这对思想文化，尤其是法律思想传播的影响深远。从秦汉时期的政策性移民，到历代战乱中的避难潮，再到明朝末年的自发迁徙，每一次人口流动都是一次文化交流的契机，也是法律思想传播的载体。

2. 官员与北使

官员及其家人的贬谪是中原人流动到越南的一种方式。西汉孝成帝时，京兆尹王章触犯帝舅大将军王凤，于是"章死狱中，妻子徙合浦"。③ 东汉和帝永元四年（92 年），射声校尉郭举谋逆，其与同伙都被判处"下狱诛，家属徙合浦"④ 的刑罚。合浦成了皇亲国戚、高官贬徙之所。⑤ 也正是因为这些人员的南迁，把中原的文化习俗等带到越南。

越南建国之后，派遣使团北上是他们接触中国文化的主要方式。而这种文

---

① ［越］吴甲豆：《中学越史撮要·春集》，越南国家图书馆 R.1342，第 7 页。
② 徐善福、林明华：《越南华侨史》，广东高等教育出版社 2011 年版，第 39 页。
③ （东汉）班固撰：《汉书·元后传》卷 98。
④ （南朝宋）范晔撰：《后汉书·窦融传附争孙宪传》卷 23。
⑤ 参见胡守为：《岭南古史》，广东人民出版社 2014 年版，第 206—207 页。

化的交流，一种很重要的媒介就是书籍。"在中越官方交往中，书籍是越南官方十分注意采购的重要物品，北使往往负有采购中国书籍的使命。但是明朝对书籍交易严加控制，一般不准携带出境，因此越南使臣采购图书需先征得明朝官方同意。"① 明英宗天顺元年（1457年），越南后黎朝贡使黎文老请求："诗书所以淑人心，药石所以寿人命。本国自古以来，每资中国书籍、药材以明道理，以跻寿域。今乞循旧习以带来土产香味等物，易其所无，回国资用。"②

这些北使来到中国，购买中国的书籍回到越南，其中就有不少法律类的书籍。从汉喃研究院所藏的1908年所编写的《内阁书目》可见，当时内阁收藏的中国法律类书籍就有：《故唐律疏议》《洗冤录》《钦定六部处分则例》《大清律例增订会纂全编》《大清律例会通新纂》《大清律例通纂》《大清律例统纂集成》《钦定兵部处分则例》《钦定兵部续纂处分则例》《刑部则例》《律例图说正编》《驳案新编》《大清律例》等。③

（三）书籍与演歌

书籍是文化交流的重要媒介，如果没有具备印刷书籍的能力，那么知识文化的传播会大打折扣。印刷术是中国四大发明之一，印刷术的南传，也为中国文化的南传提供了技术支持。

《大越史记全书》中有越南黎太宗绍平二年（1435年）十二月，"新刊《四书大全》板成"④ 的记载。但是，那时越南印刷术较落后，所翻刻刊印的书籍远远不能满足要求。

到了后黎朝时期，当时的探花梁如鹄"困苦于在越南京城难以买到书籍，遂决心学习中国的印刷技术。他曾经先后于1443年和1459年两次奉使赴明，在华期间，他经常去京郊的印刷作坊观看刻工的操作，向他们学习刻书和印刷的方法，回国后传授给乡人，依样仿刻经史版本，印行于世。同县其他乡村的人们也都学会了这项技术。几百年来，越南的雕版印刷技术都受此影响。越南

① 李庆新：《清代广东与越南的书籍交流》，《学术研究》2015年第12期。
② 《明英宗实录》卷279，天顺元年六月甲午。
③ 《内阁书目》，藏于越南翰林院下属汉喃研究院，馆藏编号A.113（1）。
④ 《大越史记·本纪全书》卷之十一《黎纪》。[越]吴士连等：《大越史记全书》（第三册），孙晓主编，西南师范大学出版社、人民出版社2015年版，第541页。

的刻工们为了纪念梁如鹄的功绩，尊奉他为刻字行业的祖师"。①

梁如鹄学成归国，把中国当时先进的印刷技术也带回国内，大大提高了越南的印刷水平。基于印刷技术的提高，越南官方有了大量刊印书籍的条件。黎圣宗光顺八年（1467 年）四月，曾"颁《五经》官版于国子监"。② 光顺、洪德年间（1460—1497 年），更是后黎朝印刷书籍的黄金时代。当时因书版众多，故特于文庙造库储藏。此后印刷业大为发达。印刷术的传入，对越南的政治、经济和文化的发展起了不可估量的作用。儒学著作的大量刊行和传播，使得以儒家思想为代表的中国文化更加广泛地深入越南各阶层人民之中。③

在民间，越南人对书籍的学习和传播有一种特别的方式——演歌。"汉文书籍从中国到越南，既是文化传播的过程，也是被越南人接收和改造的过程。这种接收和改造，在越南是用'演'这个词来表达的。'演音'相当于通常所谓翻译，'演义'相当于通常所谓译述和疏解，'演歌'则是改写——把散文改为诗歌，把书本改为说唱，把小说改为戏剧。"④ 在法律类越南古籍中，现存有《皇越律例撮要演歌》这部作品，这是越南人把阮朝的法律《皇越律例》改写成诗歌的形式加以学习和传播而成的作品，是越南民间传播法律知识的一种方式。

第二节　中国传统法律制度对越南之影响

战国李悝制定的《法经》奠定了中国帝制时代法典的雏形，而后商君授之以相秦。秦征岭南后，越南北部即被纳入秦王朝的统一管理之下，这是最早的岭南可接触中原法律制度的时期。然而，秦国祚短暂，二世而亡，在岭南地区取代秦王朝统治的是由赵佗建立的南越国。南越国的势力范围在岭南三郡（即象郡、南海郡、桂林郡），由于南越王赵佗原是秦朝的地方县令，所以此时在南越国施行的法律制度，大抵和秦法一致。值得注意的是，南越国内部并不是在

① 沈健：《历史上的大移民：下南洋》，北京工业大学出版社 2013 年版，第 94 页。
② 《大越史记·本纪全书》卷之十一《黎纪》。［越］吴士连等：《大越史记全书》（第三册），孙晓主编，西南师范大学出版社、人民出版社 2015 年版，第 621 页。
③ 参见沈健：《历史上的大移民：下南洋》，北京工业大学出版社 2013 年版，第 95 页。
④ 王小盾：《从敦煌学到域外汉文献研究》，中华书局 2013 年版，第 321 页。

所有疆域施行统一的法律制度，而是在汉人聚集的南海郡、桂林郡实行一般制度，在越人势力强大的象郡采取民族政策来进行统治。在这种情况下，象郡地区既可以保留其本身的法律、风俗进行内部统治，在外部又统一于南越国的统治之下，受到南越国的保护。在这样的制度设计之下，中原法律对于象郡地区的影响必定是有限的。

实际上，民族风俗与习惯的确具有很重要的地位，统治者尊重民族的本土风俗也确实很重要，如果一意孤行地行事，可能会引起群民的反对，更有甚者则是激起当地人民的起义，典型的代表就是二征起义。当今很多学者认为，中原法律制度最早传入越南地区是通过马援平二征事件，他们的依据是《后汉书》记载了"条奏越律与汉律驳者十余事。与越人申明旧制以约束之"。① 然而，这个记载可能反映了相反的历史事实。

关于二征起义，元朝时期的越南籍学者黎崱在《安南志略》中简单记载了其始末：

> 征侧，交趾麋泠县雒将女也。其夫诗索，朱鸢县雒将男也。后汉太守苏定，以法绳之，侧怒，与妹征贰反，攻略六十五城，自立为王。马援斩之。②

大意是说，征侧是交趾的一名女子，她的丈夫名叫诗索，也是交趾人。当时后汉的驻交趾太守苏定，按照汉朝的法律将诗索处死，由此引发其妻征侧的不满，于是和妹妹征贰一起发动起义，反对汉朝的统治。或许是由于对汉朝的统治积怨已久，二征的起义得到了交趾郡以及其他相邻郡的响应，这样一来，二征顺利攻占了现在越南北部的区域，自立为王。这就是著名的二征起义。后来，汉朝派出伏波将军马援平息了二征的起义。

对于"条奏越律与汉律驳者十余事。与越人申明旧制以约束之"的解释，学术界存在两派观点。一派观点认为，马援平定越南后，将汉律推行于越南，

① （宋）范晔撰：《后汉书·马援传第十四》。
② ［越］黎崱：《安南志略》，武尚清点校，中华书局1995年版，第356—357页。

比如杨鸿烈认为:

> 按马援平定安南时,《汉律》即已在安南施行,惟最初迁就安南习惯之处,或不在少数耳……马援以战胜之威,推行《汉律》,自无多大困难,惟采纳民意,申明某十余事与《汉律》虽有冲突犹许其保留旧制,非谓《汉律》全部均不适用于安南也……著者则以《唐律》之前,尚有《汉律》。①

也有其他学者认同杨鸿烈的观点,认为汉律推行于越南,比如:

(1)马援改革的核心是用中原地区先进的政治法律制度和生产关系取代当地落后的社会制度。而这样的改革也在岭南地区颇得民心,马援因此树立了威望。②

(2)东汉光武帝建武十八年(公元 42 年),汉王朝派马援统军南征,镇压了骆越反抗之后,每到一处,给各郡县筑城墙,挖水利,又向汉王朝奏上一本,说骆越的法律内有十余条不合汉律的规定,必须修改,强迫遵守。这些措施对当时岭南越人的社会经济发展具有积极的意义。③

(3)马援在岭南推行汉朝法制,为郡县修治城郭,开渠灌溉,有利于岭南地区政治稳定、经济发展。④

(4)二征事件和马援南征的背景是两种社会制度的较量,是先进的封建文化与落后的奴隶制文化的对决,其结果是封建制度战胜了奴隶制度,先进文化代替落后文化,解放了生产力,促进了社会的全面进步,马援南征的意义得到史家客观的评价:一是马援在交趾地区采取的措施包括废除与中央王朝政策法规相抵触的地方习惯法,"条奏越律与汉律驳者十余事,与越人申明旧制以约束之,自后骆越奉行马将军故事",实现了制度文化层面上的替代。⑤

---

① 杨鸿烈:《中国法律在东亚诸国之影响》,商务印书馆 2017 年版,第 471—472 页。
② 湖北省政协文化文史和学习委员会、湖北省荆楚文化研究会、《潜江文化简史》编撰委员会编:《潜江文化简史》,湖北人民出版社 2019 年版,第 60 页。
③ 政协武鸣县文史资料委员会:《武鸣文史资料》(第二辑),1988 年版,第 105 页。
④ 程有为:《程有为学术文集》,大象出版社 2017 年版,第 457 页。
⑤ 王锋:《伏波文化的区域特色及传承》,载王锋主编:《北部湾海洋文化研究》,广西人民出版社 2010 年版,第 58 页。

（5）马援上奏皇帝说"越律和汉律有十余条不相同，请求在越族地区推行汉律"。①

另一派观点则认为，马援平定越南后，并没有将汉律推行于越南。如吕思勉认为，我国帝制时代法律不强求统一，尽管汉朝已经将越南纳入统治，但汉律并没有强制在越南推行：

记称"君子行礼，不求变俗"。盖各地方之人，各有其生活；生活不同，风俗自不同；风俗不同，则其所谓犯罪者自异，固不宜强使一律也。南粤请内属，汉为除其故黥劓刑，用汉法。《汉书》本传。《后汉书·马援传》言："援条奏越律与汉律驳者十余事，与越人申明旧制以约束之，自后骆越（笔者注：此处应为骆越）奉行马将军故事。"是汉旧本不以汉律强行之越，即马援亦为特别以治之也。②

也有其他学者支持该派观点，如：

（1）"申明旧制"即指在岭南仍以传统的民族治理习俗为主，就是史家所常说的汉代在岭南地区"以故俗而治"的传统治策。马援的做法有效地调和了汉律与越律之间的矛盾，以健全郡县制、削弱雒将势力和尊重越人习俗的软硬兼施的治策，加快了岭南内郡化的进程，利于保持中国岭南地区社会的长期稳定，这被后来的历史证明是非常有效的。③

（2）马援平二征后，向汉中央王朝"条奏越律与汉律驳者十余事"。所谓与汉律相驳，应该就是与汉地法律相抵触的南越故俗。而马援条陈的目的，自然是希望统治者能够遵从旧俗，不要轻易改变传统，强行推行汉朝法律。④

笔者赞成后一派的观点，即马援平定越南后，并没有将汉律推行于越南。

① 米良：《越南〈洪德法典〉及其刑事制度评析》，《学术探索》2022 年第 7 期。
② 吕思勉：《读史札记》（上），译林出版社 2016 年版，第 548 页。
③ 叶吉旺、郭超编：《合浦廉政文化与海上丝绸之路》，广西科学技术出版社 2021 年版，第 35 页。
④ 蒙曼：《马援南征与二征的活动及其历史影响》，载卢岩主编：《伏波文化论文集》，广西人民出版社 2010 年版，第 16 页。

我们应该注意到，二征起义的导火索就是由于汉朝没有能够充分尊重当地的风俗，马援平定了二征的起义之后，如若不吸取教训，继续强行将汉法施加于越人之上，与其风俗相背，那么可以想象在不久的将来必定还会有更多起义。这不是先进与落后文化的对决。所以，马援平定起义之后的上奏，必然是让统治者了解地方起义的前因后果，吸取相关的经验教训，尊重当地的风土民俗，恢复地方的稳定统治。

当然，还有其他证据可以证明，至少在元朝以前，中国的法律没有大量、系统地输入越南。比如越南籍学者黎崱，在其著作《安南志略》中记载了越南法律的大致情况，现列举如下：

（1）法，谋反者戮亲族。

（2）杀人者偿命。

（3）捕奸者得自专杀。近代，始令奸夫以钱三百贯赎死罪，淫妇断归其夫为婢，许自典卖。

（4）杀有官者，验高卑，偿钱赎罪仍杖，皆八十；重者杖六十，杀，与奸同例。

（5）晉有官者，量轻重，令犯人出钱并牛酒为谢，杖如之前。

（6）同类斗伤，罪先殴者。

（7）伪造非法者，以罪名黥其面，杖而远徙。

（8）强盗者斩。

（9）窃盗者，初盗者杖八十，黥"犯盗"二字，元盗之物一偿九分。不能偿者，没其妻孥。再犯者刖其手足。三犯者杀之。

（10）诬告者，反罪。①

黎崱所在的年代是越南陈朝的中前期。陈朝成立初期，陈太宗于建中六年（1230年）颁布的《国朝通制》，其内容涉及礼仪以及刑律两部分，在此之后的

① ［越］黎崱：《安南志略》，武尚清点校，中华书局1995年版，第329页。

陈裕宗绍丰元年（1341 年）也有颁布刑书的记录，《大越史记全书》载："（绍丰元年）命张汉朝、阮忠彦编定皇朝大典，考撰刑书，颁行。"① 而黎崱的这部《安南志略》成书于 1333 年，是在《国朝通制》颁布差不多 100 年之后，所以可以合理认为，陈朝中期以前的刑律，有大部分的内容在黎崱的这本书中可以窥得一般。但由于黎崱不是专业的律学家，其对于法律条文的论述必然不会完全与法典中的法律条文相符，所以我们只能通过考察其记载的实质内容，来推断当时的立法情况。

尽管黎崱所述的一些法律存在于中国帝制时代的法律之中，比如"诬告反坐"等。但是陈朝时期（元朝时期），中国已经经过了立法顶峰的唐朝以及基本沿袭唐律的宋朝，已经有了《唐律疏议》《宋刑统》等体量庞大、体系完整、极具科学性的法典，如果陈朝已经开始大量模仿中国的法律来制定其本国的法律，那么就算是草草介绍，黎崱的《安南志略》也不可能是以这简单几条就概括完全，至少应该写明法典的篇目。所以笔者认为，至少在越南陈朝的中前期，尚未开始进行大量模仿中国法律的立法工作。

在越南法制史上，两部法典尤为卓著：后黎朝的《国朝刑律》（后世称之为《黎朝刑律》）和阮朝的《皇越律例》。这两部法典不仅是越南法律智慧的结晶，更是中越法律文化交融的见证。

越南系统性地借鉴中国法律以制定本国法规的进程，始于陈朝后期。这一法律移植与本土化的过程，在陈朝覆灭后并未中断，反而在后继的后黎朝得到了进一步的深化和发展。后黎朝不仅继承了陈朝的法律遗产，还在此基础上更加深入地汲取中国法律精髓，以完善其社会治理体系。这一时期法典化的卓越成果，便是广为人知的《国朝刑律》。从后黎朝到阮朝，越南的法律制度呈现一种与中国法律趋同的样态，这种趋同集中体现在《皇越律例》。这样趋同的现象，从各法律制度的变迁中即可见一斑。

---

① 《大越史记·本纪全书》卷之七《陈纪》。[越]吴士连等：《大越史记全书》（第二册），孙晓主编，西南师范大学出版社、人民出版社 2015 年版，第 359 页。

一、法律形式

唐代立法确立了以律、令、格、式为主的法律形式，中唐以后还包括格后敕；① 宋代形成了以律、编敕、断例为刑事法律系统以及由令、格、式为非刑事、制度性的法律系统的两大法源系统；② 明代的法律形式包括律、令、大诰以及例、典等。越南独立自主建国后，也慢慢开始模仿中国历朝的法律形式，进行立法工作。总体而言，越南历代出现的法律形式大致有律、令、格、式、大诰以及例。

越南学者吴甲豆认为，"律"的出现最早是在前黎朝，但是没有具体的记载，不清楚其实际内容为何。而有史书记载的最早的"律"是在李朝：

> 我南国律始于前黎，然其科条不详。李初狱讼繁兴，法吏深刻，刑狱多有枉滥，太宗命中书勘定律令，参酌辰世所适用，定门类分条款，别为一代刑书。卖黄男、盗官牛、奸人妻妾、强盗得财、赎罪令、逃军法，条禁严明。仁宗申明盗杀牛令，诸盗杀牛杖八十，徒犒甲，妻杖同，徒桑室妇，偿其牛。邻家不告，杖八十。③

《大越史记全书》记载李太宗时"伸冤有钟，制刑有律"，④ 陈太宗庚寅六年（1230 年）"春三月，考前代诸例，定为国朝通制。及改刑律礼仪，凡二十卷"。⑤ 陈太宗甲辰十三年（1244 年）"定制律诸格"。⑥ 可见，在李、陈朝时期，已经有

---

① 李玉生：《唐代法律形式综论》，载杨一凡主编：《中国古代法律形式研究》，社会科学文献出版社 2011 年版，第 171 页。

② 吕志兴：《宋代法律形式及其相互关系》，载杨一凡主编：《中国古代法律形式研究》，社会科学文献出版社 2011 年版，第 294 页。

③ ［越］吴甲豆：《中学越史撮要·夏集》，越南国家图书馆 R.1345，第 43 页。

④ ［越］黎嵩：《越鉴通考总论》。［越］吴士连等：《大越史记全书》（第一册），孙晓主编，西南师范大学出版社、人民出版社 2015 年版，第 21 页。

⑤ 《大越史记·本纪全书》卷之五《陈纪》。［越］吴士连等：《大越史记全书》（第一册），孙晓主编，西南师范大学出版社、人民出版社 2015 年版，第 257 页。

⑥ 《大越史记·本纪全书》卷之五《陈纪》。［越］吴士连等：《大越史记全书》（第一册），孙晓主编，西南师范大学出版社、人民出版社 2015 年版，第 265 页。

了"律""例""格"等法律形式的记载。

到了后黎朝时期，还出现了"大诰"这种法律形式。《大越史记全书》记载黎圣宗光顺二年（1461年）"冬十二月，颁大诰各条。自府至州县庄各一本，禁属吏不得私开封簿牒，及不得支分执把将回家，并与外人传抄"。①

后黎朝时期，除了大诰之外，还有律、令、格、式、例这些法律形式，《黎朝刑律·断狱章》第26条载：

> 诸断罪，皆须具引律、令、格、式正文。违者，以罚论。妄意处分者，贬一资。有增减者，以出入人罪论。②

黎圣宗时期编纂的《天南余暇集·条律》中的"申禁越奏告"也载：

> 本年月十七日、礼部为申明越奉事。
>
> 除钦奉外，理合备榜官员百姓等遵知如前令。凡公私事务理应投告，即先从府县州，次及承宪都台等衙门。如经投告，而勘理不明，方许具本奏闻。若未经投告，而托以不准，及侥幸干进，图售奸计，违令越奏者，通政使司检举送刑部，如律治罪。③

后黎朝对于中国法律形式的模仿，不仅在于形式，而且还懂得该法律形式的内涵。《故黎律例》"律令例"中记载：

> 律者，国之正条；例者，申明之例，永为常也。令与同一体事各增减，令者，一辰之政令有殊，故谓之令；律者，刑律，前代律说刑法也，至秦商鞅为律。其律大法，所以禁暴虐防奸宄，一民心也。出于礼，入于法，

---

① 《大越史记·本纪全书》卷之十二《黎纪》。［越］吴士连等：《大越史记全书》(第三册)，孙晓主编，西南师范大学出版社、人民出版社2015年版，第600页。
② 《黎朝刑律》，藏于越南翰林院下属汉喃研究院，馆藏编号 VHt.31。
③ 《天南余暇集》，藏于越南翰林院下属汉喃研究院，馆藏编号 A.334。

唐律说，法不加大人，礼不降小人；法不加君子，礼不责小人。①

然而，后黎朝这种区分律、令、例等法律形式的知识没有很好地传至后世，到了阮朝前期，出现了不严格区分法律形式的现象。文献记载了嘉隆皇帝致北城镇官的诏旨，在嘉隆元年的诏旨中，嘉隆皇帝诏曰：

圣驾进克北城，设官分职，其词讼条律未遑删是，姑举其大体计列等条在后……至如审断诸务，并宜参酌前黎洪德国朝条律施行……这刑政并重，法在必行，毋得玩忽。兹传。②

到了嘉隆十四年，皇帝又下诏曰：

诏内外大小臣僚……朕承天眷命，抚临亿兆，道德齐礼，仰体格言……特命廷臣参考洪德律例、本朝故典、大清条律及近来体定新条酌其合于时宜者校定成编，朕亲自裁定。③

从以上嘉隆皇帝的诏书中可以看出，至少在阮朝初期的时候，言条律、律例、典等，都只是对法律的一种指称，而没有严格区分律、例、典等法律形式的内涵。

二、五服制度

五服制度是从中国传统礼制中衍生出来的制度文化，也是以孝治国法律思想的具体制度体现。中国传统礼制的内容，总体上可以分为吉礼、凶礼、宾礼、军礼、嘉礼，简称"五礼"。吉礼为祭祀鬼神之礼；凶礼为丧葬等哀悼之礼；宾

---

① 《故黎律例》，藏于越南翰林院下属汉喃研究院，馆藏编号 A.613。
② 《刑役》，藏于越南翰林院下属汉喃研究院，馆藏编号 VHv.1163。
③ 《刑役》，藏于越南翰林院下属汉喃研究院，馆藏编号 VHv.1163。

礼为朝聘会同之礼；军礼为军事相关之礼；嘉礼为冠婚庆贺等喜庆之礼。五服制度就是衍伸自凶礼中的丧礼。

五服制度是规定中国帝制时代亲属关系的等级规范，其具体包括服饰制度、服叙制度与守丧制度这三个制度。其中，与具体法律规定较为密切的是守丧制度，"守丧制度是亲属关系等级的外在行为规范，也是五服制度的伦理目标"。①五服制度对越南法律的影响主要体现在亲属等级的划分标准以及服制论罪的具体法律规制方面。

（一）五服的具体等级划分

对于五服亲属等级的具体划分，最早见到的材料是在后黎朝黎圣宗时期。后黎朝洪德年间，黎圣宗主持编纂了一部名为《天南余暇集》的类书，其中"条律"部分的第一条就是把五服制度中具体的亲属等级划分编成了一首"五服诗"：

> 丧服三年父母夫，期年祖妣弟兄姑；
>
> 长孙服与伯叔服，长妇忧同子侄忧；
>
> 九月嫁同姑姊妹，堂兄侄妇众孙俱；
>
> 嫡孙承重三年数，堂伯从兄五月同；
>
> 三月舅姨妻父母，曾玄孙婿亦同符；
>
> 众孙之妇侄孙妇，同是丝麻五服图；
>
> 亲母嫁夫并养子，礼经律法服俱无。②

五服总体而言分为斩衰、齐衰、大功、小功、缌麻这五等。在越南后黎朝的法典《黎朝刑律》的律首部分，也可以看到"五服总图""本宗九族五服图"的图绘，这与中国的五服图、本宗九族五服图内容一致。

---

① 丁凌华：《五服制度与传统法律》，商务印书馆 2013 年版，第 3 页。
② 《天南余暇集·条律》，藏于越南翰林院下属汉喃研究院，馆藏编号 A.332。

表 3-1 《黎朝刑律》律首之五服总图

五服总图				
斩衰三年				
用至粗麻布为之不缝下边				
齐衰				
三月	五月	不杖期	杖期	三年
用稍粗麻布为之缝下边				
大功九月				
用粗熟布为之				
小功五月				
用稍粗熟布为之				
缌麻三月				
用稍细熟布为之				

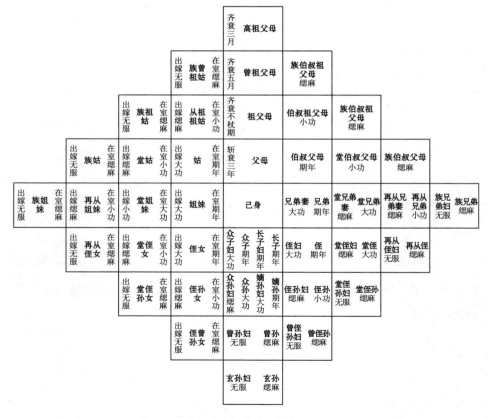

图 3-1 《黎朝刑律》律首之本宗九族五服图

相比于前述李朝的皇帝李仁宗认为，五服制度是流于形式、劳民伤财（见第一节），后黎朝则极其重视礼制，其中强调最多的就是子为父母守三年之丧。黎圣宗洪德元年（1470 年）敕旨曰：

> 子居父母丧，妻居夫丧，当遵三年通制。不得徇情直行，悖礼逆法。子居父母丧，而妻妾怀孕，以流罪罪之。妻居夫丧，而肆行淫乱，或丧未满，释服从吉，并先通嫁信及娶之者，并以死罪罪之。若居丧服，出见戏场，纵观不避，以流罪论。如有贪财好色，而娶恶逆之妻妾，及蛮人烝亡兄弟妻妾，并为官吏而受赂，抵罪。①

黎圣宗弘扬礼制，不仅仅是下一道圣旨而已，更是在教育子民应当遵守礼制方面做出了不少努力。黎洪德二十八年（1496 年）正月，黎圣宗驾崩，皇太子谕朝臣曰：

> 子生三年，然后免父母之怀。故古者居父母丧以三年为制，上自天子，下至庶人。汉文不师古训，遗命短丧，以日易月，自是而后，踵而行之。是弃典礼，薄彝伦，殊不足取。我国家列圣虽遵而行，然其间礼节未尽复古。今圣上皇帝，奄弃百姓，上宾于天，怆巨痛深，报德罔极，卿等宜议行三年之丧制，以副予爱慕之情。②

对于皇太子的谕旨，大臣百官们皆回之以积极的响应。其皆稽首对曰：

> 孝者治天下之大本。今殿下克遵孝道，惇叙彝伦，虽帝舜之大孝，武王之达孝，蔑以尚兹，臣等敢不遵行。③

---

① 《大越史记·本纪全书》卷之十二《黎纪》。[越] 吴士连等：《大越史记全书》（第三册），孙晓主编，西南师范大学出版社、人民出版社 2015 年版，第 637 页。
② 《大越史记·本纪全书》卷之十三《黎纪》。[越] 吴士连等：《大越史记全书》（第三册），孙晓主编，西南师范大学出版社、人民出版社 2015 年版，第 713 页。
③ 《大越史记·本纪全书》卷之十三《黎纪》。[越] 吴士连等：《大越史记全书》（第三册），孙晓主编，西南师范大学出版社、人民出版社 2015 年版，第 713 页。

由此，对于黎圣宗的丧礼，《大越史记全书》记载：

> 于是定为三年之丧，凡歆殡奠缋，一循古礼。令百姓民间，留长发如
> 丧服百日内。若百官护卫，留长发如三年丧服，并着素缟衣。居家作劳之
> 时，暂着青衣亦不拘。百日之外，用青黑衣等，不得用红绿等色。奉天府
> 及天下军民男女着缟素衣，停婚嫁三个月。①

这与前述李朝的情形形成鲜明的对比。李朝仁宗死后，其后继者对大臣百
官说不遵守守丧三年的规定，只按照李仁宗遗诏守丧三天即可，大臣百官没有
一人站出来提反对意见；黎圣宗死后，其后继者提出"子生三年，然后免父母
之怀。故古者居父母丧以三年为制，上自天子，下至庶人"，大臣百官皆积极
响应，并认为孝为治国之本。可见后黎朝的礼化程度比起李朝时有了长足的
发展。

五服制度是由礼引入法中的，其中，有一些律文中的亲属等级与服叙的等
级略有差异，比如《唐律》中的"期亲"，丁凌华考证说：法律上以"期亲"代
"齐衰"。"期亲"之本义，指齐衰杖期（除母之外，仅指妻而言）、不杖期亲属。
但法律上往往将曾祖父母（唐为齐衰五月）、高祖父母（唐为齐衰三月）与"期
亲"同论。②

《黎朝刑律》中同样采用了期亲的说法，如《黎朝刑律·斗讼章》第
497 条：

> 诸戏杀伤人者，减斗杀伤二等，（谓以力共戏至死，和同者）听给葬钱
> 二十贯。虽和，以刃，及乘高，履危，入水中，以故相杀伤者，惟减一等。
> 追偿命钱半分。其不和同，及于期亲尊长、外祖父母、夫、夫之祖父母，

---

① 《大越史记·本纪全书》卷之十三《黎纪》。［越］吴士连等：《大越史记全书》（第三册），
　　孙晓主编，西南师范大学出版社、人民出版社 2015 年版，第 713 页。
② 丁凌华：《五服制度与传统法律》，商务印书馆 2013 年版，第 214 页。

虽和，并不得为戏，各从斗杀伤法。①

《黎朝刑律·斗讼章》第 502 条：

诸诬告人，流罪以下，前人未加拷掠，而告人引虚者，减二等。若前人已拷者，不减。即拷证人，亦是。(诬告期亲尊长、外祖父母、夫、夫之祖父母，及奴婢诬告主之期亲、外祖父母者，虽引虚，各不减。)②

《黎朝刑律·斗讼章》第 503 条：

诸子孙告祖父母、父母，及奴婢告主者，流远州。妻告夫者，与同罪。告外祖父母、父母及夫之祖父母、父母、期亲尊长，及奴婢告主之期亲者，虽得实，亦以贬、徒论。③

由此可见，越南学习中国的五服制度，不仅仅是学习该制度的内涵，同时也有学习具体的法律条文里应用五服制度所使用的专业词汇。

（二）准五服以治罪

魏晋南北朝时期是引礼入律运动的高峰时期，《晋书·刑法志》记载"峻礼教之防，准五服以制罪"，④ 由此开启了依服制定罪的先河。而丁凌华考证认为，准五服以治罪的原则"始于东汉建安年间曹操制定的《魏科》，时间上较《晋律》早了约六十年"。⑤ 自从魏晋南北朝时期确立了准五服以治罪的原则，该原则就成为中国家族主义法一项重要内容，一直沿用到明清。

准五服以治罪包括亲属相犯、亲属相隐以及亲属连坐三项内容。这三项内容，越南后黎朝和阮朝的法律中都有沿用。

---

① 《黎朝刑律》，藏于越南翰林院下属汉喃研究院，馆藏编号 VHt.31。
② 《黎朝刑律》，藏于越南翰林院下属汉喃研究院，馆藏编号 VHt.31。
③ 《黎朝刑律》，藏于越南翰林院下属汉喃研究院，馆藏编号 VHt.31。
④ 程树德：《九朝律考》，商务印书馆 2017 年版，第 318 页。
⑤ 丁凌华：《五服制度与传统法律》，商务印书馆 2013 年版，第 199 页。

1. 亲属相犯

在亲属相犯方面，一项基本的原则是以卑犯尊，服制越近，惩罚越重；反之，以尊犯卑，服制越近，惩罚越轻。越南法律吸收了这项法律原则，在骂、殴、杀这三个层次的犯罪中，我们都可以看到服制论罪的应用。

在骂的层面，子孙骂祖父母、父母，在越南会被判处流刑，在中国则会被判处死刑，在这一点上，中国的处罚比越南严重得多；但反过来，法律却没有规定长辈骂子孙的法律责任。《黎朝刑律·斗讼章》第 475 条规定：

> 诸骂祖父母、父母者，流外州；殴者，流远州；伤者，绞；过失杀者，流外州；伤者，徒种田兵。外祖父母，各减一等。
>
> 若子孙违犯教令，而祖父母、父母殴杀者，徒犒丁。以刃杀者，徒象坊兵。故杀者，各加一等。
>
> 即外祖父母及嫡、继、慈、养杀者，又加一等。过失杀者，各勿论。①

该条基本同于《唐律疏议·斗讼律》"殴詈祖父母父母"条：

> 诸詈祖父母、父母者，绞；殴者，斩。过失杀者，流三千里；伤者，徒三年。
>
> 若子孙违犯教令，而祖父母、父母殴杀者，徒一年半；以刃杀者，徒二年。故杀者，各加一等。
>
> 即嫡、继、慈、养杀者，又加一等。过失杀者，各勿论。②

在殴的层面，子孙殴长辈，在越南会被判处流刑；在中国会被判处死刑。但如果在主观层面是过失的，那么只会被判处流刑。如果是殴打兄弟姐妹、舅姨等亲戚，在两国都是会被判处徒刑；如果是尊长殴打卑幼，也会被判处相应的刑罚，若是殴死卑幼，尊长也会被判处死刑。《黎朝刑律·斗讼章》第 477 条规定：

---

① 《黎朝刑律》，藏于越南翰林院下属汉喃研究院，馆藏编号 VHt.31。
② 刘俊文：《唐律疏议笺解》(下)，中华书局 1996 年版，第 1561 页。

诸殴兄姊、舅姨及妻之祖父母、父母者，徒犒丁。伤者，徒象坊兵。折伤者，徒种田兵。刃伤及折肢、瞎目者，流远州。死者，斩。骂者，贬二资。过失杀者，徒种田兵。伤者，徒犒丁。伯叔父母、姑，各加一等。若殴杀弟妹及女子孙、婿、兄弟之子孙，徒种田兵。以刃及故杀者，流外州。过失杀者，各勿论。欧兄之妻者，加凡人一等。①

该条基本同于《唐律疏议·斗讼律》"殴兄姊"条：

　　诸殴兄姊者，徒二年半；伤者，徒三年；折伤者，流三千里；刃伤及折支，若瞎其一目者，绞；死者，皆斩；詈者，杖一百。伯叔父母、姑、外祖父母，各加一等。即过失杀伤者，各减本杀伤罪二等。

　　若殴杀弟妹及兄弟之子孙、（曾、玄孙者，各依本服论。）外孙者，徒三年；以刃及故杀者，流二千里。过失杀者，各勿论。②

《黎朝刑律·斗讼章》第 477 条规定：

　　诸殴缌麻兄姊，贬一资。小功、大功，各递加一等。尊属者，又加一等。伤重者，各递加凡殴伤一等。死者，斩。

　　即尊长殴卑幼，折伤者，缌麻，减凡人一等。小功、大功，递减一等。死者，绞。即非以刃及故杀者，流远州。③

该条基本同于《唐律疏议·斗讼律》"殴缌麻兄姊"条：

　　诸殴缌麻兄姊，杖一百。小功、大功，各递加一等。尊属者，又各加

---

① 《黎朝刑律》，藏于越南翰林院下属汉喃研究院，馆藏编号 VHt.31。
② 刘俊文：《唐律疏议笺解》（下），中华书局 1996 年版，第 1557 页。
③ 《黎朝刑律》，藏于越南翰林院下属汉喃研究院，馆藏编号 VHt.31。

一等。伤重者，各递加凡斗伤一等；死者，斩。即殴从父兄姊，准凡斗应流三千里者，绞。

若尊长殴卑幼折伤者，缌麻，减凡人一等；小功、大功，递减一等；死者，绞。即殴杀从父弟妹及从父兄弟之子孙者，流三千里；若以刃及故杀者，绞。①

在杀的层面，卑幼杀尊长，以及尊长杀卑幼，在中越两国都会被判处死刑，只是死刑的等级不同；即使是谋划杀人，还没有到实施杀人的阶段，也同样会受到刑法的规制。《黎朝刑律·盗贼章》第 415 条规定：

诸谋杀期亲尊长、外祖父母、夫及夫之祖父母、父母者，皆斩。故夫（谓夫亡改嫁者。其被出及和异者，非。余条，故夫，准此。）之祖父母、父母者，减一等。已伤者，绞。已杀者，斩。

谋杀缌麻以上尊长者，流外州。已伤者，绞。已杀者，斩。

即尊长谋杀卑幼者，各依谋杀人罪，减二等。已伤者，减一等。已杀者，依故杀法。②

该条基本同于《唐律疏议·贼盗律》"谋杀期亲尊长"条：

诸谋杀期亲尊长、外祖父母、夫、夫之祖父母、父母者，皆斩。（犯奸而奸人杀其夫，所奸妻妾虽不知情，与同罪。）

谋杀缌麻以上尊长者，流二千里；已伤者，绞；已杀者，皆斩。

即尊长谋杀卑幼者，各依故杀罪减二等；已伤者，减一等；已杀者，依故杀法。③

---

① 刘俊文：《唐律疏议笺解》（下），中华书局 1996 年版，第 1552 页。
② 《黎朝刑律》，藏于越南翰林院下属汉喃研究院，馆藏编号 VHt.31。
③ 刘俊文：《唐律疏议笺解》（下），中华书局 1996 年版，第 1263 页。

对于亲属为人所杀，法律还规定不得私自和解以及需要及时提起诉讼，越南同样吸收了中国的该条规定。《黎朝刑律·盗贼章》第 418 条规定：

> 诸祖父母、父母及夫，为人所杀而私和者，流外州。期亲，徒象坊兵。大功以下，递减一等。受财者，各加一等。
>
> 虽不私和，知杀期以上亲，经三十日不告者，各减和罪二等。[1]

该条基本同于《唐律疏议·贼盗律》"亲属为人杀私和"条：

> 诸祖父母、父母及夫为人所杀，私和者，流二千里；期亲，徒二年半。大功以下，递减一等。受财重者，各准盗论。
>
> 虽不私和，知杀期以上亲，经三十日不告者，各减二等。[2]

2. 亲属相隐

亲属相隐，即亲属之间相互为对方隐匿犯罪行为，这一主张最早由孔子提出。孔子面对战乱纷繁的乱世，试图通过唤醒人与人之间的亲情，再将此种情感推及君臣之间，即从"父父子子"推及"君君臣臣"，从而建立一个理想的社会，所以孔子提出"父为子隐，子为父隐，直在其中也"。[3] 到了汉朝，亲亲相隐发展成为法律上的"亲亲得相守匿"原则，用法律将亲属之间相互隐匿罪行的行为正当化。到了唐朝，又扩大了互为守匿罪行的亲属范围，即同居相隐。《唐律疏议·名例律》"同居相为隐"条规定：

> 诸同居，若大功以上亲及外祖父母、外孙，若孙之妇、夫之兄弟及兄弟妻，有罪相为隐；部曲、奴婢为主隐；皆勿论，即漏露其事及擿语消息

---

① 《黎朝刑律》，藏于越南翰林院下属汉喃研究院，馆藏编号 VHt.31。
② 刘俊文：《唐律疏议笺解》(下)，中华书局 1996 年版，第 1287 页。
③ 《论语·子路》。

亦不坐。其小功以下相隐，减凡人三等。若犯谋叛以上者，不用此律。①

《黎朝刑律》吸收了该条的规定，不过没有保留"同居"的这个条件。《黎朝刑律·名例章》第 39 条载：

> 诸大功以上亲及外祖父母、外孙若孙之妇、夫之兄弟及兄弟妻，有罪相为隐，奴婢为主隐，皆勿论。若犯谋叛以上者，不用此律。②

3. 亲属连坐

越南对于亲属连坐的规定比中国法律规定的要少。在中国的法典中，可以见到很多"妻、子流……"这样的连坐规定，比如十恶当中的"谋叛""不道"等，但在《黎朝刑律》中，大部分的犯罪都没有坐及家人，只有少数犯罪有规定家人连坐，比如"造畜蛊毒"条，《黎朝刑律·贼盗章》第 423 条第 1 款规定：

> 诸造畜蛊毒（谓造合成蛊毒，甚以害人者。）及教令者，绞；同居家口，以徒、流论。社官（村、坊官，同。）知而不纠者，徒象坊兵。③

该条基本同于《唐律疏议·盗贼律》"造畜蛊毒"条：

> 诸造畜蛊毒（谓造合成蛊，堪以害人者。）及教令者，绞；造畜者同居家口虽不知情，若里正（坊正、村正亦同。）知而不纠者，皆流三千里。④

越南对于"谋反""谋叛"这种危害国家安全的十恶犯罪，都甚少规定亲属

---

① 刘俊文：《唐律疏议笺解》（上），中华书局 1996 年版，第 466 页。
② 《黎朝刑律》，藏于越南翰林院下属汉喃研究院，馆藏编号 VHt.31。
③ 《黎朝刑律》，藏于越南翰林院下属汉喃研究院，馆藏编号 VHt.31。
④ 刘俊文：《唐律疏议笺解》（下），中华书局 1996 年版，第 1299 页。

的连坐责任，却在造畜蛊毒的犯罪上，不仅规定"同居家口"连坐，而且连地方官员——里正、坊正、村正也要负刑事责任，可见该种犯罪对越南社会的危害之大。

三、刑法制度

中华法系的刑法制度，尤以"五刑""十恶""八议"最具代表性，此外，其区分六种杀人罪而形成的"六杀"以及区分盗罪中的"窃盗"与"强盗"也极具特色，这些制度都有被越南所吸收。

（一）五刑

五刑是中国帝制时代最基本的刑制，其体现了中国深厚的文化底蕴以及哲学内涵。中国的主刑从古到今，其稳定形态无不是五种，从苗民"五虐之刑"与象刑，到奴隶制五刑与封建制五刑，莫不如此。奴隶制五刑采取伤害身体为主要的执行方式，即墨（在身上刻字，并涂颜料）、劓（割鼻子）、剕（挖膝盖骨）、宫（去除男女的生殖器官）、大辟（死）；封建制五刑是以限制人身自由为主要执行方式，这是中国帝制时代刑法制度从野蛮向文明过渡的体现。隋《开皇律》首次确立五刑制度，《唐律》沿袭《开皇律》，将五刑从轻到重排列为笞、杖、徒、流、死。犯人被判五刑，除因"十恶"不赦之重罪，皆可以铜赎罪。

表 3-2 《唐律》与《黎朝刑律》对比

《唐律》[1]	《黎朝刑律》[2]
笞刑五：笞一十。（赎铜一斤。）笞二十。（赎铜二斤。）笞三十。（赎铜三斤。）笞四十。（赎铜四斤。）笞五十。（赎铜五斤。）	笞刑五（自一十至五十下，为五等加减。罚、贬用，或单用，男女，同。徒、流，惟女用。）一十，二十，三十，四十，五十。
杖刑五：杖六十。（赎铜六斤。）杖七十。（赎铜七斤。）杖八十。（赎铜八斤。）杖九十。（赎铜九斤。）杖一百。（赎铜十斤。）	杖刑五（自六十至一百下，为五等加减。贬、徒、流用，或单用，惟男用。）六十，七十，八十，九十，一百。

---

[1] 刘俊文：《唐律疏议笺解》(上)，中华书局 1996 年版，第 17 页。

[2] 《黎朝刑律》，藏于越南翰林院下属汉喃研究院，馆藏编号 VHt.31。

《唐律》	《黎朝刑律》
徒刑五：一年。（赎铜二十斤。）一年半。（赎铜三十斤。）徒二年。（赎铜四十斤。）二年半。（赎铜五十斤。）三年。（赎铜六十斤。）	徒刑三（自属丁至犒丁，庶妇至桑室妇，一等。象坊兵、炊室妇，为一等。种田兵、春室婢，为一等加减。）役丁（属丁、军丁、社丁、犒丁）、役妇（庶妇、园妇、桑室妇。男犯，情轻，杖八十。官属，徒本省、院、局丁。军，徒本军丁。民，徒本社丁。情重，杖八十、徒犒丁役作。女犯，情轻，笞五十。民，徒庶妇还本籍。有色，徒园妇。情重，笞五十、徒桑室妇役作。）象坊兵、炊室婢（男犯，杖八十、刺项二字、徒象坊兵居作。女犯，笞五十、刺项二字、徒炊室婢居作。）。种田兵、春室婢（男犯，杖八十、刺项四字、徒种田兵、带镣一重、演州居作。女犯，笞五十、刺项四字、徒春室婢居作。）。
流刑三：二千里。（赎铜八十斤。）二千五百里。（赎铜九十斤。）三千里。（赎铜一百斤。）	流刑三（自近州至远州，为三等加减）近州（男犯，杖九十、刺面六字、带镣一重，乂安、河华等处监守配役。女犯，笞五十、刺面六字、无镣，居作。下仿此。）外州（杖九十、刺面八字，带镣二重，布政等处监守配役。）远州（杖一百、刺面十字，带镣三重，从平等处监守配役。）
死刑二：绞。斩。（赎铜一百二十斤。）	死刑三（自绞、斩至陵迟，为三等。绞、斩为一等。枭、陵迟，各为一等加减。）绞、斩、枭、陵迟

从上表可见，《黎朝刑律》中记载的五刑，在刑罚类型上与《唐律》一致，都是封建制五刑的"笞、杖、徒、流、死"，但在具体内涵上，与《唐律》有显著不同。其一，《黎朝刑律》明确区分了男、女适用刑罚的不同，如笞刑是男女相同适用，杖刑仅适用于男性，徒刑与流刑更是区别了男女的适用刑罚类别；其二，《黎朝刑律》的徒刑设置异常繁杂，不仅区分男女，而且各分 3 个等级，这在日本、朝鲜都是没有发生的情况。

由此可见，尽管《黎朝刑律》是模仿《唐律》而成，但其有不少的原创性以及根据本国国情对具体的制度规定有所变异。到了阮朝之后，法律中可见的越南特色已然大打折扣，大抵一同于中国。越南阮朝的《皇越律例》与中国清朝的《大清律例》，其放置于律首的五刑图呈现出几乎是翻刻的形态。

（二）十恶

十恶犯罪是十种中国帝制时代重点打击的严重犯罪行为。早在秦朝，就有"大不敬""大逆"的记载，而"十恶"最早完整地存在于一部法典之中，是在魏晋南北朝时期的《北齐律》中，其名为"重罪十条"，到了隋唐时期，"重罪十条"更名为"十恶"，自此后世皆沿用。

越南后黎朝同样沿用了十恶的规定，《黎朝刑律·名例章》第2条规定了"十恶"：

一曰谋反。（谓谋危社稷。）

二曰谋大逆。（谓谋毁宗庙、山陵及宫阙。）

三曰谋叛。（谓谋背国从伪。）

四曰恶逆。（谓殴及谋杀祖父母、父母，杀伯叔父母、姑、兄妹、外祖父母、夫、夫之祖父母、父母者。）

五曰不道。（谓杀一家非死罪三人，及支解人，造畜蛊毒厌魅。）

六曰大不敬。（谓盗陵庙神御之物、大祀同，乘舆服御物，及伪造御宝，合和御药，不如本方，及封题误若造御膳，误犯食禁，御幸舟船，误不牢固，指斥乘舆，情理切害，及对掉制使，而无人臣之礼。）

七曰不孝。（谓告言、诅、骂祖父母、父母，及违背教训，亏缺供养。居父母丧，身自嫁娶，若作乐释服从吉，闻祖父母、父母丧，匿不举哀，诈称祖父母、父母死。）

八曰不睦。（谓谋杀及卖缌麻以上亲，殴、告夫及大功以上尊长、小功尊属。）

九曰不义。（谓杀本尊府、在任官司、见受业师，缘卒杀本部官长，及闻夫丧，匿不举哀，作乐，释服从吉，及改嫁。）

十曰内乱。（谓奸小功以上亲、父祖妾及与和者。）①

该法条基本同于《唐律》。

（三）特权法

中国帝制时代的特权法，是在尊卑有别的法律思想指导下，为了维护皇亲

---

① 《黎朝刑律》，藏于越南翰林院下属汉喃研究院，馆藏编号 VHt.31。

国戚等贵族以及国家官员的尊严而特别设置的法律，主要有议、请、减、赎、当五种特权。这五种特权法，在越南古律中都可以寻得踪影。

1. 议

议，指的是中国帝制时代法律的八议制度，这是对于八种特定身份的人物犯罪时给予的特别待遇。八议制度最早源于《周礼》的八辟丽邦法，直到曹魏《新律》才将八议正式载入法典之中。越南后黎朝同样采用了八议的规定，其《黎朝刑律·名例章》第3条载：

> 一曰议亲。（谓皇帝袒免以上亲、皇太后缌麻以上亲、皇后小功以上亲。）
>
> 二曰议故。（谓故旧。）
>
> 三曰议贤。（谓有大德行。）
>
> 四曰议能。（谓有大才业。）
>
> 五曰议功。（谓有大功勋。）
>
> 六曰议贵。（谓职事官三品以上、散官及爵二品以上者。）
>
> 七曰议勤。（谓有大勤劳。）
>
> 八曰议宾。（谓承先代之后为国宾者。）①

该条一同于《唐律》。之后，《黎朝刑律·名例章》第4条载明：

> 诸八议者，犯死罪，皆条所坐及应议之状，先奏请议，议定奏裁。（议者，原情议罪，称定刑之律，而不正决之。）流罪以下，减一等。其犯十恶者，不用此律。②

该条一同于《唐律疏议·名例律》"八议者（议章）"。另外，《黎朝刑律·名例章》第6条又载：

---

① 《黎朝刑律》，藏于越南翰林院下属汉喃研究院，馆藏编号 VHt.31。
② 《黎朝刑律》，藏于越南翰林院下属汉喃研究院，馆藏编号 VHt.31。

诸议亲者犯罪，其皇帝亲、皇太后亲，笞、杖、刺墨并免。皇后亲，听赎。①

　　这两条确立了属于八议范围的权贵犯罪时的程序特权以及实体特权。在程序上，八议者犯死罪，须奏请皇上裁决，由皇帝最后掌握该犯死罪权贵的生死，而不是仅凭法律就决定；在实体权利上，八议者犯流罪以下，皆可减等，如果是议亲范围的皇亲国戚，笞、杖、刺墨这些小的刑罚都可以免除。

　　2. 请

　　请，指的是中国帝制时代法律的上请制度，这是对于皇亲贵族等犯罪时给予程序上优待的一种制度。上请，最早名为"先请"，见于汉代。《周礼·秋官·小司寇》注载："议亲，若今时宗室有罪先请，议贤，若今时廉吏有罪先请，议贵，若今时吏墨绶有罪先请。"②汉高祖时"令郎中有罪耐以上，请之"。③到了唐代，上请制度基本定型，主要适用对象为皇太子妃大功以上亲、八十以上十岁以下及笃疾者等。越南沿用了关于上请的制度设计，《黎朝刑律·名例章》第5条规定：

　　　　诸皇太子妃大功以上亲犯死罪者，上请。（请，谓条其所犯及应请之状，正其刑名，别奏请。）流罪以下，减一等。其犯十恶、杀人、禁内奸、宫、殿内盗、略人、受贿枉法者，不用此律。④

　　该条基本同于《唐律疏议·名例律》"官爵五品以上（请章）"条。另外，《黎朝刑律·名例章》第16条载：

　　　　若八十以上、十岁以下及笃疾，（谓恶疾、癫狂、二肢疾、两目盲。）

---

① 《黎朝刑律》，藏于越南翰林院下属汉喃研究院，馆藏编号 VHt.31。
② 程树德：《九朝律考》，商务印书馆 2017 年版，第 122 页。
③ 程树德：《九朝律考》，商务印书馆 2017 年版，第 122 页。
④ 《黎朝刑律》，藏于越南翰林院下属汉喃研究院，馆藏编号 VHt.31。

犯反逆、杀人应死者，上请。盗及伤人者，亦听赎。余皆勿论。①

该条基本同于《唐律疏议·名例律》"老小及疾有犯"条。

3. 减

减，即减刑制度。减刑制度由隋朝开创，在《唐律》中明确规定了一定等级的官员及其亲属可以享受减刑的特权。越南模仿《唐律》的规定，采取简化的模式制定了《黎朝刑律·名例章》第7条：

> 诸妇人因夫而有官品者，犯罪应议，听依其品议减。若犯夫、夫之祖父母、父母及大功以上亲者，不用此律。②

该条模仿的是《唐律疏议·名例律》"妇人有官品邑号"条：

> 诸妇人有官品及邑号，犯罪者，各依其品，从议、请、减、赎、当、免之律，不得荫亲属。若不因夫、子，别加邑号者，同封爵之例。③

对比可见，《唐律》中规定的"各依其品，从议、请、减、赎、当、免之律"，《黎朝刑律》直接简化成"听依其品议减"，省略了选择某一类特权法的过程。当然，减刑制度还有一定的限制，就是不能和其他特权制度一起累计，《唐律疏议·名例律》"兼有议请减"条载：

> 诸一人兼有议、请、减，各应得减者，唯得以一高者减之，不得累减。若从坐减、自首减、故失减、公坐相承减，又以议、请、减之类，得累减。④

越南后黎朝同样采用了这个规定，在《黎朝刑律·名例章》第8条中规定：

---

① 《黎朝刑律》，藏于越南翰林院下属汉喃研究院，馆藏编号 VHt.31。
② 《黎朝刑律》，藏于越南翰林院下属汉喃研究院，馆藏编号 VHt.31。
③ 刘俊文：《唐律疏议笺解》(上)，中华书局1996年版，第152页。
④ 刘俊文：《唐律疏议笺解》(下)，中华书局1996年版，第158页。

诸一人兼有应得减者，惟得以一高者减之，不得累减。①

4. 赎

赎，即是以金钱来抵罪的一种替代刑罚的方式。早在西周时期就有了赎刑的记载：

> 墨辟疑赦，其罚百锾，阅实其罪。劓辟疑赦，其罚惟倍，阅实其罪。剕辟疑赦，其罚倍差，阅实其罪。宫辟疑赦，其罚六百锾，阅实其罪。大辟疑赦，其罚千锾，阅实其罪。②

西周时期的赎刑只有一种适用条件，即是案件存疑。只要是疑罪，不管是判处肉刑还是死刑，都可以用铜来赎罪。但是在西周时期，铜一般只有贵族官吏才能获得，实际上就是为贵族官吏设置的一种特权法。

越南法律同样沿用了赎刑的规定，不过赎的适用范围与中国法律并不相同。其主要适用于议亲者犯罪中的皇后亲、过失犯罪以及老幼废疾等弱势群体犯罪。《黎朝刑律·名例章》第6条载：

> 诸议亲者犯罪，其皇帝亲、皇太后亲，笞、杖、刺墨并免。皇后亲，听赎。③

《黎朝刑律·名例章》第14条：

> 诸官员、军、民犯罪，系疏误、过失者，流罪以下，听赎。④

---

① 《黎朝刑律》，藏于越南翰林院下属汉喃研究院，馆藏编号 VHt.31。
② 《尚书·吕刑》。
③ 《黎朝刑律》，藏于越南翰林院下属汉喃研究院，馆藏编号 VHt.31。
④ 《黎朝刑律》，藏于越南翰林院下属汉喃研究院，馆藏编号 VHt.31。

《黎朝刑律·名例章》第 16 条：

> 诸年七十以上、十五以下及废疾，（谓痴、哑、体懦、腰脊折一肢瘫。）犯流罪以下，听赎。其犯十恶，不用此律。若八十以上、十岁以下及笃疾，（谓恶疾、癫狂、二肢疾、两目盲。）犯反逆、杀人应死者，上请。盗及伤人者，亦听赎。余皆勿论。①

对于赎杖刑、赎刺面以及赎刺项刑的具体金额，越南的法律也有详细的规定。《黎朝刑律·名例章》第 21 条载：

> 诸赎杖钱，每一等下。三品五百,四品四百,五品、六品三百,七品、八品二百,九品、庶人一百。②

《黎朝刑律·名例章》第 24 条载：

> 诸赎刺面（刺项，同。）钱，每一字，三品二贯，四品一贯五陌，五品一贯，六品七陌，七品六陌，八九品五陌。庶人同。③

对比可见，越南扩大了可以适用赎刑的人群范围，即使是九品小官或者是平民百姓，只要有足够的金钱，也可以以钱赎罪。

另外值得注意的是，中国帝制时代法对于疑罪的处理原则是疑罪听赎，而从以上《黎朝刑律》的条文中可以发现，帝制时代越南对于疑罪的处理是减等。从《大越史记全书》记载的后黎朝黎圣宗于光顺五年（1464 年）下的一道圣旨"疑罪减等"④ 可以推测，或许该圣旨就是越南"疑罪减等"这一原则的渊源。

---

① 《黎朝刑律》，藏于越南翰林院下属汉喃研究院，馆藏编号 VHt.31。
② 《黎朝刑律》，藏于越南翰林院下属汉喃研究院，馆藏编号 VHt.31。
③ 《黎朝刑律》，藏于越南翰林院下属汉喃研究院，馆藏编号 VHt.31。
④ 《大越史记·本纪全书》卷之十二《黎纪》。[越] 吴士连等：《大越史记全书》（第三册），孙晓主编，西南师范大学出版社、人民出版社 2015 年版，第 606 页。

5. 当

当，指的是中国帝制时代法律的官当制度，这是帝制时代官吏犯罪而以官抵罪的一种特权制度。官当制度最早可以追溯到"春秋战国时期商鞅在秦国变法时创制的二十军功爵制度"。[①] 到了南北朝时期的《陈律》颁布时，则正式使用"官当"之名规定于律中。到了唐代，官当制度基本定型，越南也有官当的规定，《黎朝刑律·名例章》第22条规定：

> 诸赎贬、当贬钱，每一资下。一品一百贯，二品七十五贯，三品五十贯，四品三十贯，五品二十五贯，六品、七品二十贯，八品、九品十五贯，民丁、私奴十贯。其荫官子未命爵品，仿荫爵例，减一等。即当徒犒丁、桑室妇，而原徒及奴婢者，罚钱当徒三十贯，赎如之。徒象坊兵者六十贯，种田兵一百贯，流近州者一百三十贯，外州二百贯，远州二百三十贯，死罪三百三十贯。（以上，女犯应赎亦同。）

（四）杀人罪

在《唐律》中，通过区分不同的犯罪形态以及行为人的不同主观恶性，将杀人罪详细区分为"六杀"，分别是：谋杀、故杀、斗杀、误杀、过失杀和戏杀。"谋杀"是指两人以上谋划杀人的行为，是谋而未杀；"故杀"是指故意杀害他人的犯罪，是已杀；"斗杀"是指起初并无杀人之心，而在斗殴中把人杀死；"误杀"是因为各种原因而杀错人；"过失杀"是指因过失而杀人；"戏杀"是指在戏耍中不慎杀人。

在《唐律》中，立法者设计辨别故杀和斗杀的关键在于是否有工具的使用。如果是在斗殴中使用刀刃等武器，造成了杀人的后果，那么应该将之认定为故杀。疏文对此解释道，在斗殴的时候使用刀刃，就是有害人之心的体现，所以应该认定为故杀而非斗杀。而明朝《大明律》忽略了这一制度设计，其规定凡是斗殴杀人的，不论有没有拿武器，都是斗杀，这样一来，就造成了司法实践

---

① 薛菁：《魏晋南北朝刑法体制研究》，福建人民出版社 2006 年版，第 151 页。

中的混乱，将不少本来应该是故杀的犯罪定为斗杀，而且这一规定也延续到了清代。①

通过这一细微的传承错误，我们可以看到越南后黎朝的刑律与阮朝的刑律对中国法律的模仿情况。在《黎朝刑律》中，《斗讼章》的第1条已经明确，"诸斗殴人者（谓以手足击人者）"，②已经将斗殴的内涵限定为没有使用武器的情况。《斗讼章》第466条的规定则是几乎一同于唐宋。可见，后黎朝的立法还是有留意到《唐律》中的这一制度设计的。

表 3-3 《唐律》《宋刑统》与《黎朝刑律》之对比

《唐律》	《宋刑统》	《黎朝刑律》
诸斗殴杀人者，绞。以刃及故杀者，斩。虽因斗，而用兵刃者，与故杀同。（为人以兵刃逼己，因用兵刃拒而伤杀者，依斗法。余条用兵刃，准此。）③	诸斗殴杀人者，绞。以刃及故杀者，斩。虽因斗，而用兵刃者，与故杀同。（为人以兵刃逼己，因用兵刃拒而伤杀者，依斗法。余条用兵刃，准此。）④	诸斗殴杀人者，绞。以刃及故意杀人者，斩。虽因斗，而用兵刃杀者，与故杀同。⑤

到了阮朝，通过条文比对可以发现，《皇越律例》的律文完全和《大清律例》相同，其同样采用不以是否在斗殴中使用武器作为区分斗杀和故杀的标准，在参酌本国历朝法律和中国当时法律之后，照搬了中国清朝《大清律例》的规定。

表 3-4 《大明律》《大清律例》《皇越律例》之对比

《大明律》	《大清律例》	《皇越律例》
凡斗殴杀人者，不问手足、他物、金刃，并绞。⑥	凡斗殴杀人者，不问手足、他物、金刃，并绞。（监候）⑦	凡斗殴杀人者，不问手足、他物、金刃，并绞。（监候）⑧

---

① 钱大群：《唐律疏义新注》，南京师范大学出版社 2007 年版，第 6 页。
② 《黎朝刑律》，藏于越南翰林院下属汉喃研究院，馆藏编号 VHt.31。
③ 刘俊文：《唐律疏议笺解》（下），中华书局 1996 年版，第 1478 页。
④ 薛梅卿点校：《宋刑统》，法律出版社 1999 年版，第 373 页。
⑤ 《黎朝刑律》，藏于越南翰林院下属汉喃研究院，馆藏编号 VHt.31。
⑥ 怀效锋点校：《大明律》，法律出版社 1998 年版，第 153 页。
⑦ 田涛、郑秦点校：《大清律例》，法律出版社 1998 年版，第 430 页。
⑧ 《皇越律例·卷十四》，嘉隆十二年颁行。藏于法国国家图书馆 VIÊTNAMIEN A1（8）。

（五）盗罪

中国帝制时代对于惩罚盗罪的制度设计，体现了其深刻的立法考量，不仅规范了一般的盗罪，而且还区分了共同犯罪、犯罪转化等不同的犯罪形态，在定罪量刑方面还会考虑犯罪的完成阶段、死伤情况以及具体的犯罪手段。越南法律模仿中国法律关于盗罪的规定，远观几乎一同于中国法律，但近观却可以发现，在许多细节方面是同中有异。

1. 窃盗和强盗

总体而言，中国传统法律将盗罪分为窃盗和强盗两种，在律文中，如果只是称"盗"，那么即是指窃盗；如果指的是强盗，律文中会明确写成"强盗"。[①]对于这两种盗罪，越南古律都有沿用，不过对于强盗和窃盗的区分标准，却不太相同。

《唐律》中，窃盗的行为模式是"潜形隐面而取"。[②]就这一解释而言，《唐律》的窃盗指的就是秘密而取；强盗的行为模式是"以威若力而取其财；先强后盗，先盗后强，等；若与人药酒及食使狂乱，取财亦是"。[③]《唐律》的强盗指的就是公开使用武力或使用药物令被盗者狂乱而取财这两种情况，强调的是公开性以及暴力性。

再来看《黎朝刑律》中的规定，《黎朝刑律·贼盗章》第428条：

> 诸盗，初犯，流远州。原知盗及再犯者，斩。即白日小偷窃者，以徒论。已得财者，并倍偿一分。停止，各减一等，偿入三分之一。知情，减二等。有持杖者，以劫论。杀人者，依杀人法。妇人，论减。[④]

从该条可以看出，第一，其没有对一般窃盗的行为模式进行解释；第二，窃盗分为一般窃盗和"白日小偷窃"两种；第三，窃盗转化为劫（即强盗）的

---

① 参见孙向阳：《中国古代盗罪研究》，中国政法大学出版社2013年版，第65页。
② 刘俊文：《唐律疏议笺解》（下），中华书局1996年版，第1382页。
③ 刘俊文：《唐律疏议笺解》（下），中华书局1996年版，第1377页。
④ 《黎朝刑律》，藏于越南翰林院下属汉喃研究院，馆藏编号VHt.31。

认定标准在于是否持有武器。也就是说，假若是持有武器进行秘密取财的活动，也会被认定为劫。

对于劫，《黎朝刑律》载明，"夜间持杖攻人取财"。① 由于在窃盗部分已经规定"持杖取财"就是劫，所以对于此条的合理解读应该是有 3 种行为模式可以认定为劫，分别是夜间取财；持杖取财；攻人取财。这与《唐律》规定的行为模式相差较大。

2. 恐喝取财

对于恐喝取财，中越法律规定也是形似而神不似。《黎朝刑律·贼盗章》第435 条规定：

> 诸恐喝取人财物者，（曰恐喝，亦是）以凡盗论，减一等。虽不足畏忌，财主惧而自与，亦同。若财未入者，杖六十、贬二资。②

该条的原型应是《唐律疏议·盗贼律》"恐喝取人财物"条：

> 诸恐喝取人财物者，（口恐喝亦是。）准盗论加一等；虽不足畏忌，财主惧而自与，亦同。（展转传言而受财者，皆为从坐。若为人所侵损，恐喝以求备偿，事有因缘之类者，非。）若财未入者，杖六十。即缌麻以上自相恐喝者，犯尊长，以凡人论；（强盗亦准此。）犯卑幼，各依本法。③

值得注意的是，《唐律》所称"恐喝"，与今天我们所说的"恐吓"并不相同。《唐律》的"恐喝"，只能是以控告作为威胁。是恐喝者知道他人的犯罪行为，以将此犯罪行为告诉官府为要挟，以使他人恐惧，从而交出财物。这种行为的社会危害性相较窃盗而言更大，所以《唐律》规定对该行为的处罚是"准盗论加一等"。《唐律》用"准盗罪"这个表达，也就是说这个行为不是盗罪，

---

① 《黎朝刑律》，藏于越南翰林院下属汉喃研究院，馆藏编号 VHt.31。
② 《黎朝刑律》，藏于越南翰林院下属汉喃研究院，馆藏编号 VHt.31。
③ 刘俊文：《唐律疏议笺解》（下），中华书局 1996 年版，第 1395 页。

只是准用盗罪的规定。王明德解释"准"字为："用此准彼也。所犯情与事不同，而迹实相涉，算为前项所犯，惟合其罪，而不概如其实，故曰准。如以米柴准算布帛，惟取价值相当，实不可以米柴代布帛之用。其罪异于真犯。"① 米柴和布帛，从价值的角度可以相互换算，但是从实际用途的角度看，两者不是相同的东西，不能互相替代，《唐律》中的恐喝取财与窃盗之间的关系，也是如此。

而《黎朝刑律》中却是"以"凡盗论，以盗，即是盗。（对"以""准"等律眼的具体区分，详见第四节。）一字之差，本质却完全不同。

3. 共同盗罪

在中国传统法律的语境下，共同犯罪可以分为共同实行犯罪以及共谋而不共同实行犯罪两种情形。对于共同实行犯罪，《黎朝刑律·名例章》第 35 条载："诸共犯者，以造意为首。随从者，减一等。"② 该条同于《唐律》第 42 条第 1 款。

对于共谋而不共同实行犯罪的情形，越南古律的规定与中国的不太相同。《黎朝刑律·贼盗章》第 453 条载：

> 诸共谋行劫，临时不行，而行者得财，共谋者受分，与行劫同。（盗者，同。）若不受分，流近州。
> 即前日曾劫，而此时不行者，虽不受分，亦以劫论。③

该条原型应是《唐律疏议》"共谋强窃盗"条：

> 诸共谋强盗，临时不行，而行者窃盗，共谋者受分：造意者为窃盗首，余并为窃盗从；若不受分：造意者为窃盗从，余并笞五十。
> 若共谋窃盗，临时不行，而行者强盗，其不行者造意受分，知情、不知情，并为窃盗首；造意者不受分及从者受分，俱为窃盗从。④

---

① （清）王明德：《读律佩觿》，何勤华等点校，法律出版社 2000 年版，第 5 页。
② 《黎朝刑律》，藏于越南翰林院下属汉喃研究院，馆藏编号 VHt.31。
③ 《黎朝刑律》，藏于越南翰林院下属汉喃研究院，馆藏编号 VHt.31。
④ 刘俊文：《唐律疏议笺解》（下），中华书局 1996 年版，第 1448 页。

可以看出，《黎朝刑律》简化了《唐律》中的规定。《唐律》根据共谋、实行、分赃三个层面来设计这个法条，《黎朝刑律》也是考虑了这三个层面。不同的是，《唐律》考虑到了共谋的犯罪与实际实行的犯罪不一致的可能性，而《黎朝刑律》没有体现这个层面的考量。

四、婚姻制度

婚姻关系可以分为人身关系和财产关系，人身关系即涉及婚姻的成立、限制与解除问题。在人身关系方面，越南后黎朝的法律既模仿接受了中国唐宋元明律的一些原则和制度，同时，又针对越南自己的具体国情，作了一些制度上的改良和变异。

在婚姻成立方面，在《唐律》中，婚姻关系成立的标志是"已报婚书及有私约"，或者"已受聘财"。婚姻关系成立之后，女方不得悔婚，否则处刑杖六十；而男方可以悔婚，只是聘财不得追回。如果女方重婚，未完婚处杖刑一百、已成婚处徒刑一年半。在女方重婚的情况下，前夫获得是否仍娶该女子的选择权，如果娶，女子与后夫婚姻关系消灭；如果不娶，可以将聘财追回，女方与后夫婚姻关系得到确认。

越南后黎朝婚姻关系成立的标志是"已受聘财"，婚姻关系成立之后，不仅要求女方不得悔婚，同时男方也不得悔婚，悔婚一方都处以杖八十的刑罚。在女方重婚的问题上，男方仍然有选择权，只是如果不娶的话，女方需要加倍返还聘财。在悔婚以及女子重婚的问题上，越南的法律规定跟中国明朝是一致的。

中国帝制时代婚姻的解除可以分为自然解除、人为解除和退婚改嫁。《黎朝刑律》中同样规定了此制度。

婚姻的自然解除即夫妻一方去世，婚姻关系自动消灭。唐宋元明律中都有规定妇女居夫丧嫁娶的责任，从侧面反映出守丧期结束后妇女可以再婚。《黎朝刑律》第 320 条规定：

诸夫丧服除而欲守志，非女之祖父母、父母，而强嫁之者，贬三资，分异。女归前家，娶者，不坐。①

这条法律规定，守丧期满，寡妇不想要改嫁而他人强行将其改嫁的，需要负刑事责任。这表明，当时的越南社会不仅允许守丧期结束的妇女改嫁，而且还是采取鼓励的态度。

在婚姻的人为解除方面，《唐律》中规定的原因有四：为婚妄冒、七出、义绝、和离。越南后黎朝学习了七出、义绝与和离，不过有少许不同于中国。

七出，即丈夫可以休妻的7个原因。"七出"源于礼而定于律，《大戴礼记》记载道："妇有七去：不顺父母去；无子去；淫去；妒去；有恶疾去；多言去；窃盗去。"② 七出有据可考的最早出处是在唐令中，《唐律疏议》"妻无七出义绝及有三不去而出之"条的疏议中载"七出者，依令：一无子，二淫佚，三不事舅姑，四口舌，五盗窃，六妒忌，七恶疾"。③

义绝，指夫妻相犯或夫妻相犯对方之近亲属或双方近亲属相犯而被认定夫妻恩义断绝而强制离异的制度。④《唐律》中规定了8种义绝的情形，在宋元时期范围又有扩大。而越南后黎朝则是将七出与义绝等同为一，义绝即七出。

越南也有和离的制度保障，《洪德善政》中规定：

夫妻不和谐而愿离者，书要亲书手记，而年号夹来，押为一书云，合词二道，各执一道，相分南北，下年号日字，夫记姓名，妻点指。若不能写字者，许尊人或愿媒代书，亦听。其余分铜钱、只箸，及外人书者，其理不成放法，立以虚论，再还夫妻。⑤

在后黎朝的法律中，我们也可以看到很多越南独创的条文，这些条文分为

---

① 《黎朝刑律》，藏于越南翰林院下属汉喃研究院，馆藏编号 VHt.31。
② 《大戴礼记·本命》。
③ 刘俊文：《唐律疏议笺解》（下），中华书局 1996 年版，第 1055 页。
④ 参见钱大群：《唐律疏义新注》，南京师范大学出版社 2007 年版，第 454 页。
⑤ 《洪德善政》，藏于越南翰林院下属汉喃研究院，馆藏编号 A.330。

两类，一类是越南根据本土的风俗习惯而制定的越南独有的法律条文，另一类则是受中国法律影响，欲改变固有旧俗而订立的法律。比如法律规定男女不能"前通淫后嫁娶"，《黎朝刑律·户婚章》第 313 条记载道：

> 诸结婚姻，不具聘礼就父母家，（父母俱亡，则就宗人若乡正。）以成婚而苟合者，贬一资。追谢钱，以贵贱论，还父母。（亡，则宗人若乡正。）女，笞五十。①

从条文的设置可以看出，当时越南男女之间未成婚而发生关系是常有的事情，而这在儒家文化下是"非礼"的表现，所以需要立法加以规制。

后黎朝还有些法律条文的创设是为了适应后黎朝欲创建以男性为主导的儒家文化的统治。如《洪德善政》明确要求，结婚后女方要到男方家居住。

> 男家已遵婚礼，有纳采，至亲迎，即之子于妇。不得犹狃前俗，抑使男居为婿，经三年始许妇于夫家。乃是秦赘之俗，不得蹈行。违者，抵罪。②

这就说明在当时，男女结婚后，女方仍在娘家居住的现象十分普遍，《洪德善政》明确要求结婚后女方要到男方家居住的条文，就是要改变越南原先的女子结婚"不落夫家"的风俗，越南称其为"秦赘之俗"。事实上，这个风俗不仅流行于越南地区，在与越南陆地相连的两广、闽南地区也很流行，这些地区在秦朝时都是属于百越之地。同时，这不仅是秦时之俗，在中国华南地区，直到20世纪这种婚俗仍然存在。这种风俗给父权制建立带来了阻碍，所以国家唯有通过法律来推行聘娶制，即推行以男性为主的婚姻模式。③

---

① 《黎朝刑律》，藏于越南翰林院下属汉喃研究院，馆藏编号 VHt.31。
② 《洪德善政》，藏于越南翰林院下属汉喃研究院，馆藏编号 A.330。
③ 参见廖晓颖：《黎氏安南〈洪德法典〉较中国律典之独立性研究》，载何勤华主编：《法律史研究》（第 8 辑），人民出版社 2024 年版，第 173—191 页。

五、诉讼审判制度

诉讼审判是中国传统法律关注的重点之一,《唐律》中的《斗讼律》以及《断狱律》部分基本上都是有关诉讼审判的规范,宋、明、清律也是如此,越南法律亦同样沿用。其中包括法官责任制度、直诉制度等。

中国传统法官责任制度始创于先秦,确立于秦汉,定型于隋唐,发展于宋元,完备于明清。① 该制度基本上规范了法官从受理案件到案件执行所需要遵守的种种事项,包括告举、讯囚、鞫狱等。这些制度设计同样为越南所吸收。

(一)告举

在中国传统法律的语境下,法官依法受理案件包含两重意义,一为依法受理应受理之案件,二为依法不得受理禁止受理之案件。如果是应受理而不受,抑或是不应受理而受,都是法律所谴责的行为,法官由此都会负上法律责任。

在依法受理的环节,越南法律只有依法不得受理禁止受理之案件的规定,没有规定如果法官应受而不受理案件的法律责任。相关的法律规定有:

《黎朝刑律·斗讼章》第 506 条:

> 诸被囚禁,不得告举他事。(惟谋反、逆、叛,听告。)其为狱官酷己者,听告。即被人告讼,亦不得以他事交告,为稽延计。违者,其人及受状者与供结者,并以贬论。批官、勘官,论罚。②

该条基本同于《唐律疏议·斗讼律》"囚不得告举他事"条:

> 诸被囚禁,不得告举他事。其为狱官酷己者,听之。
>
> 即年八十以上,十岁以下及笃疾者,听告谋反、逆、叛、子孙不孝及同居之内为人侵犯者,余并不得告。官司受而为理者,各减所理罪三等。

---

① 参见巩富文:《中国古代法官责任制度研究》,西北大学出版社 2002 年版,第 16—29 页。
② 《黎朝刑律》,藏于越南翰林院下属汉喃研究院,馆藏编号 VHt.31。

以上两条规定的是被囚禁者禁止告发他人犯罪。对比发现,《黎朝刑律》的要求更为严格,不仅是被囚禁者不能告举,而且处于诉讼之中的人也不得告举,从条文可知,该项的立法目的是在于避免滞诉。该条对于法官的限制在于不得受理被囚禁者的告举,否则的话会负上刑事责任。

《黎朝刑律·斗讼章》第507条:

> 诸告人罪,皆须明注年月,指勋实事,不得称疑。(称不信者,同。)违者,杖八十。官司受而为理者,罚钱三十贯。①

该条基本同于《唐律疏议·斗讼律》第355条第1款:

> 诸告人罪,皆须明注年月,指陈实事,不得称疑。违者,笞五十。官司受而为理者,减所告罪一等。②

以上两条规定的是起诉不得称疑以及法官不得受理称疑案件。对比发现,比起《唐律》,《黎朝刑律》对起诉称疑者的要求更为严格,而对法官受理称疑案件的责任规定得更为宽松。对于起诉称疑者,《唐律》的刑责是笞五十,《黎朝刑律》的刑责是杖八十,不仅刑罚更高一等,杖数也是更多;对于法官受理称疑案件,《唐律》的刑责是"减所告罪一等",这样一来,如果法官受理了称疑的告死罪,法官将会被判处流三千里的刑罚;而《黎朝刑律》中法官的刑责,无论受理何等称疑案件,仅仅是罚钱三十贯而已。

不得受理称疑案件,其立法目的在于防止诬告案件的发生。以上《唐律》和《黎朝刑律》的两个条文,都是同样的立法目的,也是同样的行为模式,却在刑责部分对于起诉者和法官的责任承担规定了截然相反的刑罚。这反映了在中国,承担防止诬告发生的主要责任者是法官;而在越南,承担防止诬告发生

---

① 《黎朝刑律》,藏于越南翰林院下属汉喃研究院,馆藏编号 VHt.31。
② 刘俊文:《唐律疏议笺解》(下),中华书局1996年版,第1658页。

的主要责任者则是平民百姓。

（二）直诉制度

直诉，即"直接诉于君王（朝廷）的特别诉讼程序"。① 在中国帝制时代，常见的直诉形式有录囚、邀车驾、挝登闻鼓以及帝王听讼。越南也同样沿用了这些直诉的形式。

1. 录囚

录囚，又称"虑囚"，是指皇帝或者上级司法机关亲自巡查监狱，向囚犯讯问案件，查验是否有冤假错案的一种制度，是天人合一思想的产物。在帝制时代，皇帝被认为是天子，是上天选定的有大德行的人间秩序的维护者。所以，如果遇到大旱等极端气候，皇帝就会认为是因为自己的德行不够，所以上天才会降灾于人间。因此通过赦免狱囚、减少杀戮来向上天证明自己的德行，这就是录囚制度的精神所在。

"录囚"是汉代的说法，《汉书》记载："每行县录囚徒还。"② "虑囚"是唐代的说法，唐代的颜师古注《汉书》曰："省录之，知其情状有冤滞与否也。今云虑囚，本录录声之去者耳，音力具反。而近俗不晓其意，讹其文，遂为思虑之虑，失其源矣。"③《唐六典》李林甫注云："虑谓检阅之也。"《唐六典》为林甫奉敕撰定之书，此以定制之人说定制之意，其说自不可易也。④ 唐代以后，皆使用"虑囚"的字眼。

越南也继承了中国的录囚制度，《大越史记全书》记载，陈圣宗，己巳十二年（1269 年）"六月。旱。录囚"。⑤ 陈圣宗辛未十四年（1271 年）"春正月。录囚"。⑥ 黎太宗甲寅元年（1434 年）"夏四月朔……阮天祐奏疏曰：陛下修德，录

---

① 王捷：《"直诉"源流通说辨证》，《法学研究》2015 年第 6 期。

② （汉）班固撰：《汉书·隽不疑传》。

③ 沈家本：《寄簃文存》，商务印书馆 2017 年版，第 126 页。

④ 沈家本：《寄簃文存》，商务印书馆 2017 年版，第 126 页。

⑤ 《大越史记·本纪全书》卷之五《陈纪》。［越］吴士连等：《大越史记全书》（第二册），孙晓主编，西南师范大学出版社、人民出版社 2015 年版，第 281 页。

⑥ 《大越史记·本纪全书》卷之五《陈纪》。［越］吴士连等：《大越史记全书》（第一册），孙晓主编，西南师范大学出版社、人民出版社 2015 年版，第 281 页。

冤囚……"。① 值得注意的是，越南使用的字眼是"录囚"，所以该制度大概是在汉时就已传入越南了。

2. 挝登闻鼓

在中国，登闻鼓在东汉时即在洛阳有设，魏晋时期延续，至北魏定都洛阳又重建，但其主要功能是用于纳谏，当时还设有负责登闻鼓的"登闻令"。北魏以降，登闻鼓逐渐演化为向君王申冤的设置，至隋唐时"挝登闻鼓"入律成为直诉方式之一。②

越南帝制时代曾设置过"登闻钟"和"登闻鼓"来受理百姓的冤屈讼案。

李朝太宗时期设置了登闻钟来让庶民直接向最高权力机构鸣冤。《大越史记全书》记载李太宗天成二年（1029 年）"因改天安殿……殿之前墀名龙墀，墀之东置文明殿，西置广武殿。墀之左右，对立钟楼，以登闻小民庶狱冤枉"。③ 四年后，于天成六年（1032 年）又下诏"铸万斤钟，置于龙墀钟楼"。④ 再过 20 年，又于崇兴大宝四年（1052 年）"铸洪钟于龙墀，令民有冤，抑不达者，撞之以闻"。⑤ 越南史书评价李太宗"勇智兼全，征伐四克，有孝友之德，习礼乐之文，讨贼平戎，劝农耕籍，伸冤有钟，制刑有律"。⑥

后黎朝太祖时期，有了登闻鼓的设置。《大越史记全书》记载了一桩知县戈谦被冤枉入罪，其兄击登闻鼓鸣冤而后得免的事件：

> 明总兵李彬、内官李亮逮捕枭山县生员范论，捺作杨粪，以塞诏命，连及家属范社等送燕京。知县戈谦证谓非是，不听，谦以黄包奉大诰径奏

---

① 《大越史记·本纪全书》卷之十一《黎皇朝纪　太宗文皇帝》。［越］吴士连等：《大越史记全书》（第二册），孙晓主编，西南师范大学出版社、人民出版社 2015 年版，第 520 页。

② 参见王捷：《"直诉"源流通说辨证》，《法学研究》2015 年第 6 期。

③ 《大越史记·本纪全书》卷之二《李纪》。［越］吴士连等：《大越史记全书》（第一册），孙晓主编，西南师范大学出版社、人民出版社 2015 年版，第 163 页。

④ 《大越史记·本纪全书》卷之二《李纪》。［越］吴士连等：《大越史记全书》（第一册），孙晓主编，西南师范大学出版社、人民出版社 2015 年版，第 164 页。

⑤ 《大越史记·本纪全书》卷之二《李纪》。［越］吴士连等：《大越史记全书》（第一册），孙晓主编，西南师范大学出版社、人民出版社 2015 年版，第 178 页。

⑥ 《大越史记·本纪全书》卷之二《李纪》。［越］吴士连等：《大越史记全书》（第一册），孙晓主编，西南师范大学出版社、人民出版社 2015 年版，第 21 页。

之。彬使人截回。黄福劝之曰:"众人皆以为是,自尔不知如何。"谦曰:"谁能出不由户。"彬以谦、论并送之,下法司按问。谦几陷罪,谦兄击登闻鼓,得免。①

该案件是越南最早的庶民击登闻鼓鸣冤的记载。但是击登闻鼓这种直诉形式,直到阮朝才正式入律。

3. 帝王听讼

《大越史记全书》记载,越南李朝时期,李圣宗亲御天庆殿听讼。彰圣嘉庆六年(1064年):

夏四月,帝御天庆殿听讼。时洞天公主侍侧,帝指公主谓狱吏曰:"吾之爱吾子,犹吾父母斯民之心。百姓无知,自冒刑宪,朕甚悯焉。自今以后,罪无轻重,一从宽宥。"②

其实,李圣宗听讼并不是在其登基之后才开始的,在其还是太子的时候,其父李太宗就下诏让他去做听讼的工作。"夏四月朔,诏今后凡天下人民词讼,悉委开皇王裁决以闻,仍命以广武殿为王听狱讼所。"③广武殿的位置,是在庶民鸣冤的"登闻钟"的旁边。《大越史记全书》记载"龙墀,墀之东置文明殿,西置广武殿。墀之左右,对立钟楼,以登闻小民庶狱冤枉"。④结合来看,李太宗的想法,大概是想培养太子懂得体恤百姓、爱护子民。

4. 邀车驾

邀车驾指的是皇帝的车驾在行进过程中,告诉者拦驾以向皇帝陈告自己的

---

① 《大越史记·本纪全书》卷之十《黎皇朝纪 太祖高皇帝》。[越]吴士连等:《大越史记全书》(第二册),孙晓主编,西南师范大学出版社、人民出版社2015年版,第462页。

② 《大越史记·本纪全书》卷之三《李纪》。[越]吴士连等:《大越史记全书》(第一册),孙晓主编,西南师范大学出版社、人民出版社2015年版,第183页。

③ 《大越史记·本纪全书》卷之二《李纪》。[越]吴士连等:《大越史记全书》(第一册),孙晓主编,西南师范大学出版社、人民出版社2015年版,第171页。

④ 《大越史记·本纪全书》卷之二《李纪》。[越]吴士连等:《大越史记全书》(第一册),孙晓主编,西南师范大学出版社、人民出版社2015年版,第163页。

冤屈，这是中国帝制时代常见的一种直诉途径。在越南，最早在陈朝时，曾出现过邀车驾的直诉形式。《大越史记全书》载陈仁宗时期：

> 杜克终弟杜天觑与人讼，情理俱屈，其人邀驾陈诉。帝问狱官，对曰："狱案已成，但刑官退托，不准定耳。"帝曰："此畏避克终也。"即于道上使内书火正掌陈雄韬兼检法官准定，天觑果曲。青衫检法，自雄韬始。①

　　杜克终是越南当时的一个权臣，他的弟弟杜天觑与别人发生了纠纷。这个纠纷案件于情于理杜天觑都是站不住脚的，然而案件却一直不能得到裁判。诉讼另一方当事人不服，于是直接通过邀车驾的形式将自己的冤屈向皇帝陈仁宗陈诉。陈仁宗询问狱官后得知，是刑官畏惧杜克终，所以才一直拖延案件，因此重新将案件授权给当时的内书火正掌陈雄韬，让他兼任检法官一职，重新审理案件。最终陈雄韬作出了正义的裁判。

　　对于这起邀车驾案件，越南史臣吴士连认为陈仁宗受理该案是合情而不合法的，其评价曰：陈仁宗受理杜天觑案，有三失：一是破坏了诉讼审级的规定，让讼人轻易直诉于皇帝；二是破坏了刑官的规范，刑官拖延诉讼，皇帝却没有诘问他；三是让宦官从事司法工作。②

　　从吴氏的评价可以看出，陈朝时已经有了不同审级的诉讼管辖，而且并没有把邀车驾作为合法的诉讼途径。因此，陈朝的法律大概是没有在立法层面将邀车驾这种直诉形式给予规范。实际上，《黎朝刑律》中也没有关于邀车驾的规范。

　　中国的《唐律》中规定了告诉者邀车驾而言之不实的法律责任，明清律基本沿用之。《大明律·刑律·诉讼》载：

> 凡军民词讼，皆须自下而上陈告。若越本管官司，辄赴上司称诉者，

---

① 《大越史记·本纪全书》卷之五《陈纪》。[越] 吴士连等：《大越史记全书》(第一册)，孙晓主编，西南师范大学出版社、人民出版社 2015 年版，第 287—288 页。
② 《大越史记·本纪全书》卷之五《陈纪》。[越] 吴士连等：《大越史记全书》(第一册)，孙晓主编，西南师范大学出版社、人民出版社 2015 年版，第 288 页。

笞五十。若迎车驾及击登闻鼓申诉，而不实者，杖一百；事重者，从重论；得实者，免罪。①

越南也在阮朝时沿用了这条规定。《皇越律例·刑律·诉讼》"越诉"条载：

凡军民词讼，皆须自下而上陈告，若越本管官司，辄赴上司称诉者，（即实亦）笞五十。（须本管官司不受理，或受理而亏枉者，方赴上司陈告。）

若迎车驾及击登闻鼓申诉而不实者，杖一百；（所诬不实之）事，重（于杖一百）者，从（诬告）重（罪）论；得实者，免罪。（若冲突仪仗，自有本律。）②

该条一同于《大清律例·刑律·诉讼》"越诉"条。

（三）讯囚及拷囚

在中国传统法律中，拷囚即今天我们所说的刑讯逼供，是合法的存在。立法保障拷囚的合法性，其背后原因在于相信家长式的法官会合理合法把握刑讯的尺度，从而通过这种方式来获知案件真相，实现实质正义。

但是对于拷囚，法官不得肆意妄为，必须依法进行。在依法刑讯方面，有两个层次的要求，首先是在动用暴力之前，必须要先经过讯囚，即言辞审理，《黎朝刑律》第 667 条载：

诸应讯囚者，必先以情，审察辞理，反覆参验。犹未能决，事须讯问者，立案同判，然后拷讯。违者，杖六十。

若赃状露验，理不可疑，虽不承引，即据状断之。③

该条基本同于《唐律疏议·断狱律》"讯囚察辞理"条：

---

① 怀效锋点校：《大明律》，法律出版社 1998 年版，第 274 页。
② 《皇越律例·卷十六》，嘉隆十二年颁行。藏于法国国家图书馆 VIÊTNAMIEN A1（9）。
③ 《黎朝刑律》，藏于越南翰林院下属汉喃研究院，馆藏编号 VHt.31。

> 诸应讯囚者，必先以情，审察辞理，反覆参验；犹未能决，事须讯问者，立案同判，然后拷讯。违者，杖六十。
>
> 若赃状露验，理不可疑，虽不承引，即据状断之。若事已经赦，虽须追究，并不合拷。（谓会赦移乡及除、免之类。）①

其次是如果经过言辞审理，仍然不能确定案件事实的，那么法律赋予法官拷囚的合法权力。《黎朝刑律》第 668 条载：

> 诸拷囚，不得过三度，（若拷未举，更移他司，仍须拷，通计前拷，以充三度。）杖数不得过一百。过者，罚钱一百贯。以故致死者，以贬、徒论。故令死者，依故杀法。
>
> 若有疮病，不待差而拷者，以贬论。决杖、笞者，罚钱三十贯。以故致死者，贬二资。若依法杖、笞，而邂逅致死者，勿论。②

该条基本同于《唐律疏议·断狱律》"拷囚不得过三度"条：

> 诸拷囚不得过三度，数总不得过二百，杖罪以下不得过所犯之数。拷满不承，取保放之。若拷过三度及杖外以他法拷掠者，杖一百；杖数过者，反坐所剩；以故致死者，徒二年。
>
> 即有疮病，不待差而拷者，亦杖一百；若决杖笞者，笞五十；以故致死者，徒一年半。若依法拷决，而邂逅致死者，勿论。仍令长官等勘验，违者杖六十。（拷决之失，立案、不立案等。）③

以上两条是对于拷问囚犯的规范，在确认法官具有拷囚的合法权力的同时，

---

① 刘俊文：《唐律疏议笺解》（下），中华书局 1996 年版，第 2035 页。
② 《黎朝刑律》，藏于越南翰林院下属汉喃研究院，馆藏编号 VHt.31。
③ 刘俊文：《唐律疏议笺解》（下），中华书局 1996 年版，第 2039 页。

对其具体执行进行了限制，比如限制次数：拷囚不能超过三次，总计杖打犯人不能超过二百杖，《黎朝刑律》则是每次不得超过一百杖；限制犯人的身体状况：如果犯人身体状况不好，不能进行。通过此种限制，立法者在追求案件事实与保障犯人身体健康权之间作了平衡。

因此，拷囚虽然被立法所肯定，但这并不是表明立法鼓励法官进行拷囚。如果立法者鼓励法官通过刑讯逼供来了解案件事实，那么就没有必要规定"诸应讯囚者，必先以情，审察辞理，反覆参验"，留意到这里法条所使用的文字为"必先"，就是一定、必须要先经过言辞审理，而且还不是随便审理就可以，要"反覆参验"，法官要反复在文辞中来回往复、琢磨思考，而后"犹未能决，事须讯问者，立案同判，然后拷讯"，是反复琢磨之后还不能确定案件事实，必须要用拷囚这种暴力手段时，才可以进行；如果是事实清楚、证据确凿的案件，都不能使用拷囚。由此可见，拷囚在帝制时代，从立法原意的角度来看，这是不得已而用之的查明案件事实的手段，也是体现帝制时代立法者追求实质正义的表现。

（四）鞫狱与断罪

中国帝制时代的依法判案问题，是学术界热议的话题之一。美国学者卜德（Derk Bodde）和莫里斯（Clarence Morris）通过详细研究清代的司法案例，对中国帝制时代刑事审判中的依法判案情况，给予了极高的评价：

> 在我们所收集的众多案例中出现几个反映司法机关任意断案的案例，这不足为奇。清朝的刑事审判程序具有制度化、合理化特点，它已形成一些必须遵循的重要原则；至于忽视这些原则而任意断案，这只是极其个别的例外……司法官们则经常地比较和分析相关的法律，偶尔也对它们予以限制或改动。这种法律体制要求司法官吏严格地依法办事；实际上，任何一名司法官，在任何一段时间，都在致力于理解并运用法律条款的真实含义（当然并不总是限于法律条款的文字本身）。与其他任何国家的法官一样，中国的司法官吏也非常注重依法判案，甚至有过之而无不及。[1]

---

① ［美］卜德、［美］莫里斯：《中华帝国的法律》，朱勇译，中信出版社 2016 年版，第 510—511 页。

笔者认同卜德和莫里斯的看法，从中国帝制时代留存下来的司法案例集，特别是清代3部多卷本案例汇编大作——《刑案汇览》《驳案汇编》与《刑部比照加减成案》——中可以看出，司法官员在定罪量刑时是在案件事实与法律条文之间往返，从而找出准确的符合犯罪事实的法律来进行裁判。

中国帝制时代依法判案的法律原则同样为越南所吸收，下文将从立法和实例两方面加以展示，通过这种双重视角的分析，我们能够洞察到中国和越南法律之间的共性与个性。

1. 中越立法规定比较

中国帝制时代的法律至少从三个方面来规范法官依法判案，分别是对法官可裁判事项的限制、法官判案的依据以及法官违法裁判的责任。

（1）依告鞫狱。律文明确规定，法官审理案件时，可以裁判的事项是起诉状中载明的事项，而不能裁判起诉状中没有提出的事项。《黎朝刑律·断狱章》第669条载：

> 诸鞫狱者，皆须依所告状鞫之。若于本状之外，别求他罪者，以故入人罪论，外反逆，不拘此律。①

该条的原型是《唐律疏议·断狱律》"依告状鞫狱"条：

> 诸鞫狱者，皆须依所告状鞫之。若于本状之外，别求他罪者，以故入人罪论。②

从以上两条规定可以看出，在法官可裁判事项的问题上，帝制时代的法律颇有今日诉讼法"不告不理"原则的意味。

（2）断罪引律。在法官判案的依据问题上，律文明确规定法官要依法判案。

① 《黎朝刑律》，藏于越南翰林院下属汉喃研究院，馆藏编号 VHt.31。
② 刘俊文：《唐律疏议笺解》（下），中华书局 1996 年版，第 2049 页。

《黎朝刑律·断狱章》第 682 条载：

> 诸断罪，皆须具引律、令、格、式正文。违者，以罚论。妄意处分者，贬一资。有增减者，以出入人罪论。①

该条的原型是《唐律疏议·断狱律》"断罪不具引律令格式"条：

> 诸断罪皆须具引律、令、格、式正文，违者笞三十。若数事共条，止引所犯罪者，听。②

这两条律文，是立法明确法官要依法判案的最直接体现。

（3）出入人罪。案件的裁判如果出现了错误，那么会出现四种情形：一是把有罪判成无罪；二是把无罪判成有罪；三是把重罪判成轻罪；四是把轻罪判成重罪。帝制时代的立法者从这个角度出发，把法官裁判错误称为"出入人罪"。第一种错误为"全出"；第二种错误为"全入"；第三种错误为"从重入轻"或"减重作轻"；第四种错误为"从轻入重"或"增轻作重"。《黎朝刑律·断狱章》第 685 条载：

> 诸鞫狱官掾故出入人罪，全出、全入者，以全罪论。（谓本应无罪之人，而故加以罪，本应有罪之人，而故出脱之者。）若增轻作重，减重作轻，以所增减论。至死者，流远州。（谓应贬一资增作二资，是增轻作重，则坐所增一资；应贬三资而减作一资，是减重作轻，则坐所减二资，余准此。若增轻作重，入至徒罪，则每徒一等折贬一资；入至流罪者，以徒论；入至死罪，已决者，坐以流远州。若减重作轻者，罪亦如之。）
>
> 若断罪失于出入者，各减二等。（谓疏愚错误，别无赃贿、恩怨，以失轻重者，若从轻入重、从重出轻者，亦以所判罪论。）狱掾失于检对，罪坐

---

① 《黎朝刑律》，藏于越南翰林院下属汉喃研究院，馆藏编号 VHt.31。
② 刘俊文：《唐律疏议笺解》（下），中华书局 1996 年版，第 2062 页。

狱掾；狱官失于勘问，罪坐狱官；刑官处刑失当，罪坐刑官；知词讼失检问者，罪坐本官。即失觉者，以失觉论，各递减一等。

若囚人未决、未放及放而追获，若囚自死，各听减一等。（谓故入及失入人罪，未决故出及失出人罪，未放及放而更获，若囚自死者，于故出入及失出入人罪上各听减一等。）

即不失出入而覆奏者，贬一资；重者，加一等，追谢钱三十贯。（狱官二十贯，狱掾十贯。）论及刑官者，别追谢钱三十贯；知词讼，五十贯。①

该条的原型是《唐律疏议·断狱律》"官司出入人罪"条：

诸官司入人罪，（谓故增减情状足以动事者，若闻知有恩赦而故论决，及示导令失实辞之类。）若入全罪，以全罪论。（虽入罪，但本应收赎及加杖者，止从收赎、加杖之法。）

从轻入重，以所剩论。刑名易者，从笞入杖、从徒入流，亦以所剩论。（从徒入流者，三流同比徒一年为剩；即从近流而入远流者，同比徒半年为剩；若入加役流者，各计加役年为剩。）从笞杖入徒流、从徒流入死罪，亦以全罪论。其出罪者，各如之。

即断罪失于入者，各减三等；失于出者，各减五等。若未决放及放而还获，若囚自死，各听减一等。

即别使推事，通状失情者，各又减二等；所司已承误断讫，即从失出入法。虽有出入，于决罚不异者，勿论。②

在上文法官可裁判事项以及法官判案的依据部分，可以看到律文明确规定"若于本状之外，别求他罪者，以故入人罪论"。"断罪……有增减者，以出入人罪论。"由此可见，帝制时代在对于法官依法判案的制度设计上是比较完善的，既从正面明确要求法官要依法判案，又从反面详细区分了法官出入人罪的法律

① 《黎朝刑律》，藏于越南翰林院下属汉喃研究院，馆藏编号 VHt.31。
② 刘俊文：《唐律疏议笺解》（下），中华书局 1996 年版，第 2069 页。

责任。

（4）勘讼条例。在诉讼审判方面，除了模仿中国的法律，越南还创造性地发展出了具有本土特色的诉讼法典——《国朝勘讼条例》。该法典最终刊行于景兴三十八年（1777年）。这部法典是为了解决各衙门官员肆意处理案件导致民众怨声一片的情况而诞生的，显宗皇帝（1740—1786年在位）命令官员参考从前的诉讼条例，将诉讼程序性的规定提炼出来，编成一部法典。该法典制定后，各衙门都必须按照里面规定的程序办案，使得民众相信政府，不能再有玩忽职守、包庇犯罪等情况发生。

《国朝勘讼条例》是体系化的程序性法典，是越南历朝程序性法律的集大成者。越南古代看重程序法的制定，认为"至于勘断有勾查之条，鸣讼有先后之例，累朝准定，条贵详明又皆，所以为正狱之方，而期清刑之效者也"。① 从《历代政刑通考》中可以看出，至少在陈朝时期就出现了有关程序法的单行法律，"陈太宗建中六年（1230年）定勾讼例"。②

在后黎朝时期，程序法的制定与修改更加频繁，"黎太祖顺天元年（1428年）命大臣议定词讼律令""神宗永祚七年（1625年）定词讼令""真宗福泰三年（1645年）定勘讼例""神宗盛德二年（1654年）定勘讼例""玄宗景治三年（1665年）定勘讼谢罚例，四年（1666）定岁季刷讼例""嘉宗阳德三年（1674年）定勘讼例""正和八年（1687年）定人命讼、盗劫、田土、户婚、殴骂，十五年定勘讼各条""永盛十三年（1717年）申定刷讼事例""纯宗龙德三年（1734年）申定勘讼例"。③ 直到"显宗景兴三十八年（1777年）删定勘讼条例"，这就是《国朝勘讼条例》。

《国朝勘讼条例》共有31篇，第1篇是勘讼通例，相当于法典的总则部分，规定了受案需要的材料、诉讼时效、不得受案的情形、诉讼证据、断案规范等内容。后面30篇规定了起诉、查案以及不同类型的案件办理程序，如田土案件、斗殴案件、婚娶案件、人命案件等。

---

① ［越］武范启：《历代政刑通考》，藏于越南翰林院下属汉喃研究院，馆藏编号 A.1670。
② ［越］武范启：《历代政刑通考》，藏于越南翰林院下属汉喃研究院，馆藏编号 A.1670。
③ ［越］武范启：《历代政刑通考》，藏于越南翰林院下属汉喃研究院，馆藏编号 A.1670。

2. 中越审判实例比较

下文所举的两个案例，中国的案例来自宋代最具影响力的案例集之一《名公书判清明集》；越南的案例来自后黎朝难得保留下来的案例集《断词体式》。

（1）中国之"女合承分"案。《名公书判清明集》是一部诉讼判决书和官府公文的分类汇编，共收录案例470篇，分为官吏门、赋役门、户婚门、人伦门、惩恶门，是研究宋代，特别是南宋中后期社会史、经济史、法制史的珍贵材料。① 下文所述即为户婚门中的"女合承分"案。②

南宋时，有一大户人家郑应辰，他有两个亲生女儿，名为孝纯、孝德，没有儿子，所以就过继了一个儿子，为他取名孝先。郑应辰家产十分丰厚，有3000亩田产、11家酒馆。为了儿女的和谐共处，郑应辰立下遗嘱，在他死后，两个女儿可以各分得130亩田产以及1家酒馆，其余的产业都留给继子。

根据郑应辰的遗嘱，继子郑孝先可以拿到九成的遗产，但他就是不满足，一分钱都不想分给两个姐妹，于是一纸诉状告上衙门。

为什么郑孝先敢提起诉讼呢？

首先，郑孝先在宋代的法律地位上相当于郑应辰的亲生儿子，他有继承的权利。宋代的继子有两种，一种叫立继子，是父母生前亲自过继的儿子；另一种叫命继子，是父母双亡后，家中其他尊长确定的继子。因为立继子是父母生前亲自过继的，所以法律推定立继子承担了赡养父母的义务，在继承问题上，立继子就享有同亲生儿子一样的继承权。

其次，在中国古代，只有儿子才能用"继承"的语词，女儿可以享有分家析产的权利，但一般也是通过嫁妆的形式，获得的是嫁资。只有在没有儿子的情况下，女儿才可以通过继承方式来获得家产。

基于以上两点，郑孝先认为，自己是郑应辰的儿子，所以两个姐妹不能也不该继承遗产。于是提起了争产之讼。

初审的县令果不其然按照法律规定，判定郑应辰订立的遗嘱无效，遗产应

---

① 参见何勤华等：《中华法系之精神》，上海人民出版社2022年版，第319页。

② 参见《名公书判清明集》户婚门——女合承分。中国社会科学院历史研究所、宋辽金元史研究室点校：《名公书判清明集》（上），中华书局1987年版，第290—291页。

该都归郑孝先所有。

两个亲生女儿当然不服，毅然上诉，就这样，案件到了正义的范应铃的手上，贪财小人郑孝先的争财之讼是万万不可能胜诉了。问题是，县令的判决在法律上是没有错误的，怎样改判这个明显不符合公平正义的判决呢？

范应铃对郑孝先可谓是充满鄙夷，他说郑孝先的诉状里面全都是刻薄的言论。范应铃论道："即使没有遗嘱，两个女儿本来也应当得到家产，如果以其他州郡的做法来裁决此案，两个女儿和继子应该各得一半的家产！"

"两个女儿和继子应该各得一半的家产"是宋代为保护孤幼而设定的特别法，所以为什么范应铃会说两个女儿本来也应该得到家产，因为她们尚未出嫁而父母双亡，她们是孤幼群体啊！这样一来，一般法律和特殊法律之间发生了冲突，从而给予了法官解释的空间。

范应铃接着分析道："郑应辰只是分给两个女儿小部分的家产，而让没有血缘关系的继子分得大部分的家产，然而继子还不满足，真是不讲道义啊！郑父若泉下有知，定不能安宁！先前的县令断案，不关注郑家的家产厚薄，也不关注家产分配中的多寡，偏偏只关注遗嘱是合法的还是非法的，却不承想，身为继子，继承 3000 亩田地，分给姐妹只不过 260 亩，这哪里需要分辨遗嘱的合法与否啊！"

范应铃继续说理："两个女儿是郑父亲生，按照一般的法律规定，却要将家产都给过继来的儿子，两个亲生女一点都不能获得祖上的产业，道义与利益之间，该如何抉择？"

孟子曰："可以取，可以无取；取伤廉。可以与，可以无与；与伤惠。"① 意思是说，对于别人给的东西，在可以收也可以不收的情况下，如果收了有损公正廉洁，那就不收；对于赠与别人的东西，在可以送也可以不送的情况下，如果送了有伤良好，那么就不送。

范应铃用孟子提供的判断工具来进行裁判，他说："郑父的遗嘱是可以认为有效也可以认为无效的吗？不支持贪利的继子而坚持保护符合道义的两个亲生女，这是可以选择的吗？假如现在从郑孝先按照一般的法律可得到的家产中，

---

① 《孟子·离娄章句下》。

分出一些给两女，不至于妨害法律的良好，而且两女所获得的家产，不至于有损社会的公正，那么就应该毫不犹豫地执行，甚至第一眼看到这样的案子，就应该能作出正确的判决！"

按照郑应辰的遗嘱，郑孝纯和郑孝德两姐妹各得130亩田地以及1家酒馆。郑孝先仍然获得大部分的家产，不过因为这贪婪而兴的诉讼，得到"杖打一百，钉锢"的惩罚。

（2）越南之"高金榜"案。在越南，《断词体式》是少见的记载帝制时代司法案件的资料，因此是研究越南后黎朝司法实践的宝贵材料之一。其中记载了越南后黎朝时期的一些民事案例，下文所述即为其中的一件"为理断田土事（高金榜案）"。①

该案件的审级在承司。案涉田土是高金榜的养父所买的田土，但买田契约上写的是父子两人的名字。原告是高金榜养父的女儿。根据原被告双方以及证人的供词可知，高金榜及其养父两人已经耕种这块土地三十余年了。了解以上案情后，承司查阅法律，发现法律规定如果田土给他人耕种过了诉讼时效，那么原告将会丧失诉权。所以最终承司认定，原告是不懂法而妄自提起诉讼，案涉田土应归还给高金榜耕种。

这份判词体现了越南官员依照法律规定来办理案件。首先是受案，法律规定，田土案件必须有契约，上述案件中的买田契约就是这个案件得以办理的先决条件；其次，法律规定，田土相争案件，第一审级是承司，该案也确实是由承司进行审理；最后，法律规定田土给他人耕种过了诉讼时效，原告即丧失诉权，承司也确实依照法律规定来裁判案件。

这份判词相当简略，严格按照现今的"大前提——法律规定田土给他人耕种过一定年限（10年）即丧失诉权、小前提——高金榜已耕种案涉土地三十多年、结论——田土应归高金榜"的三段论式说理进行裁判，没有推理为何女儿会来争田、其背后有什么隐情，而仅仅是依照法律来作出判决。

（3）中越审判之比较。在上述中国的"女合承分"案中，可以明显看到法

---

① 参见《断词体式》，藏于越南翰林院下属汉喃研究院，馆藏编号 A.1983。

官在诉讼审判活动中的主导地位。在单个诉讼活动中，法官不受程序的制约，可以最大程度地发挥自身能动性，不仅了解争议案件的事实，还能深入发掘案件之所以会走到诉讼这一步的前因后果，只要最终的结果是按照实体法的规定来作出判决，那么就是依法裁判。而对于庞杂的实体法系统，能否准确检索到法条，作出正义的判决，全凭法官的能力；在越南的"高金榜"案中，可以观察到法官受程序的制约较多，只了解争议案件的事实，而后根据程序法典的要求进行裁判，不能更多地了解案件真相。

两国的诉讼模式并不相同，却没有孰优孰劣之分。任何制度的出现都有其存在的原因以及合理性。

中国以实体法为核心的诉讼审判模式决定了官员在诉讼审判中的核心地位，所以，对于官员的教育和管理有着配套的制度。

越南单独制定程序法典，表明了其司法活动会比较严格地限制诉讼当事人以及官员的行动。在一定程度上，这能够确保官员按照程序来进行司法活动，在最大程度上防止官员肆意妄为的行为发生。

越南创新发展出程序法并非随意而为，其原因大致有二。

首先，后黎朝《国朝勘讼条例》的出台，其最直接的原因就是当时官员枉法情况多发，民怨沸腾，迫切需要解决办法来挽救这一局面，而一部程序法典，就是最快、最直接的解决办法。

其次，儒家和文化未能深入渗透越南。在这个问题上，一方面是越南历史上的遗留问题。根据《历代政刑通考》记载，陈明宗大庆二年（1315 年）颁布诏令，曰"凡夫子、夫妇及家奴不得相告奸"。① 这本是学习中国亲属相互容隐的条文，有利于家庭成员之间的和谐共处。但之后却发生了皇后的父亲陈国瑱被家奴诬告，而这个家奴是被人收买贿赂的，但皇帝不知，于是囚禁了陈国瑱，并听信奸臣谗言，断其饮食，致其不久后便过世了。越南后黎朝著名史家吴士连评论道，所令如此，而所为如彼，有何足以导民之慈孝，劝民之信义哉。

另一方面，中国未能很有效地在越南传播中原文化。后黎朝独立前受到明朝

---

① ［越］武范启：《历代政刑通考》，藏于越南翰林院下属汉喃研究院，馆藏编号 A.1670。

统治，而明朝虽然在安南采取与中国一样的统治方针，重视普及中国的文化，但是客观上没有取得很好的效果。因为安南的地理位置距离中国的政治中心十分遥远，所以明朝派来安南的官员，根据《皇明实录》记载，一部分是在科举考试中未能及格的军官子弟，另一部分是因犯罪或过失被贬谪到安南任职的官员。①

中国古代法律制度对越南的影响远不止于前文所述，而是涵盖了司法实践的诸多领域，包括但不限于军事法律制度、反贪制度以及法律教育制度等。比如在法律教育制度的问题上，越南李朝的科举考试开始有了法律专业的考试科目。《大越史记全书》记载，"吏之有科自李朝始"，②1077 年，李仁宗时期，"试吏员以书算刑律"。③而后在陈朝时期，也有"试手分以准词（手分及五刑吏）"④的记载。陈朝以后的黎朝、阮朝，少见有关于刑律内容的科举考试的相关记载，所以在这些朝代是否沿袭了李、陈朝的制度，尚有探索的空间。

第三节　中国传统法律设施对越南之影响

法律设施作为法律文化的核心要素之一，在整个法律体系中扮演着至关重要的角色。它不仅是法律实施的物质基础，更是法律精神和价值观念的具象化体现。法律设施的内涵丰富而多元，涵盖了参与法律事务的各类机构、专业人员以及相关工具。本节将聚焦于中国传统法律设施中两个关键要素——司法机构和刑狱之具，探讨它们对越南法律设施建构的影响。

一、司法机构

在杨鸿烈《中国法律在东亚诸国之影响》中，对于司法机构及人员的论述

---

① 参见［日］山本达郎：《安南史研究 I：元明两朝的安南征略》，毕世鸿、瞿亮、李秋艳译，毕世鸿校，商务印书馆 2020 年版，第 474—475 页。

② ［越］吴甲豆：《中学越史撮要·夏集》，藏于越南国家图书馆 R.1345，第 30 页。

③ 《大越史记·本纪全书》卷之三《李纪》。［越］吴士连等：《大越史记全书》（第一册），孙晓主编，西南师范大学出版社、人民出版社 2015 年版，第 189 页。

④ 《大越史记·本纪全书》卷之六《陈纪》。［越］吴士连等：《大越史记全书》（第二册），孙晓主编，西南师范大学出版社、人民出版社 2015 年版，第 324 页。

甚少。仅提及了李朝（1009—1225 年）在中央开始设置尚书以及御史，在地方开始设置知府、判府、知州的职务；陈朝（1225—1400 年）在中央开始设置廷尉、御史台、刑部尚书，在地方设置府尹、安抚使、安抚副使、知府、知县、知州、社官；黎朝官制最能模仿中国，在中央设置廷尉、御史、刑部，在地方设置府尹、镇守、承司、宪司、知府、知县、社官；阮朝在中央设置大理寺、都察院、刑部，在地方设置承天府、各省督抚、各省布按、知府、知县、知州。[①] 这些都是关于司法机构的简单列举。

至于越南历代司法机构，越南学者阮明祥（NGUYỄN MINH TƯỜNG）在其2015 年出版的专著《越南帝制时代国家机器的组织（从 939—1884 年）》[*TỔ CHỨC BỘ MÁY NHÀ NƯỚC QUÂN CHỦ VIỆT NAM（TỪ NĂM 939 ĐẾN NĂM 1884*）] 中已经详细论述，故本节将不会进行越南历代法律设施的罗列工作，而是重点关注中越法律设施之间的沿革关系。

本节谈及中国传统司法机构与人员对越南的影响，在这个问题上，需要特别留心时间的问题。中国帝制时代每一代的官制改革都很丰富，如春秋时期管仲改革、战国时期的商鞅变法、汉代的汉武帝改革、北魏的孝文帝改革、唐代的唐玄宗改革、宋代元丰改制等。其中可能有些机构的名称一样，但是由于所处的时代不同，其职能却完全不同，比如三法司中的刑部和大理寺，在唐宋时期，刑部主复核，大理寺主审判；而在明代则两者职能调转，由刑部主审判，大理寺主复核。

所以在比较中越两国之司法机构与人员时，须关注时间问题，这样做的好处一来是可以通过官职名称及其实际功能之比较，确定越南模仿的是中国哪一朝代的官职，或者是自行创造的官职；二来若是越南文献中只记载官职名称，未记载职能，则可以通过确定其模仿的是中国哪一朝代的官职，从而合理推理出其实际职能。

越南独立之后，虽然距离遥远，但是其对于中原王朝的动态掌握是比较灵敏的。比如宋神宗熙宁二年（1069 年），王安石主持变法，其中有一项内容是青

---

① 参见杨鸿烈：《中国法律在东亚诸国之影响》，商务印书馆 2017 年版，第 495—547 页。

苗法。该法的立法目的是好的，但是具体在基层实施的时候，由于地方官员的问题，导致法律的实施与立法目的相悖，对百姓造成了不好的影响。于是，《大越史记全书》记载 1077 年，李仁宗以青苗法对中国百姓造成迫害为由发动战争。由此可见，越南对中原王朝改革动态之了解是较为灵通的。因此，可以合理认为，越南模仿中原王朝的官制而进行自己的官制改革，其所模仿的应是与之同时代的中原王朝官制。

（一）宋代司法机构对越南丁、前黎、李、陈朝的影响

越南丁朝、前黎朝、李朝以及陈朝前期所处的时代，在时间轴上与中国的宋代（960—1279 年）相对应，因此其司法机构或人员的设置受宋代的影响较大。然而，值得注意的是，由于越南正处于国家独立的初期阶段，其国家机器的构建尚未完全成熟。这一现实情况导致越南在学习和借鉴宋代司法设施时呈现出一种独特的"零散化"特征。

1. 丁朝

《大越史记全书》载丁先皇太平二年（971 年）："初定文武僧道阶品。以……刘基为都护府士师。"①

都护府是一个官署名，北属时期，唐朝在越南设置了安南都护府，这是该官署名最早在越南出现。宋时也延续了该官署，《宋史》载："琏立七年，闻岭表平，遂遣使贡方物，上表内附。制以权交州节度使丁琏以检校太师充静海军节度使、安南都护。"②

至于"士师"，其最早是在春秋战国时期设置的官职，是主管狱讼刑罚的长官。③《孟子·梁惠王下》曰："士师不能治士，则如之何？"焦循正义："士师，狱官吏也。"《周礼》载士师："掌国之五禁之法，以左右刑罚……掌官中之政令，察狱讼之辞，以诏司寇断狱弊讼，致邦令。"④郑玄注曰："训'士'为'察'者，

---

① 《大越史记·本纪全书》卷之一《丁纪》。[越]吴士连等：《大越史记全书》（第一册），孙晓主编，西南师范大学出版社、人民出版社 2015 年版，第 121 页。

② 《宋史·外国传·交趾》。

③ 张政烺主编：《中国古代职官大辞典》，河南人民出版社 1990 年版，第 31 页。

④ 《周礼·秋官》。

义取察理狱讼，是以刑官多称士。"①

士师是主掌狱讼的官职，即是帝制时代的法官。史书记载历代主掌狱讼的官职都有将"士师"作为别称的惯例。如宋时的大理寺官拟古官称，②宋潜说友《咸淳临安志》卷六《大理寺·孝宗皇帝奖谕狱空敕书》载："淳熙二年十二月……嘉汝士师之职举。"③

在越南，都护府士师这个官职延续至李朝。《大越史记全书》记载李太祖曾因"都护府多疑狱，士师不能决"④而沐浴焚香请示天帝；李圣宗时，"以魏仲和、邓世资为都护府士师"。⑤可见越南沿袭了士师的职官名称及其主掌狱讼的职能。

2. 前黎朝

在前黎朝时期，越南还处于一个比较混乱的时代，《中学越史撮要》记载黎大行时期"定律令（此南律之始），改十道为路、府、州"。⑥《历朝宪章类志》记载"黎大行初年命官有太师、太尉、总管、都指挥使等职（如北人洪敬⑦为太师，范巨为太尉。徐穆为太总管，知兵民丁承改为牙内都指使）至十三年（1006年）开明篡立，改定文、武、僧道官制一遵于宋"。⑧可见在这个时期，越南开始了颁布律令的工作，也着手准备建设国家机器的组织工作，不过前黎朝在1006年才开始一遵于宋设置官制，三年后就被李朝取代，因此，对于国家机器组织的命令是否已经得到完整的实施，是一个存疑的问题。

阮明祥总结越南吴、丁、前黎朝时期的国家机器组织情况是"中央集权政府还处于萌芽阶段，基础不牢，集权与分权的斗争仍在继续。因此，治理政策

---

① 《周礼·秋官》。
② 龚延明：《简明中国历代职官别名辞典》，上海辞书出版社2016年版，第34页。
③ 《咸淳临安志》卷六《大理寺·孝宗皇帝奖谕狱空敕书》，转引自龚延明：《简明中国历代职官别名辞典》，上海辞书出版社2016年版，第34页。
④ 《大越史记·本纪全书》卷之三《李纪》。[越]吴士连等：《大越史记全书》（第一册），孙晓主编，西南师范大学出版社、人民出版社2015年版，第168页。
⑤ 《大越史记·本纪全书》卷之三《李纪》。[越]吴士连等：《大越史记全书》（第一册），孙晓主编，西南师范大学出版社、人民出版社2015年版，第184页。
⑥ [越]吴甲豆：《中学越史撮要·夏集》，藏于越南国家图书馆R.1345，第10页。
⑦ 《大越史记全书》写为"洪献"。
⑧ 《历朝宪章类志·官职志》卷13，第3页。藏于法国国家图书馆VIÊTNAMIEN A.9（4）。

仍然严重依赖军事镇压，国家机器的组织还相当初级"。①

3. 李朝

上文谈到，对于前黎朝时期国家机器组织的命令是否已经得到完整的实施，是一个存疑的问题。在《大越史记全书》中，可以发现李太祖在顺天元年（1010 年）有"改十道为二十四路，爱州、驩州为寨"②的一个举措。而之前黎大行时已经有将十道改为路、府、州的命令了，如今又下令将十道改为二十四路，由此可见，前黎朝的此项改革是没有落实的。

李朝成立后，开始进行国家组织设施的建设工作。在法律设施的建设方面，其模仿同时代的宋朝而设立的官职有左谏议大夫、右谏议大夫、御史大夫、刑部尚书、廷尉等。

（1）左谏议大夫和右谏议大夫。《大越史记全书》记载李太宗天成元年（1028 年）"以何远为左谏议大夫，杜识为右谏议大夫"。③

谏议大夫始见于《后汉书·百官志》。唐德宗贞元四年（787 年）始分左、右，右谏议大夫隶中书省（《职源撮要》），其设立之初的职能是监督规谏。在宋朝，左谏议大夫和右谏议大夫是宋前期的官阶名，元丰改制之后为职事官名。两者的职源、职掌、官品、编制都相同；不同的是，左比右尊，左谏议大夫隶门下省，右谏议大夫隶中书省。④

由此可知，谏议大夫在汉唐时期都有监督规谏的职能，而到了宋前期，则是只有官阶而无实际职能的官名。根据《大越史记全书》记载，李仁宗时"太

---

① 原文是：Nhưng chính quyền trung ương tập quyền dưới thời ngô, đinh, tiền lê còn mới chỉ ở thời kỳ phôi thai, chưa có cơ sở vững chắc, và cuộc đấu tranh giữa các nhân tố tập trung, phân tán vẫn tiếp diễn. vì vậy, chính sách cai trị còn dựa nhiều trên sự đàn áp bằng quân sự, tổ chức bộ máy nhà nước còn khá tho sơ. NGUYỄN MINH TƯỜNG, *TỔ CHỨC BỘ MÁY NHÀ NƯỚC QUÂN CHỦ VIỆT NAM (TỪ NĂM 939 ĐẾN NĂM 1884)*, NXB KHOA HỌC XÃ HỘI, 2015, Tr.77.

② 《大越史记·本纪全书》卷之二《李纪》。［越］吴士连等：《大越史记全书》（第一册），孙晓主编，西南师范大学出版社、人民出版社 2015 年版，第 150 页。

③ 《大越史记·本纪全书》卷之二《李纪》。［越］吴士连等：《大越史记全书》（第一册），孙晓主编，西南师范大学出版社、人民出版社 2015 年版，第 160 页。

④ 参见龚延明编：《宋代官制辞典》，中华书局 2001 年版，第 177、189—190 页；参见夏征农主编：《辞海》（中国古代史分册），上海辞书出版社 1988 年版，第 173 页。

师李道成以左谏议大夫出知又安州"。① 李英宗时"诏谏议大夫刘禹俩领兵出陆路"，② 可见，李朝的谏议大夫并不是主掌规谏，而是可以以谏议大夫的官名到地方出任知府或者领兵打仗的，可见其没有实际的职能，仅仅是一个官阶名，该官名为沿袭宋前期的设置的可能性较大。

（2）御史大夫。在中国，御史大夫在秦始皇的时候就已经设置，其职掌主要为监察、执法。隋唐五代时为御史台长官，专掌监察弹劾百官。③ 宋朝前期，"沿唐、五代旧制，御史台存其名；太宗太平兴国三年（978年），御史台始正名举职，但不领言事，专掌纠弹；至真宗天禧初，始置言事御史"。④

《历朝宪章类志》载："御史之司，李前未设，陈时始立御史台，有侍御史、监察御史、御史中赞、御史大夫、主书侍御史等职。"⑤ 然而，在《大越史记全书》中，可以发现在李太祖时，梁任文担任御史大夫一职："帝癌，以语御史大夫梁任文。"⑥ 可见，在李朝，已经有了御史的设置。不过由于记载甚少，不清楚其实际的职掌为何。但从史书记载，皇帝梦醒，第一时间与御史大夫讲述梦境之事可以看出，御史大夫的官阶是很高的，是皇帝身边亲近的人物。

（3）刑部尚书。刑部是六部中专管法律、狱讼事务之一部。在越南，尽管《历朝宪章类志》载："尚书之设，始于李时，但部名未详分置。"⑦ 但越南学者阮明祥在李朝的碑刻"大越国当家第四帝崇善延龄塔碑"上发现了刑部尚书的记载：

　　　　天符睿武二年，辛丑，七月，初六日立碑。
　　朝列刑部尚书，兵部员外郎，同知藩工院诸事，臣阮公弼奉敕撰。⑧

---

① 《大越史记·本纪全书》卷之三《李纪》。［越］吴士连等：《大越史记全书》（第一册），孙晓主编，西南师范大学出版社、人民出版社 2015 年版，第 187 页。
② 《大越史记·本纪全书》卷之四《李纪》。［越］吴士连等：《大越史记全书》（第一册），孙晓主编，西南师范大学出版社、人民出版社 2015 年版，第 221 页。
③ 参见吕宗力主编：《中国历代官制大辞典》，北京出版社 1994 年版，第 795 页。
④ 参见龚延明：《宋代官制辞典》，中华书局 2001 年版，第 21 页。
⑤ 《历朝宪章类志·官职志》卷 14，第 6 页。藏于法国国家图书馆 VIÊTNAMIEN A.9（4）。
⑥ 《大越史记·本纪全书》卷之二《李纪》。［越］吴士连等：《大越史记全书》（第一册），孙晓主编，西南师范大学出版社、人民出版社 2015 年版，第 153 页。
⑦ 《历朝宪章类志·官职志》卷 14，第 5 页。藏于法国国家图书馆 VIÊTNAMIEN A.9（4）。
⑧ ĐÀO PHƯƠNG BÌNH vv. biên soạn, *THƠ VĂN LÝ- TRẦN*, tập 1, NXB KHOA HỌC XÃ HỘI, 1977, Tr.395.

由此可知，早在李朝时期就已经有刑部尚书一职了。①

在中国，隋朝始置刑部尚书。隋文帝开皇三年（583年）改都官尚书为刑部尚书，此为尚书省刑部尚书官名之始。唐朝沿置。宋前期无职事，为三品寄禄官。神宗元丰（1078—1085年在位）改制后，刑部尚书为职事官，归本部为一部之长，领尚书省刑部事，升从二品。其职责要点为：总掌全国刑法政令，判定五品以上官犯罪案，覆审京师府狱、大理寺、三衙刑狱等机构所上死刑案件，覆审诸路提刑司驳正案，四品以上命官立案查勘、诏狱、命追捕盗贼等重大事件的立限催督，犯罪官员经赦按轻重叙复官职，平反冤狱；审验捕获盗贼、假造官印者，以决定可否酬奖；修理条法；及收捕罪人与处理已判徒刑、流放服苦役的罪犯。②

（4）廷尉。在越南，廷尉的职掌是司法官。《大越史记全书》载，李英宗大定元年（1139年）"诏廷尉按利罪"。③

在中国，战国秦时始置廷尉，秦汉沿置。汉景帝时改称大理，武帝时复称廷尉。列位九卿，为中央最高司法审判机构长官，遵照皇帝旨意修订法律，汇总全国断狱数，主管诏狱。文武大臣有罪，由其直接审理收狱，重大案件由皇帝派人会审。又为地方司法案件的上诉机关，负责复核审决郡国疑狱，或上报皇帝，有时也派员至郡国协助审理重要案件。东汉以后或称廷尉、大理和廷尉卿，从北齐至明清皆称大理寺卿。④

尽管北齐之后，廷尉之名改为大理寺卿，但廷尉作为别名仍屡见不鲜。比如唐代白居易曰："秋官为主人，廷尉居上头。日中为一乐，夜半不能休。岂知阌乡狱，中有冻死囚！"⑤宋代曾巩曰："折狱详刑之事，朕所重也。典领之官，

① 参见 NGUYỄN MINH TƯỜNG, *TỔ CHỨC BỘ MÁY NHÀ NƯỚC QUÂN CHỦ VIỆT NAM (TỪ NĂM 939 ĐẾN NĂM 1884)*, NXB KHOA HỌC XÃ HỘI, 2015, Tr.79—83。

② 参见吕宗力主编：《中国历代官制大辞典》，北京出版社1994年版，第332页；参见龚延明编：《宋代官制辞典》，中华书局2001年版，第248—249页。

③ 《大越史记·本纪全书》卷之四《李纪》。［越］吴士连等：《大越史记全书》（第一册），孙晓主编，西南师范大学出版社、人民出版社2015年版，第223页。

④ 参见夏征农主编：《辞海》（中国古代史分册），上海辞书出版社1988年版，第169页；参见吕宗力主编：《中国历代官制大辞典》，北京出版社1994年版，第364页。

⑤ 《白居易集》卷二《歌舞》。转引自龚延明：《中国历代职官别名大辞典》，上海辞书出版社2006年版，第304页。

位在九列……廷尉之任，金曰汝谐。"①

由此可知，无论是称廷尉还是大理寺卿，其职能并无二致，故越南廷尉一职应与中国一致，同为中央最高司法审判机构长官。不过其为秦汉时期廷尉之延续抑或是模仿宋代之制，则不甚明了。

4. 陈朝

陈朝法律设施的建设也有很多是模仿宋朝而设立的，比如中央层面的检法官、审刑院，地方层面的知府、通判等。

（1）检法官。《大越史记全书》中记载了许多陈朝时期的检法官，如陈仁宗时期的陈雄韬，绍宝二年（1280 年）"即于道上使内书火正掌陈雄韬兼检法官准定……青衫检法，自雄韬始"。②陈英宗时期的陈时见、段穹，兴隆四年（1296年）"陈时见为检法官……每讼至，则折之以理，事来则应之以方。人咸曰可以折狱"。③"英宗时，（段）穹为检法官。凡准狱，英宗问故事，穹必引旧狱为证，多至五六案。"④从以上记载可以了解，越南陈朝时期的检法官是主折狱之职能的。

检法官在宋朝不是主折狱之职能，而仅仅是检索法律之职。宋朝的"三司、户部、御史台、刑部、大理寺及诸路提点刑狱司皆设，负责提供检详各种条法"。⑤比如御史台检法官的职责是"检照适用的法律条文，并于台官运用时予以审察"。⑥刑部检法官的职责是"检阅本部律令格式事，凡以京官差充者，称检法官"。⑦

---

① 《曾巩集》卷二五《大理卿制》。转引自龚延明：《中国历代职官别名大辞典》，上海辞书出版社 2006 年版，第 304 页。
② 《大越史记·本纪全书》卷之五《陈纪》。[越] 吴士连等：《大越史记全书》（第一册），孙晓主编，西南师范大学出版社、人民出版社 2015 年版，第 288 页。
③ 《大越史记·本纪全书》卷之六《陈纪》。[越] 吴士连等：《大越史记全书》（第二册），孙晓主编，西南师范大学出版社、人民出版社 2015 年版，第 312 页。
④ 《大越史记·本纪全书》卷之五《陈纪》。[越] 吴士连等：《大越史记全书》（第一册），孙晓主编，西南师范大学出版社、人民出版社 2015 年版，第 285 页。
⑤ 吕宗力主编：《中国历代官制大辞典》，北京出版社 1994 年版，第 180 页。
⑥ 《合璧后集》卷 35《御史台检法官》。转引自龚延明编：《宋代官制辞典》，中华书局 2001年版，第 423 页。
⑦ 《长编》卷 299 甲子。转引自龚延明编：《宋代官制辞典》，中华书局 2001 年版，第436 页。

由此可见，越南在沿用宋朝检法官这一职务的时候，仅仅沿用了其名称，而未沿用其实质。

那么越南的检法官是什么部门下的检法官呢？史书记载，陈裕宗绍丰四年（1344年）"改登闻院检法官为廷尉寺卿、少卿"。① 陈顺宗光泰七年（1394年）"冬十一月，罢登闻检法院"。② 由此，可以推测越南的检法官是登闻院的官员，而登闻院在越南又有别称为登闻检法院。作出此种推测的原因有二：其一，《历朝宪章类志》载："陈初置登闻院有检法官至绍丰间始改为廷尉职"；③ 其二，这与登闻院在宋朝时期的称谓一致。

在中国，登闻院的前身是唐朝设置的匦院，宋太宗雍熙元年（984年）改匦院为登闻院，隶谏议大夫，是掌文武官员及士民章表奏疏、受理百姓申诉投状文字的机构。登闻院还可以简称为"登闻"，如宋文莹《玉壶清话》卷七记载："梁固……诣登闻，让前恩命，愿乡举。"宋真宗景德四年（1007年）又改名为登闻检院。④ 由此可见，在宋代，言登闻、登闻院、登闻检院，指的是同一个机构。

（2）审刑院。审刑院是宋朝的创制，宋朝前期，审刑院与大理寺、刑部为中央三大司法机构。⑤ 在越南，《大越史记全书》记载陈太宗天应政平十九年"夏五月，诏词讼案成，与审刑院官共拟定罪"。⑥

在中国，宋淳化二年（991年）八月十二日始置审刑院，凡上奏案件，先由审刑院逐一盖印收理，然后交付大理寺判决、刑部复审，刑部又将业经复审的刑案交审刑院评议当否，然后进奏皇帝辞定，降付中书下有司论决。如有未妥，

---

① 《大越史记·本纪全书》卷之七《陈纪》。[越] 吴士连等：《大越史记全书》（第二册），孙晓主编，西南师范大学出版社、人民出版社2015年版，第361页。

② 《大越史记·本纪全书》卷之八《陈纪》。[越] 吴士连等：《大越史记全书》（第二册），孙晓主编，西南师范大学出版社、人民出版社2015年版，第410页。

③ 《历朝宪章类志·官职志》卷14，第11页。藏于法国国家图书馆 VIÊTNAMIEN A.9（4）。

④ 参见龚延明编：《宋代官制辞典》，中华书局2001年版，第183页；龚延明：《中国历代职官别名大辞典》，上海辞书出版社2006年版，第711页。

⑤ 参见龚延明编：《宋代官制辞典》，中华书局2001年版，第435页。

⑥ 《大越史记·本纪全书》卷之五《陈纪》。[越] 吴士连等：《大越史记全书》（第一册），孙晓主编，西南师范大学出版社、人民出版社2015年版，第267页。

宰相有权提出异议。所以在宋朝前期，审刑院实为最高司法机构。①

（3）知府与通判。知府与通判是地方的司法机构，这两者皆为宋朝首创。越南陈太宗天应正平十三年（1244年）"春正月，分命文臣任天下诸府路。凡十二处，府有知府，路有通判"。②

在中国，知府是地方行政机构府之长官。宋朝始置，称"知某府事"，简称"知府"。掌教化百姓，劝课农桑，旌别孝悌，奉行法令条制，宣读赦书，举行祀典，考察属官，赈济灾伤，安集流亡，以及赋役、钱谷、狱讼等事。视本府地望高下，或兼留守司公事，或兼安抚使、都总管、兵马钤辖、巡检等职务，总理本府兵民之政。以朝官及刺史以上官充任。凡二品以上官及带中书、枢密院、宣徽使等官职任职者，称"判府事"。通判也是宋朝所置之官职。太祖乾德元年（963年），始置于湖南诸州。其后为握有监察权之职务，故又号称"监州"。南宋亦置，平时为州、战时则专任钱粮之责。③

（二）明代司法机构对越南后黎朝的影响

明代法律设施对越南后黎朝的影响是从黎圣宗时期开始的。黎圣宗光顺年间开始进行大规模的官制改革运动，在法律设施方面，通过大量模仿明代的法律设施来进行国家法律机器的组织建设。

明初的中央三法司为刑部、大理寺和御史台，洪武十三年（1380年）罢御史台，而后设立都察院，④此后明代的中央三法司即为刑部、大理寺和都察院。后黎朝初期的中央司法机构为五刑院，即：审刑院、左刑院、右刑院、祥刑院和司刑院。黎圣宗改制后，中央三法司为刑部、大理寺和御史台，另外还有刑科担任缴驳的监督角色。

1. 刑部

在中国，刑部在明代中央司法机关中居于最重要的地位，其掌握司法审判权的同时，还拥有司法行政职能。刑部的职能在洪武时基本上已定制，其审判职能

---

① 参见龚延明编：《宋代官制辞典》，中华书局2001年版，第435页。
② 《大越史记·本纪全书》卷之五《陈纪》。［越］吴士连等：《大越史记全书》（第一册），孙晓主编，西南师范大学出版社、人民出版社2015年版，第265页。
③ 参见吕宗力主编：《中国历代官制大辞典》，北京出版社1994年版，第714页。
④ 参见《明史·刑法志二》卷70；《太祖实录》卷149。

有初审、复审、会审；司法行政职能主要有监狱管理、月报、岁报、死刑执行。①

在后黎朝，刑部官员掌刑狱、鞫勘事务，也是备受统治者重视。如黎圣宗多次强调刑部官员的重要性，添加刑部的员额，要求各部门荐举人才到刑部任职。光顺九年（1468 年）秋七月，黎圣宗谕"吏部尚书阮如堵：大和年，一刑部大夫、二员断天下讼，多留滞。前年予置一刑三员或四员，云何今置一刑二员哉？尔吏部速拣闲住在朝在外官员，刚柔相济，才长鞫狱，置每刑员外三员"。②而后又于洪德二十年（1489 年）敕旨："刑狱之事，所系匪轻，鞫勘之官，当慎其选。自今刑部郎中员外有缺几员，吏部具本，内则六部御史台，堂上官六寺卿。外则承宪二司等官，公同保举所知。及该各衙门官曾历二考以上，廉洁练达，谙晓刑名者。六部一本，本处承宪二司每处一本，开注保举者姓名，明白具本，得旨送吏部铨除。敢有容私徇货，保举非人，六科监察御史体察得实纠弹，如律治罪。"③

2. 大理寺

在中国，大理寺最早出现在北齐，为九寺之一，是国家最高审判机构，掌决正刑狱。元代时取消了大理寺的设置，明代才复设大理寺，但其职掌发生了变化，不再是审判机构，只是审判的复核机构。在明代三法司中，大理寺不仅职权次于而且品位也低于刑部与都察院，如大理寺卿转任都御史或刑部尚书即为升迁，因而有充分的理由认为明代大理寺的地位已被削弱。尽管如此，大理寺在明代司法活动中的作用仍是相当重要的。大理寺复核是重要的审判监督制度，在京案件及在外的重大案件，都得经大理寺复审，方可以判决执行。④

在越南后黎朝时，开始有了大理寺的设置。但其职能却并不如明代一般为复核机构，而是审判机构。《大越史记全书》记载黎圣宗光顺九年（1468 年），帝谕在朝诸臣："观陈封之乞赎，犯罪赃，黎通赎黥，是富者多贿而免殃，贫者

---

① 参见尤韶华：《明代司法初考》，厦门大学出版社 1998 年版，第 2 页。
② 《大越史记·本纪全书》卷之十二《黎纪》。［越］吴士连等：《大越史记全书》（第三册），孙晓主编，西南师范大学出版社、人民出版社 2015 年版，第 633 页。
③ 《大越史记·本纪全书》卷之十三《黎纪》。［越］吴士连等：《大越史记全书》（第三册），孙晓主编，西南师范大学出版社、人民出版社 2015 年版，第 698 页。
④ 参见吕宗力主编：《中国历代官制大辞典》，北京出版社 1994 年版，第 46 页；尤韶华：《明代司法初考》，厦门大学出版社 1998 年版，第 15 页。

无缘而得罪。敢违祖宗之法，立怙终而赎黥。是朝廷怜才之恩，敢作威福，以害国也。大理寺按律治罪。"①

另外，黎圣宗还规定录囚时须有大理寺官在场。《大越史记全书》记载黎圣宗光顺八年（1467年）"敕旨宰臣，录囚日有大理寺官，囚人鸣冤，得便折辨"。②

3. 御史台

在中国，御史台始置于东汉时期，为国家最高监察机构，别称兰台或宪台，职掌保管宫廷所藏图籍秘书、文书律令档案，监察、弹劾百官，复查疑狱。历代沿置，至明太祖洪武十三年（1380年）罢，洪武十五年（1382年）改置为都察院。③

在越南后黎朝时期，黎圣宗改制，设御史台，其职能也是同中国一样，为监察职能。《历朝宪章类志》记载，御史台在圣宗改制之前称台官，圣宗定官之后才称御史台。"黎初太祖开国，因陈旧制，仍置台职，有侍御史、中丞、副中丞、监察御史、主簿等职官，后始置都御史、副都御史、金都御史与御史大夫为台长官，风宪一司，职名颇重。圣宗定官，惟置都御史、副都御史、金都御史、监察御史、十三道监察御史，余皆革罢。中兴以后，遵依而不改云。"④

黎圣宗洪德年间非常强调御史的监察作用，比如关于提刑监察御史，黎圣宗于洪德二年（1471年）规定提刑监察御史的职掌，即"提刑御史朝参立班，必如该道御史。若提察刑部大理寺检诸五刑狱，如顺天大宝事例，非是新设。刑部尚书以下及大理寺并狱官不法，出入人罪，量宜纠劾。罪人冤枉，亦宜伸雪。锦衣卫诏狱及殿前司狱，傥有枉屈惨害，宜奏闻，日日亲至检问"。⑤

而后又于洪德二十年（1489年），强调十三道监察御史的职掌，黎圣宗对御史台十三道监察御史谕曰："各恭尔事，盘庚所以教在位，慎乃攸司。成王所以迪厥官，盖人臣事君，各司其职，决狱问廷尉，钱谷问内史，责有攸归。矧

---

① 《大越史记·本纪全书》卷之十二《黎纪》。［越］吴士连等：《大越史记全书》（第三册），孙晓主编，西南师范大学出版社、人民出版社2015年版，第634页。
② 《大越史记·本纪全书》卷之十二《黎纪》。［越］吴士连等：《大越史记全书》（第三册），孙晓主编，西南师范大学出版社、人民出版社2015年版，第628页。
③ 参见吕宗力主编：《中国历代官制大辞典》，北京出版社1994年版，第796页。
④ 《历朝宪章类志·官职志》卷14，第6页。藏于法国国家图书馆 VIÊTNAMIEN A.9（4）。
⑤ 《大越史记·本纪全书》卷之十二《黎纪》。［越］吴士连等：《大越史记全书》（第三册），孙晓主编，西南师范大学出版社、人民出版社2015年版，第647页。

风宪之司，纠察是职，必分属该知之素定，则纲维整而有条。继今尔等凡在内官各衙门，告赃不法员人，及一切公务利害，从该知所按问施行。若在外三司，居理百姓，或发官吏奸污，或诉狱讼宽抑，一应私事系在府县州者，从分司该道准理施行。"①

4. 刑科

在中国，刑科是明太祖洪武六年（1373 年）才开始有的法律设施，其职掌为每岁二月下旬奏报前一年南北罪囚之数，岁终类奏一岁蔽狱之数，越十日一奏实在罪囚之数。②

在越南后黎朝，黎圣宗沿用了刑科的设置，其于光顺六年（1465 年）改西科为刑科。③ 不过从《大越史记全书》记载的有关刑科的内容，比如黎圣宗洪德二年（1471 年）校定皇朝官制，谕文武官员百姓等："……六科审驳百司……刑科论刑部审谳之乖宜"，④ 可见，刑科在越南后黎朝的职掌并非如明代一般的司法行政事务，而是可以审驳百司的有监察职能的一个设施。另外，黎嘉宗阳德三年（1674 年）令旨曰刑科的职掌为"缴驳之任，如见刑部审谳不公，亦论驳封还"。⑤ 从中可以看出，刑科的监察职能在有黎一代都有维持。

（三）清代司法机构对越南阮朝的影响

清代的中央三法司承袭明代的设置，为刑部、大理寺、都察院，越南阮朝也沿用了清代三法司的设置。

在阮朝明命时期（1820—1841 年），刑部设有尚书、左右参知、左右侍郎等；大理寺设有大理寺卿、大理寺少卿、大理寺员外郎、大理寺主事、大理寺

---

① 《大越史记·本纪全书》卷之十二《黎纪》。[越] 吴士连等：《大越史记全书》（第三册），孙晓主编，西南师范大学出版社、人民出版社 2015 年版，第 698 页。
② 参见吕宗力主编：《中国历代官制大辞典》，北京出版社 1994 年版，第 330 页；参见张政烺主编：《中国古代职官大辞典》，河南人民出版社 1990 年版，第 428 页。
③ 尚未在史书中找到更多"西科"的记载。参见《大越史记·本纪全书》卷之十二《黎纪》。[越] 吴士连等：《大越史记全书》（第三册），孙晓主编，西南师范大学出版社、人民出版社 2015 年版，第 609 页。
④ 《大越史记·本纪全书》卷之十二《黎纪》。[越] 吴士连等：《大越史记全书》（第三册），孙晓主编，西南师范大学出版社、人民出版社 2015 年版，第 648 页。
⑤ 《大越史记·本纪续编》卷之十九《黎纪》。[越] 吴士连等：《大越史记全书》（第四册），孙晓主编，西南师范大学出版社、人民出版社 2015 年版，第 981 页。

司务等；都察院设有左右都御史、左右副都御史、诸道监察御史等；另外还有刑科，设有掌印给事中和给事中等。

这些法司的官品为：刑部尚书、都察院左右都御史为正二品；刑部左右参知、都察院左右副都御史为从二品；刑部左右侍郎、大理寺卿为正三品；大理寺少卿为正四品；刑科掌印给事中为从四品；刑科给事中、诸道监察御史、大理寺员外郎为正五品；大理寺主事为正六品；大理寺司务为正七品。①

可见，在阮朝时期，越南中央层面法律设施的设置已经几乎一同于清朝了。

二、刑狱之具

中国帝制时代的刑狱之具，对越南产生了深远而持久的影响。这种影响不仅体现在制度的借鉴上，更反映在具体狱具的设计和使用方面。在越南后黎朝时期，我们已经能够发现"镣"这种源自中国的狱具的使用记录；到了阮朝时期，越南的狱具系统呈现出更加丰富和复杂的面貌。

（一）后黎朝的刑狱之具

后黎朝的刑狱之具虽在历史文献中鲜有详细记载，但通过对《黎朝刑律》的深入研究，我们仍能窥见当时司法制度的一些重要细节，尤其是关于"镣"这一狱具的使用规定。

镣作为一种重要的狱具，其起源可追溯至金元时期，在中国帝制时代司法制度的演变过程中扮演了重要角色。"镣"的重量有定制，其形状是两个铁制的环，分别戴在囚犯的双脚上，中间以铁链相连，以限制囚犯的行走自由。② 元代王元亮在《五刑图说》中记载："徒者，奴也。带镣居作而奴役之。"③ "徒者，奴也"点明了被判处徒刑者的社会地位，而"带镣居作而奴役之"则描绘了囚犯在带镣情况下从事劳役的场景，展现了镣既是一种惩戒手段，也是一种管理工具的双重属性。

---

① 参见《皇朝官制》，藏于越南翰林院下属汉喃研究院，馆藏编号 VHv.1765。
② 参见黄金贵主编、曾昭聪副主编：《古代汉语文化百科词典》，上海辞书出版社 2016 年版，第 1068 页。
③ 曹漫之主编：《唐律疏议译注》，吉林人民出版社 1989 年版，第 1036 页。

在后黎朝的刑罚体系中，"镣"为徒刑和流刑的一种狱具。徒刑是一种常见的处罚方式，其中最为严厉的一等徒刑为"徒种田兵"。根据《黎朝刑律》的规定，被判处此刑的男性罪犯需要"带镣一重"进行居作（见本章第二节中的五刑），这种做法不仅限制了犯人的行动自由，也增加了劳动的艰辛程度。

对于流刑，《黎朝刑律》则根据流放地点的远近，对犯人使用镣具的要求作出了更为细致的规定：被判处"流近州"的男性犯人需要带镣一重监守配役，"流外州"的需要带镣二重监守配役，而"流远州"的则需带镣三重监守配役。这种随流放距离递增的镣具使用规定，不仅反映了后黎朝刑罚制度的精细化，也体现了其根据罪行严重程度和管理难度而制定的差异化惩戒策略。

（二）阮朝的刑狱之具

阮朝的刑狱之具呈现出丰富多样的特点，通过《皇越律例》中所附的狱具图，我们不仅可以看到阮朝对明清狱具的借鉴和吸收，更能发现其在此基础上的创新和发展。概而言之，阮朝的狱具可以分为枷、锁和笞杖三大类。

1. 枷

枷，这个在中国帝制时代司法制度中扮演重要角色的狱具，其起源却颇具戏剧性。最初，枷仅仅是一种用于农业生产中脱粒的普通农具。然而，随着时间的推移，它逐渐演变成为一种具有特殊意义的刑罚工具。追溯历史，我们可以发现，在中国帝制时代的早期，即春秋时期，就已经出现了加于囚犯头颈上的狱具。然而，"枷"这个专门用于指代狱具的名称，在正式的历史记载中首次出现，要等到晋代。从那时起，枷在中国历代的刑罚体系中逐渐占据了重要地位，成为加诸囚犯颈上最为普遍和广泛使用的狱具。所有的枷都用干木制作，并将大小尺寸及轻重斤两刻在枷上。①

《大明律集解附例》和《大清律例》对枷这一狱具的规定展现了既有延续性又有差异性的特点。尽管对枷的规定在内容上不太一致，但总而言之，都是只规定一种枷。

---

① 参见黄金贵主编、曾昭聪副主编：《古代汉语文化百科词典》，上海辞书出版社 2016 年版，第 1066—1067 页。

表 3-5

《大明律集解附例》①	《大清律例》②
长五尺五寸，头阔，一尺五寸。以干木为之。死罪重二十五斤，徒流重二十斤，杖罪重一十五斤，长短轻重，刻志其上。	枷以干木为之。重二十五斤，斤数刻志枷上。 在律例内有特用重枷者不在此限。

而在《皇越律例》的狱具图中，枷这种看似简单的狱具竟然衍生出了七种不同的变体。这七种枷的设计和应用，按照其作用于人体的位置，可以清晰地划分为作用于脖颈处的枷和作用于脚上的枷。

用于脖颈处的枷有：重颈枷、颈枷、短颈枷、次颈枷和行枷。具体规定如下：

表 3-6

枷	重颈枷	颈　枷	短颈枷	次颈枷	行枷
形态	用干木二株，每株长四尺七寸，去皮刺，两头横栓各一件，当颈处横栓二件，加铁叶四片，每片八两，其重二斤，合重二十斤以上、二十一斤以下，斤数刻志枷上。	用干木二株，每株长四尺七寸，并去皮刺，两头横栓各一件，当颈处横栓二件，加铁叶四片，每片六两，共重一斤八两，合重十七斤以上、十八斤以下，斤数刻志枷上。	用干木二株，每株长二尺，去皮刺，两头横栓各一件，当颈处横栓二件，加铁叶四片，每片六两，共重二十四两，合重九斤以上、十斤以下，斤数刻志枷上。	用干木二株，每株长四尺五寸，去皮刺。两头及当颈处横栓共肆件，两头再加藤缄坚固，重九斤以上、十斤以下，斤数刻志枷上。	用苗芽二株，每株长三尺五寸，并去枝节。其两头及当颈处横栓共四件，两头再加藤缄坚固。
适用对象	凡重囚已拟斩决、绞决及绞斩监候等死囚俱用。③	凡十恶并强盗、窃盗等重囚，当审未经案处者俱用。④	凡流囚发遣在道及妇人犯死罪监候以上俱用。⑤	凡员军民人非犯十恶窃盗、强盗等罪，各应拘监候查者，倘用上面颈枷较重、下面行枷较轻即用此项。⑥	凡解送诸轻罪囚在道并被拘者俱用。伪渠用槛送，强盗用铁叶颈枷不在此例。⑦

---

① 《大明律集解附例》，藏于早稻田大学ワ 04 06646 0001。

② 《大清律例》，乾隆四十四年版。

③ 《皇越律例·卷一·狱具图》，藏于法国国家图书馆 VIÊTNAMIEN A1（1）。

④ 《皇越律例·卷一·狱具图》，藏于法国国家图书馆 VIÊTNAMIEN A1（1）。

⑤ 《皇越律例·卷一·狱具图》，藏于法国国家图书馆 VIÊTNAMIEN A1（1）。

⑥ 《皇越律例·卷一·狱具图》，藏于法国国家图书馆 VIÊTNAMIEN A1（1）。

⑦ 《皇越律例·卷一·狱具图》，藏于法国国家图书馆 VIÊTNAMIEN A1（1）。

用于脚上的枷有脚枷和长脚枷两种：

表 3-7

枷	脚 枷	长脚枷
形态	用干木一段，长壹尺三寸，中穿一孔长四寸，横二寸二分以上、二寸四分以下。可容囚足加横栓壹件，两头各广二寸或剖作两半，合之两头各用横栓一件或用干木全段，中穿作孔并重八斤以上、九斤以下。如妇人，应重六斤以上、七斤以下。	用长板二片，每片厚一寸五分以上、二寸以下。中穿作孔，可容囚脚者不拘数。
适用对象	凡诸轻罪未至用行枷及妇人被拘者俱用。①	凡在监查及已经论断窃盗以上，诸囚夜则置囚右脚于孔内两头栓固，以防逃脱。②

在《皇越律例》的狱具图中，不仅画出了狱具的具体模样，而且详细介绍了该种狱具的具体材料、重量以及适用对象。

2. 锁

锁，又称"铁索"。"锁"是以铁环勾连而成、套在囚犯颈部的狱具。作为狱具，"锁"可以同枷等狱具一同使用，主要用于重罪犯人；单独使用时，则主要用于轻罪犯人。③ 在明清律中，关于"铁索"的记载如下：

表 3-8

《大明律集解附例》	《大清律例》
长一丈。以铁为之，犯轻罪人用。	长七尺，重五斤。索以铁为之，轻重罪俱用。

在《皇越律例》中，关于"锁"的规定呈现出和明清律不一样的风格和内容。《皇越律例》的狱具图载：

表 3-9

锁	铁 锁	双铁锁
形态	上一大圈系囚颈，圈下系铁牌一，刻徒役年限。下二中圈系囚脚，用铁索一，线长一尺四寸，联系上颈一大圈铁索，二线长一尺七寸，联系下脚二中圈，共重四斤以上、四斤八两以下。	两头各一大圈系囚颈，圈下各系铁牌一，刻徒役年限，中联系铁索一，线长五尺，共重六斤以上、六斤八两以下。

---

① 《皇越律例·卷一·狱具图》，藏于法国国家图书馆 VIÊTNAMIEN A1（1）。
② 《皇越律例·卷一·狱具图》，藏于法国国家图书馆 VIÊTNAMIEN A1（1）。
③ 参见黄金贵主编、曾昭聪副主编：《古代汉语文化百科词典》，上海辞书出版社 2016 年版，第 1066—1067 页。

锁	铁　锁	双铁锁
适用对象	凡徒罪送配克役单锁者用。凡徒罪非犯十恶及强盗、窃盗者用单锁。①	凡徒罪送配克役双锁者用。②

通过对《皇越律例》与明清律法进行比较，我们可以清晰地发现《皇越律例》在描述"锁"时，展现出了更高的精细度和复杂性。这种差异主要体现在对锁的功能描述以及适用对象分类等方面的细致程度上。这种详尽的规定反映了《皇越律例》在吸收中国法律文化的基础上，进行了创新和本土化的努力。

3. 笞、杖

笞、杖作为常见的狱具，在中国帝制时代的早期就已出现。通过比较《大明律集解附例》以及《皇越律例》，我们可以发现，尽管两部法典对笞、杖都是只有一个规定，但《皇越律例》在描述这两种狱具时，却呈现出与《大明律集解附例》截然不同的立法风格和特点。

对于"笞"，两部法典的描述如下：

表 3-10

《大明律集解附例》	《皇越律例》
大头径二分七厘，小头径一分七厘，长三尺五寸。以小荆条为之。须削去节目，用官降较板，如法较勘。毋令斤胶诸物装订。应决者，用小头臀受。③	用小藤一段，长二尺七寸，腰圆六分以下、五分以上，毋得过重。 其管兵官员责治所管员军并官员责治所属者，自笞五拾以下听用。妇人罪犯笞杖不在赎例者，系满笞用或入杖罪自陆拾以至壹百并许以笞代杖。④

对于"杖"，两部法典的描述如下：

---

① 《皇越律例·卷一·狱具图》，藏于法国国家图书馆 VIÊTNAMIEN A1（1）。
② 《皇越律例·卷一·狱具图》，藏于法国国家图书馆 VIÊTNAMIEN A1（1）。
③ 《大明律集解附例》，藏于早稻田大学ワ 04 06646 0001。
④ 《皇越律例·卷一·狱具图》，藏于法国国家图书馆 VIÊTNAMIEN A1（1）。

表 3-11

《大明律集解附例》	《皇越律例》
大头径三分二厘，小头径二分二厘，长三尺五寸。以大荆条为之。亦须削去节目，用官降较板，如法较勘。毋令斤胶诸物装订。应决者，用小头臀受。①	用中藤一段，长二尺八寸，腰圆一寸二分以下、一寸一分以上，毋得过重。凡罪犯杖六十以上者用。②

通过对《大明律集解附例》和《皇越律例》中关于笞、杖这两种狱具描述的比较，我们可以发现两部法典在用语选择上呈现出显著的差异。《大明律集解附例》在描述这两种狱具时使用的语词为"大头径""小头径""荆条"，与之相对应的，《皇越律例》使用的语词则是"长""腰圆""藤"。这种用语差异或许是越南在吸收中国法律文化时，根据本国语言特点和自然资源对法律术语进行的创造性转化。

第四节　中国传统法律艺术对越南之影响

中国传统法律经过时间变迁、朝代更迭，在法律的各个阶段、各个方面都产生了许多极具艺术性的创造，包括立法艺术、侦查艺术、诉讼审判艺术、执法艺术、调解艺术、判例编纂艺术等。其中，对越南的影响主要体现三个方面：首先是立法艺术，中国古代的法典化为越南法典编纂提供了经验及范本；其次是注释艺术，中国律学家对法律条文的阐释和解读方法被越南立法者所借鉴；最后是勘验艺术，中国传统的勘验检验技术不仅为越南所学习，更在其本土化过程中焕发出新的生机与活力。

一、立法艺术

中国立法艺术对越南的影响可谓深远，我们可从宏观和微观两个层面来深入探讨这一问题。从宏观层面来看，我们主要关注两个核心问题：其一是单部

---

① 《大明律集解附例》，藏于早稻田大学ワ 04 06646 0001。

② 《皇越律例·卷一·狱具图》，藏于法国国家图书馆 VIÊTNAMIEN A1（1）。

法典的编纂过程，探究其如何从构思到成型；其二是多部法典之间的协调运作，研究它们如何形成一个有机统一的法律体系。这种宏观视角让我们得以洞察法律体系的整体架构和运作机制。

微观层面则聚焦于单部法典内部的精妙设计。在这一层面，我们着重考察法律条文的构建艺术，探讨如何通过巧妙的结构安排和语言运用，使法典既系统化又简约化。这种精细的立法技艺不仅体现了立法者的高超智慧，更确保了法律的可理解性和实用性。

（一）宏观层面：法典化之模式

纵观中华帝制时代的法律发展史，我们可以发现，每一个朝代都在法典编纂方面留下了独特的印记。在这种绵延不断的法律演进过程中，呈现出一个鲜明而普遍的规律：后起的王朝在编纂法典时，往往会以其前辈的智慧为基石，汲取其精华，同时也会审慎反思和总结前朝法典的不足之处。

这种承前启后的法典编纂模式，不仅体现了中华法律文明的连续性，更彰显了其与时俱进的活力。每一次的法典重塑，都是对前朝法律智慧的继承与超越，是对时代需求的回应与适应。通过这种不断积累和革新的过程，历代法典编纂者们逐步提升了立法的技术水平，使法典在结构、内容和表达上日臻完善。

这种法典编纂技艺的代际传承与革新，不仅推动了中国法律体系的不断完善，也为后世中国乃至邻国提供了宝贵的法律文明范本。

法典的进化大致可以分为三个发展阶段，第一阶法典，是指将法律以典籍形式展现出来的一种法的表现形式，这是最古老的法典概念，其特征为完备性；第二阶法典，是指在具备完备性的条件之外，还具备一定的分类方法，这一阶法典的优点在于，相较于第一阶法典，它不会那么混乱无章，至少存在了分类，这能够做到在每一类下的法律条文所规范的都是同一类事情。相较于第三阶法典，虽然它没有体系性、逻辑性，但它可以做到让一些可能没办法设计进一个体系，或者暂时没想到办法设计进一个体系，而又很重要的法条存在在这个法典里面。简言之，就是它的包容性远大于第三阶法典。第三阶法典是第二阶法典的进阶，体系化为其核心。

法典从第一阶发展到第三阶，可以有不同的发展路径。中国的法典编纂是累朝原生的，没有外来的经验学习，因此称为"纵向模式"；越南的法典编纂则在很大程度上依赖于外来的经验，因此称为"横向模式"。

1. 纵向模式与横向模式

中国帝制时代经历了多次法典化浪潮，这些运动推动着法典的不断进阶与完善，展现了中华法律文明的演进轨迹。始于春秋时期子产铸刑书的第一波浪潮，开创了将法律公开展示的先河，如邓析造竹刑、晋铸刑鼎等，将国家法律固定于特定载体并公之于众。战国时期，李悝的《法经》引领第二波浪潮，影响深远，延续至秦汉时期，形成了如《九章律》等更具结构的法典。魏晋南北朝时期，以《魏律》《北齐律》为代表的第三波浪潮，标志着法典编纂进入追求体系化的新阶段。随后，《唐律》的问世掀起第四波浪潮，代表了中国古代法典的巅峰，其影响力辐射整个东亚，形成了广泛的中华法系，这一浪潮持续影响至明代。最后一波浪潮始于明代，以《大明律集解附例》为代表的"律例法典"和《大明会典》引领的"会典型法典"并行发展，清代更尝试了"判例法典"，标志着中国帝制时代法典化的最后一次重大创新。①

越南在法典发展的道路上得益于对中国法律的借鉴，从而避免了漫长的摸索过程。在后黎朝时期，越南立法者深入研究《唐律疏议》这一中国法律典范，并巧妙地将其与本国国情相结合，最终孕育出了一部体系完备的第三阶法典——《国朝刑律》。学界目前的通说认为，这部法典于黎圣宗洪德十四年（1483 年）正式颁布，堪称越南帝制时代现存最古老的法律典籍。《国朝刑律》的问世不仅标志着越南法律体系的成熟，也彰显了东亚法律文化交流的深远影响。这部法典既传承了中华法系的精髓，又融入了越南的本土特色，成为了解越南古代法律文明的重要窗口，同时也是研究东亚法律文化传播与本土化的珍贵史料。

随着阮朝的建立，越南法律体系迎来了新的变革。这一时期，越南统治者果断摒弃了沿用已久的后黎朝刑律，转而将目光投向了当时中国清朝的先进法典。在这种背景下，《皇越律例》应运而生。在这部法典的编纂过程中，越南立

---

① 参见何勤华、廖晓颖：《中华法系之法典化范式研究——以古代中国和越南为中心》，载《世界社会科学》2023 年第 1 期。

法者展现了高超的借鉴与融合能力。值得注意的是，《皇越律例》中绝大部分条文都源自清代法典，仅有少数条例体现了越南本土的立法创新。这一现象诠释了中国法典编纂技术对越南法律发展的深远影响。

2. "三阶法典"与"二阶法典"的组合模式

中国法典编纂技术的发展不仅仅是单部法典从一阶进阶到三阶，而且还有多部不同类型的法典相互配合的模式。其中，明代的一大创制就是形成了"三阶法典"与"二阶法典"组合的法典化模式。

明代的三阶法典就是《大明律》，同时又发展出了"会典"这一法典形式。"会典"并没有体系性的特征，只是分门别类地存在着众多与行政相关的法律规范以及刑事法律规范，所以《明会典》是一部结构性的综合法典，即二阶法典。由此，明代就开启了一种新的法典化模式——"三阶法典"与"二阶法典"的组合模式。

越南阮朝也学习了这种法典的配合模式。除了《皇越律例》外，嘉隆之后的皇帝重视将颁行的诏、谕、旨、敕、令、准编纂成会典。重要的会典包括：（1）《会典撮要》。该会典由明命皇帝颁行于 1833 年，规定百官职责以及各部的主要权限和任务。（2）《钦定大南会典事例》。该会典编纂由内阁负责集合与编纂，长达 13 年时间（1843—1855 年），可谓古代越南最大规模的汉字典籍编纂工程。本会典集合了从嘉隆第一年至嗣德第四年（1802—1851 年）皇帝所批准的所有诏、谕、旨、敕、令、准。（3）《明命正要》。集合明命颁行的各种法律文本，根据各专门领域进行分类，共有 25 本。（4）《大南典例撮要》。是一部重新编辑的会典，集合从嘉隆到成泰的各个法律文本。①

这样一来，除了《皇越律例》，越南还有《大南会典》等结构性法典的存在，因此也形成了"三阶法典"和"二阶法典"共同存在的多法典配合模式。

（二）微观层面：法条设计艺术

在微观层面，中国传统法律的精妙设计对越南法律体系产生了深远影响，这种影响主要体现在两个关键方面：律母的巧妙应用和法律术语的创新设计。

---

① 伍光红：《越南法律史》，商务印书馆 2022 年版，第 101 页。

1. 律母应用

律母，是理解中国历代律典最重要的八个字，分别是"以、准、皆、各、其、及、即、若八个字，律母不仅是法律条文的基本框架，更是一种高度概括和归纳的立法技术，它们对法律的学习非常重要，所以在明清的律学著作，如高举等刊《大明律集解附例》、王肯堂撰《律例笺释》等都载有八字之义"。① 律母作为中国古代法律体系中的核心概念，被越南立法者巧妙地吸收和运用。在越南后黎朝《黎朝刑律》中，可以发现其中学习了中国律典中的以、皆、各、其、及、若六字，通过采用律母，越南法典得以在保持逻辑严密性的同时，大大提高了法律适用的灵活性和包容性，下面兹举以、皆、各为例展开。

（1）以。王明德在《读律佩觿》中解释"以"道："以者，非真犯也。非真犯，而情与真犯同，一如真犯之罪罪之，故曰以。乃律中命意，备极斟酌，有由重而轻，先为宽假而用以者，如谋叛条内所附逃避山泽，不服追唤，此等之人，未叛丁君，先叛于所本管之主矣。与叛何异？而律则以谋叛未行论……总之，大义所解，'即同真犯'四字最妙，以则无所不以矣。"②

越南后黎朝《黎朝刑律》中有许多使用了"以"字律母的条文，如《黎朝刑律·户婚章》第294条：

> 诸鳏、寡、孤、独及笃、废之人，贫穷无亲属依倚，不能自存，所在官司，应收养而不收养者，笞五十、贬一资。若应给衣粮，而官、掾尅减者，以监守自盗论减。③

又如《黎朝刑律·贼盗章》第429条：

> 诸盗，初犯，流远州。原知盗及再犯者，斩。即白日小偷窃者，以徒论。已得财者，并倍偿一分。停止，各减一等，偿入三分之一。知情，减

---

① （清）王明德：《读律佩觿》，何勤华等点校，法律出版社2000年版，点校说明第3页。
② （清）王明德：《读律佩觿》，何勤华等点校，法律出版社2000年版，第4页。
③ 《黎朝刑律》，藏于越南翰林院下属汉喃研究院，馆藏编号VHt.31。

二等。有持杖者，以劫论。杀人者，依杀人法。妇人，论减。①

再如《黎朝刑律·断狱章》第 661 条：

> 诸死罪囚辞穷竟，而囚之亲故为囚所遣，雇借人杀及杀之者，各依本杀罪，减二等。囚若不遣雇借，及辞未穷竟而杀，各以斗杀论。②

这些都是《黎朝刑律》中"非真犯，而情与真犯同，一如真犯之罪罪之"的规定，除以上列举三条外，还有许多，在此不一一列举。

（2）皆。王明德在《读律佩觿》中解释"皆"道："皆者，概也，齐而一之，无分别也。人同，事同，而情同，其罪固同。即事异，人异，而情同，其罪亦无弗同也。盖缘全律中，其各罪科法，原分首从、余人、亲疏、上下、尊卑、伦序、同姓、异姓、老幼、废疾、笃疾、监守、常人，并物之贵贱，轻重，赃之多寡、分否，以及事情之大小、同异，各为科断以着其罪。此则不行分别，惟概一其罪而同之，故曰皆。"③

虽然都是使用"皆"字，但场合不同，其意义也有所不同，王明德区分了至少四种情况，第一种是对人而言的，如"如谋反条内，正犯皆凌迟处死，缘坐男子，年十六以上，皆斩。谋叛条内，正犯皆斩，缘坐男女，皆流二千里安置。所谓不分亲疏、上下、尊卑、伦序、老幼、废疾、笃疾、同姓、异姓，以及余人，是也"。④越南古律中也有沿用这个原则，如《黎朝刑律·名例章》第 4 条第 1 款载："诸八议者，犯死罪，皆条所坐及应议之状，先奏请议，议定奏裁。"⑤

第二种是对事而言的，如"造妖书妖言条内，凡造谶纬妖书妖言，及传用惑众，皆斩监候之类。造与或传，或用，其事不一，唯归根于惑众"。⑥越南古律中也有沿用这个原则，如《黎朝刑律·斗讼章》第 498 条载："诸过失杀伤人

---

① 《黎朝刑律》，藏于越南翰林院下属汉喃研究院，馆藏编号 VHt.31。
② 《黎朝刑律》，藏于越南翰林院下属汉喃研究院，馆藏编号 VHt.31。
③ （清）王明德：《读律佩觿》，何勤华等点校，法律出版社 2000 年版，第 6 页。
④ （清）王明德：《读律佩觿》，何勤华等点校，法律出版社 2000 年版，第 6—7 页。
⑤ 《黎朝刑律》，藏于越南翰林院下属汉喃研究院，馆藏编号 VHt.31。
⑥ （清）王明德：《读律佩觿》，何勤华等点校，法律出版社 2000 年版，第 7 页。

者，各依其状，（谓耳目所不及，思虑所不到，共举重物，力所不能制，若乘高，履危，足跌，及因击禽兽，以致杀伤之属，皆是。）论减。"① 可能是耳目所不及，可能是思虑所不到，有多种理由、多种情况，但总归是过失。

第三种是对赃而言的，如"强盗条内，其所云皆者，对赃言也。所谓不分曾否分赃，不分赃，及赃之轻重，多寡，是也"。②

第四种是同时对人、物、赃而言的，如"若盗大祀神御物、盗制书、盗印信，及盗乘舆服御物，仍作真犯死罪等条，其所云皆者，则又对物与人，而更兼夫赃言者也"。③ 这两种情况少见于越南法律中。

（3）各。王明德在《读律佩觿》中解释"各"道："各者，各从其类，义取乎别也。万类不齐，流品各别，比类而观，实同一致。故用各字以别之。"④

各的使用情况比较多样，王明德总结了至少三种情况。第一种是所犯之事同、情同，而人不同。比如"犯奸条内，和奸、刁奸者，男女同罪。奸生男女，责付奸夫收养。奸妇，从夫嫁卖。其夫愿留者，听。若嫁卖与奸夫者，奸夫，本夫，各杖八十之类"。⑤ 越南古律中也有沿用这个原则，比如《黎朝刑律·名例章》第 20 条："诸公事失错，自觉举者，原其罪。应连坐者，一人自觉举，余人，各减一等。"⑥

第二种是所犯之事异，人异，而情同。比如"纵容妻妾犯奸条内，若用财，买休，卖休，和娶人妻者，本夫、本妇及买休人，各杖一百之类"。⑦《黎朝刑律·违制章》第 99 条："诸举人应御试，而借人代作文字及代之者，各贬三资。省试，贬二资。夹带、怀挟者，各杖八十。"⑧

第三种是情同事异或情异事同，法无分别、人非齐等。比如"私借官畜产条内，凡监临，主守，将系官马、牛、驼、骡、驴，私自借用或转借与他人，

---

① 《黎朝刑律》，藏于越南翰林院下属汉喃研究院，馆藏编号 VHt.31。
② （清）王明德：《读律佩觿》，何勤华等点校，法律出版社 2000 年版，第 7 页。
③ （清）王明德：《读律佩觿》，何勤华等点校，法律出版社 2000 年版，第 7 页。
④ （清）王明德：《读律佩觿》，何勤华等点校，法律出版社 2000 年版，第 8 页。
⑤ （清）王明德：《读律佩觿》，何勤华等点校，法律出版社 2000 年版，第 9 页。
⑥ 《黎朝刑律》，藏于越南翰林院下属汉喃研究院，馆藏编号 VHt.31。
⑦ （清）王明德：《读律佩觿》，何勤华等点校，法律出版社 2000 年版，第 9 页。
⑧ 《黎朝刑律》，藏于越南翰林院下属汉喃研究院，馆藏编号 VHt.31。

及借之者，各笞五十之类"。①

当然，到了阮朝，《皇越律例》几乎一同于《大清律例》，则律母八字都有应用在律文之中了。

2. 余条准此

上文提到，在中国帝制时代的法律中，律母有八字，其中，越南后黎朝《黎朝刑律》中可以发现有"以""皆""各""其""及""若"六字的运用，而其没有运用的"准"字，在形式上与"余条准此"十分相似。"准"和"准此"虽然只是一字之差，其内涵却完全相反，"'准'强调的是同中之异，关注的是不同的具体犯罪行为比附量刑过程中的差别所在，'准此'强调的是异中之同，关注的是所准之内容在不同适用范围中的通则性效力"。②越南后黎朝《黎朝刑律》虽然没有采用"准"字例，但是却沿用了"余条准此"的用法。如《黎朝刑律·斗讼章》第465条：

> 折跌人肢体，及瞎一目者，流远州。辜内平复者，各减二等。（余条断叩平伤，准此。）③

该条基本同于《唐律疏议·斗讼律》"殴人折跌支体瞎目"条：

> 诸斗殴折跌人支体及瞎其一目者，徒三年；（折支者，折骨；跌体者，骨差跌，失其常处。）辜内平复者，各减二等。（余条折跌平复，准此。）④

《黎朝刑律·断狱章》第685条：

> 诸鞫狱官、掾故出入人罪，全出、全入者，以全罪论。（谓本应无罪之

---

① （清）王明德：《读律佩觿》，何勤华等点校，法律出版社2000年版，第10页。
② 刘晓林：《唐律立法语言、立法技术及法典体例研究》，商务印书馆2020年版，第88页。
③ 《黎朝刑律》，藏于越南翰林院下属汉喃研究院，馆藏编号VHt.31。
④ 刘俊文：《唐律疏议笺解》（下），中华书局1996年版，第1475页。

人，而故加以罪，本应有罪之人，而故出脱之者。）若增轻作重，减重作轻，以所增减论。至死者，流远州。（谓应贬一资增作二资，是增轻作重，则坐所增一资。应贬三资而减作一资，是减重作轻，则坐所减二资。余准此。若增轻作重，入至徒罪，则每徒一等，折贬一资。入至流罪者，以徒论。入至死罪，已决者，坐以流远州。若减重作轻者，罪亦如之。）①

该条基本同于《唐律疏议·断狱律》"官司出入人罪"条，但唐律该条并没有使用"准此"的技术。以上条文中"准此"的用法都是准用相同的罪名定罪量刑。

另外，值得注意的是，对于"准此"，越南还有另一种表述，为"诸条并仿此"。如《黎朝刑律·名例章》第48条：

诸以贬、罚、徒、流、死论者，量其所犯加减。（如隐奴婢之类，审其所隐之人。原犯罪系大逆妻子，则以隐大逆妻子论。余各量所犯，别论。诸条并仿此。）②

尽管在表述上存在差异，"余条准此"和"诸条并仿此"这两个法律术语实质上传达了相同的核心理念。

二、注释艺术

中国帝制时代律典的注释艺术也相当发达，譬如唐代的律典，唐代曾颁布过《武德律》《贞观律》《永徽律》等律典，"直到《永徽律》为止，其内容只有律条与较少的注文而已。《永徽律》制成颁布后，唐高宗李治主要考虑审判官们对律文理解不一，同一案件判断结果却大相径庭，同时国家科举考试'明法'专业的考生，对律义的解答，也缺少权威的依据，于是皇帝命令组成包括担任

---

① 《黎朝刑律》，藏于越南翰林院下属汉喃研究院，馆藏编号 VHt.31。
② 《黎朝刑律》，藏于越南翰林院下属汉喃研究院，馆藏编号 VHt.31。

宰执大臣的政治家、立法专家以及一批法律实务官员在内的专门班子，对《律》（包括注）作系统的解释，称之为'义疏'。义疏与《律》缀连在一起，合称为《律疏》，都有法律效力，同样作为判案的根据。义疏中丰富的立法、司法及学理等法律解释的内容，让人们在律学之外，还可以反观唐代的司法制度、政治制度、经济制度、礼法制度、教育制度、徭役制度及军事警卫制度等重点内容"。① 所以，唐代的刑律现在是以《唐律疏议》的形式留存下来的。

越南的《黎朝刑律》没有模仿《唐律疏议》的形式进行立法，其法律条文仅有律文以及律注。然而，阮朝的《皇越律例》中却存在大量的对律文的注解。其中，对《皇越律例》影响较大的中国古代律学著作有明代王肯堂的《律例笺释》、清代王明德的《读律佩觽》以及清代沈之奇的《大清律辑注》。

（一）王肯堂《律例笺释》

"在明清时期众多的律学著作中，由明代著名律学家王肯堂撰写的《律例笺释》一书，无疑是最为重要的，它不仅面世比较早，阐释律例比较精到，初步奠定了明清律学的内容与风格，也是后来为清代律例注释书所引用最多的明人作品。"②

关于王肯堂此书的书名，各种版本也很不一致。《明史·艺文志》中记载为《律例笺解》，在沈之奇的《大清律辑注》和薛允升的《唐明律合编》中，称为《笺释》，在各图书馆现存的书目上，一般称为《大明律附例笺释》，也有的称《王仪部先生笺释》，而上海社会科学院图书馆所藏的一套，又称《王肯堂笺释》。只有明刻本的第一面上，才清楚地写着《律例笺释》。

在阮朝的法典《皇越律例》中的"例分八字之义"图中，"以""准""皆""各""其""及""即""若"八字除了有律文外，还附上了王肯堂《律例笺释》的解释：

> 以者，与实犯同谓，如监守贸易官物无异实盗故以枉法论，以盗论并
> 除名刺字，罪至斩绞并全科。

---

① 钱大群：《唐律疏义新注》，南京师范大学出版社 2007 年版，引论第 4 页。
② 何勤华：《中国法学史》（第二卷），法律出版社 2006 年版，第 272 页。

王氏笺释以者，非真犯也。非真犯而情与真犯同，一如真犯之罪罪之，故曰以。

准者，与实犯有间矣。谓如准枉法、准盗论，但准其罪，不在除名、刺字之例，罪止杖一百，流三千里。

王氏笺释准者，与真犯有间，用此准彼也，所犯情与事不同，而迹实相涉，算为前项所犯，惟合其罪而不概加其实，故曰"准"。

皆者，不分首从，一等科罪。谓如监临主守，职役同情，盗所监守官物，并赃满数，皆斩之类。

王氏笺释皆者，概也，齐而一之，无分别也。不行分别，惟概一其罪而同之，故曰"皆"。

各者，彼此同科此罪。谓如诸色人匠拨赴内府工作，若不亲自应役，雇人冒名，私自代替，及替之人，各杖一百之类。

王氏笺释各者，各从其类，义取乎别也。万类不齐，流品各别，比类而观，实同一致，故用"各"字以别之。

其者，变于先意。谓如论八议罪犯，先奏请议，其犯十恶不用此律之类。

王氏笺释其者，更端之词也。承乎上文，为之更端，而竟本条所未尽，则用"其"字以发挥之。

及者，事情连后。谓如彼此俱罪之赃，及应禁之物则没官之类。

王氏笺释及者，推而及之也。大约凡系人与事各有不同，而罪无分别者，则皆以"及"字联属之。

即者，意尽而复明。谓如犯罪事发在逃者，众证明白，即同狱成之类。

王氏笺释即者，显明易见，不俟再计之意。

　　若者，文虽殊而会上意。谓如犯罪未老疾，事发时老疾，以老疾论，若在徒年限内老疾者，亦如之之类。

　　王氏笺释若者，亦更端之词，乃设为以广其义，虽意会乎上文，而事变无穷，欲更端以推广之，连类以引伸之，则不得不设为以竟其意，故曰"若"。①

　　通过比较，我们发现《皇越律例》中的"例分八字之义"图与中国明代法学家王肯堂所著《律例笺释》中的相关解释惊人地相似。事实上，越南立法者在编纂这一部分时，是将王肯堂的解释一字不差地挪用到了《皇越律例》中。

（二）王明德《读律佩觿》

　　《读律佩觿》一书，是清代前期著名律学家王明德所撰的一部重要律学作品，是明清律学著作中流传最广的一部。

　　王明德，生卒年不详，字金樵，高邮（今江苏高邮）人，官刑部陕西司郎中。从《读律佩觿》的各序以及参与编写的人员情况来看，王明德的活动时间在康熙初年，其在生前已经是一位很有影响的律学家，律学也已经成为其家学。

　　王明德为这部著作起的名字与其写作目的具有很大的关联性。关于"觿"字，词典解释道："觿是帝制时代用来解绳结的工具，其形如锥，用象骨制成，也可用作配饰。"②而关于"佩觿"，刘向《说苑》解释道："能治烦决乱者，佩觿。"③由此可知，"觿"具有治烦决乱的象征意义，那么"读律佩觿"则意指这本著作是帮助读律之人治烦决乱之工具。

　　《读律佩觿》一书共分八卷。与明清时期其他律学著作相比，《读律佩觿》有五大特点：

　　第一，在结构体系上，《读律佩觿》不是在序之后列出各种图表（如丧服

---

① 《皇越律例·卷一》，嘉隆十二年颁行。藏于法国国家图书馆 VIÊTNAMIEN A1（1）。
② 徐振韬主编：《中国古代天文学词典》，中国科学技术出版社 2013 年版，第 272 页。
③ （汉）刘向：《说苑》卷 19，杨以漼校对，商务印书馆 1937 年版，第 188 页。

图、六赃图等），而后从卷之一名例律开始讲起，一直讲到卷末之工律，将律文的次序全部打乱，放在各章之中，按照专题的性质分类，并与图表、注解、刑罚、罪条、法医检验等内容糅合在一起，给人以耳目一新的感觉。

第二，在主体内容的解释上，不是以法典的结构顺序为纲目，而是以专题形式，即以一项罪名或一项刑法原则为轴心，而后将法典的各个部分中有关的律文附上，展开论述。

第三，《读律佩觽》的本序比较长，共有十七面（三十四页）之多，这在明清律学著作中是非常少见的。在本序中，王明德首先对刑律的起源及其发展演变，从舜典一直叙述到清王朝，而后又对数千年刑律的发展谈了自己的感想。在这一写于康熙十三年的长序中，作者对刑律的沿革、世人轻视律典的原因等作了较为充分的阐述，对普及法律知识以及帮助人们加深对法律的了解起到了积极的作用。

第四，在《读律佩觽》中，还有对所谓"律眼"的阐述，也是与其他律学著作不同的很有特色的部分。这里，王明德所说的"律眼"，实际上是他认为在整个法律体系中比较重要的一些关键词，与前面八个"律母"相对，如例、杂、但、并、依、从、从重论、累减、递减、听减、得减、罪同、同罪、并赃论罪、折半科罪、坐赃致罪、坐赃论、六赃图、收赎等。

第五，《读律佩觽》还有一个可贵的方面，就是作者在书中阐述了其读律的方法。这一方法，作者将其称之为"读律八法"：一曰扼要、一曰提纲、一曰寻源、一曰互参、一曰知别、一曰衡心、一曰集义、一曰无我。①

越南阮朝的《皇越律例》在很多部分参考了《读律佩觽》的内容，比如在卷一的"诸图"部分，与《大清律例》相比，《皇越律例》的六赃图之后，多了两个注释以及一段关于"併赃论罪"的论述。而这个"併赃论罪"的论述，则清楚写明了引用自《读律佩觽》，为方便读者清晰比对《皇越律例》之"併赃论罪"与《读律佩觽》之"併赃论罪"，现将两者内容摘录于下。

《皇越律例》之"併赃论罪"②：

①　参见何勤华：《中国法学史》（第二卷），法律出版社 2000 年版，第 281、443 页。
②　《皇越律例·卷一》，嘉隆十二年颁行。藏于法国国家图书馆 VIÊTNAMIEN A1（1）。

併赃论罪者，将所盗之赃合而为一，即赃之轻重，论罪之轻重，人各科以赃所应得之罪，故曰併赃论罪。併与并绝不同。并者彼此相类，即其所犯之或异，同为科等，以一其罪者，曰并。若併者，则不计人之多寡，盗之前后，及人各人己之轻重，惟以一时所犯皆算作一处。如倾销金银铜锡，不问妍媸纤微，砂砾尘土，皆镕而化之为一，止计分两之轻重而已。此併赃论罪之大义也。然法虽如此，而论法，则分两途。如共盗之赃，非系一时所行，将其节次所盗，凡系一时俱发者，不问时日远近，人数多寡，不分人各所分之轻重，共算计赃若干，就所合算之赃数，人各论以赃数所应科之罪。此监守盗、常人盗併赃论罪之法也。此一义也。

　　如所盗之赃，非止一主，一时俱发，止以一主之赃重者为科，余者弗论。惟各尽其本法。亦不问人各所分多寡，惟就所盗一主赃物之重者，计两科等，却以一人为之法也。此又一义也。

　　若官吏节次受各处枉法赃，一时俱法，亦皆合作一处科算，似亦无异乎併赃。然就一人之身而併之，未可槩以论之他人，而律则及以通算全科为分别，此又律义之至精至微处也。

　　或曰，监守盗、常人盗、窃盗名虽有异，若其侈心于盗也则一。且併赃论罪二字，三项盗律中，所着皆然。乃独于窃盗，则以一主为重，罪分首从。而于监守盗、常人盗，则曷为不分首从，且合节次多寡而併论之耶？曰财物匿于私家，珍惜甚秘，非人所易得，苟欲窃而盗之，必将先事为之共谋，临时为之探听，终焉为之传递隐串，非有从而主之者，则不可必得，故分首、从。其以一主为重，亦不过本乎二罪以上俱发，从重论之义云耳。若仓库钱粮之设，其中所有，虽云款项殊分，封贮各别，然合论之，则皆公家财物也。明白显然，贮之于外，从而盗之者，非监守，即常人也。虽其盗有节次多寡之不同，而以舍库言之则一。故不得以节次多寡轻重之各别，而不为併论。至于不分首从，示人以未容轻盗耳。盖若盗罪有轻重之分，故併赃。亦有等杀之别，盗至窃盗，等居杀矣。等居其杀则罪亦邀乎递减。从减一等，固然寓有递减之微义存焉。

《读律佩觿》之"併赃论罪"①：

併赃论罪者，将所盗之赃合而为一，即赃之轻重，论罪之轻重，人各科以赃所应得之罪，故曰併赃论罪。併与并绝不同。并者彼此相类，即其所犯之或异，同为科等，以一其罪者，曰并。若併，则不计人之多寡，盗之前后，及人各人己之轻重，惟以一时所犯皆算作一处。如倾销金银铜锡，不问妍媸纤微，砂砾尘土，皆镕而化之为一，止计分两之轻重而已。此併赃论罪之大义也。然法虽如此，而论法，则又两途。如共盗之赃，非系一时所行，将其节次所盗，凡系一时俱发者，不问时日远近，人数多寡，不分人各所分之轻重，共算计赃若干，就所合算之赃数，人各论以赃数所应科之罪。此监守盗、常人盗併赃论罪之法也。此一义也。

如所盗之赃，非止一主，一时俱发，止以一主之赃重者为科，余者勿论。惟各尽其本法。亦不问人各所分多寡，惟就所盗一主赃物之重者，计两科等，却以一人为首，余各减一等，论以应得之罪，此窃盗併赃论罪之论法也。此又一义也。

若官吏节次受各主枉法赃，一时俱法，亦皆合作一处科算，似亦无异乎併赃。然就一人之身而併之，未可聚以论之他人，而律则及以通算全科为分别，此则律义至精至微，令人不可思议处也。

或曰，监守盗、常人盗、窃盗名虽有异，若其侈心于盗也则一。且併赃论罪四字，三项盗律中，所着皆然。乃独于窃盗，则曰以一主为重，罪分首从。而于监守盗、常人盗，则曷为不分首从，且合节次多寡而併论之耶？此其中，亦各有说存焉？否耶？曰财物藏于私家，珍惜慎秘，非人所易得，苟欲窃而盗之，必将先事为之共谋，临时为之探听，终焉为之传递隐串，非有从而主之者，则不可必得，故分首、从。其以一主为重，亦不过本乎二罪以上俱发，从重论之义云尔。若仓库钱粮之设，凡以为民也，

---

① （清）王明德：《读律佩觿》卷二，第36页。见哈佛大学燕京图书馆藏 https://nrs.lib.harvard.edu/urn-3:fhcl:10222146?n=141，2024 年 1 月 22 日访问。

其中所有，虽云款项殊分，封贮各别，然合而论之，则皆公家财物也。明白显然，贮之于外，从而盗之者，非监守，即常人矣也。虽其盗有节次多寡之不同，而以舍库言之则一。故不得以节次多寡轻重之各别，而不为并论也。至于不分首从，则显而易见。固所以重仓库以重朝廷，示人以赃之未易轻为或盗耳。盖若盗罪有轻重之分，故并赃。亦有等杀之别，盗至窃盗，等居杀矣。等居其杀则罪亦递夫递减。从减一等，固然寓有递减之微义存焉。静言思之，其亦共会于不言之外乎。

从以上文本可以发现，《皇越律例》中关于并赃论罪的论述几乎一同于《读律佩觿》，只是有一小部分进行了删减或改动。比如删去了《读律佩觿》中诸如"此其中，亦各有说存焉？否耶？""静言思之，其亦共会于不言之外乎"等的一些评论性的语句。改动则如将"曰财物藏于私家，珍惜慎秘"改为"曰财物匿于私家，珍惜甚秘"，只是改变个别单字，对行文意思并无变动。

《皇越律例》中还有些记载有歧义的地方，看似该注释是来自王肯堂之《律例笺释》，实则是出自王明德之《读律佩觿》。比如在"例分八字之义"图的部分，在"以""准""皆""各""其""及""即""若"这八个字的下面，除了有载明这些字的意思，在每一个字后面还附有"王氏笺释"，其内容如下：

（以）王氏笺释：以者非真犯也非真犯而情与犯同如真犯之罪罪之故曰以；

（准）王氏笺释：准者与真犯有间用此准彼也所犯情与事不同而迹实相涉算为前更所犯惟合其罪而不概如其实故曰准；

（皆）王氏笺释：皆者概也齐而一之无分别也不行分别惟概其罪而同之故曰皆；

（各）王氏笺释：各者各从其类义取乎别也万类不齐流品各别比类而观实同一致故用各字以别之；

（其）王氏笺释：其者更端之词也承乎上文为之更端而竟本条所未尽则用其字以发挥之；

（及）王氏笺释：及者推而及之也凡系人与事各有不同而罪无分别者则

皆以及字联属之；

（即）王氏笺释：即者显明易见不俟再计之义；

（若）王氏笺释：若者亦更端之词乃设为以广其义虽意会乎上文而事变无穷欲更端以推广之连类以引伸之则不得不设为以竟其意故曰若。

如果将"王氏笺释"理解成一部作者的姓氏为"王"且其作品名为《笺释》的著作，那么该注释文字应该是源自明代著名律学家王肯堂的《律例笺释》。但笔者查阅王肯堂之《律例笺释》，发现该段文字并不存在于其中。后查明，以上"王氏笺释"的内容，是源自清代律学家王明德之《读律佩觿》。若是如此，则应该将《皇越律例》中的"王氏笺释"理解为一部作者的姓氏为"王"、对律文作解释的著作。

（三）沈之奇《大清律辑注》

《大清律辑注》是"清代早期的律学作品中，为清中叶以后学者引用最多且最具权威"① 的律学著作。怀效锋在点校《大清律辑注》的点校说明中介绍道：

大清律辑注（简称辑注）是清初名幕沈之奇的注律作品，也是有清一代辑注派律学著作的代表作。

清初的法制建设，经历了一个由援用、沿袭大明律到逐步修订、完善大清律例的过程。与此同时，清初的律学研究也由承袭明代律学成果而逐步走上独立发展的道路。清代律学逐步独立、成熟乃至繁荣的标志之一，即是康熙年间沈之奇辑注的出现。②

《大清律辑注》对《皇越律例》的影响，体现在其律上注以及律后注分别以页上注以及律后注的形式出现在《皇越律例》中。页上注，如"十恶"条，《大清律辑注》的律上注为：

---

① 何勤华：《中国法学史》（第二卷），法律出版社 2000 年版，第 303 页。
② （清）沈之奇：《大清律辑注》，怀效锋、李俊点校，法律出版社 1998 年版，点校说明第 1—2 页。

十恶干连不赦有新例。周官曰：断五刑之讼，必原父子之亲、君臣之义。又曰：凡制五刑，必即天伦。此条所载，皆无君无亲，反伦乱德，天地所不容，神人所共愤者。故特表而出之，以为世戒。

十恶不必皆极典也。如不敬内合御药误不依本方等项，不孝内别籍异财等项，不睦内殴告夫等项，不义内闻夫丧匿不举哀等项，皆罪不至死者。①

而《皇越律例》"十恶"条的页上注为：

辑注：周官曰：断五刑之讼，必原父子之亲、君臣之义。又曰：凡制五刑，必即天伦。此条所载，皆无君无亲，反伦乱德，天地所不容，神人所共愤者。故特表而出之，以为世戒。辑注：十恶不必皆极典也。如不敬内合御药误不依本方等项，不孝内别籍异财等项，不睦内殴告夫等项，不义内闻夫丧匿不举哀等项，皆罪不至死者。罪至死者，固为法所难宥。即罪不至死者，亦俱有乖伦理，故特揭其名于律首使人知所儆也。②

两者相比较，《皇越律例》只是没有载明"十恶干连不赦有新例"以及添加了"罪至死者，固为法所难宥。即罪不至死者，亦俱有乖伦理，故特揭其名于律首使人知所儆也"一句，其余一同于《大清律辑注》。

律后注，如《大清律辑注》"应议者有罪"条的律后注载：

此条专为提问八议之人言，内凡三奏。八议之人，朝廷素所优待，除十恶之外，有犯一应罪者，皆当取决于上，以定予夺。但奏闻所犯之事，候取应否勾问之旨，不许擅自勾问。如奉旨免究，即已。若奉旨推问，然后推问，亦不得遽拟其罪。但取明白供状，将所犯罪名及应议之状，先奏请多官会议。议者议其致罪原由，所犯轻重并应议事状，如亲，则叙其祖

---

① （清）沈之奇：《大清律辑注》，怀效锋、李俊点校，法律出版社1998年版，第8页。
② 《皇越律例·卷二》，嘉隆十二年颁行。藏于法国国家图书馆 VIÊTNAMIEN A1（2）。

免以上何服之亲；如功，则叙其立功来历是也，议定奏闻。其罪有至死者，惟云："依律合死"，不敢正言绞、斩，取自上裁。前后三奏。慎重如此，所以笃亲亲敦故旧，尚功尊贤，劝能恤勤，敬大臣而崇宾礼也。若有犯十恶者，则奏请提问，依律拟断，不用此取旨、请议、奏裁之律。①

《皇越律例》的"应议者有罪"条的律后注载：

此条专为提问八议之人言，内凡三奏。八议之人，朝廷素所优待，除十恶之外，有犯一应罪名者，皆当取决于上，以定予夺。但奏闻所犯之事，候取应否勾问之旨，不许擅自勾问。如奉旨免究，即已。若奉旨推问，然后推问，亦不得遽拟其罪。但取明白供状，将所犯罪名及应议之状，先奏请多官会议。议者议其致罪原由，所犯轻重并应议事状，如亲，则叙其祖免以上何服之亲；如功，则叙其立功来历是也，议定奏闻。其罪有至死者，惟云："依律合死"，不敢正言绞、斩，取自上裁。前后三奏。慎重如此，所以笃亲亲敦故旧，尚功尊贤，劝能恤勤，敬大臣而崇宾礼也。若有犯十恶者，则奏请提问，依律拟断，不用此取旨、请议、奏裁之律。②

两者相比较，《皇越律例》的律后注与《大清律辑注》的律后注完全相同。

三、勘验艺术

案件的勘验检验是中国古代法律技术高超的又一体现，其有关记载早在周代就已经存在。《礼记》载："是月也，有司修法制，缮囹圄，具桎梏，禁止奸，慎罪邪，务博执。命理瞻伤、察创、视折、审断，决狱讼，必端平。"③ "古人认为，秋主肃杀。因此，每当入秋以后，有关部门就该整修法制，修缮监狱，备

---

① （清）沈之奇：《大清律辑注》，怀效锋、李俊点校，法律出版社 1998 年版，第 13—14 页。
② 《皇越律例·卷二》，嘉隆十二年颁行。藏于法国国家图书馆 VIÊTNAMIEN A1（2）。
③ 《礼记·月令·孟秋之月》。

齐刑具，禁止坏人的犯罪活动应该坚决果断。命令理官去检验伤、创、折、断等各种损伤，审断刑事案件一定要正直公平。"①

中国帝制时代的勘验检验在宋代达到高峰，其最突出的作品就是宋慈所著《洗冤集录》，这部法医学著作比西方最早的法医学著作《医生的报告》早了有355年，在此之后，《洗冤集录》成为后世勘验检验的教科书，甚至在清代还附于《大清律例》之后，成为律典的一部分。

越南受中国的勘验检验艺术影响深远，不仅有中国的勘验著作流传到越南——广东官员金廷烈校刊之《洗冤录》，而且还有本土化的成果——这体现在后黎朝时期，越南后黎朝时期的官员范濯学习中国的勘验检验艺术编纂了《人命查验法》。

（一）金廷烈《洗冤录》

在越南翰林院下属汉喃研究院藏有一本金廷烈校刊之《洗冤录》的抄本，共有四卷，卷一为：检验总论、验伤及保辜总论、尸格、尸图、验尸（附未埋、已攒）、洗罨、初检、覆检、辨四辰尸变、辨伤真伪、验妇女尸（附胎孕、孩尸）、白僵、已烂尸、验骨、检骨（辨生前死后伤）、论沿身骨脉、滴血、检地；卷二为：殴死、手足他物伤、本铁等器砖石伤、踢伤致死、杀伤（辨生前后死）、自残、自缢、被殴勒死假作自缢、溺水（辨生前死后）、溺井、焚死（辨生前死后）、汤泼死；卷三为：疑难杂说、尸伤杂说、论中毒、服毒死（辨生前死后）、诸毒、意外诸毒；卷四为：急救方、救服毒中毒方、治蛊毒及金蚕蛊、辟秽方。②

汉喃研究院所藏之《洗冤录》，其底本为金廷烈校刊之《洗冤录》，反映了越南对中国法医学知识的吸收和应用。而金廷烈校刊的这本《洗冤录》，则是在清乾隆朝官方刊刻的。清朝重视刑案的勘验检验，在乾隆朝时由律例馆编定了一部《律例馆校正洗冤录》，将其刊行天下，并且允许地方官员自行翻刻或将其制作为袖珍版。金廷烈是当时广东的地方官员，他就将《洗冤录》制作成袖珍版，让官员方便携带与查阅。③

---

① 贾静涛：《中国古代法医学史》，群众出版社 1994 年版，第 1—2 页。
② （清）金廷烈：《洗冤录》，藏于越南翰林院下属汉喃研究院，馆藏编号 VHb.194。
③ 参见陈重方：《〈洗冤录〉在清代的流传、阅读与应用》，《法制史研究》2014 年第 25 期。

更引人注目的是，这部典籍在 20 世纪初还引起了西方学者的关注。1910 年，法国学者利托夫（Charles Henry Litolff）将《洗冤录》（*Tẩy oan lục tập chứng*）全本翻译，取名为 *Le Livre de la réparation des torts*（意为"纠正错误之书"），现该译本藏于越南国家图书馆。

（二）范濯《人命查验法》

在越南后黎朝时期，出现了一位杰出的法医学先驱——范濯。这位学识渊博的官员，凭借对中国勘验检验艺术的深入研究和本土化创新，编纂了《人命查验法》，为越南法医学的发展奠定了重要基础。这部珍贵的典籍，现藏于越南翰林院下属汉喃研究院，馆藏编号为 A.2034，其编纂时间可追溯至黎懿宗永佑三年（1737 年）。

通过对《大越史记全书》的细致考证，我们可以确定这位"霖郡公"范濯的真实身份是高辉濯。尽管其生卒年份已无从考证，但《大越史记全书》中关于他的记载，为我们勾勒出一位才华横溢、步步高升的朝廷重臣的形象。黎纯宗二年（1733 年）升官为户部右侍郎，同年又升职为吏部右侍郎；黎纯宗三年（1734 年）升职为吏部左侍郎，同年七月被授予郡公的爵位，称为霖郡公；黎懿宗二年，高辉濯兼东阁大学士一职。①

《人命查验法》的内容包括 4 个部分：第 1 部分为检验尸体的指导，包含赴尸所、验仰面头首、验仰面上身、验仰面下身、验背面头首、验背面上身、验背面下身、验杀伤尸、验刎死尸、验打死尸、验自缢尸、验水溺尸、验火烧尸、验服毒尸、验冻饿及疾病自毙尸、验各种死之尸、验身首异地尸、验身死无主尸、验胎孕妇女尸、验经时发变尸、验日久溃烂尸、验伤痕法；第 2 部分为七种杀人罪的分类，包含斗殴杀、故杀、谋杀、劫杀、误杀、戏杀、过失杀；第 3 部分为骨头检验的指导，包括检骨、检骨法、检骨辨、检地、滴血；第 4 部分为辨认确定死亡原因的指导，包括辨疑、辨自缢、辨溺水、辨刎杀、辨殴打、辨焚烧、辨斗殴分散后因他故死者、辨斗殴致死并无致命伤痕者、辨通身并无伤痕又无病状者、辨诈伪、辨详慎。

---

① 参见《大越史记全书续编》卷之三。［越］吴士连等：《大越史记全书》（第四册），孙晓主编，西南师范大学出版社、人民出版社 2015 年版，第 1067—1073 页。

《人命查验法》的编纂，标志着中国法医学知识在越南的成功本土化。范濯不仅吸收了中国先进的勘验检验技术，还结合越南的具体国情和司法实践，创造性地编写了这部适合本国使用的法医学著作。这不仅体现了越南学者的创新精神，也是东亚法律文化交流的生动例证。

第五节　越南继受中华法律文化的特点与影响

长久以来，人们普遍认为，由于越南在历史上长期处于中国统治之下，中国法律自然而然地在越南土地上得到了全面实施。这种观点似乎为越南帝制时期法律与中国法律之间的诸多相似之处提供了一个简单直接的解释。然而，当我们深入探究历史的真相时，却发现事实与这一普遍看法恰恰相反。这种传统观点过于简单化，仅仅聚焦于越南曾是中国统治领土这一表象，却忽视了一个至关重要的问题：中国是否对越南人民采取了与对待中原汉人完全一致的治理政策。事实上，正如本章开篇所阐述的，越南在北属时期受中国法律文化的影响实际上远比想象中要有限得多。

这一令人惊讶的现象背后，蕴藏着深刻的历史原因。中国在统治交趾郡等越南人聚居地区时，采取的政策更类似于现代意义上的民族区域自治制度。换言之，中国并未简单地将对中原地区的管理模式照搬到越南，而是赋予了当地一定程度的自治权力。这种治理方式使得越南得以在相当程度上保持其固有的法律传统和文化特色，从而有效地限制了中国法律文化的全面渗透。

通过厘清这一历史现象，我们得以揭示越南在继受中华法律文化过程中所呈现出的两大鲜明特点：一方面在北属时期表现出很大程度的抗拒，另一方面在独立之后又展现出主动吸收的姿态；既注重将中国法律本土化，又不乏创新性的发展。

一、越南继受中华法律文化的特点

越南对中华传统法律文化的继受呈现出复杂而独有的特征，其中最为突出的是两对看似矛盾却又相辅相成的特质：抗拒性与主动性，以及本土化与创新性。这种继受过程既体现了越南维护本国文化独特性的决心，又展现了其对外来先进法律文化的开放态度。

（一）抗拒性与主动性

在北属时期，越南人对中国法律的态度可以用"抗拒"一词来概括。这种抗拒源于越南人强烈的民族自尊心、自豪感，以及维护本民族利益的反叛精神。这一复杂的历史动态在多个事件中得到了体现，其中最为著名的莫过于二征起义。

二征起义的爆发，正是中国派驻官员忽视当地风俗习惯，强行实施中国法律的直接后果。具体而言，中国官员对征侧的丈夫实施了不符合当地传统的惩罚，这一行为严重触犯了越南人的民族自尊心。征侧因此被激发出强烈的民族保卫意识，进而发动了大规模的叛乱活动。

这一事件的解决方式颇具启发性。马援平定战乱后，并未采取强硬的镇压政策，而是与越人达成了一项重要约定：允许他们按照自身的风俗习惯生活。这一妥协性的政策立即平息了叛乱，充分说明了尊重当地文化传统的重要性。

纵观历史，从秦朝、南越国、汉朝直至唐朝，中国对越南人聚集地区的治理政策经历了一个演变过程。这个过程可以概括为从"和辑百越"到"羁縻制度"的转变。这两种政策虽然在具体实施上有所不同，但都体现了一个共同点：允许越南人聚集地区保持一定程度的自我管理。

这种治理策略反映了中国统治者的务实态度，也揭示了越南民族强烈的自主意识。它不仅是帝制时代多民族国家治理的一个典型案例，也为我们理解中越两国复杂的历史关系提供了重要线索。这一历史经验表明，在跨文化治理中，尊重当地传统、允许一定程度的自治，往往比强制同化更能实现有效统治。

越南对中国法律文化的抗拒态度，在其独立后的国家治理中产生了深远影响。这种影响最为明显地体现在法律设施的发展过程中，呈现出一种渐进式的演变模式。在独立建国初期，越南的国家机构尚处于初步构建阶段，呈现出明显的不完整性。面对这种情况，越南采取了一种务实的方法，即选择性地学习中国宋朝的法律设施。值得注意的是，这种学习并非全盘照搬，而是针对性地借鉴某些官职设置。这种"拾遗补缺"式的学习方法，恰恰反映了越南在建设国家组织机构过程中的谨慎和选择性。

随着国家治理能力的提升，在后黎朝时期，越南在法律制度建设上展现出更大的雄心。在这一时期，我们可以观察到越南开始系统性地学习中国明朝的司法组织。特别值得一提的是，中国帝制时代著名的"三法司"——刑部、大理寺和御史台，被越南完整地移植和仿制。这标志着越南法律体系在结构上趋于完善，反映了其国家治理能力的显著提升。到了阮朝，越南的法律制度建设达到了一个新的高度。在这一时期，越南的国家机构设置几乎与清朝完全一致。

通过这一历史演进过程，我们可以观察到越南学习中国法律文化的过程呈现出明显的阶段性特征，从零散借鉴到系统性学习，再到全面模仿。同时，这一过程与越南国家治理能力的提升呈现出正相关关系。越南在学习中国法律文化时展现出高度的主动性和选择性，这反映了其在文化吸收过程中的自主性和适应性。

（二）本土化与创新性

越南在学习和借鉴中国传统法律文化的过程中，展现出了高度的本土化的精神与智慧。这种学习并非简单照搬照抄，而是一种深思熟虑的选择性吸收和创造性转化。

越南立法者充分考虑本国的国情和社会实际，对中国法律进行了巧妙的改造和调适，以确保其能够切实符合越南的具体需求。从法律制度这一角度观察，我们可以发现越南与中国的法律制度表面上呈现出高度的相似性，甚至存在一些完全相同的条文。

然而深入细究后，我们会发现两国法律在本质上存在显著差异。以窃盗、强盗、恐喝取财以及共同盗罪等罪名的法条设计为例，虽然越南的相关法条表面上与中国法条颇为相似，但仔细分析其细节后，我们不难发现两国在规制这些犯罪行为的模式上存在着实质性的差异。

这种微妙而重要的差异充分体现了越南立法者的独特思考和创新。他们在借鉴中国法律条文的同时，始终保持着清醒的头脑，深入思考如何设计和调整法律条文，使其更加贴合越南的社会现实和法律需求。通过这种精心的本土化过程，越南成功地在保留中国法律精髓的同时，构建了一个既有外来智慧又富有本土特色的法律体系。

越南在继受中国传统法律文化的过程中，不仅展现了高度的本土化能力，更彰显了其卓越的创新精神。当单纯移植中国的实体法律无法完全满足越南本土社会生活的需求时，越南法律工作者敏锐地意识到了创新的必要性。他们以非凡的智慧和务实的态度，创造性地着手制定程序性方面的法律，以弥补实体法在实际应用中的不足。

这种法律创新并非一蹴而就，而是经历了历朝历代的演进，体现了越南法律体系的稳步完善过程。这一渐进式的创新最终在《国朝勘讼条例》中得到了集中体现。这部法典的编纂具有里程碑式的意义，它不仅系统化了此前零散的程序法条，更标志着越南在法律体系建设上达到了一个新的高度。通过将散见的程序法条法典化，越南成功地构建了一个更加完整、更具本土特色的法律体系。这种创新不仅填补了实体法与本土需求之间的缺口，更凸显了越南在法律文化吸收和创新方面的独特能力。《国朝勘讼条例》的问世，可以视为越南法律发展史上的一个重要节点，它不仅提高了法律的可操作性和效率，也为越南的司法实践提供了更加明确和统一的指导，从而推动了越南法律体系在结构和内容上的全面提升。

我们在研究越南法律史时，需要摒弃简单的"北属即全盘中国化"的观点，而应该更加细致地考察中国对越南的具体统治政策，以及越南本土法律文化的韧性和独特性。这种更为多层次的视角，有助于我们更准确地理解越南法律体系的形成过程及其与中国法律的复杂关系。

二、越南继受中华法律文化的影响

在漫长的帝制时代，越南与中国之间存在着深厚而复杂的文化联系。中国传统法律文化包括其精深的法律思想、完备的法律制度、先进的法律设施以及独特的法律艺术，对越南产生了深远而持久的影响。这种影响不仅仅是表面的模仿或简单的移植，而是一种深层次的文化交融与创新过程。

在法律思想方面，中国传统法律思想对越南的影响可以追溯到上古时期，两国之间的交往历史悠久。在北属时期，中国主要采取民族政策，尊重当地习俗，从"以越治越"逐步过渡到推行中原文化。然而，中国传统法律思想真正在越南扎根是在越南独立建国之后，这是越南统治者主动学习的结果。越南吸收了中国的天人合一、尊卑有别、以孝治国和缘法而治等思想，并将其融入自己的法律体系中。这些思想的传播依赖于多种途径：首先是交通通道的开辟，包括水路和陆路，为文化交流提供了物质基础；其次是人口往来，包括大规模移民、被贬谪的官员以及使臣等，他们成为文化传播的重要载体；再次是书籍的传播，这得益于印刷术的引入，使得中国的典籍能够在越南大量复制和流通；最后，越南还发展出了独特的演歌方式来传播法律知识。

在法律制度方面，中国传统法律制度对越南的影响是全面而深远的，涵盖了法律形式、具体制度和司法实践等多个层面。越南借鉴了中国的律、令、格、式等法律形式；在具体制度方面，越南吸收了中国的五服制度、刑法制度。在婚姻制度方面，越南在婚姻成立、解除等方面借鉴了中国制度，但也根据本国情况做了改良。在诉讼审判制度上，越南吸收了中国的法官责任制、直诉制度等，并创造性地发展出了《国朝勘讼条例》这样的程序法典，体现了越南对司法程序的重视。

在法律设施方面，中国传统法律制度对越南法律设施的影响，主要涵盖了司法机构和刑狱之具两个方面。在司法机构方面，越南各个朝代都不同程度地借鉴了同时期中国的司法机构设置，如李朝和陈朝借鉴宋朝，后黎朝借鉴明朝，阮朝借鉴清朝。这些借鉴体现在中央和地方司法机构的设置上，如刑部、大理寺、御史台等。但越南在借鉴过程中也根据本国情况进行了调整和创新，如检法官职能的变化等。在刑狱之具方面，越南同样受到中国的深远影响。后黎朝时期已有使用"镣"的记录，到阮朝时期，刑狱之具系统更加丰富和复杂。《皇越律例》中详细规定了各种枷、锁和笞杖的形制和使用方法，既体现了对中国传统的继承，也展现了本土化的创新。

在法律艺术方面，中国传统法律艺术对越南的影响主要体现在立法艺术、注释艺术和勘验艺术三个方面。在立法艺术方面，中国的法典化模式为越南提供了宝贵经验，越南以横向模式借鉴中国法典，实现了快速发展，并形成了"三阶法典"与"二阶法典"的组合模式。在微观层面，越南借鉴了中国的律母应用和法律术语设计。在注释艺术方面，越南吸收了中国律学家的注释方法，如王肯堂的《律例笺释》、王明德的《读律佩觿》和沈之奇的《大清律辑注》等著作对《皇越律例》产生了深远影响。在勘验艺术方面，中国的法医学知识，特别是《洗冤录》，在越南得到广泛传播和应用。越南官员范濯还编纂了本土化的《人命查验法》，体现了对中国勘验技术的吸收和创新。

总的来说，越南对中华法律文化的继受是全方位的。这种继受不是简单的照搬，而是在吸收中国法律文化精华的基础上，结合本国实际进行的创造性转化。这一过程不仅丰富了越南的法律传统，也为东亚法律文明的多样性发展作出了重要贡献。

附：中越法律大事记对照表

时间	中　国	越　南
公元前407年	战国李悝著《法经》	
公元前206年		受南越国统治
公元前201年	西汉萧何作《九章律》	
公元前111年		受西汉统治
25年		受东汉统治
40年		征王时代
43年		受东汉统治
220年		受三国吴朝统治
229年	魏明帝制《新律》	
267年	晋武帝颁布《晋律》	
281年		受晋朝统治
420年		受南朝统治
564年	武成帝颁布《北齐律》	
581年		受隋统治
583年	隋文帝颁布《开皇律》	
618年		受唐统治
651年	唐高宗颁布《永徽律》	
907年		受后梁统治
923年		受南汉统治
939年		吴权建立吴朝
963年	宋太祖颁布《宋刑统》	
968年		丁部领建立丁朝
981年		黎桓建立前黎朝
1002年		黎大行皇帝定"律例"
1010年		李公蕴建立李朝
1042年		李太宗颁刑书

时间	中 国	越 南
1157 年		李英宗定律令
1225 年		李昭皇禅位给陈昺,建立陈朝
1226 年		陈太宗定律令条例
1230 年		陈太宗定《国朝通制》《国朝常礼》
1244 年		陈太宗定制律诸格
1267 年		陈圣宗定《皇宗玉牒》
1291 年	元世祖颁行《至元新格》	
1299 年		陈英宗定《公文格式》
1325 年		陈明宗颁降新定诸例
1331 年	元文宗颁布《经世大典》	
1341 年		陈宪宗命张汉超、阮忠彦定《皇朝大典》《刑书》
1368 年	明太祖颁布《大明律》《大明令》	
1371 年		陈艺宗定《国朝通制》
1385 年	明太祖颁布《大诰》四编	
1393 年	明太祖颁布《诸司职掌》	
1397 年	明太祖颁布《大明律》	
1400 年		胡季犛建立胡朝
1401 年		胡汉苍立限名家奴法;定大虞官制刑律
1428 年		后黎朝建立;黎太祖定《词讼律令》
1429 年		黎太祖定《围棋赌博律》;定均田法
1430 年		黎太祖定诸税额例;颁例律
1449 年		黎仁宗申定 14 条与田产相关的令
1471 年		黎圣宗定颁降版图、书契体式;宣准词体式;校定《皇朝官制》
1473 年		黎圣宗校定宪司职掌 32 条;定奏章失格事例;校定征蛮别令凡十条
1478 年		黎圣宗定婚姻嫁娶仪礼
1482 年		黎圣宗敕谕纂修《天南余暇集》
1527 年		莫登庸建立莫朝
1533 年		拥立后黎朝宗室黎宁为皇帝,复辟后黎朝,今称"黎中兴朝"
1625 年		黎神宗定词讼令

时间	中　国	越　　南
1645 年		黎真宗定勘讼例
1647 年	顺治四年颁布《大清律集解附例》	
1654 年		黎神宗定勘讼例
1663 年		黎玄宗申明教化 47 条
1674 年		黎嘉宗定勘讼例
1675 年		黎熙宗定六部职掌事例
1717 年		黎裕宗申定刷讼事例
1733 年		黎纯宗申明勾刷勘论讼例
1734 年		黎纯宗命修《国朝会典》
1739 年		黎懿宗定内外该勘勾催收送例；立团结法
1740 年	乾隆五年修订并颁布《大清律例》	
1777 年		黎显宗颁行《国朝勘讼条例》
1788 年		阮氏三兄弟建立西山朝
1802 年		阮福映建立阮朝
1815 年		阮太祖颁布《皇越律例》
1837 年		阮圣祖命纂修《明命政要》
1883 年		颁行《南圻民律简要》
1908 年	清廷颁布《钦定宪法大纲》	
1910 年	清廷颁布《大清现行刑律》（未正式实施）	
1911 年	清廷颁布《大清新刑律》	
1914 年	袁世凯颁布《中华民国约法》（袁记约法）	
1921 年		颁行《北圻民事、商事诉讼法典》
1923 年	曹锟颁布《中华民国宪法》（贿选宪法）	颁行《皇越增刊新律》
1931 年		颁行《北圻民法典》
1933 年		颁行《中圻皇越刑律》
1936 年	南京国民政府颁布《中华民国宪法草案》（五五宪草）	颁行《越南劳工制度》；颁行《中圻民法典》
1938 年		颁行《皇越户律》

索 引

图书在版编目(CIP)数据

中华法律文化在东亚之影响 / 何勤华等著. -- 上海 ：
上海人民出版社，2025. -- ISBN 978 - 7 - 208 - 19211 - 9

Ⅰ. D909.2

中国国家版本馆 CIP 数据核字第 2024EM9299 号

责任编辑 夏红梅
封面设计 孙　康

中华法律文化在东亚之影响
何勤华　魏　敏　孙晓鸣　廖晓颖　著

出　　版　上海人民出版社
　　　　　（201101　上海市闵行区号景路 159 弄 C 座）
发　　行　上海人民出版社发行中心
印　　刷　上海商务联西印刷有限公司
开　　本　720×1000　1/16
印　　张　27
插　　页　4
字　　数　403,000
版　　次　2025 年 1 月第 1 版
印　　次　2025 年 1 月第 1 次印刷
ISBN 978 - 7 - 208 - 19211 - 9/D · 4410
定　　价　108.00 元